中華民國史檔案資料滙編

第五輯 第三編

財政經濟（五）

中國第二歷史檔案館編

鳳凰出版傳媒集團 鳳凰出版社

目　录

（三）“国营”工矿业的扩张

(四) 民营工业的破产

一、各地区工厂倒闭情形

（三）“国营”工矿业的扩张

一、资源委员会及所属企业概况

1. 国民政府修正公布资源委员会组织法

（1946年9月12日）

资源委员会组织法　三十五年九月十二日国府修正公布

第一条　资源委员会隶属行政院，其职掌如下：

一、创办及管理经管国营基本重工业。

二、开发及管理经营国营重要矿业。

三、创办及管理经营国营动力事业。

四、办理政府指定之其他国营工矿电事业。

第二条　资源委员会设下列各会处：

一、业务委员会；

二、财务处；

三、总务处。

业务委员会得分组办事，各处得分科办事。

第三条　业务委员会掌理事业计划之设计配合及工作考核事项。

第四条　财务处掌理各事业资金调度、证券发行、财务稽核及盈亏拨补事项。

第五条　总务处掌理本会文书、出纳、庶务及员工福利事项。

第六条　资源委员会置委员长一人特任，副委员长一人简任，委员十一人至十五人由行政院聘任。

资源委员会委员长综理会务，监督所属事业及人员；副委员长辅助委员长处理会务。

资源委员会委员会议由委员长召集之。

第七条　资源委员会置业务委员十二人至十六人，简任或简派。

第八条　资源委员会置主任秘书一人，简任。秘书四人至七人，其中三人简任，余荐任。参事二人至四人，处长二人，均简任。技正十六人至二十四人，其中十二人简任，余荐任。稽核十人至十六人，其中八人简任，余荐任。科长十六人至二十四人荐任，技士二十人至四十人，其中十六人荐任，余委任。科员二十人至四十人，技佐二十人至三十人，办事员三十人至五十人，均委任。

第九条　资源委员会得酌用雇员二十五人至四十人。

第十条　资源委员会得招收实习员生。

第十一条　资源委员会得聘派顾问五人至十人，专门技术人员五十人至八十人。

第十二条　资源委员会设会计处，置处长一人，简任；设统计室，置主任一人，荐任；依国民政府主计处组织法之规定，分别办理岁计会计统计事务。

会计处统计室需用佐理人员名额由资源委员会及主计处，就本法所定简任、荐任、委任人员名额中会同决定之。

第十三条　资源委员会设人事室，置主任一人，荐任，依人事管理条例之规定掌理本会人事管理事项。

人事室需用佐理人员，名额由资源委员会及铨叙部就本法所定委任人员名额中会同决定之。

第十四条　资源委员会为经营本法规定之事业，得设厂矿并为获得最高效率起见，得设分业管理总机构，其组织呈准行政院核定之。

第十五条　资源委员会为研究规划事业发展之必要，得设矿产测勘、水力工程及经济研究等机构，其组织另定之。

第十六条　资源委员会为供应附属事业之共同需要，得设各项供应机构，其组织另定之。

第十七条 资源委员会举办事业所需资金，除由政府预算拨付外，并得呈准行政院向国内金融机构借款。

第十八条 资源委员会各事业，得呈准行政院依法与外国公司或私人合资经营。

第十九条 资源委员会各事业，得吸收地方或人民资本，采用公司方式共同经营之。

第二十条 资源委员会处务规程，由资源委员会定之。

第二十一条 本法自公布之日施行。

〔资源委员会档案〕

2. 资源委员会收复区各事业单位接办敌伪产业经过情况一览表

（1946年 月 日）

部门 Ⅰ. 电力

现在单位名称

1. 冀北电力公司

地址：北平、天津、唐山。

接收敌伪产业单位名称：(1)华北电业株式会社石景山发电所；(2)华北电业株式会社天津发电所；(3)华北电业株式会社唐山发电所。

接办经过情况：三十五年三月一日成立公司。

三十四年十二月十一日经济部训令发文(卅四)企字第56112号：北平天津唐山已由日方联络成电网，仰由该会迅为接管……。宋院长于三十五年一月二十一日马秘沪电通知谭伯羽及孙越崎：……北平天津唐山三处电厂应查明商股情形，如无问题，亦可由资委会接办……。当由钱主任委员电复……。(二)北平天津唐山三处电厂除天津比商电灯电车公司产业须发还原公司外,三处电厂原有商股均为伪华北电业公司收买,自宜由本会接办……并于二月二十八日以资渝(35)发字第708号文报经济部本会接办。平津一带工矿事业,请予核备,行政院方面尚未有正式核准接收敌产文件到会。

2. 青岛电厂

地址:青岛。

接收敌伪产业单位名称:华北电业株式会社青岛支店。

接办经过情况:已由徐一贯代表经济部特派员办公处于三十四年十二月一日接收,现奉宋院长面谕准由本会接办,本会已电知杨特派员公兆。

3. 石微电厂

地址:石家庄。

接收敌伪产业单位名称:石家庄电厂微水发电所。

接办经过情况:三十五年五月二日由杨正清代表特派员办公处接收,并准处理局午真平一电:……准拨交资委会接办。……

4. 武昌水电厂

地址:武昌。

接收经过情况:三十年本会与鄂省府签订合约,合办武昌水电厂。日本投降后本会派黄文治以经济部特派员办公处专门委员名义,前往接收,于三十四年十月一日正式成立武昌水电厂。

该厂原系鄂省府所办,现由会省合办,尚未经过敌伪产业处理局及经济部特派员办公处发还程序。

5. 大冶电厂筹备处

地址:大冶。

接收敌伪产业单位名称：大冶铁厂水电设备。

接收经过情况：三十四年十月一日正式成立并曾奉经济部三十四年十一月二日(卅四)电字第53958号指令，准将大冶铁厂之水电设备交由本会大冶电厂筹备处接管。

6. 安庆电厂

地址：安庆。

接办经过情况：于三十四年十二月二十五日正式接办，已由处理局第58次审议会决议通过发还本会，并由经济部特派员办公处三十五年四月二十二日发字第8729号代电通知本会。

7. 江南电力局筹备处

地址：上海。

接收敌伪产业单位名称：华中水电公司(一部分财产)。

接办经过情况：系新创事业，于三十五年三月十六日成立。至于华中水电公司资产之接收系根据经济部三十四年十二月十日发文(卅四)文字第56082号训令，以奉行政院三十四年十一月二十日平三字第26745号训令内开，华中水电公司全部器材业经处理局第七次会议决议移交本会，并由该处理局呈奉行政院戌覃电复准备案。

8. 广州电厂

地址：广州。

接办经过情况：由广州市政府接管，现商定由会府合办，本会主办。

9. 台湾电力有限公司

地址：台湾。

接收敌伪产业单位名称：台湾电力株式会社。

接办经过情况：本会与台湾省行政长官公署合办，三十五年五月一日成立公司。

初由政府组织电力清理委员会，三十四年十一月九日，刘晋钰以接收委员名义接收台湾电力株式会社，开始清理。后本会与台湾省行政长官公署签订《合办台湾省工矿事业合作大纲》，由本会与长官公署于三十五年四月十三日以密京秘115号会签请宋院长核示，本年八月八日奉行政院节京拾字第8085号代电，准予备查，至敌产接收尚未奉正式院令核准。

10. 海南电厂

地址：海南岛北黎、榆林。

接收敌伪产业单位名称：日窒电业。

接办经过情况：奉经济部三十四年十二月四日(卅四)工字第55695号训令，以海南岛之水电厂及铁矿均交由本会接管，本会当即派颜任光等赴海南岛视察并受特派员办公处之委托，于三十五年三月一日接办榆林、北黎二区电厂，现成立海南电厂，尚未正式呈请行政院核交本会接管。

部门　Ⅱ．冶炼

现在单位名称

1. 华中钢铁公司筹备处

地址：大冶。

接收敌伪产业名称：日本钢业株式会社大冶矿业所。

接办经过情况：经济部浙鄂赣区特派员办公处设立大冶厂矿保管处及汉阳铁厂保管处，三十四年十一月二十日奉翁部长手令：大冶铁矿及厂址应由资源委员会派员接收管理，妥为保存。本会即令(资3421486号文)程义法、刘刚一前往保管。三十五年六月二十六日本会以密京(35)工字第41号签呈宋院长请明令(1)组织清理汉冶萍公司机构；(2)日人增产部分及大冶官矿拨交本会接管；(3)现有保管处移本会继续接收保管。当奉行政院节京三 4622 号指令，准予照办。现由本会会同经济部组织清理委员会。

2. 华北钢铁有限公司筹备委员会

地址：平津青一带。

接收敌伪产业名称：(1)龙烟铁矿；(2)石景山钢铁厂；(3)唐山钢铁厂；(4)青岛制铁株式会社。

接办经过情况：(1)至(3)已由本会接办，三月一日正式成立筹备委员会。

宋院长马秘沪〔电〕：……龙烟铁矿公司及天津制钢厂石景山铁管厂均准交由资委会接办。(三)唐山制铁制钢炼焦厂应由资委会与开滦商洽，如无问题可交资委会接办……。钱主任委员予寝机内电复……唐山制铁制钢炼焦厂经与开滦商洽并无问题……。三十五年二月二十八日本会以资渝(35)发字第 748 号文呈部报告接办成立机构名称及日期，请核备，行政院尚未有正式命令核准本会接收敌产。

第(4)项情形详见下条。

3. 山东铝业公司筹备处

地址：山东。

接收敌伪产业名称：(1)华北轻金属公司；(2)华北矾土公司。

接办经过情况：上文第(4)项与本条之(1)、(2)两项皆经处理局第十五次审议会通过，行政院三十五年七月六日节京叁字第 4060 号训令准予本会接办。

4. 台湾铝业公司

地址：台湾。

接收敌伪产业名称：日本铝株式会社。

接办经过情况：由本会独办，三十五年五月一日正式成立公司，本会与台长官公署于三十五年四月十三日以密京秘第115号会签呈宋院长,呈请由本会独办,同年八月八日本院节京拾字第8085号代电准予备查。

部门　　Ⅲ.机械

现在单位名称

1. 天津机器厂

地址:天津。

接收敌伪产业单位名称:(1)华北机械株式会社;(2)兴亚钢铁株式会社。

接办经过情况:已由本会接办,三十五年三月一日成立。三十五年一月二十一日宋院长以马秘沪电通知谭伯羽及孙越崎:……(八)天津华北机器厂、电线厂、电泡厂,如查与纺织公司无关,可交资委会接办……。当由钱主任委员电复:……(五)华北机器厂、电线厂、电泡厂亦与纺织公司无关……。本会于二月二十八日以资渝(35)发字第748号文呈报经济部接收平津一带工矿事业请核备。按核呈内称"查本会接办平津一带工矿,经遵照行政院核定原案商由处理局审定拨交者计有……",经查,该核定原案除院长马秘沪电(即行政院(35)叁字第3550号训令)外,无其他文件,又本会呈请部核予文去后迄未准复。

2. 天津制车厂

地址:天津。

接收敌伪产业单位名称:昌和制作所及昌和洋行昌和仓库及新有机械厂房仓库。

接办经过情况:情况同上。

3. 上海机器厂

地址:上海。

接收敌伪产业单位名称:(1)昌和制作所;(2)大陆分厂。

接办经过情况：奉经济部三十四年十二月十日发文(卅四)工字第56082号训令以奉行政院三十四年十一月三十日平三字第26745号训令，准交由本会接收。

4. 台湾机械造船公司

地址：台湾。

接收敌伪产业单位名称：(1)台湾铁工所株式会社；(2)台湾船渠株式会社。

接办经过情况：由本会与台湾省合办，于三十五年五月一日正式成立公司，接收经过情况与其他台湾合办事业同。

5. 〔名称原缺〕

地址：青岛沧口。

接收敌伪产业单位名称：东亚重工业株式会社。

接办经过情况：处理局第十五次审议会通过行政院三十五年七月六日节京叁字第4260号训令，准予本会接办，但本会呈复(资京(35)秘2185号)，本会不拟接办。

6. 中央汽车配件厂

接收敌伪产业单位名称：交通部移交。

接办经过情况：奉部令京5078号转行政院节京叁字第2306号指令，准予备案。

部门　　Ⅳ．电工

现在单位名称

1. 中央电工厂上海分厂

地址：上海。

接收敌伪产业单位名称：(1)日本机械制□所第一厂；(2)东光电气株式会社；(3)大陆炼钢厂；(4)中华电气株式会社；(5)中山钢业株式会社浦东电线厂。

接办经过情况：自(1)至(4)项之接收系根据行政院三十四年十一月三十日平字第26745号训令，准由本会接收。

第5项浦东电线厂之资产经处理局审议会议决：该厂之厂房地产发还原主(陆英耕)，机器拨交本会，并经奉行政院节叁字第2208号令准予照办(由经济部〈廿五〉渝企字第21537号训令转饬本会知照)。

2. 中央电工厂天津分厂

地址：天津。

接收敌伪产业单位名称：(1)安宅精机工厂。

接办经过情况：本会已接办。

宋院长□马秘沪电称：电线厂、电泡厂如与纺织公司无关，可交本会接办，钱主委以子寝机内电复，与该纺织公司无关，本会于三十五年二月八日以资渝(35)发字第748号呈部报告接办，并成立现机构，请核备。

接收敌伪产业单位名称：(2)华北电线株式会社。

接办经过情况：情况同上，惟经济部京函195号训令转行政院三十五年三月十五日节叁字第7893号训令，为汤线电池、太平电线、高砂工业、岩崎电线、东京芝浦电信、住友通信、华北电线等及义昌洋行等十余单位，经签请主席准交经济部接收。旋奉主席三十五年三月二日府处字第2601号代电核准，并转饬各接收之军事机关遵照，此后未生问题。

接收敌伪产业单位名称：(3)太平电线株式会社。

接办经过情况：同上。

接收敌伪产业单位名称：(4)中华汤线蓄电池株式会社。

接办经过情况：同上。

接收敌伪产业单位名称：(5)北支电机株式会社。

接办经过情况：同上。

接收敌伪产业单位名称：(6)东北电气株式会社灯泡厂。

接办经过情况：同上。

接收敌伪产业单位名称:(7)东京芝浦北平工厂。

接办经过情况:情况同前,并据三十五年六月三日中央电工厂呈:五月十六日天津分厂代电称,奉经特处通知北平广播电台,已先将东京芝浦灯泡厂交出,故事实上已接收。惟三十五年五月十五日又奉经济部京工字第1853号训令:准行政院秘书处三十五年五月十日节京叁字第400号公函,以准军委会函称,准国府处字第3421号公函接收平津敌产各工厂,既由军统局军令部接收办理,可准暂维现状,俟将来通盘解决,本会已函行政院尹秘书仲容,请转呈院座仍维原议交由接办,迄未解决。

接收敌伪产业单位名称:(8)岩崎电线株式会社;(9)高砂工业株式会社。

接办经过情况:情况同第7项,但本会呈部核备案内(748号呈)未列入该两单位处理局亦未决议。

3. 中央电工厂汉口分厂

地址:汉口。

接收敌伪产业单位名称:松下电池厂。

接办经过情况:经济部三十五年三月二十日渝字23745号训令:查本部经特处汉业(35)第301号呈,奉行政院武汉区特派员办公处汉政特字417号代电,奉翁副院长谕,松下电池厂着交由资委会接办。

4. 中央无线电厂天津分厂

地址:天津。

接收敌伪产业单位名称:(1)东京芝浦天津第一工厂;(2)住友通信北平工场天津工场。

接办经过情况:同上第7项。

接收敌伪产业单位名称:(3)安信机厂。

接办经过情况:同上第7项,但本会曾向处理局及经特处申请，而广播协会迄未交出。

接收敌伪产业单位名称：(4)升恒机器厂。

接办经过情况：据王翼臣三十五年四月十二日即鱼电称，该厂业已划拨并请处理处审议，但至今尚未经行政院核定，本会已接收。

5. 中央无线电厂上海分厂

地址：上海。

接收敌伪产业单位名称：高昌庙前建设委员会厂地房舍。

接办经过情况：海军处第一练兵营占用。送函海军处交涉，尚未收回。最近海军总司令部呈请行政院拨归该部应用，由行政院秘书处通知本会核复，已经驳复，并由钱主任委员函陈参谋总长请迅饬交还。

部门　V. 化工

现在单位名称

1. 台湾制碱有限公司

地址：台湾。

接收敌伪产业单位名称：(1)南日本化学工业株式会社；(2)旭电化工业株式会社；(3)钟渊曹达工业株式会社。

接办经过情况：会省合办，五月一日正式成立公司。其接办经过情形与台湾其他合办事业同。

2. 台湾肥料有限公司

地址：台湾。

接收敌伪产业单位名称：(1)台湾肥料株式会社；(2)台湾电化株式会社；(3)台湾有机合成株式会社；(4)台湾窒素株式会社。

接办经过情况：同上。

3. 台湾水泥有限公司

地址：台湾。

接收敌伪产业单位名称:(1)台湾水泥工业株式会社;(2)台湾化合工业株式会社;(3)南方水泥工业株式会社;(4)石灰石工业株式会社。

接办经过情况:同上。

4. 台湾纸业有限公司

地址:台湾。

接收敌伪产业单位名称:(1)台湾兴业株式会社;(2)盐水港纸浆株式会社;(3)台湾纸浆株式会社;(4)东亚制纸株式会社;(5)台湾制纸株式会社。

接办经过情况:同上。

5. 台湾糖业有限公司

地址:台湾。

接收敌伪产业单位名称:(1)明治制糖会社;(2)盐水港制糖会社;(3)日糖兴业会社;(4)台湾制糖会社。

接办经过情况:同上。

6. 天津化学工业有限公司

地址:天津。

接收敌伪产业单位名称:(1)东洋化学工业株式会社;(2)内外化学工业株式会社;(3)渤海化学工业株式会社。

接办经过情况:已由本会接办,三十五年三月一日成立公司。

宋院长马秘沪电:……(二)塘沽东洋化工厂、渤海化工厂、内外化工厂,如查明与盐务局无关,可交资委会接办……。钱主任委员子寝机丙复电:……(三)塘沽化工厂系制造工业,与盐务局无关……三十五年十二月八日以资渝(35)发字第748号文呈报经济部核备,情况与冀北电力及机械等部门同。

7. 华北水泥有限公司

8. 天津纸浆造纸有限公司

地址：琉璃河、天津。

接收敌伪产业单位名称：(1)华北洋灰股份有限公司琉璃河工厂；(2)东洋制纸工业工厂；(3)协和造纸厂。

接办经过情况：已由本会接办，三十五年三月一日成立。

奉行政院节叁字第3550号训令……(四)琉璃河水泥厂及天津东洋纸厂、协和纸厂均准交资委会接办……。

9. 耀华玻璃股份有限公司

地址：秦皇岛。

接收敌伪产业单位名称：耀华玻璃厂。

接办经过情况：已由本会与民股合资经营。

宋院长马秘沪电：……(七)秦皇岛耀华玻璃厂不必国营……钱主任委员子寝机丙电复：……(四)耀华玻璃厂系政府与人民合办性质，原非国营。拟仍由本会与民股合资经营。

本会三十五年五月十八日以资(35)工字第425号电请处理局议定，将耀华日股拨交本会，六月二十七日以资京(35)1695电请经特处查示股额，并呈请宋院长明令将日股划拨本会作为投资。最近又电孙特派员请速议定将日股拨交本会。

10. 青岛化学工业公司(现不拟成立)

地址：青岛。

接收敌伪产业单位名称：(1)化成工厂；(2)青岛曹达厂。

接办经过情况：本会于三十五年五月廿二日以资京(35)秘字第191号电请处理局提请审议会通过，转呈院核定交本会接收，迄未奉院令核示(行政院节京叁字第4260训令内未包括此两厂，系处理局未提出。至青岛□棋、共和□模、维新化学、中国颜料等四机构奉院4260训令应归民营)。

11. 中央化工厂上海分厂

地址：上海。

接收敌伪产业单位名称：(1)明治株式会社；(2)维新化学株式会社。

接办经过情况：三十五年四月三日经济部京字(35)第00677号训令转行政院三十五年三月二十一日节叁字第08539号代电，准予拨交本会接办，本会当函请处理局拨交准该局沪壹字第24031号函照拨交。

接收敌伪产业单位名称：(3)大东树脂工业会社及其两个分厂。

接办经过情况：同上。部转院令，亦系准由本会接办。嗣据处理局24031号函称曾签奉宋院长批准，让林继庸接办。本会于六月十四日以资京工字第1060号电徐名材称，该厂基础甚差，并既经宋院长批交林继庸，本会决定放弃，并由会电知处理局。

12. 中央铔肥有限公司

接收敌伪产业单位名称：南堤广州化学工业厂。

接办经过情况：准林特派员继庸三十五年四月二十日回秘电，电询是否由会接收，本会于三十五年五月二十七日以资京秘276号电告拟接收，尚未向处理局及行政院方面办理手续。

13. 尚未定名

接收敌伪产业单位名称：海南浅野水泥厂。

接办经过情况：三十五年二月二十八日准林继庸丑寝秘电，以海南岛浅野等水泥厂未奉部令，是否交由资委会接收请电示。当请示翁部长奉批交由本会接收。当即以资京22441号电知林特派员及颜任光，惟尚未向行政院呈请核准接管。

部门　　Ⅵ．矿

现在单位名称

1. 井陉煤矿有限公司

地址：井陉。

接办敌伪产业单位名称：井陉、正丰两煤矿。

接办经过情况：奉行政院节叁字第3550号训令（即宋院长马秘沪电）：……（一）井陉煤矿及正丰煤矿准交资委会接办，以股份四成给予河北省政府……。三十五年二月二十八日本会以资渝（35）发字第748号呈报经济部，本会已接办。请核备。三十五年四月十日奉部渝矿字第24849号训令以奉主席蒋三月二十一日府交字第7888号寅马代电，井陉、正丰两矿已令河北省移交经济部转交本会办理。

2. 门头沟煤矿

地址：北平宛平。

接收敌伪产业单位名称：门头沟煤矿。

接办经过情况：本会准经济部特派员办公处之请，于三十四年十一月十日由王恒源、邝寿堃接收门头沟煤矿公司事务局，同时接收矿厂。现已经处理局审议会通过，在呈请行政院核定中。

3. 淄博煤矿公司筹备处

地址：山东淄博区。

接收敌伪产业单位名称：（1）山东矿业株式会社；（2）鲁大矿业公司；（3）博大炭矿；（4）利大炭矿；（5）东大炭矿；（6）悦升矿业公司；（7）金岭镇矿业所。

接办经过情况：处理局第十五次会议通过，交由本会接办。行政院三十五年七月六日节京叁字第4260号训令核准，由会接办。

4. 招远金矿筹备处

地址：招远一带。

接收敌伪产业单位名称：招远金矿组合。

接办经过情况：同上。

5. 大同煤矿整理筹备委员会

地址：大同。

接办经过情况：经阎长官三十四年十二月十三日亥微辰电，同意省会合办。本会派谢树英前往接收整理，并与省当局商谈合作办法，议定先行成立该委员会(谢树英三十五年四月三日□东电)，并于三十五年六月一日由本会接办，惟尚未正式办理处理及呈请行政院核准手续。

6. 华中矿务局筹备处

地址：安徽、当涂、铜陵。

接收敌伪产业单位名称：华中矿业公司。

接办经过情况：经济部(卅四)□字第56112号训令：……前伪华中矿业公司所办皖南及毗连地方之矿厂，均为该会应行接办范围，仰速派员洽拟接管办法呈核……本会呈复派干瑞年接管。三十五年一月二十三日准处理局沪叁字第9237函通知：……经提请三十五次审议会议……(二)华中矿业公司所有各矿厂、选矿厂、机械修造厂及其他资产一并作价，交由资委会接办……。三十五年渝矿字第21809号部令同本会成立该机构后，于三十五年二月十六日呈部核准，奉部令渝矿23939号指令已悉。

7. 海南铁矿筹备处

地址：石碌。

接收敌伪产业单位名称：(1)日窒海南兴业；(2)日本制铁；(3)海南原铁；(4)石原产业。

接办经过情况：接收经过情况与海南电厂同。

8. 台湾铜矿事业筹备处

地址:台湾。

接收敌伪产业单位名称:(1)日本矿业株式会社台湾支社及金瓜石矿事务所;(2)台阳矿业株式会社瑞芳矿山事务所。

接办经过情况:为本会独营接收经过情况,与其他本会台湾独办事业同。

9. 中国石油公司

A. 上海区

地址:上海。

接收敌伪产业单位名称:(1)丸善炼油株式会社;(2)出光油槽所;(3)大华石油联营社。

接办经过情况:奉行政院三十四年十一月三十日平叁字第26745号训令核准,交由本会接收。

B. 台湾区

地址:台湾。

接收敌伪产业单位名称:(1)日海军第六燃料厂;(2)帝国石油株式会社;(3)日本石油株式会社;(4)台拓化学工业株式会社。

接办经过情况:经济部渝(卅四)矿字第57074号训令转行政院平叁字第27899号指令,准将海军总司令部接收之台省日海军第六燃料厂全部交由本会接管,为本会独营,三十五年五月一日成立台湾石油探勘处及高雄工厂。现加入本会中国石油公司。其接办经过与本表冶炼部门第4项台湾铝业公司同。

C. 京汉平津长及广州等地之日人石油存储设备。

接办经过情况:经奉部(卅五)渝矿字第22738号训令由本会分别接管统筹利用,现均归中国石油公司接收利用。

10. 阜新北票煤矿、锦西铜矿、锦西炼油厂

地址：东北。

接办经过情况：本会受特派员办公处之托，均已派员接收，未办请求处理及呈请核定手续。

〔资源委员会档案〕

3. 资源委员会附属事业单位概况表

（1947年2月　日）

资源委员会附属事业单位数

民国三十六年二月

一、沿革

业别	总计	原有事业[1]	接办事业[2]	新创及改组事业[3]
总计	110	52	43	15
电	29	17	10	2
煤	24	14	9	1
石油	1	—	—	1
金属	12	6	6	—
钢铁	10	5	5	—
机械	7	1	3	3
电工	5	—	—	5
化工	14	8	3	3
糖	1	—	1	—
水泥	4	1	3	—
纸	3	—	3	—

注：1. 指战事结束后原有后方事业迄今存在之单位。

2. 指战事结束后本会接办收复区敌伪事业经改组成立之单位。

3. 包括新创办事业及合并原有事业及接受事业组设之单位。

二、经营方式

业别	总计	独资经营	合资主办	投资不主办
总计	110	62	33	15
电	29	12	14	3
煤	24	10	9	5
石油	1	1	—	—
金属	12	10	2	—
钢铁	10	7	1	2
机械	7	6	1	—
电工	5	5	—	—
化工	14	7	3	4
糖	1	—	1	—
水泥	4	2	1	1
纸	3	2	1	—

三、区域分布

业别	总计	东北	华北	华中	台湾	华南
总计	110	16	20	40	9	25
电	29	1	7	13	1	7
煤	24	5	6	3	—	10
石油	1	—	—	1	—	—
金属	12	1	2	1	2	6
钢铁	10	2	1	5	—	2
机械	7	2	—	4	1	—
电工	5	—	—	5	—	—

续上表

业别	总计	东北	华北	华中	台湾	华南
化工	14	3	2	7	2	—
糖	1	—	—	—	1	—
水泥	4	1	1	1	1	—
纸	3	1	1	—	1	—

注:区域划分,系根据业务委员会综合组之规定:东北区,包括辽宁、辽北、安东、合江、嫩江、黑龙江、松江、吉林、兴安九省。华北,包括冀、热、察、绥、鲁、秦、陇、宁、新、豫、晋十二省〔原文如此〕。华中区,包括苏、浙、皖、鄂、川、康、藏七省。台湾区,包括台湾一省。华南区,包括湘、赣、闽、粤、桂、黔、滇七省。

四、经营现状

业别	总计	开工生产(1)	筹备工程	停顿或保管
总计	110	84	20	6
电	29	25	4	—
煤	24	21	2	1
石油	1	1	—	—
金属	12	8	3	1
钢铁	10	4	3	3
机械	7	5	2	—
电工	5	3	2	—
化工	14	11	2	1
糖	1	1	—	—
水泥	4	2	2	—
纸	3	3	—	—

注:包括全部及局部开工生产之单位。

资源委员会附属事业

民国三十六年二月

事 业 名 称	地 址	备 注
电业		
1. 东北电力局	沈 阳	接办事业，独资经营开工生产
2. 冀北电力股份有限公司	北 平	接办事业，独资经营开工生产
3. 石微电厂	石家庄	接办事业，独资经营开工生产
4. 青岛电厂	青 岛	接办事业，独资经营开工生产
5. 西京电气公司	西 安	改组事业，投资并主办开工生产
6. 兰州电厂	兰 州	原有事业，投资并主办开工生产
7. 天水电厂	天 水	原有事业，投资并主办开工生产
8. 西宁电厂	西 宁	原有事业，投资不主办开工生产
9. 江南电力局筹备处	上 海	新创事业，独资经营筹备工程
10. 安庆电厂	安 庆	接办事业，独资经营开工生产
11. 大冶电厂筹备处	大 冶	接办事业，投资并主办开工生产
12. 武昌水电厂	武 昌	接办事业，投资并主办开工生产
13. 万县电厂	万 县	原有事业，投资并主办开工生产
14. 龙溪河电厂	长 寿	原有事业，独资经营开工生产
15. 泸县电厂	泸 县	原有事业，独资经营开工生产
16. 自流井电厂	自贡市	原有事业，投资并主办开工生产
17. 宜宾电厂	宜 宾	原有事业，独资经营开工生产
18. 岷江电厂	五通桥	原有事业，独资经营开工生产
19. 巴县工业区电力厂	巴 县	原有事业，投资不主办开工生产
20. 富源水力发电公司	北 碚	原有事业，投资不主办开工生产

续上表

事 业 名 称	地 址	备 注
21. 都江电厂	灌 县	原有事业,投资并主办筹备工程
22. 台湾电力股份有限公司	台 北	接办事业,投资并主办开工生产
23. 湖南电气股份有限公司	长 沙	原有事业,投资并主办筹备工程
24. 广州电厂	广 州	接办事业,投资并主办开工生产
25. 柳州电厂	柳 州	原有事业,投资并主办开工生产
26. 海南电厂	海 南	接办事业,独资经营开工生产
27. 贵阳电厂	贵 阳	原有事业,投资并主办开工生产
28. 修文河水力发电工程处	修 文	原有事业,投资并主办筹备工程
29. 昆明电厂	昆 明	原有事业,独资经营开工生产
煤业		
1. 抚顺矿务局	抚 顺	接办事业,独资经营开工生产
2. 西安煤矿有限公司	西 安	接办事业,独资经营开工生产
3. 阜新煤矿有限公司	阜 新	接办事业,独资经营开工生产
4. 北票煤矿有限公司	北 票	接办事业,独资经营开工生产
5. 烟台煤矿	烟 台	接办事业,独资经营开工生产
6. 大同煤矿整理委员会	大 同	接办事业,投资并主办开工生产
7. 井陉煤矿公司	井 陉	接办事业,投资并主办开工生产
8. 宜洛煤矿筹备处	洛 阳	新创事业,投资并主办筹备工程
9. 中福煤矿	焦 作	原有事业,投资不主办开工生产
10. 淄博煤矿公司筹备处	博 山	接办事业,投资并主办开工生产
11. 甘肃煤矿局保管处	兰 州	原有事业,投资并主办保管
12. 天府煤矿公司	北 碚	原有事业,投资不主办开工生产

续上表

事业名称	地址	备注
13. 威远煤矿公司	威远	原有事业,投资不主办开工生产
14. 淮南矿路股份有限公司	南京	原有事业,投资不主办开工生产
15. 赣西煤矿局	萍乡	原有事业,独资经营开工生产
16. 天河煤矿筹备处	吉安	原有事业,投资并主办开工生产
17. 湘江煤业有限公司	湘潭	原有事业,投资不主办开工生产
18. 永邵煤矿局	长沙	原有事业,独资经营开工生产
19. 中湘煤矿局	湘潭	接办事业,独资经营开工生产
20. 湘永煤矿公司	永兴	原有事业,投资并主办开工生产
21. 粤北煤矿公司	字岭	原有事业,投资并主办筹备工程
22. 贵州煤矿公司	贵阳	原有事业,投资并主办开工生产
23. 黔南煤矿筹备处	都匀	原有事业,独资经营开工生产
24. 明良煤矿局	宜良	原有事业,独资经营开工生产
石油业		
中国石油公司	上海	改组事业,独资经营开工生产
金属业		
1. 东北金属矿业有限公司	沈阳	接办事业,独资经营开工生产
2. 山东铝业有限公司筹备处	青岛	接办事业,独资经营筹备工程
3. 招远金矿局筹备处	招远	接办事业,独资经营筹备工程
4. 华中矿务局筹备处	上海	接办事业,独资经营筹备工程
5. 台湾铜矿筹备处	基隆	接办事业,独资经营开工生产
6. 台湾铝业有限公司筹备处	高雄	接办事业,独资经营开工生产

续上表

事业名称	地址	备注
7. 第一区特种矿产管理处	赣县	原有事业,独资经营开工生产
8. 第二区特种矿产管理处	长沙	原有事业,独资经营开工生产
9. 第三区特种矿产管理处	桂林	原有事业,独资经营开工生产
10. 平桂矿务局	八步	原有事业,投资并主办开工生产
11. 滇北矿务局保管处	会泽	原有事业,独资经营保管
12. 云南锡业公司	昆明	原有事业,投资并主办开工生产
钢铁业		
1. 鞍山钢铁有限公司	鞍山	接办事业,独资经营筹备工程
2. 本溪煤铁有限公司	本溪湖	接办事业,独资经营开工生产
3. 华北钢铁有限公司筹备委员会	北平	接办事业,独资经营开工生产
4. 华中钢铁有限公司筹备处	大冶	接办事业,独资经营筹备工程
5. 电化冶炼厂	綦江	原有事业,独资经营开工生产
6. 钢铁厂迁建委员会	重庆	原有事业,投资不主办开工生产
7. 四川各钢铁厂保管处	重庆	原有事业,独资经营,保管
8. 中国兴业公司	重庆	原有事业,投资不主办,停顿
9. 海南铁矿筹备处	海南岛	接办事业,独资经营筹备工程
10. 云南钢铁厂保管处	昆明	原有事业,投资并主办,保管
机械业		
1. 沈阳机车车辆制造有限公司	沈阳	接办事业,独资经营开工生产
2. 沈阳机器厂筹备处	沈阳	接办事业,独资经营开工生产

续上表

事业名称	地址	备注
3. 中央机器有限公司	上海	改组事业,独资经营开工生产
4. 中央造船有限公司筹备处	上海	新创事业,独资经营筹备工程
5. 通用机器有限公司筹备处	上海	新创事业,独资经营筹备工程
6. 中央汽车配件制造厂	重庆	原有事业,独资经营开工生产
7. 台湾机械造船有限公司	基隆	接办事业,投资并主办开工生产
电工业:		
1. 中央无线电器材有限公司筹备处	上海	改组事业,独资经营开工生产
2. 中央电工器材厂	南京	改组事业,独资经营开工生产
3. 中央有线电器材有限公司筹备处	南京	新创事业,独资经营筹备工程
4. 中央绝缘器材有限公司筹备处	南京	改组事业,独资经营开工生产
化工业		
1. 沈阳化工厂	沈阳	接办事业,独资经营开工生产
2. 沈阳橡胶厂	沈阳	接办事业,独资经营开工生产
3. 葫芦岛硫酸厂	葫芦岛	接办事业,独资经营开工生产
4. 耀华玻璃股份有限公司	秦皇岛	接办事业,投资不主办,开工生产
5. 天津化学工业有限公司	天津	接办事业,独资经营开工生产
6. 中央化工厂筹备处	上海	新创事业,独资经营开工生产
7. 中央钲肥有限公司筹备处	南京	新创事业,独资经营筹备工程

续上表

事业名称	地址	备注
8. 动力油料厂	重庆	原有事业,投资不主办,停顿。
9. 资川酒精厂	资中	改组事业,独资经营开工生产
10. 四川氮气股份有限公司		原有事业,投资不主办,开工生产
11. 天原电化厂股份有限公司	重庆	原有事业,投资不主办,开工生产
12. 台湾肥料股份有限公司	台北	原有事业,投资不主办,筹备工程
13. 台湾制碱有限公司	高雄	
14. 海州锦屏磷矿股份有限公司	锦屏	
糖业		
台湾糖业股份有限公司	上海	接办事业,投资并主办,开工生产
水泥业		
1. 辽宁水泥有限公司	沈阳	接办事业,独资经营筹备工程
2. 华北水泥有限公司	北平	接办事业,独资经营开工生产
3. 台湾水泥有限公司	台北	接办事业,投资并主办,开工生产
4. 华新水泥公司	大冶	原有事业,投资不主办,筹备工程
纸业		
1. 辽宁纸浆造纸有限公司	沈阳	接办事业,独资经营开工生产
2. 天津纸浆造纸有限公司	天津	接办事业,独资经营开工生产
3. 台湾纸业股份有限公司	台北	接办事业,投资并主办,开工生产

〔资源委员会档案〕

4. 资源委员会关于各组业务概况的报告

（1947年4月）

电力组业务概况

一、沿革综述

胜利后对于收复区事业之接收部署，以及后方各单位之继续维持，煞费筹措。年余以来，前方各单位之接受事宜，渐告就绪，而后方各单位，均得以继续推动，且一般业务情形，具有好转之趋势。

原有之西昌电厂及湘西电厂，系应战时之需要而建设，基础已立，业务亦上常规，因规模不大，可利用民资或地方机关经营，故已先后转让与西昌电气公司，及国防部荣誉军人管委会。全国水力发电工程总处所属之长寿分厂，因该总处随会迁京，距离遥远，故改组为龙溪电厂，直隶本会。又贵阳电厂，因新机运达，即可装置完成，乃于四月二十二日，经董事会决定，改组为贵阳电气股份有限公司，以资发展。此外，后方各单位均一律仍照原定计划，继续积极办理。

在收复区方面，除将东北九省原有之满洲电气株式会社接收成立东北电力局，及台湾原有之台湾电力株式会社接收成立台湾电力公司外，华北方面成立冀北电力公司，包括北平天津唐山及张家口一带；石微电厂，包括石家庄及微水二地；青岛电厂，包括青岛及张博区；江南电力局筹备处，筹划兴建巨型发电所，解决上海及其附近之电荒；以及武昌水电厂、大冶电厂筹备处、广州电厂、海南电厂等，供给当地工商业之用电。又安庆电厂在战前，原为建设委员会所经营，现仍由本会继续接办。

二、现在状况

本会所属电业单位共有27单位。现有发电机量920,922千瓦（内包括火力510,691千瓦，水利410,231千瓦），惟因战事而遭损坏，或因机器陈旧关系，可能发电容量仅579,637千瓦（内包括火力

308,741千瓦,水力270,896千瓦)。上年度共发电958,413,538度,售电660,428,258度,收入总数74,260,855,620元,支出总数72,921,857,068元,共计营业约盈余1,338,998,552元。本年应将旧有机器加以修理外,并装置新机,预计可能发电1,876,141,000度,售度1,363,220,000度,收入预算为240,198,131,360元,支出预算227,374,414,604元。预计营业盈余约为12,823,716,756元。

三、目前困难问题

1. 各地除台湾暂时可应付外,均感发电量不敷需要。

2. 地方治安不靖,人心未定,尤以东北、冀北石家庄及海南岛等地为最甚,输电线路随修随被破坏,影响业务甚巨。

3. 东北、台湾及冀北等处,规模甚大,干部技术人员过于缺乏,其他各地亦有此类现象。

4. 外汇竭蹶,器材无法补充,故不遑论扩充及修复,即经常维持,亦极感困难。

5. 东北及冀北等处,原有人员过多,惟为环境关系,尚未能切实整顿。

6. 后方各单位待遇较前方为低,而原籍前方之员工还乡心切,遴替人员不易,维持困难。

7. 物价继续高涨,各厂建设经费颇多感觉不敷需要。

四、今后计划

现为应付各地最急切之需要计,除利用美国租借法案,英美贷款及善后救济总署发电设备计2500千瓦机二套,2000千瓦机一套,1000千瓦机十二套,750千瓦机二套及500千瓦机五套,合计二十二套,共23,000千瓦(惟其中1,000千瓦机四套及750千瓦水轮机两套仅提到半数,已转运至装置地点,但其余半数尚由物资局保管未允提货)分装于东北、冀北、西京、兰州、武昌、万县、龙溪河、都江、长沙、衡阳、湘潭、贵阳及柳州各地,或已完成发电,或尚在运输及装置之中,或尚未运抵我国海口外,并利用美国现款贷款美金880万元，在美订购5000千瓦汽轮发电设备十套，连同附属设备及线路材料等，拟分装于石微、西京、大冶、都江、键为、长沙及云南等地，以应建设急需。

煤业组业务概况

一、沿革综述

本会于抗战时期，先后创设煤矿凡二十四单位，遍布后方湘、赣、粤、滇、桂、黔、川、甘八省。勉以供应后方冶炼、交通、航运，以及各种工业与城市需用之煤焦。迄战争末期，湘桂不守，本会所有湘桂赣粤之煤矿事业，均经陷落隔断，相继停顿。至卅四年胜利前夕，煤矿事业尚有明良、宣明、辰豁、贵州、南桐、黔南、建川、嘉阳、威远、四川、甘肃等十余单位。惟于胜利之后，内地战时工业逐现萎缩，燃煤需要日见锐减，本会因此不得不依据环境需要，将原有事业分别加以调整，计先后结束保管者有宣明、辰豁，着手紧缩者有贵州、明良、甘肃等矿。四川矿业公司，移交地方政府。嘉阳煤矿公司并入天府经营。至卅五年十月，甘肃煤矿局及建川煤矿公司亦分别结束。至此则后方煤矿事业继续经营者仅有明良、贵州、黔南、南桐、威远、天府等六单位矣。其中黔南煤矿筹备处，因规模甚小，亦拟即行结束或转让。至本会接办收复区煤矿，大都破坏甚重，接办后分别调整改组，计东北区成立抚顺矿务局、阜新北票、西安三煤矿公司。本溪湖煤矿铁公司均于卅五年十月一日成立。华北区有井陉煤矿公司系于卅六年一月成立与冀省府合办。大同煤矿公司，淄博煤矿筹备处，华中区有赣西永邵、中湘等矿局，华北之宜洛及华南之粤北，则均在筹备之中。

二、现在状况

东北区现有七矿，其中抚顺、阜新、北票、西安等矿历史悠久，规模允称宏大，烟台、本溪、营城也具相当规模。所惜胜利之后，各矿设备经苏军拆运及共匪破坏，虽经本会积极修复生产，然产量低落，已不复旧观。华北区大同、井陉、淄博诸矿，敌伪期内，因过度增产，井下工程多已零乱，且设备未予补充，均显陈旧，效力不高。此三矿均先后被共军攻入破坏，一时无法恢复。宜洛煤矿筹备处为新设单位，主要设备购自行总，尚未达到正式生产时期。华中区各矿，战时破坏较少，然规模不大，后方五矿，设备均感不敷，但后方煤斤需要较少，尚可维持，俟有需要再行扩充。总上各矿，卅五年度产煤量共计2,207,749吨，卅六年计划生产预列8,077,000吨(淮南中福营城未计入)，至营业概算，除抚顺大同二矿因破坏惨重，复工需款共列亏损10,129,800,000元外，其余各矿估列盈余19,447,750,000元。若政局稳定、战局好转，本年度本事业可望盈余9,347,750,000元。

三、目前困难问题

1. 治安不靖，以东北华北二区影响最大。

2. 交通阻滞，华中区浙赣、湘桂二铁道尚未复轨，华北区津浦陇海胶济等线，时遭共军破坏，致煤运不畅，业务无法展开。

3. 器材缺乏。

四、今后计划

国营煤矿事业展开之后，现正统筹规划，补充各矿新式设备，提高生产效力，目前列入初步计划者，于东北区积极恢复抚顺、阜新、西安、北票、本溪五矿，原有之产量，使达到每日共计产煤40,000吨之目标。华中区除开发宜洛煤矿外，并加紧井陉大同淄博诸矿之复旧工作，使达到每日共计产煤12,500吨。此项计划预计二年完成，完成后每年可产15,000,000吨，加上其余各国营煤矿之产量至此可超过半数矣。全年计划需款计29,000,000美元，除已向联总购得一部分器材外，尚不足24,000,000美元，业已编具计划拟向美国五亿元贷款项下配拨。

石油组业务概况

一、沿革综述

卅五年五月本会奉命统一经营全国石油事业，成立中国石油有限公司，将原有之甘肃油矿局，四川油矿探勘处及新接受之台湾、东北等地敌伪所遗留之石油事业，一并交由该公司统筹经营，同年六月一日正式成立，设总公司于上海。

二、现在状况

甲、现有设备　计甘肃分公司有产油井十五口，自备发电设备及油气分离器六座，汽车一〇九辆，四川油矿探勘处有钻机一部，天然油井两口及压缩机一部。台湾油矿探勘处有钻井机器十一组，制天然汽油机器一组及炼油机器两组。高雄炼油厂有蒸馏装置三套，裂炼装置二套，接触裂炼装置一套，真空蒸馏设备一套。此外有与招商局合办之中国油轮公司，有万吨油轮四艘，1200 吨油轮十八艘，各营业所共有储油量 1,093,700 桶。

乙、卅五年产量　原油 22,203,100 加仑，汽油 4,627,737 加仑，煤油 2,304,485 加仑，柴油 381,543 加仑，天然气 916,477 千立方尺。

丙、卅五年营业损益　1. 前甘肃油矿局一至五月盈余 7,634,580元。2. 四川油矿探勘处一至五月盈余 8,443,998 元。3. 中国石油公司六到十二月盈余 313,000,000 元。

丁、本年计划产量　原油 12,660,000 加仑，汽油 18,582,000 加仑，煤油 14,943,000 加仑，柴油 16,394,000 加仑，燃料油 32,750,000加仑，天然气 1,870,800 千立方尺。

戊、本年营业概算　营业收入 142,326,378,000 元，营业支出 139,268,030,000 元，估计盈余 3,058,348,000 元。

三、目前困难问题

甲、甘青分公司　1. 以地处偏僻，交通仍未十分改善，所需器材运输困难，对于生产影响甚巨。2. 西北油质为炼制润滑油之最佳原料，而设备尚付阙如，仍待陆续订购。

乙、高雄炼油厂　1. 该厂向英伊石油公司订购原油内含硫质高达百分之二，须另购设备约需美金一百万元，当兹外汇紧缩殊不易筹。2. 英伊石油公司原油经提炼后，所产汽油辛烷值甚低，必须另加汽油精，以增加其辛烷值。曾向美国订购，只核准配售九桶，仅足该厂半月之用。此事厥为今年生产计划中之一大问题。

四、今后计划

1.完成西北油区建设。2.修复高雄及锦西炼油厂。3.继续探勘台湾、四川二区油田。4.扩充现有业务设备。四项共需美金5,673万元，如能顺利进行，则两年后可期每日制炼原油35,000桶。日产成品为飞机汽油1,000桶，军用汽油17,250桶，煤油4,400桶，柴油2,850桶，燃料油5,280桶，润滑油600桶，石腊150桶，沥青1,280桶，冀为我国素仰舶来油料供应开辟一渐可自给之力量。

金属矿业组业务概况

一、沿革综述

（一）特种矿品　特种矿产品，包括钨、锑、锡、汞、铋、钼六种。在抗战期间，均由本会管理，统制其产运销，胜利后，因以国内各方对于锡、汞之需用较为普遍，乃于卅五年六月间，奉准解除管理。钨锑铋钼国内销用较少，大部分为对外易货偿债之用，为便于统筹产销，督促生产及改进技术计，仍继续管理。原在江西设立之钨业管理处，改组为第一区特种矿产管理处，设赣县，管理江西及粤省东北江之钨锑（铋钼附，下同）。原在湖南设立之锑业管理处改组为第二区特种矿产管理处，设长沙，管理湘之钨锑。原在桂省设立之锡业管理处，改组为第三区特种矿产管理处，设桂林，管理桂之锡锑。平桂矿务局，云南锡业等，仍旧。另将原设立之国外贸易事务所移设上海，专司对外销售金属矿品事项。

（二）其他金属矿品　其他金属矿品，包括金、铅、铜、银、锌、铝、镁等，在战时川康及滇北，均有铜铅锌之生产。胜利后，因器材供应及运输困难关系，均予停办。现滇北铜矿，只设有保管处，暂时保管矿厂资产，不取生产政策。此外在东北接收有敌伪之铁矿金属矿事业，设立东北金属矿业公司，其产品为铜镁金银及金属压制品。台湾方面，接收有日本铝业株式会社，设立台湾铝业公司筹备处，产品为铝。又接收日本矿业株式会社，设立台湾铜矿筹备处，产品为金银铜。华中方面，接收有敌伪华中矿业公司，设立华中矿务局筹备处，产品为硫化铁。山东方面，接收有日本之华北矾土与华北轻金属矿业公司筹备处，其产品为铝。

二、现在状况

（一）特种矿品　第一、二、三区特种矿产管理处，于卅五年初，陆续迁回，恢复业务。惟因各矿品一度长期停发，故延到四月份，方可开始生产，截至本年三月底，共产收钨砂 2,300 余吨，另自滇省收购 3,700 吨。锑品 420 余吨，锡及锡砂 210 余吨（包括平桂局产量）。另滇省方面收购土锡 240 余吨，云南锡业公司产精锡 998 吨，较诸拟定产量，相去尚远。幸赖湘桂撤退时，运往后方滇、黔等地矿品尚多。在此一年内，陆续赶为转运出口，使对外易货偿债矿品，均能如数交足，并可有一部分自行对外销售。卅六年特种矿产之计划，产量为钨 7,500 吨，锑 5,000 吨，锡 2,050 吨。至卅五年营业损益，因该期矿品易售价，迄尚未奉行政院核定，尚难编列。而卅六年营业概算，亦因外汇汇率新近调整，各所正在编送中。

（二）其他金属矿产　1. 东北矿业公司于卅五年十月成立，当时接收单位达二十九处，除沈阳市区各工厂尚完整外，其他各矿厂之设备，多被苏军搬去或遭受大量破坏，上年短期中，大部分金属整理工作，无生产可言。卅六年计划生产压制铜品 200 吨，轻烧及烧镁 10,000 吨。2. 台湾铝业公司卅五年电熔铝锭 60 余吨，卅六年计划产铝锭 8,000 吨。3. 台湾铜矿筹备处上年无产量，卅六年计划产金 300 公斤银 500 公斤粗铜 1,000 吨。4. 华中矿务局上年无产量，卅六年计划产硫化铁 40,000 吨。5. 山东铝业公司无产量，卅六年计划产水泥 30,000 吨。

三、目前困难问题

（一）特种矿品　1. 一般商矿因复工需费较巨，即由本会酌予贷款，而复工费分摊于每吨生产成本亦加昂，故虽收价迭次特别提增，而矿商仍复观望者多。2.矿工缓招兵役案，迭商国防部，迄未准核定，因之在山矿工皆心怀畏惧，不能安心工作，有时且须逃亡。3.矿工食量，迭商粮食部及各该省府，多未允在公粮内价拨，大量在市收购，至属不易，且往往影响市价，而为地方所非难。4.内地运输，有时因军运关系，多所阻滞，不仅对外交货或致误期，而运费有时不免加昂。5.自办探采工程所需之器材，因外汇结购困难，致无法向国外购买，而国内所能收集之器材，亦因运输关系，未能照拟定计划运达到山。6.新公布钨锑收购条例对于私运，规定照公价八折收购，而无没收矿品之处分，故走私之风又炽。且矿方亦有囤存观望，希图随时增价之利益，皆感无法防制。

（二）其他金属矿品　1.设备被破坏者，为短期内无法规复。2.器材补充、存料或煤电供应，未能达到预期。3.经费与技术人员均有困难。

四、今后计划

（一）特种矿品　将来拟扶助民营，及随时调查矿山生产成本，参酌国际市价，提高收购公价外，尽力自办生产工程，以期逐渐增进产量，减低成本。现如赣省西华山、大吉山等之钨矿，桂省滇之锑矿，平桂矿务局之锡矿，皆积极进行，各项自产工程，于去年内完成后，一区方面可年产钨 10,000 吨，二区方面 500 吨，三区方面 500 吨，共 11,000 吨，二区方面可年产纯锑 10,000 吨，三区方面 500 吨，共 10,500 吨。云南锡业公司年产锡 5,000 吨，平桂矿务局 500 吨，第一区 200 吨，共 5,700 吨。资金大部分之取给，拟尽量利用卅五、卅六年营业盈余。

（二）其他金属矿品　1.东北金属矿业公司在一年内恢复沈阳、安东两冶炼厂大石桥镁矿。2.台湾铝业公司准备与加拿大铝业公司合营，现尚在进行洽议议中。3.台湾铜矿筹备处，因资金关系，暂利用银行借款，小量生产，以逐渐办到自给自足。4.华中矿务局先后恢复马鞍山硫化铁矿量生产，以其□力续营浙江象山莹石矿，现正计划中。5.山东铝业公司拟出售接收不必要之器材，用以修复铝厂，先行制造水泥，再以取得利润，修理调整制造铝氧设备，期于两年内达到年产二万吨铝氧之目的。

钢铁组业务概况

一、沿革综述

抗战军兴，海口逐渐封锁，外来器材，供应中断。政府西迁后，本会为供应战时钢铁之需要，逐于后方广建小型钢铁厂，以从事钢铁之生产，与技术员工之训练。

战事告终时，本会与美国麦基顾问工程公司订立顾问合同，由该公司派员来华勘查资源，本会就实际情形详与研讨后，由该公司拟具我国钢铁事业发展与实施步骤之全盘计划，以供本会采择。

抗战结束，本会即循既定方针，按部实施。于卅五年先后成立华中、华北、鞍山三钢铁公司。主持与兴建修复工作。又拟于兵工署合办四川钢铁厂，正在筹备中。原设内地各小型钢铁厂，除大渡口钢铁厂规模较大，仍继续生产外，余均停工，暂予保管。

原设内地各小型钢铁厂，除大渡口钢铁厂继续生产，以供军需后方钢铁需要外，余均停顿。威远铁厂与资蜀钢铁厂，则拟转让与四川省政府。接收东北、华北各厂，现均积极从事修复工作，并利用原有完善设备，复工生产。华中钢铁公司亦在进行筹划建设，并整理接收之设备。卅五年度本会各钢铁单位计产生铁1,300余吨，钢品 6,800 余吨，本年度计划生产生铁约 76,000 吨，钢品约 17 万余吨。

二、目前困难问题

（一）时局不靖，交通受阻，原料供给困难。

（二）经费短绌，且不能如期拨付，影响工程进度。

（三）必需向国外添购器材，以外汇短少，不能如期购办。

三、今后计划

本事业拟初期建设之钢铁厂，计有下列四处。

（一）鞍山钢铁公司　拟就原有设备，以日本赔偿拆迁设备，及向国外添购器材补充，于第三年后恢复年产钢品420,000吨，最后增达年产钢品900,000吨之能力。除国币创业费外，另需美金800万元。

（二）华北钢铁公司　拟就原有设备以日本赔偿拆迁设备补充不足，另向美国订购补充，于第四年后恢复年产钢品250,000吨，最后增达年产钢品400,000吨。除国币创业费，另需美金600万元。

（三）华中钢铁公司　拟新建主要设备，自日本拆迁并向美国添购设备补充，第六年起预定年产钢品375,000吨，最后增达年产钢品780,000吨。除国币创业费，另需美金1,600万元。

（四）四川钢铁厂　拟就大渡口钢铁厂电化冶炼厂资渝钢铁厂原有设备，以日本赔偿拆迁设备补充之，其新厂设于綦江之三溪镇，有炼焦炼钢设备，预订第五年起，年产钢品80,000吨，最后增到年产钢品850,000吨。

机械组业务概况

一、沿革综述

本会原在战时所办者，有中央机器厂、宜宾机器厂、甘肃机器厂、江西机器厂及江西车船厂等五厂。胜利后，在收复区接收敌产机械厂，计共二十七单位。年来经依据事实及业务情形，将宜宾机器厂结束，洽借民营。将甘肃机器、江西机器、江西车船等三厂，洽归省营。至所接收各地敌产，经分别改组为中央机器公司——原中央机器厂改属该公司——沈阳机车车辆公司、沈阳机器厂筹备处、台湾机械造船公司等四单位。又原属交通部之中央汽车配件制造厂，卅五年度起，亦由本会接办。此外在筹备中之事业，有中央造船公司与通用机器公司二单位。

以上共计七单位。在会中设有机械组主管各该单位。

二、现在状况

本事业生产设备分别列于各附属单位概况表中。至卅五年度业务情形及卅六年度计划生产情形，概括如左：

三十五年度主要产品产量之统计：

动力机：2,955 马力；工具机：37 部；作业机：253 部；自行车：3,922部；机车：4 辆；货车：75 辆；修造船舶 92,568 吨。

三十五年度营业收支情形：

收入 10,072,664,000 元，支出 10,389,195,000 元，亏损 316,551,000 元。

至卅六年度计划产量(包括在筹备中之中央造船及通用机器二公司)。

普通机械(工矿用)：2,800 吨；修船：250,000 吨；造船：2,000 吨；自行车：23,800 辆；机车 24 辆；货车 480 辆。

卅六年度营业预算，

收入 115,631,300,000 元；支出 107,965,277,500 元，预计盈余 7,666,022,500 元。

三、目前困难问题

目前最大困难，首推原料问题不能如期供应及周转资金之不足，其次为物价波动，影响人心，乃至生产效力减低。

四、今后计划

创办机械事业原系一最艰巨之工作，况吾人基础未固，立足不易，此后当重新加以彻底整理，俾可培植一优良执固之基础，此更有待于日本物资之迁建，以及美国生产贷款之实现也。

电工器材组业务概况

一、沿革综述

中央电工厂奉命分别接收之敌伪事业分在沪、津、汉、沈等地组织分厂，接办后之复工期，沪厂为卅四年十二月，津厂为卅五年一月，汉厂为卅五年二月，沈厂为卅五年十二月。原在后方之分支机构，有筑、兰两地电池支厂已予结束，而昆渝二厂，则仍继续生产。

中央无线电公司筹备处其前生为中央无线电器材厂，原有昆渝二厂现均已结束，接收敌人事业先后于卅五年七月及十月成立天津厂及南京厂。

中央绝缘公司筹备处至卅五年十二月始得往抚顺接收成立分厂，原存后方之筑厂结束，宜宾厂改为分厂。

中央有线电公司筹备处系卅五年四月成立，原有及接收器材系自中央电工厂所有者划拨。

此外结束者有江西电工厂及华亭电瓷厂二单位，已分别移让江西省政府及甘肃省当地人民。本会为综办计划考核调度等事宜，于三十五年九月设立电工器材组。

二、现在状况

本组各单位以中央电工器材厂最为健全，惟以接收之敌伪事业在华中、华北者，规模均较小，而东北者劫后余资，更有残缺不全之概，生产能力自受限制，但本年度生产量，仍尚可观，其他三单位均在筹备期间。其中中央绝缘公司筹备处，仍维持已往生产数量，而中央无线电公司及有线电公司两筹备处，则生产较少，须待新厂之建设。

三、目前困难问题

（一）制造方面，设备类多窳旧，而原料则因申请进口结汇均有困难。又如电工厂所需之矽钢片及铜料则在国外亦不易购到，故原料接济，时感不及。

（二）财务方面，物价飞涨及外汇率变动，影响预算，而器材添置，复仰仗国外输入。值兹外汇困难而英美贷款案内所订机料运抵上海后，复受物资供应之控制，须现款购买，定价与原价相差甚巨，更使周转困难。

四、今后计划

电工厂方面，将以湘潭为电机主厂，津沈二地为亚厂。电线在沪，电照在京，电池在湘，无线电在津京二地，绝缘及有线电亦均以南京为中心。技术合作，电工厂早于卅四年八月与美西屋电器公司签订合约，无线电与R.C.A拟订合约草稿已就，以无款暂悬。有线电则在英与兴通用公司进行中，一俟双方批准，即可签订。至绝缘公司，其产品一部分已包括于西屋之合约中。总之一切计划，均已确定。设备除可自日本赔偿中取得一部分外，仍须设法在美国采购配置，如美国借款能成立，一切进行顺利，则吾国电工基础，可以奠定。

化工组业务概况

一、沿革综述

抗战期间，本会所主办化工事业，计二十八个单位，或以设备简陋，或以销路阻滞，均相继结束，仅保留资川酒精厂及动力油料厂，供应西部交通需要。收复区接收敌伪化工事业，侧重于酸碱肥料等重工业，大小工厂共二十八所，经合并改组。如沈阳化工厂、天津化学公司、葫芦岛硫酸厂、沈阳橡胶厂、台湾碱业公司、台湾肥料公司等六单位。

二、现在状况

本组除中央锰肥公司尚筹备期间外，其余重要单位现况，分述如左。

（一）中央化工厂，现以制染料为主。本年拟制染料360吨。

（二）台湾肥料公司现以产磷肥及氰氮肥为主。其恢复工作进行甚速，本年度共拟产肥料54,000吨。

（三）台湾碱业公司恢复已大致完成。目前产品供不应求。惟设备补充不易，今年计划生产烧碱4,350吨、盐酸4,500吨。

（四）天津化学公司情况与台碱略似，但营业状况不如，今年拟产烧碱约2,000吨、盐酸800吨。

（五）沈阳橡胶厂初步恢复工作，已迅速完成。到五月底可制外胎，今年计划拟生产约值29,000百万元之产品。

三、目前困难问题

接收各厂机件均属陈旧。虽已勉强复工，但修补器材来源困难，复以资金短少，周转艰难。新建事业则以创业费未着，外汇尤绌。计划早经拟妥，无法推进。

四、今后计划

本会遵照行政院指令，今后事业方针，将着重于酸碱及肥料之增产。除拟以日本拆迁工厂扩充原有事业外，并拟积极取得外资，藉以充实肥料等工业。

糖业组业务概况

一、沿革综述

本会以抗战胜利前，曾与中国银行合办中国炼糖公司，厂设于四川内江，规模甚小，而制法亦较简单。胜利后，接收台湾糖业，当时为使其仍能继续生产，并便于接收起见，特将接收过程，划为“监理”与“接管”两时期。监理期内，各单位日常事务及生产工作，均由原有人员负责，照常推进，唯款项之周转，物料之移动，以及其他较重要事项，须经监理人员核准，一面并调查各该监理单位之资产、股权、债权、债务及已往生产情形，与投降后监理前物资之移动以及保管情形。至于监理单位，计有日糖兴业（十五厂），台湾制糖（十二厂），明治制糖（八厂），盐水港制糖（七厂）等四大株式会社，及一部分与糖业攸关之株式会社。监理时期，自卅四年十二月至卅五年四月止。五月开始正式接管，由各原监理单位，经办之日人，将应移交之财产、物资、帐目、文件及图籍等，造具清册，逐一移交。嗣奉行政院令，台湾糖业由本会与台湾行政长官公署合办，乃组织台湾糖业有限公司，于卅五年五月一日成立，并将原有四大制糖株式会社，改组为一、二、三、四分公司。直隶总公司。

二、现在状况

本事业以台湾糖业有限公司为主，兹就该公司种种述之，亦可概括本业现况也。台湾总公司设于台北，办事处设于上海，第一分公司设于虎尾，第二分公司设于屏东，第三分公司设于麻豆，第四分公司设于新营，并于屏东设甘蔗研究所，共辖粮厂三十六所。每日榨蔗总能力为64,000吨。三十六厂中，十四厂为粗糖制造设备，十七厂为碳酸法制糖设备，五厂为亚硫酸法制糖设备。卅五年度共产糖86,000吨，卅六年度计划产糖量为100,000吨（为使下年度生产量增加起见必须留一部分甘蔗，作下年度蔗苗之用，故本年度产量较少）。

该公司卅六年营业收支概算如左

本年度营业收入：6,296,260,000台元。营业外收入：63,740,000台元。营业支出5,610,000,000台元。营业外支出550,000,000台元。盈余200,000,000台元。

三、目前困难问题

目前台糖生产之困难问题，约计如下列各点。

（一）材料　各糖厂于战争时期，大抵均遭盟军轰炸，破坏程度不一。我国接管后，拟积极修复，但因材料缺乏，国内又不易采购，故对于恢复工作，大有影响。

（二）资金　台糖公司所有及流动资金，均向银行借支。但银行往往以银根紧急，滞迟付款，致公司资金常周转欠灵。

（三）肥料　台湾蔗农惯用化学肥料，且土质也适宜用此，故每年化学肥料消耗量为数极大。然我国自产化学肥料为数不多，仍须赖国外输入，采购极感困难。

（四）台省治安　糖业之经营，与普通工业截然不同，盖经营糖业，首重农务，且自办运输，故其他地方秩序之牵连至大。台湾年来经济凋敝，盗窃如毛，铁轨、枕木、电杆、电线乃至甘蔗均被盗窃，损失甚大。此为经营台湾糖业之一大困难。

四、今后计划

台糖公司拟于五年内恢复年产90万吨之产量。兹将各年计划列表如后。

年份	种蔗面积（甲）	每甲产蔗量（公斤）	产糖率	预计产糖量（公吨）	准备开工厂数
三五/三六	三五，〇〇〇留苗三五，〇〇〇 压榨一〇，〇〇〇	三〇，〇〇〇	10%	三〇，〇〇〇	一〇
三六/三七	九〇，〇〇〇留苗二〇，〇〇〇 压榨七〇，〇〇〇	三五，〇〇〇 四〇，〇〇〇	11%	三七〇，〇〇〇 三〇〇，〇〇〇	二七
三七/三八	一一〇，〇〇〇留苗二〇，〇〇〇 压榨九〇，〇〇〇	四〇，〇〇〇 五〇，〇〇〇	11%	四〇〇，〇〇〇 五〇〇，〇〇〇	三一
三八/三九	一三〇，〇〇〇留苗三〇，〇〇〇 压榨一〇〇，〇〇〇	五〇，〇〇〇 五〇，〇〇〇	11%	五五〇，〇〇〇 六五〇，〇〇〇	三一
三九/四〇	一五〇，〇〇〇留苗三〇，〇〇〇 压榨一二〇，〇〇〇	六〇，〇〇〇	11-- 12%	七七〇，〇〇〇 三八〇，〇〇〇	三一

水泥组业务概况

一、沿革综述

战前吾水泥事业，大部均系民营，民国廿六年全国产量约为100万吨，差可供应本国需要。抗战胜利后，本会奉令接办日人经营水泥事业，台湾有高雄、苏澳及竹果三厂，年产量最大可达70万吨，唯因战时遭美机轰炸，损坏极大，本会于民国卅五年五月正式接办，成立台湾水泥公司，一面继续生产，一面积极整修。华北有琉璃河、锦西二厂，最大年产量约30万吨，唯因二厂均自日本拆迁而来，机械十分陈旧，接收时生产均已停顿，本会于民国卅五年五月接办琉璃河厂，十月接办锦西厂，成立华北水泥公司。琉璃河厂于卅五年五月开始生产，锦西厂于本年二月开始生产。东北方面日人经十四年之经营，建有水泥厂十三个，惟因环境复杂，经本会接办者，仅本溪、小屯、宫原、泉头、吉林、鞍山、抚顺、辽阳等八厂，其中大部分机械被劫，厂房被毁，目前尚能恢复生产者，仅本溪、小屯二厂，该二厂之最大年产量为40万吨。辽宁水泥公司于卅五年十月成立。

二、现在状况

（一）台湾水泥公司

1. 高雄厂　该厂成立于民国六年，为前浅野及台湾两水泥株式会社合并而成，有回转窑三座，原料磨七部，水泥磨六部，发电机四座，可发电力 11,000 千瓦，最大年产量 400,000 吨，惟因机械陈旧，加以美机轰炸损失，卅五年五月至十二月间仅产水泥 57,500 吨，预计本年度可产 80,000 吨。

2. 苏澳厂　成立于民国卅一年，为前化成及石灰石两株式会社合并而成，有回转窑二座，原料磨三部，水泥磨三部，发电机二座，发电 4,500 千瓦，最大生产能力 180,000 吨。去年因两度台风为灾，五月至十二月间生产水泥 16,500 吨，预计本年可产 45,000 吨。

3. 竹东厂　成立于民国卅五年，接收时工程仅完成百分之七十，台湾水泥公司成立后，继续兴工，于去年七月初完工开始生产，该厂有回转窑一座，原料磨水泥磨各一部，最大年产量 110,000 吨。去年度因原料运输工程尚未完成，仅产水泥 2500 吨，预计今年可产 25000 吨。

以上三厂卅年度营业收入计 144,400,000 万台元，支出 130,000,000万台元，盈余 1,400 万台元。本年度预算营业收入 456,432,000 台元，营业支出 416,832,000 台元，可得盈余 48,600,000台元。

（二）华北水泥公司

1. 琉璃河厂　成立于民国卅三年，机械均自日本拆迁而来，故已十分陈旧，有回转窑四座，原料磨水泥磨各二部，发电机一座，发电 3,000 千瓦，最大年产量 150,000 吨，卅五年五月至十二月间，共磨水泥 5,431 吨，预计本年度可产 80,000 吨。

2. 锦西厂　成立于民国廿七年，战后一部分机械被毁坏及劫走，原有回转窑二座，原料磨、水泥磨各二部，发电机一座，可发电 6,000 千瓦，最大年产量 150,000 吨，去年度因接办伊始，须大事整修，故未生产，本年二月开始生产，预计全年可产水泥 60,000 吨。

以上二厂卅五年度营业收入 3,393,810,000 元，营业支出 2,967,810,000 元，盈余 326,000,000 元，本年度预计营业收入 330 亿元，支出 310 亿元，盈余 20 亿元。

（三）辽宁水泥公司

1. 本溪厂　成立于民国廿四年，有回转窑一座，原料磨水泥磨各三部，原有发电机二部，可发电 8,000 千瓦，战后被劫走，最大年产量可达 250,000 吨，卅五年度接收伊始，致力于整修工作，并无生产，今年度限于煤斤电力及运输困难，预计产量仅 25,000 吨。

2. 小屯厂　成立于民国卅□年，设备较他厂新，有回转窑一座水泥磨原料磨各一部，生产能力每年 150,000 吨，卅五年亦无生产，预计本年度产量 25,000 吨。

以上二厂卅五年度未生产，故无营业收入支出，今年度预计收入 15 亿元流通券，支出 14.85 亿元流通券，盈余 1,500 万元流通券。

三、目前困难问题

以上三公司生产最感困难者为辽宁水泥公司，除机械必须补充外，煤斤电力运输均成问题。此外华北之琉璃河厂，环境不靖，亦时有停工之虞。

四、今后计划

除日本旧厂接办外，尚有新厂计划，新厂拟设于湘南柳州附近，盖我国西南各省水泥工业尚未发展故也。新厂计划产量每日 500 吨，估计需美金 300 万元。该项初步计划，已呈送行政院，期于 5 亿美金贷款中划用，此外尚有华北及辽宁二水泥公司，机械补充经费各 100 万美元，已一并送呈行政院在美贷款项下拨用。

台湾三厂之改进计划，已与美国 General American Transportation Corporation 订约，全部经费美金 283 万元，联总及

四次美贷项内可拨 213 万元，所缺 70 万元尚须筹划。去年年尾在美已开始订购器械，今年六月底前，大部分可运抵台湾。预计卅七年度台湾三厂，可达每年 70 万吨最大产量。

纸业组业务概况

一、沿革综述

卅五年三月本会奉命接办经济部接收之天津东洋造纸厂及协和造纸厂，成立天津纸浆造纸公司，五月接收台湾兴业株式等五厂，与台湾省行政长官公署，以六与四资金比例，合办台湾纸业有限公司。九月复接收东北日人所经营锦州纸浆、钟渊制纸、满洲林产化学等三会社。及十一月接收安东区一个纸厂，合并定名为辽宁纸浆造纸有限公司，共计纸公司三。辖纸厂十二，各厂除少数在修复中者外，开工者有八厂。本会以各厂购办原料添配器材机器厂房之修理等项，所需修复费用之审核，营业之计划审查，流动资金之调拨，以及工资之接洽等项，事物纷繁，遂于九月份成立纸业组，专司上项事宜。

二、现在状况

台湾纸公司计有制纸机九台，制纸浆机三台，纸板机一台，蔗板机六台，津纸公司制纸机五台，纸板机一台，辽纸公司制纸机九台，制纸浆机一台，纸板机一台，苇田 70 万亩。卅五年度本会拨台纸公司修复费 2,500 万元台币（核定 1,680 万元超拨数于今年已扣回），流动金国币 6 亿元，辽纸公司修复费流动券 6,100 万元，流动金流动券 3 亿元，津纸公司流动金 5,650 万元。迄目前止，恢复最快者，为台纸公司，各厂已完成百分之七十以上，津纸公司次之，辽纸公司则因环境特殊，接收最迟，修复较缓。除台纸公司接近预算标准外，辽津二纸公司仅及预算产量之半。主要原因在流动资金未能如期拨到，器材添配又因外汇不易取得而迟迟到厂，兼以工潮澎湃，调解费时，兹未能达到预期目的。兹列表如左（单位公吨）：

公司名称	出　　品	计划产量	实际产量
台纸公司	纸及纸板	三八八〇	三六七七 外蔗渣纸板 6659 张
辽纸公司	纸及纸板	七八六	二四二
津纸公司	纸	二一五〇	九四五

卅六年度产量。

卅六年度纸张产量兹列表如下(单位公吨)：

公司名称	一月份产量		二月份产量	
	计划	实际	计划	实际
台纸公司	三八〇	二五一	以事发报告未到	
津纸公司	一六五	一八九	一六五	一五一
辽纸公司	九〇	五七	三四〇	一三一

卅五年度营业收支除台纸公司勉可相抵外，其津纸公司约亏五亿元，辽纸公司约亏七亿五千万元，至本年度计划产量与营业收支概算列表如下：

公司名称	预计每月产量	营业收入	营业支出	估计盈亏
台纸公司	纸及纸板七十七吨 木材三百五十石	台币九七五百万元	八六六百万元	一〇九百万元
津纸公司	纸及纸板二十吨	法币一六，一二九百万元	一四，七二二百万元	一，四〇七百万元
辽纸公司	纸及纸板三十吨 浆四吨	流通券二，五三八百万元	二，二三八百万元	三〇〇百万元

三、目前困难问题

(一)流动资金缺乏　查辽津两纸公司，收购芦草均在春季，一次收购备全年之用。本会已代向四联总处接洽贷款，计津纸公司国币25亿元，辽纸公司流通券一亿元又国币23.5亿元，然此数仅能收购半数，其余半数款项，仍须添筹。至台纸公司流动资金，已由该公司径向台湾银行接洽中。

（二）原料及器材添配困难　查设备方面铜丝网及毛毯产自日美，又原料方面硫磺木浆又产自外国，价购则外汇不易核准，易货又不能急切办到。

四、今后计划

（一）各厂原料自给　计划将台纸公司台南厂改建为木浆厂，并将来接办东北收复区之木浆厂，增制木浆，供给津辽两厂之用，又硫磺拟以□□□□□□替代，曾与华中矿务局商洽供给方法，惟需以能田硫酸厂让得烧炉，并能提净灰分为前提。

（二）器材补充　毛毯布沪市已有出产，惟使用效力，远不如外货。兹正商供给厂家，研究改善，一面因外汇困难，对铜丝网毛布等尽量商向日本易货中。

附各公司概况表〔缺〕

〔资源委员会档案〕

5. 资源委员会复员以来工作述要

（1948年1月）

复员以来资源委员会工作述要

第一章　沿革组织及事业分布状况

本会之前身，为国防设计委员会，设于民国二十一年十一月，隶参谋本部，工作注重全国资源调查与国防经济研究设计。二十四年四月，改组为资源委员会，为军事委员会之直辖机关，其任务在发展全国资源，经办国防工矿事业。当时所注重者，尤在腹部国防经济之独立。进行方针为先在湘、鄂、赣之煤铁，以为钢铁中心，并筹建中央钢铁厂于湖南。举办机器厂、电工器厂、无线电制造厂，以立机械工业基础。洽设煤液化厂及氮肥工厂，以奠化工初基，并备国防需要。对于重要矿产，如烟煤、石油、铜、铅、锌、锡、汞等，以及湘、赣与西南之水力，富源所在，均经详为测勘，准备开发，间亦聘用外国专家，并商定技术合作，以利工作之进行。

惟创业未成，情势中变，民国二十六年秋间，实行对日抗战。其时政府方针决为长期战争以求胜利，并凭据西部地方以作基础。依此国策，本会地位职掌及工作区域均经订正，就机关地位言，因战时政府组织特重简化，故本会改隶于经济部指挥之下。就职掌言，为划清权限，于组织条件中，厘定本会职责，为创办经营管理基本及重要工矿电事业，并合并建设委员会等机关，以策权；就工作区域言，长江腹部区域，暂行舍置，以后建设，特重在川、滇、黔、桂、陕、甘、青、康等内地省份，创立生产中心，以期巩固国力，支持抗战。

内地工矿事业本无基础。本会战时工作，首重在后方各地设置电厂，开发煤矿，广为分布，以利生产。西南、西北交通，全赖公路，液体燃料所不可缺用，乃开发油矿，多产酒精，并创由植物油提取轻油，以资供应。抗战时期，日人封锁虽殷，而吾国后方陆路运输所需之液体燃料，自行生产，勉能自给，实由本会当时倡导经营所致。钢、铁、铜、铅、锌为基本金属原料，分在川、滇、康等地采收冶炼，就近供给。租借法案施行以前，外援难得，所有借款及易货协定皆赖出口物资，外运抵偿，因之加强统制钨、锑、锡、汞等出口矿产，长期外运，以维国信，并以供应友邦战时用途。战时机器工具、动力设备、通讯及照明器材，需要殷切，本会电工及机器工厂设备较充，尽力增产。此外，西北、四川之油源，西南之磷、铅，川、黔、滇、甘之水力，均经详细调查，试加利用。经过情形，具见后章。

维时器材缺乏，识验未充，勉力奋斗，以期必成，核其细节，曲折短长，在所不免，而衡其大体，则开创发挥，尚具成效，尤以艰苦之中，辛勤缔造，用心衡虑，激励智能。技术方面略有贡献者，如甘肃玉门油矿，僻处边陲，初期凿井炼油，皆由自创。植物油提炼轻油，由我作始。纯锑、炼锡成分向来稍低，研精提炼，已达上等标准。纯铁、合金钢、电铜、电锌，于简陋设备之中，初期炼制，均合规范。二千千瓦汽轮发电机，与一千五百千瓦电动机之制造设计，亦为国内创举，其他细节，可举尚多。

又重要者，战前我国工矿事业，规模甚狭，专赖私家经营，容纳人才范围，甚为有限，智能之士，往往身怀长技，莫由发抒。战时因时势需要，并藉爱国热忱，延集专才，同赴国难，以实地之工作，供技能之锻炼，八年以来，网罗训练，所获颇多，并择优遣送国外，广其见闻，以为准备。战后接收沦陷区事业规模宏巨，勉能支应，未大陨越者，亦赖有战时事业为其基础也。

胜利以后，本会奉令接办敌伪之重要工矿事业，其时乃隶于经济部指挥之下。迨三十五年初，本会组织法经立法院修正，同年五月起，改为直隶于行政院。本会置委员长一人，特任。副委员长一人，简任。委员十一人至十五人，由行政院聘任。委员长综理会务，监督所属事业及人员，副委员长辅助委员长处理会务。本会委员会议，由委员长召集之。至于内部组织，亦因变更，除设有秘书处、财务处、总务处、会计处及参事室、人事室、统计室外，关于业务方面，本会战时组织，设立工矿电三处，战后事业增多，新组织中设业务委员会，分为电力、煤、石油、金属矿、钢铁、机械、电工、化工、糖、水泥、纸及综合等组，以期各能专注。又为加强各单位间之联系，及便于集中办理对外接洽等事项起见，在国内外各事业集中地点，设立办事处，以收业务推进之效。现有东北、平津、上海、重庆、台湾等五所。另在纽约设驻美代表办事处。

关于附属机构，可分为两个系统。其一，为生产机构，即直接从事于工矿电之生产事业者。其二，为服务及研究机构，不直接生产而协助本会各事业之进展者。对于单位较多、业务较繁之事业，特设管理机构，以期分层负责。如关于电厂，设有电业管理局，关于各电力单位之业务，除重要事项呈会核定外，得由电业管理处处理。煤矿，设有煤业总局。钨、锑、锡出口矿产，与钢铁以外之铜、铅、金、银、铝等金属矿，设有金属矿业管理处。钢铁事业，设有钢铁事业管理委员会，其性质与电业管理处相似。其他各业，石油及糖皆由一公司统辖。机械、电工、化工、水泥、纸等事业，暂由会内业务委员会主管组直接管理。至各生产单位规模亦有不同，有仅包括一厂一矿者，有所属厂矿，分布各地者，皆因历史与事实之关系，本会方针，则在尽量使较小之生产机构，合并为一个单位，以期管理调度，较易集中，并在可能范围内，组设公司，以期充分实现企业精神。关于服务及研究机构，则关于对外贸易，设有国外贸易事务所。关于材料供应，设有材料供应事务所。关于会属保险，设有保险事务所。关于电报通讯，设有电信事务所。此等服务机构，大抵规定为委托性质，生产机关得按实际需要选择委托，不加强迫，以增加其工作效率。其属于研究性质者，则关于矿产资源之勘测，设有矿产勘测处。关于水利资源之探测设计，与一部分实际开发工作，设有全国水力发电工程总处。关于经济环境与市场需要之研究，设有经济研究所。其详细组织系统，见附列本会组织系统图(下页)。

至于本会所经办电力、煤、石油、钢铁、金属矿、机械、电工、化工、糖、水泥及纸等十一类生产事业之实际分布状况，则截至民国三十六年十二月底止，本会共有生产事业九六个单位，各单位之下又有附属厂矿，共计二九一单位，总共职员三二九一七人。内技术人员一三三四三人，管理人员一九五七四人。工人一九〇八五八人，内技术工人九四〇八九人，普通工警九六七六九人。兹按事业种类，列表如后：

本会经办生产事业一览表

民国三十六年十二月

事业名称	总机构所在地	附属单位数目	员工共计	职员		工人		备注
				技术人员	管理人员	技术人员	普通工警	
总计		二九一	二二三,七七五	一三,三四三	一九,五七四	九四,〇八九	九六,七六九	
电业		三八	二五,五三四	二,四二一	六,〇三二	八,六〇〇	八,四八一	
东北电力局	沈阳	一五	六,七四五	七二一	二,〇九二	二,七七七	一,一五五	内有四单位已失陷
冀北电力有限公司	北平	四	五,六三一	四〇一	一,四〇九	七四三	三,〇七八	
石微电厂	石家庄							被共匪攻陷
青岛电厂	青岛	一	一,一一四	八四	二三七	四〇二	三九一	
西京电气股份有限公司	西安	二	五七五	四五	八三	一三四	三一三	
兰州电厂	兰州		二七七	三三	四一	七九	一二四	
天水电厂	天水		一三六	一〇	二四	三五	六七	
安庆电厂	安庆		一二三	一〇	二六	二三	六四	

续上表

事业名称	总机构所在地	附属单位数目	员工共计	职员		工人		备注
				技术人员	管理人员	技术人员	普通工警	
万县电厂	万县		二一七	一七	三七	五五	一〇八	
鄂南电气股份有限公司	武昌	二	七六三	六五	九〇	一六七	四四一	
长寿电厂	长寿		二六八	二六	三二	七九	一三一	
泸县电厂	泸县		二三七	一八	三七	六一	一二一	
自流井电厂	自贡市		二七一	二〇	四二	八二	一二七	
宜宾电厂	宜宾		四五三	二六	五四	一四五	二二八	
岷江电厂	五通桥		四三八	二六	六一	一二三	二二八	
都江电厂	灌县		二九五	二五	三九	一四九	八二	
台湾电力公司	台北		四,八〇四	六二六	一,二〇二	二,三七九	五九七	
湖南电气股份有限公司	长沙	三	五三七	六五	一〇〇	一七五	一九七	
广州电力有限公司	广州		一,二五六	七三	二二九	六二四	三三〇	

续上表

事业名称	总机构所在地	附属单位数目	员工共计	职员		工人		备注
				技术人员	管理人员	技术人员	普通工警	
柳州电力有限公司	柳州		一七八	一八	三三	四六	八一	
海南电厂	海南岛		一九一	一五	三〇	四六	一〇〇	暂以十月份数目估列
贵阳电气股份有限公司	贵阳	二	四六七	四五	五八	一一三	二五一	内并入修文河水力发电工程处
昆湖电厂	昆明		四四八	三六	五八	一四九	二〇五	
皖南电厂筹备处	马鞍山		一一〇	一六	一八	一四	六二	
煤业		四三	八二,一二八	二,九二七	三,一八二	三九,九六七	三六,〇五二	
抚顺矿务局	抚顺	八	三九,二八〇	一,九八四	九九五	二八,〇八六	八,二一五	
西安煤矿有限公司	西安	四						被共匪攻陷
阜新煤矿有限公司	阜新	六	一六,八二六	二五四	三九四	五,一〇二	一一,〇七六	受共匪毁损

续上表

事业名称	总机构所在地	附属单位数目	员工共计	职员		工人		备注
				技术人员	管理人员	技术人员	普通工警	
北京煤矿有限公司	北京	五						被共匪攻陷
烟台煤矿	烟台		三,二三三	七〇	一六四	一,八一五	一,一八四	受共匪侵扰
营城煤矿	营城		六,四七八	一九五	四〇九	八五二	五,〇二二	曾受共匪侵扰
长城煤矿	秦皇岛		一,九〇七	一六	八二	三二一	一,四八八	
大同煤矿整理委员会	大同		一,九三八	九〇	一九五	四八八	一,一六五	曾受共匪毁损
井陉煤矿有限公司	北平	三	三三九	六	八四	一一七	一三二	被共匪攻陷
宜洛煤矿有限公司	洛阳							被共匪攻陷
淄博煤矿有限公司筹备处	济南	二	一,五八二	五二	一八二	七七九	五六九	
赣西煤矿局	萍乡	三	一,五七二	三四	一四四	九六〇	四三四	

续上表

事业名称	总机构所在地	附属单位数目	员工共计	职员		工人		备注
				技术人员	管理人员	技术人员	普通工警	
永邵煤矿局	零陵	二	七二一	一五	三五	一〇〇	五七一	
中湘煤矿局	长沙	二	三二九	一三	五一	四五	二二〇	
湖湘煤矿	长沙		七一四	二四	六二	一二五	五〇三	
湘江煤矿有限公司	湘潭		一,〇五一	七五	一一〇	三三一	五三五	
南岭煤矿有限公司	乐昌		四四一	一六	四八	四三	三三四	
贵州煤矿有限公司	贵阳	二	六〇三	一一	二八	七二	四九二	
明良煤矿局	宜良	二	一,一一一	三六	八四	三八四	六〇七	
威远煤矿公司	威远	二	二,七三八	二四	七五	二二七	二,四一二	
石油业		四〇	一四,五九八	九二四	一,四六〇	五,四六五	六,七四九	
中国石油有限公司	上海	一七	一三,六二六	六六六	一,一九三	四,八五〇	六,七一七	

续上表

事业名称	总机构所在地	附属单位数目	员工共计	职员		工人		备注
				技术人员	管理人员	技术人员	普通工警	
中国油轮公司	上海	油轮二三艘	九七二	二五八	六七	六一五	三二	
金属矿业		五〇	一六,二三八	六一七	一,四二八	三,六五九	一〇,五三四	
东北金属矿业有限公司	沈阳	八	六八一	五三	一三四	一八四	三一〇	多为共匪攻陷
山东铝业公司筹备处	青岛	二	五二	八	二一	七	一六	
华中矿务局	南京	五	一,一五五	二七	九一	三六八	六六九	
台湾金铜矿务局	基隆	一	二,二八七	七八	六二	一,四二五	七二二	
台湾铝业公司筹备处	高雄	二	一,一〇七	七〇	五九	三四八	六三〇	
第一区特种矿产管理处	赣县	八	一,六五八	八一	四〇九	一八一	九八七	
第二区特种矿产管理处	长沙	五	[illegible],四九〇	一〇〇	一八五	三四九	八五六	

续上表

事业名称	总机构所在地	附属单位数目	员工共计	职员		工人		备注
				技术人员	管理人员	技术人员	普通工警	
第二区特矿处锑品制造厂	长沙	一	二六九	一八	三二	一一七	一〇七	
第三区特种矿产管理处	广州	六	六八六	五三	一五八	一五二	三二三	
平桂矿务局	八步	四	二,一三四	三三	一三二	五二五	一,四四四	
滇北矿务局保管处	会泽	三	九四六	三	一七	三	九二三	
云南锡业股份有限公司	昆明	五	三三,七七三	九三	一二八		三,五五二	
钢铁业		八	三三,一七〇	一,一八三	一,七五三	一六,〇六〇	一四,一七四	
鞍山钢铁有限公司	鞍山	二	一九,九一三	三八三	六六〇	八,九八九	一,八八一	为共匪攻陷
本溪煤铁有限公司	本溪湖	二	九,五二一	三四七	二五七	三,三三一	五,五八六	受共匪侵扰

续上表

事业名称	总机构所在地	附属单位数目	员工共计	职员		工人		备注
				技术人员	管理人员	技术人员	普通工警	
华北钢铁公司	石景山	三	四,二一〇	二〇三	三四〇	一,六二六	二,〇四一	十月份数字
华中钢铁公司筹备处	大冶		八三〇	三〇	七九	一七一	五四九	
电化冶炼厂	綦江		三七四	二一	三八	三五	二八〇	
大渡口钢铁厂	重庆	一	四,五八五	一四四	二〇八	一,五八〇	二,六五三	
綦江铁矿	綦江		四六七	一二	四二	一一六	二九七	
四川钢铁厂保管处	重庆		一四三	八	二六	一三	九六	十一月份数字系估计数
海南铁矿筹备处	海南岛		一,〇七五	三三	九五	一九六	七五一	
云南钢铁厂	昆明		五二	二	八	二	四〇	
机械业		一〇	九,〇一五	六〇三	七五九	五,〇四七	二,六〇六	

续上表

事业名称	总机构所在地	附属单位数目	员工共计	职员		工人		备注
				技术人员	管理人员	技术人员	普通工警	
沈阳机车车辆制造公司	沈阳	三	二,四六四	一七一	一八二	一,五一四	五九七	
中央机器有限公司	上海	五	三,八九五	二三三	二八八	二,三二六	一,〇四八	
中央造船有限公司筹备处	上海		九八	三四	二六	八	三〇	
通用机器有限公司筹备处	上海		一八五	二五	四一	五二	六七	
中央汽车配件制造厂	重庆		一二一	九	二〇	四五	四七	
台湾机械造船有限公司	基隆	二	二,二五二	一三一	二〇二	一,一〇二	八一七	
电工业		一四	四,六九七	六六四	六三九	一,九七五	一,四一九	

续上表

事业名称	总机构所在地	附属单位数目	员工共计	职员		工人		备注
				技术人员	管理人员	技术人员	普通工警	
中央电工器材厂	南京	七	二,八九三	三七八	三七八	一,二〇二	九三五	
中央无线电器材有限公司筹备处	上海	四	九六〇	一七六	一二七	四七〇	一八七	系以十一月份数目代为估列
中央有线电器材有限公司	南京	一	一二二	五四	一七	二八	二三	
中央绝缘器材有限公司	南京	二	七二二	五六	一一七	二七五	二七四	
化工业		三〇	七,一八〇	五一九	七五六	二,一一四	三,七九一	
沈阳化工厂	沈阳	二	四三三	四三	五〇	二一八	一二二	
沈阳橡胶厂	沈阳	分厂一 通讯处四	九五一	一〇五	一二一	五四二	一八三	
葫芦岛硫酸厂	葫芦岛		二〇五	一六	二六	九一	七二	

续上表

事业名称	总机构所在地	附属单位数目	员工共计	职员		工人		备注
				技术人员	管理人员	技术人员	普通工警	
天津化学工业有限公司	天津	分厂二 办事处一	九七一	六三	六一	一〇一	七四六	
中央化工厂筹备处	上海	二	三二三	四五	六六	七七	一三五	
中央錏肥有限公司筹备处	南京	办事处一	三九	一〇	一四		一五	
资川酒精厂	资中	营业所二 通讯处三	四三四	二六	六八	九二	二四八	
台湾肥料有限公司	台北	分厂五 办事处一	一,七一四	九五	一六七	六八三	七六九	
台湾碱业有限公司	高雄	分厂三 办事处二	一,五二七	二五	一五九	二九一	九六二	
锦屏磷矿公司	海川	通讯处一	五八三	一	二四	一九	五三九	
糖业		四〇	二一,六三八	二,八八七	二,四七七	八,四四九	七,八二五	

续上表

事业名称	总机构所在地	附属单位数目	员工共计	职员		工人		备注
				技术人员	管理人员	技术人员	普通工警	
台湾糖业有限公司	台北	分公司四糖厂三六	二一,六三八	二,八八七	二,四七七	八,四四九	七,八二五	
水泥业		七	四,五五二	二六一	四七九	一,二八六	二,五二六	
辽宁水泥有限公司	沈阳	二	一,〇一六	五〇	一二五	四一八	四二三	系以十一月份数字代为估列
华北水泥有限公司	北平	二	七四九	六六	六六	一六一	四五六	
台湾水泥有限公司	台北	三	二,七八七	一四五	二八八	七〇七	一,六四七	
纸业		一一	五,〇二五	三三七	六〇九	一,四六七	二,六一二	
辽宁纸浆造纸有限公司	沈阳	三	一,一五四	七四	一四三	五七三	三六四	十一月份数字系辽宁一厂职工数字
天津纸浆有限公司	天津	二	六〇二	三七	六八	二八二	二一五	
台湾纸浆造纸有限公司	台北	六	三,二六九	二二六	三九八	六一二	二,〇三三	

以上各事业在全国生产中，各占相当地位，以民国三十六年生产量而论，电力占全国百分之五十以上。煤矿占百分之三二点五。石油则国内之生产及提炼，全部由本会经营，在市场中供应全国需量百分之二十。钢铁除上海有炼钢能力日产二十五吨，山西有产铁炼钢能力年产十一万吨外，其他均属于本会，约每年二十万吨。惟因东北设备经俄军拆迁，共党破坏后有待恢复。三十六年度计划产钢铁品十一万吨，占全国产量百分之八十，可供全国需要量三分之一。钨、锑、锡等出口金属矿产，亦大多数由本会生产或收购。水泥产量，约占全国百分之四十。糖三十五年至三十六年度产量，占全国百分之三十左右，三十六年至三十七年度计划产量三十万吨，占全国百分之六十五以上。纸占百分之二十二左右。机械、电工、化学工业等产品，种类较为复杂，不能一一枚举，但如机械之机车、货车、工具机、作业机，以及电工之电线、变压器，化工之烧碱、肥料等等，由本会所产者，皆占全国产量之重要部分。

关于地域之分布，本会在于收复区之事业，以接收敌伪事业为主，东北、华北、台湾三区，因接收事业较多，成分较重，华中、华南区域接收事业规模较小，而所拟筹建之事业，又因日本赔偿实行迟缓，国外贷款尚无成议，多在准备时期，故目前重心偏在东北、华北、台湾三区。惟东北、华北事业，迭经共匪肆扰，损失均极惨重，在时局安定以前，颇难积极恢复。故以后方针不能不注重安全区域之复兴与建设。

各生产事业生产价值，在三十六年共为五万二千四百余亿元(按七月份价格计算)，其中以东北区所占数目为最大，华北区次之，台湾区又次之，华中、华南区最小。兹将各区生产价值，列表如左：

民国三十六年各区生产事业生产价值表

单位:国币亿元

区域别/事业别	东北	华北（包括西北）	华中（包括四川）	华南（包括西南）	台湾	总计
电力	五,四七三	六,八七三	四四九	一,四六一	九一四	一五,一七〇
煤矿	七,六九五	一,三一七	二,〇一六	二四二	——	一一,二七〇
石油	一五七	三二一	一四	——	七二八	一,二二〇
金属矿	一四九	——	一,二三六	四三八	一五八	一,九八一
钢铁	三,二〇九	五一八	一,二二三	——	——	四,九四九
机械	一,六二二	一九〇	七九	八八	五九九	二,五七九
电工	五四八	五二七	六一九	一六〇	——	一,八五四
化工	五四三	二,三四八	三三七	——	一,六三四	四,八六三
糖	——	——	——	——	四,三二六	四,三二六
水泥	七六八	四〇三	——	——	一,四四三	二,六一四
纸	一七七	三九三	——	——	一,〇四五	一,六一五
共计	二〇,三四二	一二,八九〇	五,九七三	二,三八九	一〇,八四七	五二,四四二

第二章　基本方针及服务信条

关于本会基本方针，历来注重建立国家资本，扶助民营事业，筹划全国工业之建设及发展。本会翁委员长文灏于民国三十六年八月四日第一次委员会议中，特为明确宣示，并对同人服务信条剀切指示。兹特录述如左：

……抗战八年，备尝艰苦，民国三十四年八月，日本投降，失地收复，日人所置之工矿事业，为数颇多，行政院居中处理，分别接收交归本会经办者，类为重大单位，已毁者认真修复，已停者努力重开，布置经营，弥益重繁。三十五年五月政府迁返首都，将本会作为行政院直辖机关，专任国营基本生产事业之责。自创设以迄今，兹逐步进行，本会遂成国营工矿事业之专管组织，与交通部之主办路航邮电，水利部之主管水利工程，同其意义。

本会负此重责，筹划施行方针，首重精神，一切以国家利益为前提，以企业化为准则，黾勉以赴，期能实现。更重组织，重大事业悉设公司，或为有限公司，或为股份有限公司，因事制宜，依法办理。更重计划，凡建置方针、制造标准，既用本国之专材，复加国外之参证。更重业务，出产必计其成本，价格则力求低廉，对于公用更供应维勤。更重建设，务本精诚前建之精神，力求经济基础之树立。任重道远，诚感跬步之多艰，志切心诚，仍当前趋而不懈。

（一）建立国家资本

国民政府建国大纲第二条规定，建设之首要在民生，故实行民生主义，实为建国之根本要义。国父孙先生民生主义讲辞中，推求实行方法，要领所在，惟赖发达国家资本与节约私人资本。更郑重昭示，惟有制造与发达国家资本，然后方真能实行民生主义。

国父实业计划中，复明言中国实业之开发，应分民营与国营两路同时进行，并言计划内所举各事，均宜国营。且明言此类国营事业，必待吸集外资，延用外才，庶宏大建设，确能成功。如此办理，即以财产属之国有，而为全国人民利益计以经营之，所谓统一而国有之者，意即指此。所以国父曾经指示，应用国营方法建设宏大实业，以建立国家资本，亦即以实行民生主义。主席手著《中国之命运》内，亦言建设目的，应使资本国家化，享受大众化，自具有同一意义。

欲明此种主张之价值，须知经济政策不用社会主义正宗之民生主义，便须留恋于资本主义，使私人资本垄断横溢，劳动阶级井然对立；或偏向于共产主义，铲除私人产权，施行极权而严酷之政策。两者皆有所偏，非吾国之所宜采用。折两用中，惟有民生主义，方为中正坚实最有功效之途径。

试观大战之后，世界各国如英法等，皆笃志实行社会主义，将重大而有关公用之实业，努力收归国营，以全民族之利益为前提，而不为少数私人权益而营业。日本新组内阁，亦已提出煤矿国营之方针。可见民生主义之精神，已灌输于东西各国。吾国自宜认真努力，以期早能实现，本会为实行此种主义而设，更当念兹在兹，以期克有真实贡献。

（二）扶助民营事业

民生主义倡扬国营，同时亦保护与奖励民营，所有奖护方法，自赖政府机关共为致力。但在国营事业方面，亦有应尽之责，本会迄今自效于此义者，约如下述：

首为沟通国营与民营之分别，而使得互相连贯，合力进行。其实行方法，一在本会将经营已有基础之事业组织股份有限公司，容纳民股；一在就民营事业公司具有成绩而极需扩大资本者，由本会投入资金，俾使国力民利，融会贯通。

次为在运输费率税款比例等正式负担上，国营事业以与民营事业同等待遇为宗旨，不轻使用特殊优待，俾不论国营民营，皆可经办得宜，同循正规。

又在选定重要生产中心，建设电力，查明急需器材，设法供应。良以吾国向来以农立国，工业基础尚待彻底创造。初设厂矿，对于动力及主要器材，所赖极殷，根本不立，即无从进行。本会负建置基本事业之责，即当认明急需，用力供应，使其他事业，皆得藉以前进。至民营事业已有基础者，如纺织、面粉、火柴、酒精等业，则本会乐观其成，力避重复。

因上述关系，本会事业大致分为两类：一为国营事业，即依照法律或政策，应归国营，而为本会所主办者。此种事业之办法，一依国营事业之正规进行，但仍可组织公司，收容民资。二为投资事业，即依法及依政策，应为民营之事业，由本会投入资本，照股东地位共为进行。

（三）筹划全国工业之建设及发展

依上所言，可见本会任务，实在依照民生主义，施行实业计划，为中国经济创立崭新时代。筹划目标，不但仅为一会之盈亏，而尤应注重全国工业化之建设及发展。

此项筹划注重之点，首在建立动力之来源，燃料之生产，钢铁之制炼，重大机器及电机之制造，大量水泥、肥料、食糖及基本化学品之生产，此类基本事业，实为全国经济之根本，亦为工业化必需之基础，如不确为建立，则中国经济不易独立自存。但按之经验，此类事业，规模不能过小，需用资金为数特多，社会经营工业之人士，往往限于实力，望而生畏，不易踊跃从事。本会为建设近代国家计，自须尽力经办，期以国家力量早见功效。

筹划目光，又宜注意及各大区域之合理分配。依照目前情形，东北各省从前日人建置工矿恃为更进侵略之根据，收复以后，吾国此时政策，重在修复残破，继续经营，而不重在多加新单位之建设。长城以内各大区域，各有富源，而工业化之状况犹甚薄弱，生产力并未发扬。本会方针，极宜开发煤矿，俾燃料不致恐慌，设立电厂，俾动力得有供给，制炼钢铁，制造水泥，俾建设制造，得有资料，创设化工机械电器各厂，俾工业藉以发轫。中国能否获得近代经济基础，实全视此项工作，能否在短期宏增力量，克见成功。至如台湾接收各事业，修竣已有成效，较新建设亦正在进行。海南富于铁矿，善为发展，亦责无旁贷。执此以衡，可见本会正在发轫方始，应行具办之分量，既重且大，必须经过之历程亦甚艰而巨，揆之现用之力，实殊有未足，必须更加奋勉，促其进行。

筹划目标，并极重中国天然富源之开发及善为使用。中国烟煤尚丰，但出产过少，而且副产炼焦以及副产利用，均尚须从头做起。铁矿南北均有，而钢铁事业之分配，与天然富源不相配合，必须彻底更新。中国石油事业，西北虽已开始，而机旧料少，如不重新建设，暂时不免于颓衰。台湾东北修复炼厂，尚宜加力使用，庶见实效。钨锑二矿，本会实施外销，略见成效，但新矿尚未建成，炼厂犹待设置，如不更加急进，难免日就衰退。锡之制炼已能

改善，但出口外销，尚宜加多。汞铋钼镁等，均尚待开发。铝矿及磷，储量颇丰，虽已经测勘，但尚未充分利用。水力所在为吾国将来大量廉价动力之源，虽已择要勘测，但尚待更为使用。以待尽之任务与已有之工作，互相比较，即见道远任重，尚待增加用力之地，正是甚多。

本会工作必须统筹全国，故在内既宜更为促成各种事业之不分公私，一致前进。对外则宜宏扬生产，大量外输，以占取世界之重大市场，悬的以赴，盼数年之后，更有成效。

（四）会内同人之服务信条

本会以及所管各事业同人鉴于所负责任之重大，并深感国营事业机关，必须洞明国营事业之意义，民生主义之指归，决不可误以私人利益为本位，致毁损公家服务之精神。因此互相戒勉，共守信条，择要言之，有如下列：

1. 同人互相戒勉，一切工作均以有益于国家民族及中国经济之前进为目标，公私分明，决不因私害公。

2. 同人互相戒勉，对于服务事业之同类及相关事业，决不私人经营，既不为股东，亦不为任何有关之营业。

3. 同人互相戒勉，专为公共利益而服务，不为私人盈利而用力。对于任何垄断公利之私人，用意既属相反，工作无从联合。

第三章　两年来工作概况

第一节　后方战时事业之调整

胜利以后，本会工作可分为三个阶段，其一为后方战时事业之调整；其二为收复区敌伪事业之接收；其三为接收后各种事业之兴复。与此同时，进行者为战后筹创事业之新建，国际技术合作之洽定与拆迁日本赔偿物资之准备。兹分述其大略于左：

本会战时经营之工矿电事业，达一百余单位，战事结束，情势变迁，所有经营政策与生产方针，不能不重新调整，紧急处置。其调

整原则为：第一，事业之纯为适应战时需要而设者，战事结束后因需要紧缩，予以停止。第二，事业之规模不大，为供应当地需要者，尽量转让地方政府或当地人民经营，腾出人力财力，致力于其他基本工矿事业之建设。第三，事业虽仍有经营价值，但需要减少，全部生产不易销纳者，予以适当之紧缩。第四，确为国防基本工业，有继续经营之必要者，仍予维持。据此原则，经数月之努力，妥为调整。概略言之，第一类暂时停工事业，大致为后方酒精厂、钢铁厂及铜、铅、锌矿等。第二类转让事业，则有规模较小之电厂、机器厂、电工厂等少数单位，另有一部分厂矿，在准备移转之中。第三类紧缩事业，多为机械、电瓷、油料及少数煤矿。第四类继续维持生产者，则为电力、煤、石油及电工等各大厂矿，计已实行调整之厂矿凡九十三单位。其中继续经营及逐步紧缩者为四十七单位，内电力一八，煤斤，石油二，非铁金属七，机械一，电工三，化工七。暂时停工相机恢复者共一一单位，内煤二，钢铁三，非铁金属二，化工四。商让当地政府接办或租让民营者，共一三单位，内电力二，煤一，钢铁三，机械三，电工一，化工三。停工结束者共二二单位，内煤三，钢铁三，非铁金属二，机械一，电工一，化工一二。经此调整之后，后方事业乃进入经常状态。

本会对于抗战时期后方各事业，虽因时势不同而酌为移让或紧缩，但对于确有必要之工矿，仍继续经营或认真建设。其中建置特多者，如甘肃玉门油矿，战时创设蒸馏炼厂，自原油提出汽油仅勉及百分之二十，汽油品质且并不甚高。胜利后，国外购置裂炼设备运抵上海，由陇海铁路赶运至矿，创立四方新厂，至三十六年冬季始告竣工，原油内提出汽油增高至百分之三十五以上，汽油之性能亦大为提高。又如四川宜宾电厂，战时设置，能发电三千瓩，胜利后，继续经营，已共能发电五千瓩以上。四川长寿及贵县修文两地之水力电厂，仍继为施工，都江电厂更新为设置，此外内地各电厂莫不悉为维持，或酌为补充。又如昆明中央机器厂仍在进行，制造

纱厂纺纱设备每年能成二万锭，品质甚为优良。电工各厂亦仍照常制造。重庆大渡口钢铁厂，亦照常制炼，并未停顿。湘赣等省之锑钨各矿在战时末期本多停闭，胜利后，本会努力复工，改良采炼，收购产品，使各矿厂得以复兴。

第二节　收复区敌伪事业之接收

战后收复区敌伪事业之处理，由行政院制定法令，严格实施。其关于工矿事业，凡与资源委员会经营之事业性质相同者，经敌伪产业处理局审议，呈经行政院核定后，方得交由本会接办。本会秉此原则，衡量事业本身之价值与工业建设计划之范围，审度缓急，斟酌财力，依法接办。所取之方针为：第一，事业性质，限于基本工业及情形特殊而政府认为必需国营之大工业。第二，接办事业化零为整，集中人力财力，全力经营。第三，接办事业组织与管理，以企业化为准绳，尽可能采公司组织。第四，接办事业之处理，以迅速复工恢复生产为鹄的。

因各地收复先后不同，接办时期也不一致，京沪及华中华南区于卅五年一月接办，华北区三月接办，台湾区五月接办，东北则迟至九月始行接办。迄三十五年底时，除东北华北之一部分未收复区域外，大体已告就绪。兹将接办情形公布说明：

（甲）内地　内地系指华北华中华南各收复区而言，本区敌伪工矿事业，单位虽多，但大部分零星散漫，殊乏规模，接收后经化零为整，督促复工。按事业性质而言：（一）电力方面，成立冀北电力公司（统辖北平天津唐山三地电厂及其输电网，并兼办下花园及张家口电厂），青岛电厂、石微电厂（包括石家庄微水两电厂在内），鄂南电气公司（统辖武昌水电厂及大冶电厂），广州电厂，海南电厂等七单位，均立即发电，经常供应。（二）煤矿接办九单位，合并改组为井陉煤矿公司、淄博煤矿筹备处、大同煤矿筹备处三单位。井陉、大同均经先后复工，惟井陉后陷于共匪，大同复遭破坏，淄博再失再得，损坏亦重，尚未能正常生产。（三）石油事业，东北台湾日人原办各

事业，以及上海等处日人所遗丸善炼油等各单位，均交由中国石油公司接办。(四)钢铁事业，华北方面接收敌伪经营之天津、唐山、青岛及石景山钢铁厂九单位，三十五年三月合并成立华北钢铁有限公司筹备委员会，积极整理，布置复工，其中天津、唐山两钢铁厂于接收后不久，即已开工生产。石景山以敌人破坏极重，收复甚久，已于三十六年末局部开工。华中方面，接收大冶钢铁厂及汉冶萍公司，改组成为华中钢铁有限公司筹备处，以原有设备悉遭迁移或破坏，拟由日本拆迁设备运华后，再大规模兴复，现在一面开拓基地，整理厂房及散佚器材，一面先筹建小炉，开始生产。又皖、苏、浙各省铁、铜、硫化铁、莹石等矿，日本方面均曾经营，本会接收后，设华中矿务局以司其事，出产多量硫化铁供应永利化工公司，作为制造硫酸铔肥料所必需之原料。(五)机械事业，天津接办五单位，上海二单位，径于三十五年三月改组为天津机器厂，天津制车厂及上海机器厂，均隶属于中央机器有限公司，三厂已开工，主要产品为自行车、梳棉机、织布机及其他作业机。(六)电工事业，天津接办十七单位，改组为中央电工器材厂天津分厂，及中央无线电有限公司天津分厂，均于三十五年三月成立，旋即开始制造。上海接办五单位，改并为中央电工器材厂上海分厂，亦已复工生产，以电线、电机、变压器为主。汉口原有敌人经营电池厂一处，接办后改为中央电工厂汉口分厂，三十五年二月即行出货。(七)化工事业，天津接收酸碱厂三单位，合为天津化学工业有限公司，三十五年三月成立，出品以硫酸、碱、骨粉等为主。上海接办染料厂一处，拨归中央化工厂上海分厂，制造硫化□。(八)水泥事业，北平接办琉璃河水泥厂一处，又辽宁锦西亦有水泥厂合组为华北水泥有限公司，整理后均告复工。(九)造纸事业，天津接办造纸厂二处，三十五年三月间成立天津纸浆造纸有限公司，四月间生产各种纸张。此外，尚有天津耀华玻璃股份有限公司，系将日厂收归国有，与民营合资经营，三十五年三月间接办，已照常生产。综计本区接办之工矿事业凡六十余单

位，经合并改组为二十六单位，均已先后复工。

（乙）台湾　台湾日人经营工矿事业颇有基础，惟战争期间，遭盟机大量轰炸，重要工厂受弹极多，损毁至巨，破坏程度少自百分之三十多至百分之四五十不等。须有事业组织，各就所专，认真修建，方能及早兴复，以维人民生计。行政院有鉴于此，交由本会设法支持，本会为贯彻此项任务起见，自宜与地方政府取得密切联系，乃于三十五年四月，特与台湾省长官公署签订《合办台湾省工矿事业合作大纲》。除石油、金铜矿及铝业由本会独办外，其余均由双方合资办理，一律采公司组织。先后接办之单位，概于五月一日改组成立新机构，所有事业经积极整理，或修建补充，大多恢复生产。计现有会省合办者为台湾电力有限公司、台湾糖业有限公司、台湾机械造船有限公司、台湾制碱有限公司、台湾肥料有限公司、台湾水泥有限公司、台湾纸业有限公司七单位，本会自办者为台湾金铜矿、台湾铝厂及附属中国石油公司之高雄炼油厂等三单位。所有人员经费及工作计划，均经分别厘定，切实办理。各单位积极修复，均早开工生产，其接办后进展情形，具见后节。

（丙）东北　东北九省及热河资源丰富，甲于全国，工矿事业经日人积极经营，投资数量尤远在台湾之上。胜利后，该区局势诡变，接收工作推进迟缓，其间意外损失与破坏情形，极为惨重。据鲍莱调查团所调查之苏军驻留东北期内所发生之拆迁掠夺破坏以及被共军所毁损各项之损失额，计电力设备减少百分之七十一，煤矿百分之九十，钢铁百分之七十，铁道百分之七十，机械百分之八十，液体燃料等百分之七十五，化工百分之五十，水泥百分之五十，非铁金属百分之七十五，纤维百分之七十五，纸百分之三十，电工百分之五十，共计损失金额达八亿九千五百余万美元。其后复据东北日侨善后联络处东北工业会所调查损失，计电力设备减少百分之六十，煤矿百分之八十，钢铁百分之八十，铁道百分之六十，机械百分之六十八，液体燃料百分之九十，化工等百分之三十四，水泥百分之五十，非铁金属百分之八十五，纤维百分之五十，纸百分之八十，电工百分之三十，共计损失金额达十二亿三千三百余万美元。东北工矿受此摧残，实堪痛心疾首。惟为重建重工业基础起见，自应急起恢复。三十五年九月，本会经行政院核定，接办重要工矿凡五十七单位，加以调整归并。(一)电业方面，成立东北电力局。(二)煤矿方面，成立抚顺煤矿局、阜新煤矿有限公司、本溪湖煤铁有限公司、西安煤矿有限公司、北票煤矿有限公司及营城煤矿筹备处。(三)石油方面，有中国石油有限公司所属之东北炼油厂。(四)钢铁及非铁金属方面，有鞍山钢铁有限公司、本溪煤铁有限公司及东北金属矿业有限公司。(五)机器方面，有沈阳机车车辆制造有限公司，中央机器有限公司之沈阳制车厂及沈阳机器厂筹备处。(六)电工方面，有中央电工器材厂之沈阳分厂及中央绝缘器材公司之抚顺分厂。(七)化工方面，有沈阳化工厂、沈阳橡胶厂及葫芦岛硫酸厂。(八)水泥方面，有辽宁水泥有限公司及华北水泥有限公司之锦西厂。(九)造纸方面，有辽宁纸浆造纸有限公司。东北事业破坏最重，整理收复，非旦夕可以完成，为维持员工生计及供应地方需要起见，决意一面修复，一面生产，除钢铁事业及炼油厂与硫酸厂至三十六年春开工生产外，其余皆于三十五年复工。

以上各区接办之事业，皆与战时本会经常经营之事业性质直接有关，其中糖、纸两业为本会新加之基本事业，糖为台湾最重要之工业，关系蔗农及糖厂工人三十余万人之生计，所出食糖除供本国需要外，且可大量出口外销，以增高输出贸易之分量。战时破坏甚重，生产工作已归停顿，必须投入巨资，积极修整，方能逐步恢复。而关于甘蔗之补植，运输之恢复，资金之筹措，在在均须与地方政府之农、工、金融、交通实施密切联系，政府特为重视，交由本会与台湾省政府协力办理。纸因关系文化事业，向来仰赖外纸，为数过多，此处各地接收纸厂规模颇巨，而当时外纸涌入，国内纸厂多归停闭，亦交由本会办理，速为复工，以应需要。凡此实因其确具基本性质，故均由本会本国营企业之精神，集中经办。

第三节　接收后各种事业之复兴

复员接收以来，本会原定工矿事业复兴之方针，为先兴复已有事业，以增生产，再进行新建设之事业，以固基础，具体步骤，即先注重于东北华北两区之敌伪接收事业之整理修建，与台湾接办事业之积极兴复，再进而谋华中华南较大规模事业之新建设。

华北事业于三十五年三月接办，经合并为十三单位，当初接收时，电力方面，发电设备有可用容量九万七千瓩。煤矿方面，井陉每日仅产一千五百吨，淄博仅产一千吨，大同则遭共党破坏无生产。合计每日产煤不到二千五百吨。钢铁方面，除石景山原已停工且破毁略重外，唐山天津两厂损失较轻，不久即开工轧钢。水泥方面，以所有设备及厂房，多被破坏，暂时停工。纸业方面，房屋破坏，器材零件多被掠夺，尚能勉强开工。电工化工各业损毁尚轻。本会于接收后积极修整，旋即渐次生产，迄三十五年底，电力设备有可用发电容量达十一万三千余瓩，比接收时增加百分之一一八以上。煤矿日产量共为三千六百吨，比接收时增百分之一四四左右。钢铁事业共产钢品一千二百余吨，其他各业亦均有进展，大都增加二三倍左右（另附详表），至三十六年春，各业产量，均能递增，电煤等业，均超过其计划产量，兴复情况极为良好。三月间共党开始在华北大举扰动，电力方面，石微电厂陷落，平津唐间高压线为共匪中途切断，博山发电所亦被陷，华北发电总度数较年初陡落百分之六十。煤矿方面，大同、井陉、淄博等矿，相继沦陷，五六月间华北煤产量，仅及年初百分之二十四。水泥厂、纸厂亦部分遭受影响，产量低落。其他各业亦因电源缺乏，燃料不足，生产难如预期（另详附表）。至三十六年下半年共匪扰乱目标侧重东北，关内平津保三角地带，较为宁静，山东胶济沿线及烟台、威海卫为国军所光复，在此比较安定时期内，本会华北工矿事业，虽尚不能有甚大之扩展，但因稍获苏息，认真推进，得有若干进步。电力方面，冀北电力公司兼办之张家口及下花园电厂，于共匪三十五年底退出察省时，猛加破坏，该公司在事人员认真修理后，先后均能发电，张家口电厂并添装五百瓩机一部，已能发电。下花园电厂又另装一万瓩机之中，青岛电厂之博山发电所一万五千瓩机，亦经修理完好，且已发电。计华北各电厂，增加发电容量一千六百瓩。钢铁方面，除天津、唐山每月照常轧钢二百五十吨，产钢八十余吨外，石景山厂已能每月产焦二千七百吨，焦油一百吨，不久即可小炉开炼，每月产铁六百吨，如能煤运加多，大炉开炼，可每月产铁六千吨。煤矿方面，井陉、宜洛均已陷落，无法生产。山东淄博至九月底始收复，现能每日产煤五百吨。大同煤矿每月仅能产煤万余吨。其他如水泥、造纸、化工等生产，亦均渐有增进。兹将本会接办华北区重要工矿事业进展情形，列表于左：

本会接办华北工矿事业进展情形一览表

事业名称	接收时期生产情形	三十五年底生产情形	三十六年底生产情形	备注
电力	可用电容量九七，〇〇〇瓩	可用电容量一一三，五〇〇瓩	可用电容量一〇六，九〇〇瓩	石微电厂沦陷损失电容量七，〇〇〇瓩
煤	日产二五，〇〇〇吨	日产三，六〇〇吨	日产一，〇〇〇吨	井陉淄博沦陷，大同遭受破坏
钢铁	石景山厂有二五〇吨炼铁炉一座、三八〇吨旧炼铁炉一座、及未成之六〇〇吨炼铁炉一座、均待修整唐山厂有利用八吨电弧炼钢炉二座及中小型轧钢机各一套、天津厂有炼钢能力二二八吨之设备及小型轧钢机一套	石景山修整工程进展30%，唐山三月间开工生产其产能钢品五〇〇余吨，铸钢品二〇〇余吨，天津厂于接收后不久择要开工，共产轧钢品七〇〇余吨锻钢品四五〇余吨	石景山铸铁二九四公吨（自十月下旬开炉至十二月底止），唐山厂钢品一，五三八公吨（全年产量），天津厂钢品二，九九八公吨（全年产量）	

续上表

事业名称	接收时期生产情形	三十五年底生产情形	三十六年底生产情形	备注
纸	器材被掠夺，日产纸三吨	日产纸三.九吨	日产纸一三.八吨	
化工	溴素产品不合需要仅稍产烧碱	产烧碱二九五吨，骨粉二，五九一吨	烧碱三一三吨，骨粉三，二一五吨。	
水泥	设备及厂房均遭破坏，需修整停工无生产	修建工作完成70%，卅五年产水泥五，四三一吨	华北水泥公司琉璃河厂产一九，五一二吨（包括锦西厂在内共产水泥二九，五九五公吨）	

台湾事业于三十五年五月接办，经合并为十单位，各单位设备，大半在战时受盟军炸击，每厂中弹有多至数百者，所有机件，大量摧毁，迥非原有规模。当本会接收之时，炼油、造船、制碱、炼铝、金属矿等业，均因破坏惨重，完全停工。肥料、水泥、造纸等业，产量零落几乎停顿。电力方面，仅有发电设备可用容量四万八千瓩。在此残破余烬，本会整理修复，实非易事，幸赖在事员工，精神努力，兼因台湾秩序安定，故预定兴复计划，尚能顺利推进。电力为工矿业之母，需要最殷，本会乃致力于恢复其发电能力，至三十五年底，即达到可用发电容量十八万三千瓩，较前增加三倍有奇，因此其他各业亦能顺利进行。修建工作，先后恢复生产，至三十六年底，可用发电容量增加至二十一万三千余瓩，较初接收时增多四五倍以上，于是电力发达遍及全台，且其售价低廉，仅及上海十分之一。其他工矿以动力解决，发展更易，遂有蓬勃现象，而各主要工矿业间之配合，亦较健全。届三十六年末，本会所有接办事业，如电力、纸、水泥、碱、肥料、石油、机械、造船、铝、金、铜等生产恢复程度，已及日人经营时期之最高产额百分之三四十乃至五十，较本会所接收时之产量，增进数至一二十倍不等，各事业实现生产，多能接近其计划产量。该岛经济环境，如能继续维持，使本会能积极经营，则二三年之内，可收

宏效。兹将本会接收台湾工矿事业进展情形，列表如左：

本会接办台湾工矿事业进展情形一览表

事业名称	地址	公司或分公司	接收时期生产情形	三十五年度生产情形	三十六年上半年生产情形	三十六年底生产情形
台湾电力公司	锦町	九	发电设备可用容量四八，〇〇〇千瓦	可用发电容量达一八三，〇〇〇千瓦	可用发电容量达一九一，八六九千瓦	可用发电容量达二一三，三五五千瓦
中国石油公司高雄炼油厂	高雄		日人战时兴建本未完竣，且主要设备为空袭破坏甚多，并为日人移设南洋砂，早经停工	一部分蒸馏炉修复工竣	每日可处理原油八，五〇〇桶，生产汽油七一，四〇〇加仑	每日可处理原油一七，〇〇〇桶，生产汽油一四二，八〇〇加仑
台湾机械造船公司	基隆	二	盟机轰炸、厂房破坏，机器推毁甚多，且经年锈蚀已停工	全年共修造船舶九二，八五五吨，动力机二，〇三〇马力	共修造船舶九三，五三七吨，动力机五七六马力	共修造船一〇四，七〇三吨，动力机四八一马力
台湾碱业公司	高雄	三	主要设备被炸毁停工	全年共产碱三，一四六吨，盐酸五七二吨	月产固碱二二一吨，盐酸二〇三吨	月产固碱三八八吨，盐酸四一六吨
台湾肥料公司	台北	五	接收五个单位仅台湾	全年共产氮肥三，二〇四吨，硫酸一一六吨	月产电石四一〇吨，硫酸八一吨，氮肥六吨	月产氮肥一，一〇九吨，磷肥二，二〇三吨
台湾水泥公司	台北	三	厂房机械被毁停产	全年共产七六，六〇七吨	月产水泥一四，七〇〇吨	月产水泥一六，〇〇〇吨
台湾糖业公司	台北	糖厂三六公司区分四	种蔗面积减至四三，〇〇〇公吨，三四～三五年产糖八六，〇〇〇吨	全年共产七六，六〇七吨	种蔗田面积扩展至八七，四三六公吨，三五～三六年产量三〇，八二二吨，予计三六～三七年度可产糖三〇，〇〇〇吨	一二及十二月产糖四一，五九八公吨

续上表

事业名称	地址	公司或分公司	接收时期生产情形	三十五年度生产情形	三十六年上半年生产情形	三十六年底生产情形
台湾纸业公司	台北	五	原各单位破坏惨重，接收时仅台北一厂开工	收复程度70%，产纸及纸板三，七二八吨	各厂随修随即逐步开工，六月产纸五二三公吨，纸板二九七公吨，纸浆三四七吨，麻板一六公吨	可月产纸一，〇〇〇公吨，纸板四，〇〇〇公吨
台湾铝业公司筹备处	高雄	一	完全停工	修复工程进展30%	修建工程设备达90%	完成每年产铝氧八千吨，炼铝四千吨之设备，已行试炼之中，明年正式开工，每月可产铝锭三百吨左右
台湾铜矿筹备处	金瓜石		接收前数年即停工，所有设备为日人移设南洋或遭破坏，或受盗窃损失	恢复每日处理矿砂二五〇吨，月产金七〇〇两，年产粗铜八〇〇吨之能力	日产金矿砂二〇〇～二五〇吨，月产沉淀铜一五〇吨，含铜为50%	月产金一，六四五市两，粗铜一三八公吨，采矿碎矿能力达每日三五〇吨，处理金砂能达五〇〇吨

东北事业，接办最迟，于三十五年九月始继续接收，合并为二十二单位，各事业原有设备器材，均先遭俄军拆迁，达百分之六十以上，共计损失价值在十二亿美元以上，旋遭共党破坏达百分之二十，故本会所接收者，仅为敌伪工矿事业原有设备百分之二十，大多厂矿均陷于停工辍产状态之中。惟因东北工矿经日本投资建设，原具有优良之基础，虽经苏共破毁，如能积极加以修整，尚属大有可为。例如当接收之时，东北电力，虽因小丰满水电厂、抚顺火电厂等发电设备为俄军拆迁者，在八十万瓩之巨，但

所剩设备，勉为修整，尚有容量十八万四瓩。煤产因动力不足，大为降低，尚能每日出产三千四百余吨。纸及纸板，虽原料有限，尚能月产数十吨。钢铁炉座虽炸毁，但可逐一修复。水泥尚有本溪、小屯二厂勉可应用，本会本此基础，认真整修，各厂矿均能先后开工出货。至三十五年底，发电容量增加至十九万九瓩。每月煤产增加至四十四万余吨。纸及纸板每月可产一百五十吨。金属矿业修整工程进展至百分之五十。铜品及焙烧镁品均能生产，钢铁业、水泥业修整工程卅五年末进展至百分之六十。其他如电工、化工各业均有进展(详另表)。三十六年春，东北环境较为宁静，工矿事业，在五月初共匪发动第四次攻势前，进步甚速。电力容量增达二十万五千瓩，每月发电十万一千余瓩，与计划发电度相近。煤矿每月可产煤四十四万三千余吨，超过其预定生产量，钢铁业之鞍山、本溪均开始轧炼钢品，每月二千三百七十吨，水泥每月可产四千二百余吨。各业比初接收时产量均增加数倍至数十倍以上。在此产力勃兴任事员工热心推进之中，突于六月份遭遇共匪第五次攻势，烽烟所及，摧毁极大，重要厂矿多沦敌手，高压输电线屡为破坏，以致所有工矿生产实力大为削弱，煤、电、钢铁、水泥等产量，均较本年最高产量降落百分之五十以上。七月底战局稍定，本会督策员工积极修整，努力复工，方期经此一番补苴整理，东北事业仍能早复旧观。讵共匪于九月底，又发动第六次攻势，非惟前功尽弃，且西安、营城、北票、阜新等各大煤矿，相继失陷，小丰满水力发电厂紧被包围，高压线路被毁，无法输电。其他工矿亦多受损，生产为之动摇。从事员工备受牺牲，得力人员或遭残杀，或为俘掠。十一月中匪方之第七次攻势，对于仅余之工矿，复加以重大威胁与摧残。烟台煤矿被陷。小屯水泥厂、锦州纸厂、辽阳纸厂曾均经破坏，迄□述报告时止，鞍山、抚顺、本溪等地均在严受威胁之中，前途情形实难预测，兹为使更能详细明了本会接办东北工矿事业之进展情形，以及共党倡乱对于东北兴复工作与生产数量所影响之情形起见，特列表如下：

本会接办东北工矿事业进展情况一览表

事业名称	接收时期生产情形	三十五年底生产情形	共匪发动四次攻势以前恢复生产情形（三十六年五月）	三十六年底生产情形
电力	可用发电容量一八四，〇〇〇瓩	可用发电容量一九九，〇〇〇瓩	可用发电容量二〇五，〇〇〇瓩	可用发电容量二二〇，〇〇〇瓩
煤	月产一〇〇，〇〇〇吨	月产三九，〇〇〇吨	月产四四四，〇〇〇吨	月产一八〇，〇〇〇吨
钢铁	停工	进行修复工程完成20%	月产铜锭七二吨，钢铁制品一〇五吨	日产铜锭五九吨，钢铁制品六〇吨
金属	停工	整理修建工程完成60%，部分生产共计铜品40公吨及焙烧氧化镁三〇〇余公吨	月产铜及钢品七七.五公吨	月产铜及钢品一二.五公吨
机械	月产机车一辆，货车二十二辆	修整工程完成50%，月产作业机三.六部，机车一.五辆，货车三〇.五辆	月产作业机一.五辆，机车一.五四辆，货车二七辆	月产作业机六部，机车〇.七部，货车九.二部
电工	月产变压器二六〇千伏安，灯泡二，〇一〇只	整修破坏工程完成生产能力，仅及原有能力5%月产变压器一，一二五千伏安，电灯泡二〇，〇〇一只	月产变压器五一三千伏安，灯泡二六，七九一只，绝缘子二一，三六三件	月产灯泡三八只，变压器二千伏安，绝缘子四八，四六五件，电动机三马力，裸铜线十三公吨
化工	酒精二九，八六七加仑，内外胎三六只，机器皮带一四五千布米	月产汽车内外胎一二只，力车内外胎六八八条，机器皮带九六〇千布米	酸七五.九六公吨，碱一六五公吨，力车内外胎八，四九一条，机器皮带一，二〇一千布米。	月产汽车内外胎八二只，力车内外胎五，四八〇条，机器皮带七三七千布米。

续上表

事业名称	接收时期生产情形	三十五年底生产情形	共匪发动四次攻势以前恢复生产情形(三十六年五月)	三十六年底生产情形
水泥	原有设备损失达60%以上停工无生产	修整工程50%明春即可生产	日产水泥一一〇吨	日产水泥八七公吨(包括华北水泥公司锦西厂)共产水泥三一,四三二公吨(包括锦西厂在内)
纸	月产纸及纸板一一〇吨	修整工程完成35%共产纸二七五吨	月产纸及纸板一三七吨	月产纸及纸板一二.三吨

至于华中、华南接办事业，大抵规模甚小，本会接办之后，经化零为整，先行修整开工、再准备扩充设备增加生产。关于电厂，武昌接办时无发电设备，安庆、海南、广州三处共有可用发电量二万零六百四十瓩，至三十五年底各地发电设备均有添设，武昌具有发电容量一千瓩，大冶具有六千瓩，广州增至二万八千瓩。三十六年底，此数地电厂发电量达四万一千余瓩，较初接收增加数倍。煤矿如中湘、永邵、湘永、赣北等处均零落残缺，其大部俱被日人破坏，或在停工状态，经积极修复可日产五百吨左右。三十六年下半年，以东北、华北各煤矿多沦陷，华中、华南一带渐感煤荒严重，乃加强长江腹地煤矿生产，其情形具见后节。本会中国石油公司原与国营招商局合办油输公司，专任运油业务，三十六年八月奉院令全归本会接办，经加整顿后，该油轮公司共有油轮二十三艘，其中达万吨左右及万吨以上者有五艘，可以远洋运油．最近自伊朗及阿拉伯各处运回原油万吨，供应高雄炼油厂制炼汽油及柴油，节省外汇，其意义至为重大。湘赣钨锑等出口矿产，自民国三十三年日人侵入湘桂，久归停顿。胜利后，先选炼所存矿品运销国外，同时设法恢复生产，一面辅助各民营矿场从速复

工，并进行收购，一面积极创建现代化之采选炼设备。三十六年中，江西钨矿工程颇有进展，机器设备亦已大部安装。湖南锡矿山炼锑设备已完成百分之九十五。三十七年初可输电自炼。两年来钨、锑、锡产收量年有增加，计三十五年产收钨二三六二吨，锑四二六吨，锡一二〇二吨，卅六年产收钨六四〇二吨，锑一七七九吨，锡一四七〇吨。除对美苏易货偿债外，尚有一部分可供自行外销。三十五年度对苏易货及外销之矿品数额总计达九百五十三万美元。三十六年度对苏易货运美偿债及外销之矿品数额总计达二千余万美元。马鞍山硫化铁采选工程进展甚速，三十六年产量达六万四千余吨，超过预计量百分之六十以上。海南铁矿所产铁砂，品质极高，可供换取外汇，亦在整顿积极设法生产之中，并先以过去存砂外销，以所得外汇，购置器材，补充设备，进而筹建海南钢铁厂，利用矿砂自行制炼，以树立华南钢铁事业之基础。该矿三十七年计划产铁砂三十万吨。后方工矿事业，本会仍继续维持培植，未尝稍懈。两年来关于电厂增加发电设备，兰州达九百七十余瓩，西京达二千余瓩，宜宾达六千瓩，龙溪河二千四百余瓩，万县达一千余瓩，贵阳达二千余瓩。玉门油矿炼厂改进设备，以前仅设蒸馏炉，自原油中提出汽油不过百分之二十，至三十六年内始建成裂炼炉，汽油成分增至百分之三十有五，汽油产量因之加多，以供西北及后方各省之军公民用。再如四川油田之勘测，后方煤矿之生产，滇、桂出口矿品之采炼，机器电工等工厂仍继续开工出货。川、滇各地小型钢铁厂准备于三十七年开工。

第四节　战后重要事业之新建

抗战胜利以后，本会一面对于接收敌伪事业及后方原有事业迅加调整，陆续补充修复，期就原有规模建立工矿事业之初基，另并积极筹创若干重要事业，与之配合，以树立完整之工矿体系，并充实腹地之工业基础。电力为一切建设之母，我国除东北、台湾、平津、上海、青岛等地较为发达外，其他各地尚需要大量建置，原拟在宜昌以西筹建大规模三峡水力发电，完成之后能发电至一千万瓩之上，藉以布置广大区域之电网，其初步勘测工作业已相当进展。嗣以此项工程费用巨大，政府以财力不足，暂告停顿。上海方面，电力供不应求，设江南电力局期能加以补充，嗣以私营事业设有扩充计划，乃转在皖南马鞍山设置电厂。湘、鄂为腹地工业中心，原接收之武昌水电厂，除水厂尚可应用外，电厂发电设备全部损失。该厂先向溪口□济电厂购电□□□□□□□□□转供武昌，于三十五年底装机五〇〇瓩汽轮机二套发电。三十六年又装竣二，五〇〇瓩汽轮机一套，一俟锅炉器材运到即可发电。大冶电厂经年余兴复后，已有发电能力六〇〇〇瓩，发电供给当地需要，并筹建一五〇〇〇瓩新发电厂，及武昌至大冶一三二〇〇〇伏输电线路。湖南电气公司迁回长沙后，即着手重建长沙衡阳及湘潭下摄司之电厂。长沙于三十六年八月装竣一〇〇〇瓩机，九月供电。衡阳亦已装竣一〇〇〇瓩机，十月间始供应，湘潭下摄司于三十年十二月亦装一〇〇〇瓩机，三十七年一月可开始供电。此外长沙进行装置二五〇〇瓩机工程，已完成百分之五十。柳州电厂亦经重建完成二六五〇〇瓩发电设备，已可供应柳市需要。此外为供江南用电配合工业发展，特筹建皖南(京芜间之马鞍山)电厂，初步拟建发电设备一〇〇〇〇瓩，其建厂工程已达十分之六，发电设备器材，亦已大部运到，约计三十七年即可发电。后方各省如灌县之都江电厂，已完成二〇〇〇瓩，成(都)灌输电线工程，已在进行，长寿电厂已进行加装七五〇瓩水轮发电两套，俾可增加电力供应。岷江泸县二电厂亦在积极充建之中。目前积极进行者为广东滃江水力发电，以配合华南工矿之发展。

煤矿方面，积极开发华中、华南煤源以救江南各省煤荒，年来新创者有宜洛煤矿，开采河南之宜阳、洛阳间煤田，每日已能产煤二百吨，于三十六年八月后数度沦于匪手，破坏惨重，恢复困难。此外兴复扩充者，有赣西、湖湘、湘江、永邵、湘水及南岭诸矿，均积极建置设备，增加生产能力，预计至三十八年底，共可每月产煤二十万吨，比三十六年增加几倍。

钢铁方面设立华中钢铁公司筹备处，以大冶为中心，年来筹备主要工作进行者，为勘测厂址，修整机电设备，修筑运输干线，清理器材，钻探将来炉基地质，装置炼焦设备等等，原拟利用拆迁日本赔偿之钢铁厂设备，及美贷器材配合建设，期于两年后完成，每年可产钢三十四万余吨。惟以此项拆迁设备及美贷器材迟迟未能实现，而目前钢铁又需要孔急，乃自建十五吨炼铁炉一座，于三十六年十月动工，预计三十七年可以产铁三千六百吨。至于炼钢轧钢设备亦将陆续筹移增设。

机械方面，虽曾接收若干日伪机械工厂，然因其设备陈旧，破坏甚多，非积极加以补充，及另行创设若干大规模机械工厂，不足配合工矿建设。本会以工作母机为一切制造工业之母，乃筹划建立最新式之工具机制造厂于马鞍山，预计二年完成，可产车床一千二百部，铣床七百部，及其他机器一百余部，现准备工程均在积极进行之中。又以我国沿海及内河航运所需轮只，约计三百万吨，但目前已有者仅八十万吨，多属旧船或军用运输船只，不合经济利用，新拟自外洋购置者又八十万吨，然去目标尚远。为推广航运起见，必须充实修理设备，并添新轮。本会乃奉令设立中央造船公司，采定厂址于吴淞，创业工程已推进年余，完成全部工程百分之四十左右，三十七年着手兴建湿船坞工程，先期展开修船业务。又鉴于我国无大规模机器工厂，故虽最本之作业机，亦无从自给，多仰求国外，漏卮实大，有自行创造是项工厂之必要，乃拨资创设通用机器公司于上海，注重发动机及各种运送机之制造，其筹备工作已具雏型，机器设备已安装八十七部，现能制造各种零件，三十七年度可生产柴油机及各种运送机，惟以上三单位之发展，均须视日本赔偿器材设备之拆迁及美贷之情形而定。

电工事业为本会重要事业之一，抗战期间颇多贡献，战后在国外与第一流厂家，如美之西屋公司等订立技术合同，拟积极推进，以奠电工制造基础。除一面在美国商洽贷款外，关于国内建设工作，则中央电工厂湘南电厂第一期修整工程业已完成。南京电照厂已在安装机器设备，有线电公司南京厂完成厂房建筑百分之七十，无线电公司南京厂已经开工生产，绝缘公司南京新厂厂房建筑亦已全部完工，大约三十七年可以出货。化工事业，着重于肥料工业之建设，与有机化学之促成，前者在广州筹设锤肥厂，后者中央化工厂，一面在上海制造染料，一面在燕子矶设厂，拟拆迁日本赔偿之设备，制造染料中间物及其他化学工业品，其厂房建筑，已在积极进行之中。

本会所属研究机关，在此期内亦有重要贡献。例如矿产测勘处，应淮南煤矿公司之请，调查煤矿，于舜耕山煤田之外，发现尚未开采之八公山煤田，钻探结果，证明烟煤九层，总厚二十五公尺，在深度三百公尺范围内，储量三亿吨。又如含铝矿砂，以前调查，获知鲁、冀、滇、黔等省，含有铝石储量甚丰，但其成分含Diaspore甚多，近代炼法略有困难。近经矿产测勘处在福建漳浦县境内玄武岩区域发现铝石，以Gippsite为主体，适于近代炼法，足供台湾炼厂之用。此皆于本国资源之开发极有裨益。

第五节 国际技术合作之概况

基本工矿事业之建设，规模不能过小，设备必须宏大，技术必须优越，出品应属精良，故除自力更生之外，必须利用国外最新技术，并诱导国外资金，协助建设，方能迅速发展。

本会于二十五年筹设之初，对于此点，即加注重，比如电话机之制造与德国西门子合作，电线之制造与英国三大制线公司合作，电子管之制造与美亚克屈勒公司合作，并均订有长期技术合作办法。战时以环境所限，未能多加进行，三十二年本会派遣技术考察团赴美，洽商关于与国外厂家之战后技术合作办法，一部分已有成议。至战事结束后，事业范围扩大，本会将该团改组成立驻美代表处，办理导入外资协助建设，聘请顾问考察设计，洽商技术合作，以及购料等事宜。三十五、三十六年先后与国外著名厂家，商讨技术合作合约，延请著名技术人员考察设计者，为数甚多，兹分述重要者如次：

（一）电力方面，如各地电力复员工作请由 J. G. White Engineering Corp. 协助设计，已提出台湾及华北电业总报告，及整理扩充计划。又三峡水力发电工程，洽定由 Bureau of Reclamation 协助设计三峡坝址。他如灌县、瀚江、龙溪河及资水等四处之水力发电工程，亦请 Montreal Engineering Co. Ltd. Canada 派员复勘。

（二）煤矿方面，关于沿海各省煤矿所需建设及器材之设计，以及整理改进东北、华北、华中之各地煤矿工作，均由 Pierce Management Jnc. 协助进行。关于华南各矿之具体建设，现正由此美国专家继续设计之中。

（三）钢铁方面，与 Arthur G. Mckee & Co. 订约，由其派员来华考察，除东北外，遍历各地，返美后，已编送全国钢铁工业初步设计书及大冶钢铁厂设计书。

（四）金属矿方面，关于湘、赣、滇省之钨、锑、锡之调查，请由 Bekre Dalbeat Co. 实地考察；关于台湾及安徽之金、铜矿，请由 Moranda Miner Co. 协助调查。

（五）电工方面与 Wistinghouse Electric Corp. 电机制造技术合作合约于三十四年签立，西屋公司特设有中国计划部，进行厂房布置之计划，收集基本工程文件，确定制造种类与规范，开具急需设备机件清单。又与 S. Morgan Smith Co. 于三十五年签约为水轮机制造之技术合作。电话方面与英国 General Electric Co. 商定合作条件。

（六）化工方面，与H. K. Fergnson Co. 技术合作范围，系关于电解食盐工业之制造计划，已派专家到台考察制碱工业，并已提出报告。又台湾磷肥厂及氮肥厂，分别请由Chemical Construction Corp与American Cynanid Co. 派专家到台考察，并各撰报告，以备将此工厂整建时之技术工程，及采购各事与该两公司分别合作。

（七）水泥方面，由General American Transportation Corp. 协助整理台湾及东北之水泥工业，已派专家实地协助提出报告，并根据所拟计划向联总及进出口银行接洽，助我整建台湾水泥工业。

（八）糖业方面，关于制糖工业之整建计划已由E. A. Rose Jnc. 派专家赴台湾五个月之实地考察，又与General American Transportation Corp. 订约技术合作，已派有专家到台努力工作。

（九）纸业方面，聘请Fitchburg Poper Co. 副总经理于六月间来华考察台湾、天津、锦州等处纸业，颇有建议。

并可附记者，战后取得国外器材，甚为不易。本会为重建接办工业，及完成一部分新兴事业，对日本赔偿物资特为重视，造船钢铁等厂恢复与建立，尤非获得大量日本赔偿物资，不易完成计划，为便于拆迁工作顺利进展起见，特于本会内设立“日本赔偿拆迁委员会”，以专责成。该委员会成立以后，拆迁准备工作分途进行，其最要者厥为拟定拆迁工厂计划，并指派专门人员参加驻日代表团，察看将来可能拆迁厂矿之设备，另预备适当人员，担任技术及运输等项工作，拆迁日本机器设备充作赔偿，在原则上虽早经同盟国同意，惟分配办法迄未决定，至三十六年十一月美政府提议援用远东委员会组织条款，采取颁发临时指令方式，将全部赔偿物资，分期执行。决定第一期拆迁赔偿物资百分之三十（约为一百三十五万吨）由东京盟军总部办理，赔偿办法始达实行阶段。其拆迁之种类计有陆海军工厂、飞机工厂、民间军需工业、钢珠盘、工具机、造船、钢铁、轻金属、接触硫酸、碱、火力发电、人造橡皮、人造石油等十三大类。按行政院赔偿委员会所决定，在我国分配额内，本会大致可以分得钢铁二〇一，〇〇〇吨，机器二四，二五〇吨，造船四八，〇〇〇吨，电力二六，一〇〇吨，化工五，五五〇吨，金属四，二五〇吨，共计三〇九，一五〇吨。

截至三十六年底，先期拆迁物资第一次拆迁工具机，我国分得九，四四七部，其中本会分得一，三九二部，分配于所属三十余单位，从事于重整及建厂工厂，俾使促进生产之增加。

第四章　两年来生产概况

本会兴办事业，始于民国二十五年，当时筹创伊始，诸费经营，其初仅收购钨、锑并稍有钨砂生产，及二十六年创办厂矿增多，进展颇速，陆续开工出货营业者有十一单位。产品中有电力、煤焦、钢铁、金属矿及电工器材等五类。方期依照既定方针，推进生产，以增国力。讵抗战发生，时势中变，本会随政府西迁，遵奉抗建国策，经办后方工矿事业，尽速生产，以应急需。自二十七年起，生产单位年有增加，产品种类，日益增繁，对于军需民用贡献良多。胜利前本会在后方生产单位达一百余个，产品种类计有电力、煤焦、石油、金属矿、钢铁、机械、化工、电工及水泥等九类。生产数量亦逐年递增，所有货品，均属供不应求。复员以来，规模更较前恢廓。三十五年度本会经办事业单位，遍及全国各区，计分电力、煤、石油、金属矿、钢铁、机械、电工、化工、糖、水泥及纸等十一种。其产品种类与产量，亦见递增。其中增产最大者为电力、煤焦、石油等三类。次为动力机、作业机、绝缘电线、硫酸、烧碱、水泥等。其新增产品中，以自行车、机车、货车、修造船只、纸、糖、橡胶、肥料、染料等类为最主要。兹将本会历年来生产指数绘图于左，以窥生产递增之概势。

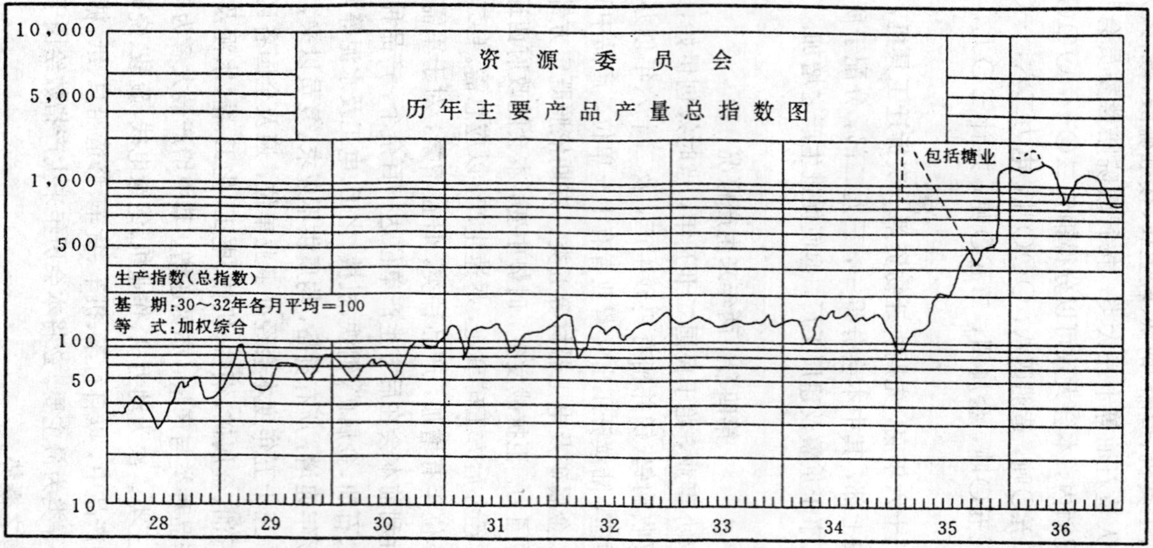
资 源 委 员 会
历年主要产品产量总指数图
生产指数(总指数)
基 期:30～32年各月平均＝100
等 式:加权综合
包括糖业
10,000
5,000
1,000
500
100
50
10
28
29
30
31
32
33
34
35
36

三十六年初，本会为积极加强增产重要物资以裕国家经济起见，特盱衡当时国内情势，以及经办各事业之进展情形，厘订计划产量，作为工作准绳。所有计划产量，如电力、煤焦、钢铁、水泥等，均以东北、华北两区所占分量为最大，台湾次之。年初国内局势安定，各区生产逐月递增，且能超越其预定产量，情况良好。方期努力推进，讵四月以后，东北、华北陷于战祸之中。工矿事业惨遭破坏，生产能力大为削弱。目前(三十六年底三十七年初)东北所有工矿单位，或已遭沦陷，或形成孤岛，生产停顿，仅少数单位仍在支持之中。华北事业尽量把握时机，力谋改进生产。台湾事业曾因民国三十六年"二二八"事件，停工达一月之久，旋即恢复，于大局尚无大碍，且目前进展甚速。华中、华南局势较为安定，生产平稳，其地位亦日趋重要。以上各区事业之三十六年度生产情形，与其所遭遇困难概况，均于前节述及，兹不多赘。

综观各区生产情况，与时局变化关系至密，东北区所受匪祸最烈，计划产量实现程度最差，平均不到百分之五十。若自其逐月生产论之，每当共匪攻势期间，产量即形陡降，共匪攻势停后，产量又渐有起色。华北情形亦相仿佛(各区生产情形参阅附图)，华中、华南以时局较稳，实际产量均与计划相当接近。台湾区进展甚速，计划产量实现程度大体均在百分之七八十以上，因时局之变化，自三十六年下半年以来，本会为安定国家经济及配合戡乱起见，对于生产工作方针，乃不得不由于注重东北、华北而渐移向于建置华中、华南，及促进台湾之生产。

(附各区事业计划产量逐月实现情形图)〔略〕

本会经办各事业三十五、三十六两年度产量比较表

产品种类		单位	三十五年度生产量	三十六年度生产量	三十六年度生产量与三十五年度之比较(百分比)	备考
电力类	电力	千度	九七四,二〇一	二,〇〇四,六六六	二〇六	
煤类	煤	千吨	四,四八六	五,六二二	一二五	
石油类	汽油	千加仑	五,〇五八	八,七七三	一七三	内包括天然汽油及石油脑。
	煤油	千加仑	二,三〇四	四,〇一三	一七四	
	柴油	公吨	一,二四九	三,一七〇	二五四	
金属类	钨	公吨	二,六三八	六,四〇二	二四二	
	锑	公吨	四二六	一,七八〇	四一八	
	精锡	公吨	一,二〇二	一,四七〇	一二二	
钢铁类	硫化铁	公吨	—	六四,八七六	—	三十六年度新增产品
	铁砂	公吨	一五,一一四	一八,八九四	一二五	
	生铁	公吨	一,三二六	五,七三二	四三二	
	钢锭	公吨	七,五三六	一八,五〇七	二四六	
	钢铁制品	公吨	八,四三九	三二,六三八	三八七	
机械类	动力机	马力	二,八六六	二,三六九	八三	
	工具机	部	三二	九六	三〇〇	
	作业机	部	二一七	四九二	二二七	
	自行车	部	三,九二二	九,二六〇	二三六	
	机车	辆	四	二三	五七六	
	货车	辆	七五	二五九	三四五	
	修造船只	吨	九二,五八八	一〇五,四一五	一一四	
电工类	电动机	马力	二,九一三	六,一六三	二一二	
	变压器	千伏安	五,〇二二	二一,五一六	三三〇	
	电话机	具	一七一	八七九	五一四	
	电讯机	具	二二四	二七一	一一七	
	铜铁线	公吨	五五四	二,一一六	三八二	
	绝缘线	圈	五七,四七八	八三,二六五	一四五	

续上表

产品种类		单位	三十五年度生产量	三十六年度生产量	三十六年度生产量与三十五年度之比较(百分比)	备考
	电灯泡	千只	一,四八〇	一,九三九	一三一	
	绝缘电瓷	千件	一,八一三	二,〇一七	一一一	
化工类	硫酸	公吨	二一九	二,四二二	一,一〇六	
	盐酸	公吨	七六九	三,七五九	四八九	
	烧碱	公吨	三,四四六	三,八五五	一一二	
	肥料	公吨	七,一六三	二〇,四二二	二八五	
	酒精	千加仑	三,三九二	一,七八四	五二.六	因后方各酒厂多已出让或结束
	硫化元	公吨	八四	二七五	三二八	
	玻璃	标准箱	一七五,〇四四	二四一,八八六	一三八	
糖类	砂糖	公吨	八六,〇七三	四一,五九八	四八.五	三十六年度糖产因受甘蔗晚熟致十一月份无产.按卅六卅七年度比较卅五、卅六年增加甚多
水泥类	水泥	公吨	八三,二四九	二四三,四七七	二八〇	
纸类	纸及纸板	公吨	四,九四〇	一五,一九〇	三〇八	

在上表所列产品三十八种中,三十六年度产量超过三十五年度者占三十五种,略为减少者仅有三种。但其减产均有特殊原因,例如砂糖一项,因原料甘蔗有季节关系,原拟三十六年十一月即可开工生产,讵以台地气候影响,甘蔗晚熟,延至十二月始告开工出货,所增产甘蔗为三十六——三十七年度制糖之用,产量可达三十万吨。又如酒精一项,以本会战时所设后方各酒精厂多已出让或结束,现仅余资川酒精厂一厂,产量自较前略少。至其超胜特多在三

倍至十一倍以上者，为硫酸、锑、生铁、钢铁制品、工具机、铁路机车、货车、变压器、电话机、铜铁线、盐酸、硫化元、纸张等物，余如电力、煤、汽油、煤油、柴油、钨砂、精锡、钢锭、作业机、自行车、电动机、电讯机、绝缘线、电灯泡、电瓷、碱、肥料、水泥、玻璃等物，亦均产量增多。又三十六年主要之新增产品有硫化铁一项，计达六万四千余吨，前后相较，足见具有进步。

三十七年计划产量更超过三十六年颇多，详细比较另见后章。

两年来本会主要产品生产数量，均比以往增加数倍以上，已见上述。关于产品之品质与制造之技能，亦多有改进。石油方面，甘青汽油所含辛烷值原为五十，现已能炼至七十。金属矿方面，纯锑之提炼，自含锑百分之九十九，提高至百分之九十九.八。含砒自百分之〇.〇五以上，降低至百分之〇.〇三以下。精锡提炼已达含锡百分之九十九.八五。钢铁方面，所产各种高级炭素钢、合金钢、条钢、弹簧钢等，均臻上乘，合乎美国工程界公认标准。化工方面，试制钢芯铝绞线已经成功，可供应华北电力需要。所制之布机马达效率甚高，供应上海纺织业应用。他如变压器、高压绝缘子等均有技术上的改进。

第五章　营业及财务状况

本会秉国营事业力求企业化之方针，对于各附属事业责成认真营业，务必收支自给，于每年度之初，均经编列营业预算，送政府核定，作为营业之鹄的。至于经营方针，节要言之：(一)在奠定制造工业之基础，凡如钢铁、机械、电器、化工各业基本事业，为国家经济所必需，而私人资力骤未担任者，皆勉为经办，期树始基。(二)在供应公用事业必需之制品，故对铁路则制造机车及货车，对电讯则制造电报及电话设备，对动力则制造电动、变压、输电、照明各器，对工业则制造动力、工具、作业各机。(三)在供应燃料及电力，凡如煤矿、石油及电厂，皆认真经办，以立近代动力之本原。(四)在开发吾国之特产，矿品如锡、锑、钨、钼，制品如水泥、食糖、纸张等，皆特为致力。（五）在抵补输入之外产及增多输出之物资，比如石油制品、糖、纸、水泥、钨砂、锑、锡等各种产品皆富具增高国力，减少漏卮之意义。（六）在平衡市价，良以国营事业，于收支自给之中，力避过分盈利，定价务求公允以贡献于市况之平衡。凡此诸端，悬为准绳，勉力趋赴。

在营业财务方面，三十五年上半年，原有事业仍在收缩之中，接收事业甫在着手，如台湾事业五月始行接办。东北各事业于九月始行接办。支出浩巨而生产未能恢复。此为经营收支特为艰巨，而全体营业，仍尚略有盈余。计是年度营业收入达二千七百三十一亿余元，收支相抵。以后各业互有盈亏，其盈余者约四百亿，亏损者约三十五亿，其中盈余除一部东北事业因受局势影响暂难解缴外，余均按照规定应缴政府之官息红利，悉数送缴国库，计共三百三十亿余元。

三十六年度上半年各地事业多在顺利进展之境。东北方面共匪于五月间，发动第四次攻势，华北、井陉、大同、淄博煤矿，石微电厂等相继失陷，对于生产及营业预算，发生不良影响。下半年以后，东北匪军六七次攻势接踵而来，预定之电力煤铁等增产计划，全归泡影。幸台湾及他地事业进展均尚良好，各事业亦有盈余。惟因会计整理费时，各单位尚未编送。兹据估报收支大数计三十六年度营业收入约达五万一千五百亿元，收支相抵以后有盈余者二千九百余亿元，亏损者一千六百余亿元，一俟各单位实报呈会后，经决算结果，即当应缴数解缴国库。兹附列本会历年解缴国库之款目如下：

至于本会历年来重工业建设经费，在预算中向占甚低比例，平均仅及国家总预算比率百分之一左右。胜利后，本会即依照需要，于三十四年九月，拟具三十五年建设重工业事业费预算为二千亿元，其中后方原有事业分配率占百分之十，国内接收事业占百分之四八．八，东北占三一．八，台湾占九．四，惟未获准照列，仅先奉准关内部分五百零六亿三十万元，关于台湾、东北等地，均系逐案核定，计东北事业费流通券二十亿元，台湾事业费台币三亿元，复以本会所接办之东北、台湾事业厂矿破坏惨重，整理需款，追加流通券二亿一千四百万元，国币三十亿元，以及其他追加费五十五亿零七百万元。综计三十五年全年度原列及追加各款，共计国币九百零九亿余元，较原拟数额减少半数以上。

三十六年度建设经费，本会依照各事业兴复最低需要，于三十五年十二月提出详细计划，拟列全年预算数为七千余亿元，但因政府限于财力，未获照准，仅核列为二千三百五十亿元，嗣因实行紧急措施，核减本会预算至二千亿元。其中除东北占三五五亿元外，余均分配于关向台湾各事业。

本会接收东北、台湾事业，皆经日人累年经营，投入巨资，始成规模。其恢复整理实非以上预算所能为力，政府通令戡乱动员后，为配合国策，增加煤、铁、电力等生产起见，经奉准追加国币四千余亿元，连同历年英美贷款改按现率转账，是年度预算共为一万一千余亿元。

三十六年度预算除转账部分外，共计六千余亿元，均已全数领讫，并已分别转拨。又三十六年度，本会因国库拨款，每遇青黄不接，曾向中央银行订有经费借款三百亿元，于库款未到时得以提前垫借，藉利事业进行。惟与全年预算数相较，仍感数额不足，该项借款，亦已依期以应领经费归还偿清。

查本会历年预算为数甚少，近年因物价飞涨，币值低落，预算国币数字，虽年有增加，但每年预算数平均仅占国家总予算百分之一。已如上述，即三十五年度预算亦不过百分之一.三，三十六年度预算包括转账数在内，亦仅及百分之二.六，如按物价升涨倍数，折成战前币值计算，每年领拨经费平均仅及战前币值七八百万元。本会各事业，政府历年投资累积，尚不及战前币值一亿元之数，详细情形列于左表：

各事业历年解缴政府资本官息及红利总表

三十年起至三十五年止(单位:元)

年度	资本官息	股东红利	合计
三十年度	一,八二一,四二九.四九	一,二四五,三七四.二四	三,〇六六,八〇三.七三
三十一年度	六,四九七,六八五.七八	六,三六二,七〇六.九八	一二,八六〇,三九二.七六
三十二年度	一一,三一六,八一〇.二二	一〇,四九八,六七〇.七九	二一,八一五,四八一.〇一
三十三年度	一四,九六二,八一〇.三〇	三四,五三一,六七四.二六	四九,四九四,四八四.五六
三十四年度	五五,八四〇,七三五.六四	三八二,一〇三,九九九.五〇	四三七,九四四,七三五.一四
三十五年度	四,〇六七,三七一,九一七.二〇	二八,九七七,六九三,二九八.七二	三三,〇四五,〇六五,二一五.九二
合计	四,一五七,八一一,三八八.六三	二九,四一二,四三五,七二四.四九	三三,五七〇,二四七,一一三.一二

本会历年预算在国家总预算内所占百分比数
暨合战前币值数额表

（单位：千元）

年别	本会预算数	国家预算总数	本会预算估总预算百分比	该年物价为战前数	折合战前币值款	备考
二五	五,四九三	一,三三四,八七三	〇.四	一.〇〇	五,四九三	
二六	一八,六八二	一,五一一,二九三	一.二	一.一	一六,九八四	
*二七	九,九九八	九六三,三二九	一.〇	一.五	六,六六五	
二八	二三,六一五	一,八九二,二六九	一.二	三	七,八九二	
二九	七四,〇五八	二,六〇〇,〇〇〇	二.八	八	九,二五七	
三〇	二三二,三〇〇	一〇,七三二,五八四	二.二	二一	一一,〇六二	
三一	四五四,〇六〇	二八,二八三,三一二	一.六	六四	七,〇九五	
三二	五〇八,三〇〇	五七,四〇〇,〇〇〇	〇.九	二四九	二,〇四一	
三三	一,三四四,三三九	一四九,三〇〇,〇〇〇	〇.九	七七三	一,七三九	
三四	九,二五一,〇七三	一,三六三,六〇〇,〇〇〇	〇.七	二,五六五	三,六〇七	
三五	九〇,九七一,一五〇	七〇,二二,七〇〇,〇〇〇	一.三	七,一六三	一二,七〇〇	
三六	一,一六一,一〇六,一六九	*四二,五八二,一〇〇,〇〇〇	二.六	九八,八四〇	一二,九五六	
共计	一,二六三,九九九,二三九	五一,二二二,四一七,六六〇			九七,四七一	

*系半年预算数，**系截至三十七年二月六日止已核定数

本会历年预算分业报拨数额表

事业类别 / 年度别	电力	煤	石油	金属	钢铁	机械	电工	化工	糖	水泥	纸	其他	共计
25	148	344	233	674	640	1,002	2,285	45				126	5,493
26	2,344	2,348	431	1,300	4,400	3,500	2,820	596				928	18,682
27	1,621	695	458	3,793	961	1,060	1,169	235				6	9,998
28	6,946	1,441	2,556	5,463	1,474	1,600	2,250	1,680				205	23,615
29	16,298	4,421	11,949	5,707	10,410	8,119	7,926	5,920	450	1,100		1,678	74,058
30	36,433	6,915	87,664	8,970	46,879	14,835	14,471	13,241	150	700		2,043	232,300
31	59,315	13,490	193,250	14,500	106,820	17,800	21,350	18,350		1,750		7,335	454,060
32	87,640	11,150	220,200	19,450	72,700	40,260	36,900	17,500				2,500	528,300
33	223,923	149,720	573,500	65,786	89,620	43,994	131,555	30,373		1,600		34,267	1,344,339
34	4,638,530	548,900	797,000	665,850	626,300	763,000	283,000	676,698		79,000		172,395	9,251,073
35	18,295,450	13,037,317	10,195,832	5,532,099	13,414,600	10,032,409	7,960,425	3,759,541		3,470,000	1,749,000	3,524,477	90,971,150
36	111,143,692	239,455,212	391,048,402	6,588,051	85,906,564	51,823,756	23,378,514	12,820,579		15,422,447	1,207,500	223,121,852	1,161,106,169
共计	134,512,340	253,261,953	403,131,575	12,911,600	99,471,848	62,751,335	31,842,665	17,344,758	600	18,996,597	2,956,500	226,867,802	1,263,999,239
各事业历年预算比例数	10.7	20	31.9	1	7.9	5	2.5	1.4		1.5		18.1	100

本会历年预算分业拨发数额在百分之十，乃至百分之三十以上者为石油、煤、电力三业。在百分之十以下者为钢铁、机械、电工、水泥、化工、金属矿等业，其详细数字，列举如次：

此外财务之有关事项，如（一）易货偿债基金；（二）国内借款；（三）外汇；（四）行署拨售器材；（五）历年英美贷款等项分述如上页：

（一）易货偿债基金　本会购运易货偿债矿产经费，历年均编有独立预算，三十五年度原预算一案奉核定为三十亿元，较原编列不及三分之一，对苏交运钨砂减列为四千公吨。原定以矿产抵偿之美债，则请由财政部另以现款偿还。嗣与苏方按照是年应偿苏债美金七，五五八，六七八元，估算应交矿品，签订交货合约，计应交钨砂五千公吨，锡品一千五百公吨，水银五千公吨，及铋砂十公吨。较上列概算所列数量增加甚多，且因各地物价继续急剧上涨，政府美汇汇率又一再调整，购运成本因亦日益增高，于七月间按照交苏矿品所得之外币价值以二，〇二〇元之汇率折算国币，奉准追加一二三亿元，本会外销矿产盈余项下，筹拨坐支。

至三十六年度购运矿产费用，原概算共列国币四〇二亿元，系按照交苏方钨砂二千五百公吨，锑品五百公吨，锡品一千公吨，共值美金四三〇万元，及拟交美方钨砂三千五百公吨，锑品二千五百公吨，锡品二千公吨，共值美金七七〇万元，共计美金一千二百万元，就三十五年八月间编制时之美金汇率三，三五〇元，折合国币计算编列。嗣以各地物价涨风益炽，购运成本不敷至巨，爰经分别于三十六年二月及九月间，就当时待交矿品价值，按照当时汇率折合国币，呈请追加两次（已交矿品仍按原汇率计算不请追加），连同原预算四〇二亿元，合共三六七，〇一七，五〇〇，〇〇〇元，均经先后奉准照列，分月由库拨发。其第二次追加预算款数延至三十七年年初始奉核拨，故事实上远感不敷。

（二）国内借款　本会生产事业周转资金，并未列入政府预算。自二十八年始，均系向银行贷借，维持生产，历年工贷借款数额其在三十五年以前年度订借者国币九十亿元。

三十五年度上半年后方继续生产之厂矿，因市场供需失调，周转维艰，各地接办事业复工生产，需款孔殷，均急需获得流动资金，除东北、台湾另案办理外，关内事业申请工贷国币二百一十一亿五千八百万元。几经商洽，至九月始经四联理事会通过，由中国、交通两行各半承放，期限十八个月，计本会统借九十八亿八千八百万元，各单位自订一百十二亿七千万元。

三十六年初，本会各地接办事业，多已次第复工增产，时以物价较三十五年上涨，平均约十四倍余，各事业所需流通资金数额，因亦增多。经先后洽请四联理事会核定钢铁事业借款国币二百亿元，东北流通券二十六亿元，石油事业借款国币一百七十亿元，东北流通券一亿二千万元。煤业借款国币四百九十六亿元，东北流通券六十七亿元。电力、机械、电工、化工、金属矿、水泥、纸等七类事业借款国币八百二十亿元，东北流通券六十七亿元。三十六年八月后，因物价上涨不已，乃复洽经四联增借石油事业国币八百六十亿元，钢铁事业六百亿元。总计三十六年内订借国币三千一百四十六亿元，东北流通券一百六十一亿二千万元（台湾事业在外）。三十六年工贷期限较短，电力等七类事业借款为十四个月，余均仅一年增借款则抵半年。就中本会统借国币五百零六亿七千万元，流通券二十五亿五千万元。各单位自订国币二千六百三十九亿三千万元，流通券一百三十五亿七千万元。惟三十六年内提还三十五、三十六年工贷共达一百四十五亿余元。

东北各工业三十五年十月初，经行辕同意担保，由沈阳中央银行拨借流通券三十亿元。约定三十五年内支用二十亿元，实际三十五年借到第一、二期十五亿元，并已于年内还清。至三十六年初始将第三期五亿元，第四期十亿元全部用足。三十六年东北各事业中交两行工贷流通券一百六十一亿二千万元，订立后，以中央转质押问题，迟迟未能动支，嗣以需款殷切，另由东北行辕保证向沈阳中央银行订借复工流动金流通券二百四十三亿三千万元，以半年为期，原有中央工贷流通券借款，除已动支约十分之六外，其余未用十分之四，即由本会自动停用。

台湾各事业流动资金，均系由各单位向台湾银行贴借，计三十五年度共借台币二十三亿三千余万元，三十六年度共借台币一百二十二亿七千三百九十万元，大部为台湾糖业公司所借。三十五年度所借之数，截至三十六年底止，均已清还。

至工贷以外，短期借款，除关内一部分煤矿借款数额较巨外，余均为数甚微，均为短期通融性质。三十五年度各单位自筹借款约计国币三十一亿元，东北流通券二亿九千万元。三十六年度各单位自筹借款约计国币一千一百零七亿六千余万元，东北流通券十五亿六千余万元。以其期限短暂，旋借旋还，截至三十六年底止，仅欠国币一百零二亿元，流通券一十八亿五千万元。

至各事业借款分配情形，则因地区而异，大致关内部分以煤电二业占数最多，三十六年石油钢铁增产借额比例较高，东北事业以煤铁产量甚宏，借款需要最巨，台湾则以糖业借额为最大部分，其详细比例如附表。

资源委员会各事业借款分配百分比表

事业名称	国币借款百分比		东北流通券借款百分比		台币借款百分比	
	卅五年	卅六年	卅五年	卅六年	卅五年	卅六年
电力事业	二五.九	一四.七	一〇.〇	三.八	四.八	四.三
煤业	三〇.三	一四.七	三九.一	二六.九		
石油事业	七.九	二八.二	一.七	一.九		三.六
金属矿业	一.六	〇.八	五.六	二.一	〇.二	八.八
钢铁事业	二.一	二二.三	一二.八	二九.七		

续上表

事业名称	国币借款百分比		东北流通券借款百分比		台币借款百分比	
	卅五年	卅六年	卅五年	卅六年	卅五年	卅六年
机械事业	七.〇	三.六	七.〇	一五.一	〇.九	一.二
电工事业	七.四	八.一	一.七	一.四		
化工事业	七.二	三.三	三.四	四.二	一.五	四.九
纸　　业	四.二	一.七	八.四	四.五	〇.六	二.一
糖　　业		〇.一			九二.〇	七三.七
水泥事业	一.三	一.九	八.六	一〇.四		一.四
服务机构	五.〇	〇.六	〇.六			
其　　他	〇.一		一.一			
合　　计	一〇〇	一〇〇	一〇〇	一〇〇	一〇〇	一〇〇

根据三十五年度四联核定工贷数目，计民营占百分之六七.六，公营占百分之三二.四，本会所贷数额，仅占百分之六.五，连各单位自筹借款并计亦不过占百分之七.五。至三十六年四联核定工贷之统计，其中民营占百分之四七.四，公营占百分之五二.六，所会所贷数额占九.八，连各单位自筹借款并计亦仅占百分之十二。

（三）外汇　本会出口矿产，易货偿债部分所得外汇价款，系直接用以抵偿债权国家债务，三十五年内运交苏方矿品约值美金六，一六五，八八八.三〇元，三十六年度内运交苏方矿品约值美金五，九九一，八五八.六一元，又运交美方矿品约值美金三，九二二，八〇五元。关于自销部分三十五年度内销售锑品一，四七五公吨，结收价款美金八七二，七四九.三三元，三十六年度内销售钨砂一，五二三公吨，锑品五，五九四公吨，锡品八七〇公吨，除以美金六一八，二五五、四〇元拨偿美债外，实收美金六，七九四，八二八.八二元，英金一，七〇〇，□□四镑，港币三四，九二八.五〇元，以上三十五、三十六年度所收外销价款，仅奉准由本会保留一小部分(三十五年度为百分之五，三十六年度减为百分之二)，作为本会国外销售机构经常费用，其余全部结售中央银行，共结售美金七，五一三，三四二.一〇元，英金一，六六六，□□四镑，港币三四，一九〇.〇四元。

自中央银行管理外汇暂行办法公布以后，本会于三十五年八月，与该行订关于外汇黄金处理办法协议书。三十五、三十六两年度内照约供售该行之外汇，连同外销矿产价款结售数及现款拨偿美债数，综计共达美金九，一三六，七六四.七五元，美金公债二百元，美金储券一千三百五十元，英金六，六三三，一二一.一〇镑，港币九七，六九四.六〇元。

本会各事业订购器材，及其他费用所需外汇，均系依照规定逐案向中央银行结购，三十五年内，共结到美金三七六，六八八.七五元，英金六〇镑，印币二，六〇五，九〇〇盾。三十六年度内结到美金九，一八三，三七二.一二元，此外另洽结本会驻外机构经费美金二〇八，六五六元。

(四) 行总拨售器材　行政院善后救济总署拨售本会工矿器材，计中小型发电机十八套，共计一八，六〇〇瓩。煤矿设备九套，机器及修理设备八套。起重机及仓库一套。

以上四类器材共计美金七，八三一，五四六.二〇元，经由本会与该署订立合约照购。此外该署为促进肥料及水泥生产，曾允订购磷肥及电石设备美金三九六，〇〇〇元，台湾水泥公司修复器材美金一，四三〇，〇〇〇元。际此外汇极端困难，行总之助力至为重要。

(五) 历年英美贷款　本会历年奉拨英美贷款，英贷共计英金六一四，七六八镑十一先令。美贷共计美金一五，二八一，四九〇元。其中除于三十四年间，奉准在四次美贷项下划拨西屋电气公司技术合作费，美金三，四〇〇，〇〇〇元外，实余购料美金一一，八八一，四九〇元。现余款四，五九〇，八七一.九五元。业均先后奉准追加预算转帐。英贷三十五年及三十六年一至三月份共计动支英金三四,〇五九镑零一一便士。美贷三十四、三十五年度共计动支美金一,三五三,一五九.四五元。暨英贷动支余额英金八七,四二六镑一先令三便士。美贷动支余额美金七九四,三七〇.九三元,并已分别办理追加预算呈院。又美进出口银行大借款案内配拨本会购置动力机美金八百八十万元。采煤设备美金一百五十万元。此二笔款均遵照院颁国营事业机关借用外汇办法规定,应由本会与中央银行比照原对外借约签订合约后,拨款提货。惟以物资供应委员会与该行对于订约各项解释不同,迁延甚久,几经磋商,原则业已大体决定,正由本会与中央银行洽订借约中。

第六章　三十七年度之工作计划

三十七年度本会为切实配合戡乱动员,及增加生产,加强国内经济基础起见,对于东北工矿事业尽力支持,华北工矿事业迅谋改进,而对华中、华南则精极开发,台湾事业努力促其发展。依此厘订方针,拟定明年度各种事业中心工作如左:

(一)电力　充实华北、华中、华南各电厂发电设备,加强电力供应,台湾方面增添输电线路。

(二)煤　华中、华南煤矿积极开发增产,运济煤荒。

(三)石油　西北油矿积极开采,增开新井,增多产量,供应军用,高雄油厂加多运炼原油,节省外汇。

(四)金属矿　加强钨、锑、锡矿采炼设备,赶办购运,增加矿品输出,增裕政府外汇收入,铝厂开工制炼,出品铝锭。

(五)钢铁　华北津唐二厂,继续轧钢,尽量生产。石景山钢铁厂加产生铁,供应需要。华中方面,拟利用原有设备,恢复生产,并加强所有产品运销,减低制造成本。

(六)机械、电工　制造各类工业需用机器,及军用交通需用电工通讯器材,增加产品以裕供应。

（七）化工　增加台湾烧碱肥料生产，供应需要。建立华中染料购品之制造。

（八）糖　增加产量，供应国内需要，兼筹增多外销。

（九）水泥　配合戡乱建设需要，加紧生产，并以余量推销国外。

（十）纸　增加台湾纸张产量，供应钞券及印刷需用。

（十一）东北工业　东北各厂矿在军事形势之下，不克大量生产，勉为维持，以期安定民生巩固地方经济建设基础。

依照上述各项工作重心，拟定三十七年度生产计划，其重要产品之计划产量，略举如次：电力方面发电一百九十余万度。煤矿方面产煤三百八十余万吨。石油方面，汽油四五，六九六千加仑。煤油二三，三八六千加仑，柴油一万余吨。金属矿方面，钨砂一万余吨，纯锑三千七百吨，锡二千一百余吨，金一万二千市两，铜及铜品二千三百余吨，铝锭三千五百吨，硫化铁七万吨。钢铁方面，铁砂三十万吨，生铁四万六千余吨，钢锭六千余吨，钢铁制品一万二千余吨。机械方面，动力机七千余马力，作业机一千二百余部，机车四十六辆，货车七百辆，修船二十七万吨，自行车一万七千六百辆。纱锭四万四千套。电工方面，裸铜线二千吨，绝缘线类二十二万余吨，电动机一万四千余马力，变压器二万八千千伏安，电话机三千具，交换机三千三百门，发话机类五十部，发报机六百部，收音机一万五千具，收讯机类二百具，绝缘电瓷一百九十万余件。化工方面，烧碱七千余吨，硫酸七千余吨，盐酸八千余吨，肥料五万三千吨，硫化元三百六十吨，汽车胎二千只，工矿皮带四万八千千米，酒精五十万加仑，平面玻璃三十六万标准箱。糖业方面，产糖三十万吨。水泥方面，产水泥四十万吨。纸业方面，报纸七千九百吨，纸板四千吨，其他纸类一万八千余吨。

兹将三十七年度主要产品计划产量与今年实际产量比较列表如左：

业　别	产品名称	单　位	三十七年度计划产量	三十六年度实际产量	百分比	备　注
电　业	电　力	千　度	一,九一八,一四〇	二,〇〇四,六六六	九六.五	
煤　业	煤	千　吨	三,八二六	五,六二二	六八.二	
石　油	汽　油	千加仑	四五,六九六	八,七七一	五二.五	
	煤　油	千加仑	二二,三八六	四,〇〇二	五六〇	
	柴　油	公　吨	一〇,〇九八	三,一七〇	三一八	
金属矿	钨　砂	公　吨	一〇,三〇〇	六,四〇二	一六一	
	纯　锑	公　吨	三,七〇〇	一,七七九	二〇八	
	锡	公　吨	二,一二五	一,四七〇	一四五	
	金	市　两	一二,〇〇〇	七,〇〇〇	一七二	
	铜及铜品	公　吨	二,三八〇	一,六一七	一四七	
	铝　锭	公　吨	三,五〇〇			三十七年度新产品
	硫化铁	公　吨	七〇,〇〇〇	六四,八七六	一〇八	
钢　铁	铁　砂	公　吨	三〇〇,〇〇〇	一八,八九四	一五九	
	生　铁	公　吨	四六,三五〇	五,七三二	八〇.八	三十七年计划尚未列入大渡口钢铁厂产量
	钢　锭	公　吨	六〇二〇	一八,五〇七	三二.七	三十七年计划尚未列入大渡口钢铁厂产量
	钢铁制品	公　吨	一二,五四五	三二,六三八	三八.六	三十七年计划尚未列入大渡口钢铁厂产量
机　械	动力机	马　力	七,一〇〇	二,三六九	三〇〇	
	作业机	部	一,二〇九	四九二	二六三	
	机　车	辆	四六	二三	二〇〇	
	货　车	辆	七〇〇	二五九	二七〇	
	自行车	辆	一七,六〇〇	九,二六〇	一九二	
	修　船	公　吨	二七〇,〇〇〇	一〇四,七〇三	二六〇	
	纱　锭	套	四四,〇〇〇	一	一	三十七年新产品
电　工	裸铜线	公　吨	二,〇〇〇	二,一一六	九四.五	
	绝缘线类	圈	二二二,〇〇〇	八三,二六五	二六七	

续上表

业　别	产品名称	单　位	三十七年度计划产量	三十六年度实际产量	百分比	备　注
	电动机	马　力	一四,八七〇	六,一六三	二四〇	
	变压器	千伏安	二八,〇〇〇	二一,五一六	一二四	
	电话机	具	三,〇〇〇	八七九	三四二	
	交换机	门	三,三〇〇	四二〇	七八五	
	发话机类	部	五〇	四	一二五〇	
	发报机类	部	六〇〇	一二二	四九二	
	收音机类	具	一五,〇〇〇	五五	二七三	
	收讯机类	具	二〇〇	八〇	二五〇	
	绝缘电瓷	千　件	一,九九九	二,〇一七	九九.九	
化　工	烧　碱	公　吨	七,〇五〇	三,八五五	一八三	
	硫　酸	公　吨	七,八〇〇	二,四二二	三二二	
	盐　酸	公　吨	八,一八四	三,七五九	二一八	
	肥　料	公　吨	五三,四〇〇	二〇,四二二	二六二	
	硫化元	公　吨	三六〇	二七五	一三一	
	汽车胎	只	二,〇〇〇	四五一	四四三	
	工矿皮带	千布来	四八,〇〇〇	三五,五四七	一三五	
	酒　精	千加仑	五〇〇	一,七八四	二八.一	三十七年度酒精计划产量仅为资川酒精厂所预计者台湾糖业公司可副产六百万加仑惟须视市场需要而定故未计划
	平面玻璃	标准箱	三六〇,〇〇〇	二四一,八八六	一四九	
糖　业	砂　糖	公　吨	三〇〇,〇〇〇	四一,五九八	七二〇	
水　泥	水　泥	公　吨	四〇〇,〇〇〇	二四三,四七七	一六五	
纸　业	纸及纸板	公　吨	三〇,二〇〇	一五,一九〇	一九九	

在上表所列四十六种产品之中，三十七年度计划产量超过三十六年度实际产量者占三十七种，估计略为减少者，仅有八种，新增产品计二种。其估略为减少者，如电力、煤、生铁、钢锭、钢铁制

品、绝缘电瓷等，系因东北局势影响，暂将东北一区产量，少加估计列，实际上在关内各地仍为积极认真增加者。新增产品中，铝锭为我国轻金属工业之发轫，纱锭足为协助棉纺工业之发展。至计划产量超胜特多，在五倍乃至十倍以上者为发话机类、交换机、砂糖、汽油、煤油等物，余如柴油、钨砂、锑、锡、金、铜、硫化铁、动力机、作业机、机车、货车、自行车、修船、绝缘线、电动机、变压器、电话机、发报机类、收音机类、烧碱、硫酸、盐酸、肥料、硫化元、汽车胎、工矿皮带、玻璃、水泥、纸张等物亦均增二三倍左右。

三十七年度计划生产，照三十六年十一月份价格估计，总产值约为三十四万亿元，约为三十六年各事业产值之六倍，其分配情形大略如下表（根据三十六年十一月价格计算）：

业别	产值（单位：亿元）	百分比	备注
电力	三四，六八九	一〇.三	
煤业	五二，八九四	一五.四	
石油	四五，二〇九	一三.二	
金属矿	二三，二一六	六.八	
钢铁	五二，七七二	一五.三	
机械	九，四七三	二.八	
电工	八，〇八三	二.四	
化工	一七，七三九	五.二	
糖	五二，九六〇	一五.五	
水泥	二二，二一二	六.六	
纸	二一，四九五	六.五	
总计	三四〇，七四一	一〇〇.〇	

* 因四舍五入计算，总数与细数微有不符。

〔资源委员会档案〕

6. 资源委员会关于一年来所属事业工作概况的报告

（1948年10月31日）

一年来资源委员会所属事业工作概况

民国三十七年十月三十一日编

本会于本年一月编印《复员以来资源委员会工作述要》一册，详述本会沿革组织方针及民国三十五年至三十六年两年来之工作概况。兹再就最近一年来(截至三十七年十月底)所属各事业工作情形，报告如后。

本会所办各厂矿在西南、西北各省者，多为战时所建，在沿海各省及台湾者，则系接办敌伪事业。并为树立腹地工业基础，配合戡乱需要，复员后另行筹设若干重要事业。一年来因时局变迁本会所属事业其在安定之环境中者，固得继续经营，渐趋繁荣；而在战区内或接近战区者，则或已沦陷，被迫停工，或受战事影响，生产萎缩。兹分区缕述，并附列本会各附属事业一览表，既本年自一月至八月底止各业生产数量统计表，以窥全豹。

一、华中华南区

电力方面：(一)皖南电厂筹备处创设以来，厂房工程已完成百分之五十，一〇，〇〇〇瓩发电机设备大部已由美运沪赶运厂地安装，输电线路器材亦已配齐，即可动工架设，预计三十八年三月可装竣五，〇〇〇瓩一套，至八月份全部完工。(二)鄂南电力公司供给武昌、大冶、鄂域等地用电，原定计划大冶装置一〇，〇〇〇瓩，发电所及武昌至大冶一二〇公里输电线路，现均在进行中，三十八年度可完成。(三)安庆电厂增四八〇瓩发电量。(四)湖南电气公司于三十六年下半年至本年完成长沙及下摄司、衡阳三发电所，共计发电容量五，五〇〇瓩。复以株洲下摄司一带，为湘省重工业区，故下年度拟添置发电设备，并架高压线路以资调节各地用电。

(五)南昌电力公司系本年九月由本会参加,与江西省合办。现有发电容量三,二〇〇瓩,不敷需求,机件亦复陈旧,拟于下年内修复原有之二,二〇〇瓩旧机,并增装四八〇瓩柴油机。(六)福州电力公司为本会台湾电力公司与商股合办,现有发电容量为五,〇〇〇瓩,因旧机使用年久,颇多损坏。三十八年度拟增建锅炉及修复原有透平发电机,以资改善。(七)海南电厂以环境恶劣,业务不振,本年秋间已办理结束,暂予保管。(八)福建古田溪水电力工程处初步计划筹建二四,〇〇〇瓩水力发电厂。全部工程预定三年完成。三十八年拟修整运输道路,建筑工房,开挖水道以及其他土木工程。(九)滃江水力资源,业经本会勘测,近复进行探钻,初步拟开发四,〇〇〇瓩,并敷设滃江至广州一四〇里高压线路。预定三十八年度工程为修造运输公路,并开始土石方工程,正拟设滃江水力工程处积极进行。

煤业方面:赣西、湖湘、中湘、南岭、永邵、湘永七单位原用旧法开采:设备简陋,年来一面使用行总器材补充设备,加强动力,一面增凿新井,整理旧窿,改善运输。(一)动力方面:赣西之泉江堰四,〇〇〇瓩发电厂,已完成一,〇〇〇瓩发电能力,明年可全部竣工。湘江湖湘之三,〇〇〇瓩湘煤电厂最近已全部完成,开始供电。湘永之五〇〇瓩电厂已于十月五日完工,中湘自下摄司电厂架设高压输线十一月即可竣工供电。南岭、永邵两矿动力厂,亦正在积极筹设中。(二)工程方面:赣西开凿新大井一对,预计各深三〇〇公尺,采用最新式方法采煤,各已凿深至二〇〇余公尺,明年底可以完工。湖湘开凿斜井五口,内一口已产煤,中湘初步钻探已有结果,开始开凿直井及斜井,本年底可出煤,至湘江、南岭、永邵三矿均各辟有新井,并先后完工出煤。湘永煤矿则就原有井窿加深正进行中。(三)运输方面:赣西自筑由井口至白马庙轻便铁路二段共三公里余,与浙赣铁路泉高支线衔接。湖湘自筑由矿经七里铺公路十公里至涟水岸,南岭由狗牙洞矿厂至包公庙筑公路十一公里,均经先后完成运煤。本会上述各矿之扩充增产，与华中、华南区其他新煤田之开发定为中心工作，并延美籍专家实地勘察协助设计，所需重要器材已依据计划向美洽贷。又为增加煤源起见，于湖北蒲圻、嘉鱼成立鄂南煤矿，已开始生产，并拟恢复浙江长兴煤矿，乃勘探江西丰城乐平煤田已列入明年度创业预算中，一俟核准，即分别兴工。

金属矿方面：(一)第一区特种矿产管理处于本年八月与江西省政府合作，改组为江西钨锡矿业公司。(二)华中矿务局扩充向山硫化铁坑道，整理运矿铁路九千余公尺，今后并将筹备探采浙东荧石矿。(三)台湾铝业公司发现福建漳浦金门铝土矿，蕴藏甚丰，正从事探采。

钢铁方面：(一)华中钢铁公司三十六年十月继续筹办小规模钢铁生产计划，营建三十吨炼铁炉一座，迄今年五月大体完成。七月奉令改组，于十月成立公司后即积极建筑炼钢及轧钢厂房，安装炼钢贝氏炉及中型轧钢机。各项工作现已完成约百分之五十以上，拟于三十八年二三月间完工。下年度计划为下列各项工作，设计并制造炼焦及付产品厂各设备，改造原已拆卸之四五〇吨炼铁炉一座，筹建三〇吨平炉三座，建造钢皮轧制厂，完成钢条轧制厂，扩充并改善厂内各补助设备。(二)海南铁矿局自三十六年秋继续修理矿石装卸设备，惟以匪势猖獗，工程无法进展，本年五月开始生产，八月份以采矿方法改善，产量大增，对于外销颇多助之。

机械方面：(一)中央机器公司南京机器厂原有厂房修理已完成，并正兴建机器工厂，以备安装。已运到之日本赔偿机器约三百部，今后一年将积极推进，开始生产。(二)通用机器公司经年来之努力，已略具雏形，现已试装各种动力机。所接收日本赔偿之机器三百部均已装妥。厂房建筑工程亦继续进行中。今后一年将增建工厂厂房、仓库、员工宿舍，俾完成初期建厂工程。(三)中央造船公司以日本赔偿事宜迟迟不决，建设工作大受影响，现仅完成浮码头一座、土码头一座、仓库二幢。今年内并将再完成土码头二座，及厂内厂外道路，俾能开始经营码头业务，以利物资之运输。此外并计划与善后保管委员会合资建立修船厂，现正洽商中。

电工方面：(一)中央电工器材厂公司湘潭电机厂，迄三十六年底旧有厂房俱已修理竣事。本年初并开始五百平方新厂房之建筑。存滇机件亦已运到，本年五月间已有电动机出品问世。目前该厂已有美贷机器一百五十吨，日本赔偿机器三百吨，新厂房工程已完成百分之八十五。业务方面已承制上清渊硐之三千瓩水轮发电机，开国产大型电机制造之新纪元。今后将继续建厂房八百平方，安装工作机器二百部，并添置一部分关键设备，期于明年底完成，以为制造大型汽轮及水轮发电机之用。(二)中央电工器材厂公司上海厂、南京厂、汉口厂分别添置设备，以应增产及改良品质之需要。(三)中央无线电公司南京厂，本年已在正常生产，今后将着重主要无线电零件之制造，以减少国外配件之输入，并拟设法外销。(四)中央有线电公司南京厂，于本年夏开工生产，目前正在制造大批电话机零件，以便大量装配，上海电话组于十月迁并京厂。今后将增制自动电话机与交换机等。(五)中央电瓷公司南京厂于七月开工出货，明年度将增建新式隧道窑炉，以期增加产量，改良品质。

化工方面：(一)中央化工厂本年度除扩充沪厂设备，增产硫化□及传动皮带之外，复就国内搜集有限器材，拼凑制成各项机器设备，在南京近郊建设南京厂，安装将毕，明年先行制造染料中间原料，以后将视财力再逐步扩充。(二)锦屏磷矿公司，本年夏因共匪一度窜扰海州，曾暂时撤退，生产也即停顿，目前正筹划复工，以谋台湾肥料公司原料之供应。(三)中央錏肥公司筹备处，在广州厂地业已购置，并筹划钻探英德硫铁矿。惟广东设厂计划，目前以外汇无着，已遭停顿。

糖业方面：本会为应粤省府之请，合办广东糖厂，系利用台糖公司保管之花莲港厂制糖设备，加以修配移以粤运，现已启用三分之一以上，预计三十八年冬可以开工。

二、华北区

电力方面：(一)冀北电力公司兼办张家口下花园二地发电所，增装发电设备，计下花园一〇，〇〇〇瓩，至本年八月下旬，已全部完竣，惟下花园仅能输电至宣化，尚不能与张垣连接，北平分公司之六号二五，〇〇〇瓩机亦已修复，对于供电裨益殊大，惟津唐间输电线路时遭破坏，随时抢修，亦极艰苦。三十八年度工作为在平津张唐各地增添发电设备，及修复宣化至张家口之输电路。(二)此外在华北区内除青岛电厂修复四，〇〇〇瓩外，本年五月间本会并分别在济南及徐州接办两地电厂，正由本会积极整顿，乃济南以军事失利，于九月下旬沦陷。

煤业方面：井陉煤矿自三十六年四月为共匪攻占后即未收复。淄博煤矿自接办以来曾于上年三月被匪攻占，阅半年后收复，又于本年三月再度失陷。大同煤矿于本年二月失陷，迄今损失不明。宜洛煤矿为战后本会新建单位，锐意经营，原已于三十六年夏产煤，惟旋即遭共匪破坏。长城一矿系由本会暂行接管继续生产，最近亦被共匪占领。华北区沦陷之五矿，除大同视军事进展情形随时准备复工外，其余四矿均予结束。

金属矿方面：山东铝业公司筹备处因张店失陷，全部资产正在保管中。

钢铁方面：华北钢铁公司设厂三处：石景山炼铁厂，于三十七年一月修复二十吨小型炼铁炉，炼焦付产厂均照常生产，迄四月份已改用二百五十吨炉，大量供应生铁。天津炼钢厂，于三十六年底修复马丁炉，开始生产钢锭钢品。唐山制钢厂电炉及轧钢设备生产钢品，对北方铁路及煤矿之供献极大。惜近月以战事紧张，工作不无影响，该公司明年度仍将继续生产生铁钢品，以应需要。

机械电工方面：中央机器公司天津厂，中央电工器材厂天津厂照常生产。中央无线电公司天津厂已有广播收音机出品，并增装新型产品，各单位大体均能依原计划推进。

化工方面：天津化学工业公司，天津汉沽两厂，均因匪军窜扰，电源时停，影响生产，并以原料收购困难，迄至目前仅部分开工。葫芦岛硫酸厂自改隶该公司后，亦因局势动荡未克复工。

水泥方面：华北水泥公司，自三十年冬起，环境益见艰难，目前因琉璃河厂周口店矿场路线迄未修复，生产仍时辍时复。

纸业方面：天津纸浆造纸公司，于本年初津市西南郊小站失守时，曾一度遭受威胁，幸未停工，惟该公司因上年末营口大石桥之失陷，以致一部分原料来源困难，复以不时停电，亦颇影响生产。组织方面：该公司于本年九月奉令改组为股份有限公司，委托中央银行代为发行股票，迄至目前仍继续推销中。

三、西南西北区

以上两区本会现有厂矿，多属战时在后方创办之事业，除一部分规模较小或纯因适应战时需要之单位，分别让与地方政府接办或予以归并结束外，余均继续经营。在电力方面：各厂发电设备或酌有增加（万县增加三四〇瓩，长寿增加一，五〇〇瓩，都江增加二，〇〇〇瓩）或维原状，足资叙述者有以下数点：（一）上清渊硐水力发电厂工程处，土木工程已完成百分之九十，水力发电设备亦已订购，拟俟全部土木工程告竣，即装配水管及阀门等设备，并进行装机工程。（二）为解决重庆电荒，本会与四川省洽妥合组川东电力公司，筹设新电厂一所，趸售电流予重庆电力公司，以供市郊之需。（三）西宁电厂已移交青海省政府独办。

煤业方面：天府、威远、贵州、明良各矿均继续生产，维持其稳定，市场供求可以相应。天府电力设备，正准备加强。贵州正计划增辟小车河矿厂，期增生产以备供应成渝黔桂铁路燃煤。

石油方面：中国石油公司甘青分公司修理旧井，增辟新井，积极开采，以裕油源，改进炼厂并增建蒸馏裂炼设备，提高汽油产量，目前已达月产汽油一五,〇〇〇桶,炼油能力每月六〇,〇〇〇桶之数,四川探勘处继产天然气,主要工作仍在四川盆地区觅探油田。

金属矿方面:滇北矿务局在复员初期,原改为保管处,兹为供应各方钢铁需要,已改为工程处,积极开采,增加生产。

钢铁方面:电化冶炼厂年来继续精铜及电介铜之炼制,惟迭以原料缺乏,时时停工,本年一月接收会属重庆资渝炼铁厂加以整理,五月出铁,其高周波电炉炼钢亦照常进行。

机械电工方面:(一)中央汽车配件厂,以业务关系维持匪易,现在洽让联动总部中。(二)中央机器公司昆明厂,除制一般工具机及马达与水利发电机外,并对农业用机器及作业机,亦多制造,对地方贡献殊多。(三)中央电工器材厂公司昆明厂及重庆厂一年来照常制造供应各种电工器材,以配合各方需要。(四)中央电瓷公司宜宾厂继续制造各类电瓷,惟迄以运输关系,销路较差,不得不以守成为主。

化工方面:(一)中央化工厂为筹制染料原料,于本年初在重庆就原有动力油料厂之基础改为该厂重庆厂,主制硫化碱及提制土产品以为制造染料之原料,并兼制甘油等项产品,销路极为畅旺。(二)本会为补助西南区在用燃料之不足,仍保留一部分战时设立酒精厂,改组为资川酒精厂,其生产能力每年为一二〇万加仑,惜以汽油倾销及限价等问题,胜利以后,迄今未能正常生产。

糖业方面:本会为发展四川糖业,利用台糖公司苗栗厂保管之制糖设备,迁川建立糖厂,已于本年五月开始拆卸,现全部运往基隆,待运赴川,预计三十八年冬季可开工出货。

水泥方面:甘肃水泥公司本会股权已价让甘省府。

四、东北区

本区各事业承三十六年度夏秋共匪各次攻势之后,情况极度恶化，截至三十七年十月底止。

电力方面：东北电公司局之丰满水力发电，因输电线路破坏，不能南送。阜新、北票、西安、长局、锦西各地电厂，相继沦陷，致沈阳唯一电源，仅有抚顺发电所一处可用发电容量五五，〇〇〇瓩。

煤业方面：三十六年度西安、本溪、北票三矿失陷。嗣又收复本溪北票二矿。本年间北票再度失守，烟台、营城、阜新各矿亦相继沦陷，生产停顿。仅抚顺、本溪二矿于炮火中勉力维持，烟台旋告收复。迄至目前，以上三矿，正努力生产，以供军事与工业之需要。

石油方面：中国石油公司东北炼油厂，因远西战争影响处理原油工作，时作时辍，迄至本年九月，已改为锦西、锦州两保管处。

金属矿方面：东北金属矿业公司，大石桥、杨家仗子镁钼矿区，相继沦陷，原改沈阳冶炼厂小量生产，最近该厂亦随沈阳弃守而停产。

钢铁方面：鞍山钢铁公司及本溪煤矿公司生产情形原甚良好，惟至三十六年底沈本线路被匪破坏，本溪被围，迄今尚在困苦中支撑，开采煤斤。至鞍山铁公司，则于三十七年二月间失陷，员工被俘，截至最近，国军虽无克复鞍山，但东北局势逆转，该公司仍暂维原状。

机械方面：辽宁滚珠轴承厂于三十七年一月失陷，即告结束。中央机器公司沈阳制车厂于三十七年春停工保管。又沈阳机器厂除减产之外，侧重军用品之制造。沈阳机车车辆公司则洽妥交通部，由该部收购全部机车货车一百余辆，现各厂均随沈阳撤守而沦陷。

电工方面：中央电工器材厂公司沈阳厂及中央电瓷公司抚顺厂，在最近东北局势逆转以前，均改为保管性质并维持小量生产，以供当地电力交通之需。

化工方面:沈阳化工厂及沈阳橡胶厂,因交通中断,产品无法外运销售,当地需要亦减,被迫停工。迄至沈阳沦陷前,橡胶厂对军用橡胶制品,如军鞋、汽车内外胎等,尚在勉力供应。化工厂则自三十七年二月份起停工。此外葫芦岛硫酸厂于本年八月间改隶天津化学公司,以容器缺乏及船运困难,现尚未复工。

水泥方面:辽宁水泥公司小屯厂,于三十六年十二月失陷,至本年七月收复,设备材料全告损失,破坏严重无法复工。本溪厂以环境险恶,时作时辍,原已紧缩。至本年五月为供东北军方需要,再行复工生产。

纸业方面:辽宁纸浆造纸公司锦州厂于三十六年遭共匪侵掠,三十七年一月被焚、营口辽阳厂亦于三十七年二月沦陷,遂全部停顿。

五、台湾区

电力方面:台湾电力公司现有发电容量二一五,五〇〇瓩,对台省工业发展,至有裨益,极需扩充,本年除继续整理原有设备,进行装置乌来一一,二五〇瓩发电机一套,并开凿天冷八号隧洞,卅八年度建设工程拟尽量利用美援完成之。

煤业方面:为供应制碱及肥料各厂煤焦起见,已派员详勘台湾新竹煤田计划开采。

石油方面:中国石油公司高雄炼油厂,月产汽油一八,〇〇〇桶,每日处理原油七,五〇〇桶。所用原油系向国外订购。台湾探勘处目前已有小型炼厂一所,产量尚微。天然气炼油厂四所,产量较丰,今后工作目标,为继续完成高雄厂裂化设备,以期增加汽油产量,并增建输油储油设备,以利输储,此外该公司为供应原料及成品外销与招商局合组中国油轮公司专司其事,于三十六年改由本会直辖,由本会与中国石油公司及招商局合资经营,业务一仍旧惯,运输范围为远洋及沿海沿江,不限于台湾一隅,现该公司已有轮只载重八万余吨,今后将完成已有旧油轮之修理,并购置油轮零件，以资加强运输。

金属矿方面：(一)台湾金铜矿务局本年初恢复制炼精铜，本年三月电炼设备亦修复，出产电解铜，金矿砂采掘及靖化能力亦已增高，明年度并拟扩充金矿巷道，加建炼铜炉及提炼纯金炉与电解设备，以期增产。(二)台湾铝业公司高雄厂，自三十七年一月开始生产铝锭每年四，〇〇〇吨以上，本年增建电解炉以及有关设备均可完成，轧制铝片设备，正向财政部洽让中，此外该公司正在闽开采铝矿，俾可减少自荷印购办铝矿之数量，以期节省外汇。

机械方面：台湾机械造船公司一年来基隆船厂修复码头，挖掘海港，打捞船坞前之沉轮。高雄机器厂则扩充厂房，修理设备，钢厂、糖厂设备，机车、货车之制造修理，对有关事业均有贡献，为谋充分发展计，本年四月将该公司两厂划分经营，分为两独立单位，一为台湾造船公司，一为台湾机械公司。

化工方面：(一)台湾碱业公司所辖工厂四所，其中第一、二两工厂，生产已臻正常，现仍着重整流设备之修理，藉以增加产量。第三厂以苦汁来源不济，迄未正常工作，最近拟改设为研究所，并试制干芒硝氧化镁等，以供造纸及染料之需。第四厂原在保管中，近为增产烧碱，经积极准备已于本年七月正式开工，预计该公司该厂下年度烧碱产量可达九千公吨。(二)台湾肥料公司本年度新得联总拨用氮肥制造器材一套正加紧安装，三十八年初，如电力有着，即可开工，预计三十八年度可产氮肥二万三千吨，其制造磷肥部分，以硫酸设备陈旧，时生故障，已于本年秋开始逐步修理钻室酸塔，俟全部工竣，可达年产磷酸钙四万吨之计划，该公司近已获得美援一百万美元，专为增产肥料之用，如拨款顺利，则二年后当可增产氮肥一万八千吨。(三)中央锰肥公司筹备处在台原经勘定厂址，开始设厂，复以外汇无着，迄未能积极进行，近已与中国银行美商慎昌洋行合作，另组公司向美援会请求贷款在台湾新竹设厂，制造锰肥，完成后可年产肥料四万吨，可望于三年内出货。

糖业方面:台湾糖业公司工务方面:其所辖三十五个糖厂,经积极修复在三十六至三十七年期制糖二六三,六〇〇公吨,与计划数字凡相接近,制糖期内,出产庆糖蜜及蔗渣用以分别制造酒精、酵母、蔗纸板等副产品甚多。在农务方面:推广植蔗,初甚良好,嗣以台风袭击多次,对收获稍有影响,至于植蔗急需之肥料,大部依靠国外,先后向美加苏采购数万吨,卡车年度预计产糖四十万吨,其中分寺蔗农十万吨,销售国内廿万吨,外销十万吨,并预计生产酒精九百万加仑,如能由政府规定以20%掺入汽油制成合醇汽油普遍使用,则销路可无问题。储运方面亦有改善。业务方面:砂糖销售在台分户口糖与加工糖两种,上海方面分配售糖、户口糖及京沪区公教人员配售糖三种。外销方面:为南洋与日本两地,台湾糖业公司于本年九月奉令正式改组为股份有限公司,提出股本十分之一,转让人民购买,交由中央银行公开出售,现仍在继续销售中。

水泥方面:台湾水泥公司修复工程,本年大体可以竣事,目前高雄、苏澳、竹东三厂合计总产量已达每月二万吨之数,下年度预计增产至每年四十万吨。以接近海外市场,最宜外销,今后一年内拟外销十五万吨。

纸业方面:台湾纸业公司所辖台北、台中、台南、高雄、士林五厂-年来已产纸及纸板一二,〇〇〇吨,复以我国纸厂所需重要原料,均赖国外供给,该公司台南厂经年来之努力修复并改建为木浆厂,现已大体完成,于九月份内试车,成绩颇为良好,下年度预计可产纸及纸板木浆等项,共为三万吨,唯须筹措外汇购置硫磺及器材,而木材之供应亦须无缺。组织方面:台纸公司于本年九月奉令改组为股份有限公司,吸收民资,委托中央银行出售股票,目前仍在继续销售中。

〔资源委员会档案〕

7. 资源委员会所属闽台区事业概况①

(1949年7月　日)

(1) 福建省事业概况

(甲) 电力事业

福州电力事业

一、历史沿革:旧福州电气公司创于前清宣统二年初。设第一发电所,装一五〇瓩蒸汽机二座,民国三年六月增设五〇〇瓩透平机一座,六年增设一千瓩透平发电机一座,同时将旧一五〇瓩蒸汽机二座售出,十年增设一千瓩透平发电机一座,十九年四月向上海斯可达厂增购三千瓩透平机一座并建立第二发电所,荷二十三年二月完成供电,全部可用容量遂达五,五〇〇瓩。抗战期间,福州曾二度沦陷,机件损坏甚巨,五〇〇瓩机且已出售。胜利后,供电情形仍不正常,业务维持日趋困难。三十六年冬,旧公司负责人及地方政府商请本会及台湾电力公司投资合办,三十七年三月签订合约,七月改组为福州电力公司。规定资本总额为法币五千亿元,本会百分之三十;台湾电力公司担任百分之四十,以现金、器材抵付;其余百分之三十由商股以原有资产作抵。本会接办后,一方面积极修理原有机炉,一方面增拨原存台湾新竹之二,〇〇〇瓩锅炉一座及美贷五,〇〇〇瓩新机炉一套,以应需要。现该公司可用容量共五,〇〇〇瓩,新拨设备亦正积极运装中。

二、历年工程进度概况:该公司旧装之一五〇瓩蒸汽机二套及五〇〇瓩透平机一套全已出售,仅余陈旧之一千瓩透平机二座(第一发电所福州鸭母州)、三千瓩透平机一套(第二发电所福州新港)。

---

① 此件沿用原标题。

发电所	发电机容量	制造厂	安装日期	锅炉
第一发电所	1—1 000 瓩透平机 1—1 000 瓩透平机	G E	民国六/九年	B&W 150#/12″250 °F 7 吨锅炉四座
第二发电所	1—3 000 透平机	SKODA	民国二十三年	SKODA 425#/12″780 °F 18 吨水管锅炉一座
	1—5 000 透平机	伊立尾特	尚未装置	24 吨 400#/12″750 °F 锅炉一座
		日制	尚未装置	13 吨 21 KG/OM340 ℃ 锅炉一座

其中第一发电所锅炉由于寿命已久，炉内干汽管大半腐蚀生锈，且汽轮轮叶亦多半腐蚀，耗汽甚大，时生故障，效力甚低。最近曾有一发电机因负荷过重，线圈烧坏，业经修复，现仅轮流于夜晚开用一机，白昼停开。第二发电所之机件因已经运用不当，亦不健全，本会去年接收未久，其主轴承烧坏，经派有经验人员修复后，现已超至三千五百瓩，然尚须以后修换配件、整理。本会接办该公司时，适值福州大水灾之后，损失电杆一百三十二根、电表六〇三个，其后又遭□□袭击，损坏电杆一四八根，经全月抢修，始得恢复。该公司因历史关系配电高压有六.六千伏及二.三千伏二种，共长三十九公里，尚有对于整理俾合标准（现有六.六千伏线路长三十公里），低压三八〇伏、线二二〇伏、杆线一六一公里、配电线路十六.一公里、变压器一一〇台容量五，〇三〇千伏安，惟窃电之风过甚，经济困难，对于目前供电设备之全面修补及整理尚感为难，若需扩增，均待另行拨贷经费。

三、历年业务进度概况：该公司高峰负荷已超过现有机量之饱和点，最近夜晚用灯时间已分区轮流停电。现有用户一八六四户、内灯表一七，三六五户、包灯九〇四户、电力二七一户，发电最高曾至每月七〇九，〇〇〇度，售电最高曾至每月三一二，〇〇〇度，其中电力仅占百分之六，惟该公司因设备损坏，供电以正常，而本会接办不久，各项整理工作尚无基础，故经济情形颇感困难。

兹将该公司现任主要负责人姓名及组织系统表列如后：

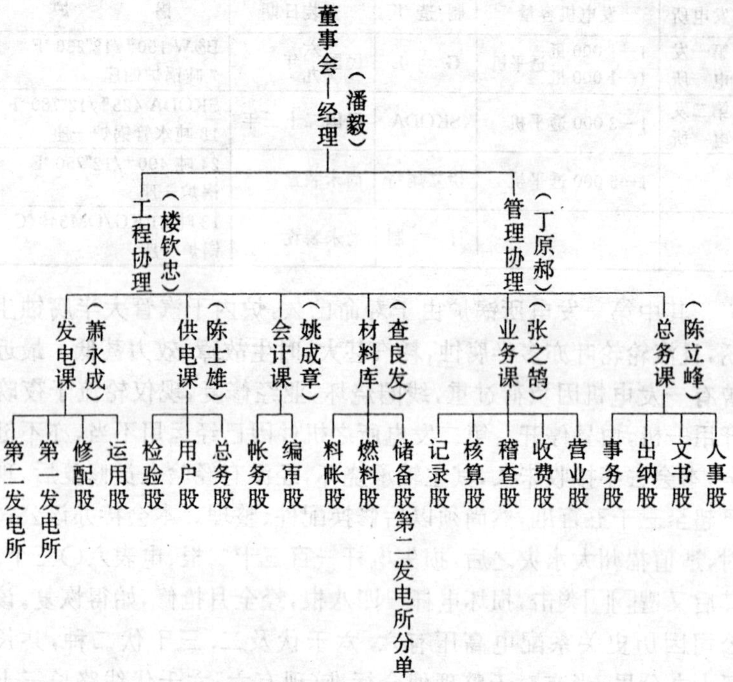

民国三十七年接管后概况

发电容量	5 000 KW
发 电 量	2 372 000 KWH
售 电 量	1 186 000 KWH
营业收入	1 072 524
营业支出	未 报
技术人员 管理人员	37 82 } 119
技术人员 普通人员	148 174 } 295

水力发电工程总处古田溪工程处

一、沿革：古田溪为闽江支流，夙以龙亭瀑布著称。于时，全溪流域面积为一千七百平方公里，平均雨量为一，五二四公厘，平均流量为十二秒立方公尺，极利于开发水力。全国水力发电工程总处于三十六年秋与福建省政府合作，组织古田溪水力发电勘测队，派员前往进行勘测工作。其后，福建省政府请行总拨发大批面粉作为工赈之用，并与福建银行先后拨发巨款作为工赈经费，由福建省府建设厅组织古田溪水力发电工赈工程委员会及工赈工程处，负责以工代赈，进行各项初步工程。至三十七年七月一日，全国水力发电工程总处因各项勘测工作业已告竣，乃将勘测队撤销，成立古田溪水力发电工程处，正式兴工。福建省政府建设厅所成立之工赈工程委员会及工程处遂亦取消。

二、经费：古田溪工程处之资金来源：所有事业费及办公费，均由资源委员会投资；职工薪俸则由国库汇发，均由全国水力发电工程总处具领转汇。其事业费及办公费总数，计为三，四六一，七五〇元，职工薪俸计共一九，六八三，一三〇元（所列金额以金圆券为单位，以民国三十八年四月三十日之报表为依据）。福建省政府并以榕古公路及其他器材折价作为投资。

三、业务：古田溪计划包括三个电厂及二个蓄水库，三厂之总发电量达八四，〇〇〇瓩。第一厂发电量为三四，〇〇〇瓩，古田溪工程处之业务即以建造第一厂为目标。

第一厂计划拦河坝高二十公尺、长一四〇公尺，位于古田溪下游四公里，坝顶装九.七×六米弧形门八扇，其上建桥，装起门机设备，用以启闭闸门，而节制流量。电厂进水闸位于坝之上游半公里，后接一.八公里直径五.三公尺之隧洞，而透平水井再用钢管以通厂房管径三公尺，长二五〇公尺，末端分歧为三支与水轮机连接。三发机之总容量为三，四〇〇瓩，电发将经福州而至马尾，输电线长一四〇公里，电压为一三二千伏，配电站将分设福州及杵岐两地，前者容量为一五，〇〇〇千伏安，后者为一五，〇〇〇千伏安。

现营造预备过程中已完成运输公路十公里，隧道出口至火药库交通路路基已完成一二〇公尺，下游隧洞口运输路完成五二〇公尺，下游隧洞口营造工场基地开挖全部完成，房屋工程办公室一座完成百分之七十，仓库一所完成，职工宿舍完成两所，碉堡一座，桥梁完成五座，工程部分隧洞上、下游明挖部分完成土石方一万六千公方。

尚未完成部分，如经费来源无困难，预计三年以内可以完成初步发电。

1. 营造预备工作包括下列各工程：①利用曹洋溪小型水力作为古田工程之营造动力，机器利用天水电厂之水轮发电设备二五〇瓩。②即行订购营造工具。③添修必要之营造工房。此项预备工程为期不过三四个月。

2. 拦河坝工程：引水道工程可以同时进行，预计二年可以全部完成。

3. 发电厂厂房工程及输电工程，预计三年内可以完成，厂房开挖工程工作与前项同时并进，水轮发电机、变压器及输电线设备即行订购，可如期安装就绪。

四、组织

古田溪工程处组织系统表

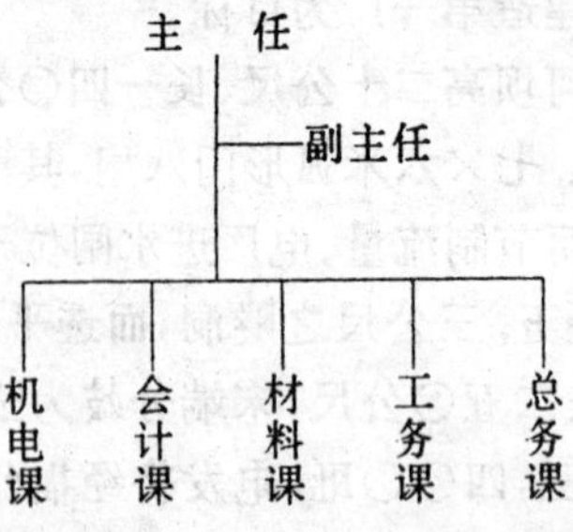

主　任：覃修兴

副主任：朱宝复

工务课长：杨德功

材料课长：李景沆(代)

会计课长：周仁三

电机课长：董瑞麿

现有：工程人员13人

管理人员10人

共　　计23人

技术工人11人

普通工人16人

共　　计27人

（乙）金属矿业

闽南铝矿工程处

沿革：闽南漳浦所蕴藏之铝矿，系于民国三十一年福建省土壤地质调查所派员调查闽南沿海土壤时所发现，嗣于民国三十六年十月为解决台湾铝业公司炼铝原料之自给，由本会再度派员前往调查，据估计，储量有三十余万吨之谱。复于三十七年七月在金门发现亦有铝矿之储藏，遂有闽南铝矿工程处于三十七年八月七日成立，专事采矿，供给台湾铝业公司原料之用。三十七年十月正式开工，共产矾土矿三，七二九公吨，惟因运输及经费困难，运销台湾铝业公司者仅五百吨。

概况(详左表)

（2）台湾省事业概况

（甲）电力事业

台湾电力有限公司

一、沿革：台湾电力事业：在日本统治时期，于民国八年成立

闽南铝矿工程处概况表

事业名称	地点	负责人	附属厂矿	经营性质	投资数		主要产品	单位	生产量（三十七年）	销售量（三十七年）	员工人数			备注
					法币（千元）	金圆券					职员	工人	合计	
福建省金属矿业	福建金门	孙景华	金门铝矿 漳浦铝矿	独营			铝矾土	公吨	3 729	500	4	--	4	该处创立伊始，除本身有职员四人外，余均系向台湾铝业公司临时借用。采运工作亦均系向当地乡董签订包作，间有杂务工作亦系临时雇工

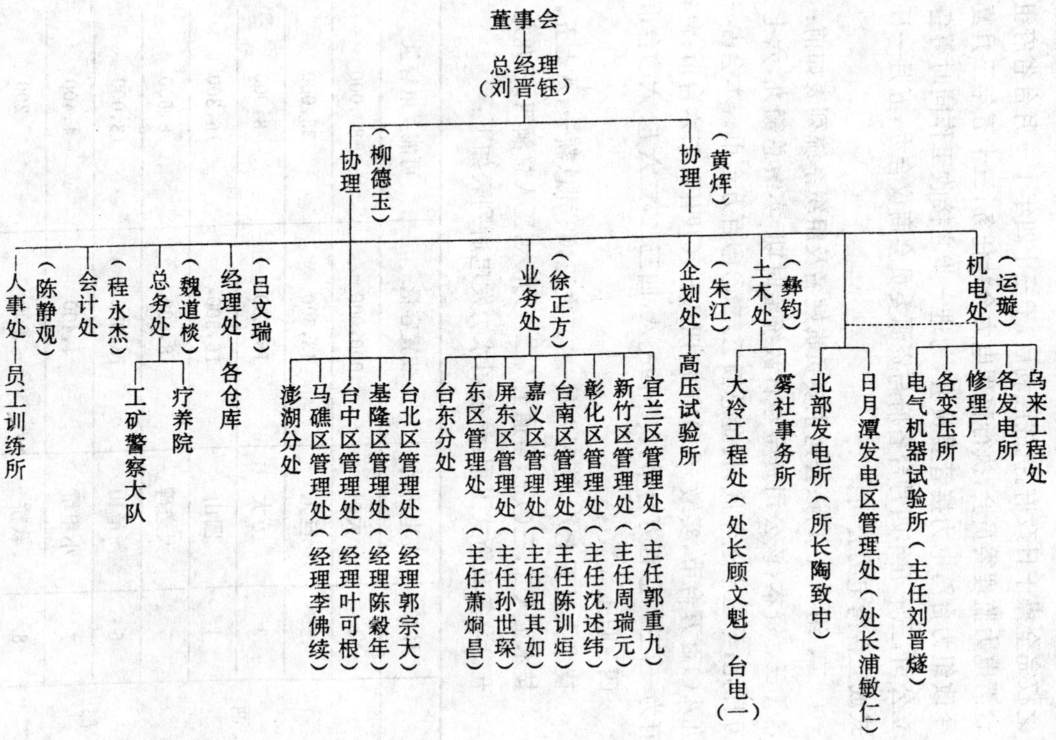
董事会
总经理（刘晋钰）
协理（柳德玉）
协理（黄辉）
人事处（陈静观）
员工训练所
会计处（程永杰）
总务处（魏道棪）
工矿警察大队
疗养院
经理处（吕文瑞）
各仓库
澎湖分处
马礁区管理处（经理李佛续）
台中区管理处（经理叶可根）
基隆区管理处（经理陈榖年）
台北区管理处（经理郭宗大）
业务处（徐正方）
台东分处
东区管理处（主任萧炯昌）
屏东区管理处（主任孙世琛）
嘉义区管理处（主任钮其如）
台南区管理处（主任陈训炟）
彰化区管理处（主任沈述纬）
新竹区管理处（主任周瑞元）
宜兰区管理处（主任郭重九）
企划处（朱江）
高压试验所
土木处（彝钧）
大冷工程处（处长顾文魁）台电（一）
雾社事务所
北部发电所（所长陶致中）
日月潭发电区管理处（处长浦敏仁）
机电处（运璇）
电气机器试验所（主任刘晋燧）
各变压所
修理厂
各发电所
乌来工程处

台湾电力株式会社，为官商合办企业，统一经营全岛电业，但经营之权完全操于日政府。抗战胜利后，于三十四年十一月台省府组设台湾电力监理委员会，执行整理电力会社任务；三十五年三月复奉令改组为台湾电力接管委员会，为进一步之接收工作同时筹备成立公司；三十五年四月台省府与资源委员会商议合办，五月一日正式成立台湾电力公司。

二、组织人事：该公司主要负责姓名及组织系统列表如前：

三、资本：该公司资金在日敌统治时期，实缴总额九，六七五万日元，至三十七年底，资金总额三，二〇〇百万台币。本会占一，九八〇百万台币，实缴一，〇〇九，四八五，〇四四.二六台币；台省府为一，三二〇百万台币，实缴四七八，四三二，二六五.六〇台币。

四、职工人数

技术人员五七八，管理人员一，二九三，职员总额一，八七五。

技术工人二，三〇三，普通工人二，〇九六，工人总额四，三九九。

五、设备及新式工程：该公司水力发电所列表如下：

	号数	发电所名	装置容量	可能发电容量
西部	1	大坝	1,000,000	80,000
	2	巨工	43,500	35,000
	3	万大	15,200	8,000
	4	圆山	16,300	16,300
	5	天送碑	8,600	8,600
	6	新龟山	13,000	13,000
	7	小租坑	4,400	4,400
	8	软桥	200	200
	9	南庄	10	10

续上表

	号数	发电所名	装置容量	可能发电容量
	10	后里	950	950
	11	社寮角	900	900
	12	北山坑	1,800	1,800
系	13	湄水	1,500	1,500
	14	大龙湾	3,100	3,100
	15	竹仔门	1,950	1,950
	小计		211,410	175,510
	16	立雾	15,100	
	17	砂姿□(1)	200	
东	18	砂姿□(2)	400	400
	19	铜门	24,000	
	20	初英	1,770	1,770
	21	清水第一	7,000	7,000
部	22	清水第二	5,000	
	23	溪口	1,800	
	24	闵小	35	35
系	25	太巴六九	200	200
	26	大南	250	200
	小计		55,755	9,605
水力	总计		267,165	185,165

该公司火力发电所列表如下：

系统	号数	发电所名	装置容量	最大可能发电量	原动机
东部系统	27	北部	35,000	30,000	汽轮 37.5 大气压
	28	松山	5,500	4,000	汽轮 23 大气压
	29	高雄	13,000	12,000	汽轮 24.6 14 大气压
	30	恒寿	160	160	柴油机
	31	澎湖	300	200	柴油机
	32	富黑	10	10	柴油机
西部	33	新港	30	30	柴油机
	34	台东	220	160	柴油机
火力	总计		54,220	44,560	

尚有在建筑中之水力所,计有天冷、乌来、雾社三处,共计容量十二万五千瓩。

六、该公司历年生产概况:

	三十五年	三十六年	三十七年
发电量(瓩)	六四,九五〇	二八四,九五〇	二八四,九五〇
发电度数(千度)	三二一,五五一	五七五,〇三五	八四〇,六〇二
售电度数(千度)	二一四,七四六	四一七,八三一	六二六,五一〇
营业收入(千元)	一〇,九七三,四九一	一〇,九七三,四九一	三九,四三二,二三五
营业支出(千元)	一〇,一四〇,六〇二	一〇八,六〇八,六四六	三五,三九〇,四五四

七、将来发展：台湾电力事业及工矿各业原具相当规模，年来以环境安定、复兴，工作进展迅速，该公司业务亦突飞猛晋。查三十七年与三十六年相较，售电度增加百分之四十八，目前以各方需要电力殷切，形成供不应求现象，为配合业务，扩充电源仍不容缓。

（乙）煤业

新竹煤矿局　　局址：台湾新竹赤上崎

一、沿革：台湾煤矿事业相当发达，但煤层过薄（三〇公分至九〇公分），断层与褶皱颇多，公私经营之井坑虽在二百以上，月产量仅十五万吨左右，即每坑之平均月产量不过七百吨，其能日产一百至二百吨者全省不过五六坑，盖颇少大规模开采价值，是以台湾光复之始，该省曾商请资委会参加合作，接办敌人在台经营煤矿（约占全省煤业百分之四十五左右），资委会未予参加，遂全部由台湾省营工矿公司接收经营。一九四八年资委会以在台主办之肥料及水泥两单位，月需煤焦数千吨，取给困难，适台湾新竹竹东镇迤东三十公里之加罗排有日敌管制时代之保留矿区，煤质优良，可炼焦，储量约二千四百吨，颇有小规模经营价值，经一再查勘研究后决定，由会筹划开采，于一九四九年一月正式成立新竹煤矿局，此为本会在台惟一之煤业单位。

二、组织人事：设总经理一人，下设秘书、总务、矿务、工务、业务、会计六室。经理俞物恒、协理李家琪，余不详。

三、资本额：三十八年一至四月已拨金圆券二〇一，八七四，三六七元。

四、职工人数未据呈报。

五、重要工厂及设备：台湾煤矿公司前曾派探勘队在八五山沿煤层走向开辟平巷七处，深自十余公尺至二百二十公尺。该局接办后，正修理间大巷道矿厂至竹东火车站三十公里，原有公路勉可行使卡车，将来拟商台湾铁路局延长竹东至内湾之铁路十五公里。由内湾至矿厂之十五公里地势险峻，拟修建高空索道，据美国专家估计，需美金五十万元。

该矿现无重大设备所需修理，工具机、卡车及应用器材等多已由沪运往，勉可敷用。

六、生产概况：未据正式报告，现约可日产二三十吨。

七、营业概况：未据报告。

八、将来展望：预定日产五百吨，倘竹东至矿厂三十公里之运输问题能分别解决，达到此项目标应无困难。

（丙）石油事业

中国石油有限公司台湾各单位

一、台湾油矿探勘处

（一）沿革：台湾之产天然气，我国史册早有记载，其凿井开采则肇端于八十年前台胞邱苟氏在出磺坑发现石油露头，手摇一井，深约三公尺，日产原油二加仑左右，供燃灯及医药之用。一八七六年，满清政府设立石油局，购置钻机，延聘美籍技师，在出磺坑附近共钻井五口，因技术不佳，最深者仅达一二〇公尺，日产油仅二十余加仑，不久停工。

一八九五年，日人占据台湾，对石油事业之经营积极推进，于一九〇一年发动其财阀投资组织石油队，进行实地勘查，次年一月开始钻井，事业逐渐扩展。历经日本宝田石油会社台湾矿业所、日本海军台湾矿业株式会社、日本石油株式会社，接续经营，先后在台北之中和庄，新竹县之湖口、竹东、宝山、绵水、出磺坑、通宵，莹南县之六重溪、竹头崎、冻子脚、牛山及高雄县之甲仙、千秋寮、内寮等地，钻井二五一口，并于一九四〇年将石油之采炼与运销分由三单位掌管，帝国石油株式会社采油，日本石油株式会社掌炼油，与台湾石油有限会社掌运销。在日人经营期间，以出磺坑产油最多，年产量以一九二七年最高，达六百余万加仑。

一九四五年八月日本投降，台湾之石油工业于同年十二月由我国接管。一九四六年六月，中国石油有限公司成立，该地之石油工业统归本公司接办。关于炼油研究与运销工作，则分设高雄炼油厂、嘉义溶剂厂、新竹研究所、台湾营业所四机构分别掌理。对于探采工作，特设立台湾油矿探勘处统筹办理，处址设新竹县苗栗镇上苗里155号。三年来已在出磺坑完成产油井二口，在台中大肚山钻探井一口，绵水续钻尚未完成井二口，中洲探井一口尚未竣工。

（二）概况：

二、高雄炼油厂炼油

（一）沿革：一九四五年秋，抗战胜利后，高雄左营日本海军第六燃料厂，由台湾特派员办公处石油事业接管委员会接收，至一九四六年六月始由资源委员会中国石油有限公司接管，正式成立高雄炼油厂。

本厂在日人经营时代称为东方海军最大燃料厂，计划精密，旋因战事影响，未能完成，加以盟机空袭猛烈，全厂机件无一完整。胜利前夕，日人更将未毁器材或予疏散、埋置，或加炸毁破坏，凌乱不堪。接管后，先将工场方面从事整理，一九四六年九月乃开始兴工，不及半年渐次就绪。一九四七年“二二八”事变波及，重遭盗劫，幸机件损害尚轻，加以修理即告恢复。第二蒸馏工场仍得如期于同年四月十八日首次开炉，顺利炼油；第一蒸馏工场亦于一九四八年三月底修竣，四月三日开始炼油，进行顺利。并复拟定增产汽油计划，在第二蒸馏工场添设裂化装置，在美订购器材陆续到厂安装，于一九四九年初全部装置完成。

（二）概况：

中国石油有限公司台湾油矿探勘处

主持人：董蔚翘　　　　地点：台湾新竹

	主要机器名称	产油产天然气井	天然气油厂	炭烟厂	炼油厂	一千公尺施转钻机	一千五百公尺施转钻机	二千公尺施转钻机	二千五百公尺施转钻机	三千公尺施转钻机	$2\frac{1}{2}$～8吋输油及气管线	天然气充填站（日产四八〇〇三方公尺）	修机厂
主要设备及生产能力	数量（单位）	六十六口	四所	三所	一所	三套	三套	三套	一套	一套	一五〇公里	五所	四所
	生产能力	年产 原油二三〇〇〇桶 天然气一〇〇〇〇〇〇千立方尺	天然气一〇六〇——四九四四五二千立方尺	天然气一〇六〇——四九四四五二千立方尺	汽油六三〇〇桶 煤油八八二〇桶 年产油三一五〇桶 石油一二五〇〇〇公斤 沥青七〇〇〇公斤								

员工	职员	141人
	工人	1 713人
	合计	1 854人
备注	财务情形，另见后述。	

中国石油有限公司高雄炼油厂

主持人:宾果　　　　　　　　　　地点:台湾高雄

主要设备及生产能力

主要设备名称	数量(单位)	生产能力	实际产量(每日) 汽油	实际产量(每日) 煤油	实际产量(每日) 柴油	实际产量(每日) 燃料油
一、炼油设备						
第一蒸馏工场	一套	日炼九五〇〇桶	二〇九〇桶 (22%)	一四二五桶 (15%)	九五〇桶 (50%)	四七五〇桶 (50%)
第二蒸馏工场	一套	日炼七五〇〇桶	汽油 一六五〇桶 (35%)	二二五桶 ｜	柴油 七五〇桶 (30%)	燃料油 三七五〇桶 (58%)
第二裂炼工场	一套	日炼四五〇〇桶	重柴油 一五七五桶 (55%)	｜ 润滑油原料 (26%)	沥青原料 一一三五桶 (25%)	二六一〇桶
真空蒸馏工场	一套	日炼一〇〇〇桶	四五〇桶	二六〇桶	二五〇桶	
二、输油设备						
油管(12"×15 KM)	一根					
油管(6"×15 KM)	二根					
油管(4"×15 KM)	二根					
厂内油槽	总容量七三〇〇〇公尺					
答雅寮码头油槽	总容量六三八〇〇公尺					
三、化学处理设备	壹套					
四、动力设备 汽锅	三座	每座每小时产蒸气十八公吨				

续上表

员工	职员	176人
	工人	2 037人
	合计	2 213人
备注	财务情形,另见陈述。	

三、嘉义溶剂厂

(一)沿革:本厂前身为台湾拓植株式会社嘉义化学工场,创业于一九三八年十月,翌年七月开工,复于一九四三年三月脱离台湾拓植会社与麦酒株式会社合资经营,改组为台拓化学工业株式会社,共分发酵、工务、经理、原料四部。台省光复后,由经济部台湾区特派员办公处石油事业接管委员会接收,一九四六年六月,中国石油有限公司成立,遂改隶本公司,一九四七年五月决定复工,后更名为中国石油有限公司嘉义溶剂厂,一九四七年底即完成复工准备工作,一九四八年一月开始生产。

(二)概况:

中国石油公司嘉义溶剂厂

主持人:沈觐泰　　　　地点:台湾嘉义

		一、蒸煮设备		二、发酵设备		三、蒸馏设备				四、蒸汽设备			
主要设备及	主要设备名称	蒸煮釜	同上	发酵槽	同上	丁醇蒸馏设备	丙酮蒸馏设备	乙醇蒸馏设备	同上	汽锅	同上	同上	同上
	工作能量	九〇〇〇加仑	三四〇〇加仑	四五〇〇〇加仑	二二五〇〇加仑	日蒸二十公吨	日蒸十公吨	日蒸二公吨	日蒸六十公吨	二十四公吨	五公吨	六公吨	二公吨

续上表

生产能力	数量	二二个 二个	九六个 六个	一套 一套 一套 一套	二座 二座 四座 四座
	生产能力	依照蒸馏设备工作能量，最高每日发酵八槽，能产全溶剂 6 800 加仑或丁醇 4 080 加仑、丙酮 2 040 加仑、乙醇 680 加仑。			共能产蒸气九〇公吨
	实际产量	最高日发醇四槽全溶剂 3 400 加仑或丁醇 2 040 加仑，丙酮 1 020 加仑、乙醇 340 加仑。			
员工		职员 95 人 工人 777 人 合计 872 人	备注	财务情形，另见后述。	

四、新竹研究所

（一）沿革：本所原创立于一九三五年，隶属台湾总督府。抗战胜利后，一九四五年十一月六日，由台湾省行政长官公署工业研究所派员接收，一九四六年二月二十七日移转经济部台湾区特派员办公处石油事业接管委员会接管，六月改隶中国石油有限公司。

（二）概况：

中国石油公司新竹研究所

主持人：张明哲　　　　地点：台湾新竹

主要设	主要设备名称	甲、研究设备 一、实验室 （一）物理化学 （二）有机化学 （三）无机及分析化学 （四）汽油及轻油实验 （五）润滑油及石腊实验 （六）综合化学实验 二、图书 三、代器药品	乙、小工厂设备 一、水电解工场 二、食盐电解工场 三、硫酸工场 四、蒸馏工场 五、刹车油工场 六、机械工场 七、冷冻工场 八、汽锅房

续上表

设备及生产能力	数量	120 HP 60 HP 8 HP 锅炉各一具；毒气冻冷机二具；一所；一套；10 KL SKL 已完成蒸馏塔；一套；一套；一套；尚称完备；约9 000余册
	生产能力	日产4 000公升
	实际产量	因各种关系，仅水电解及硫酸工厂开工

员工	职员 65人 工人 245人 合计 310人	备注	财务情形，另见后述。

五、中国石油有限公司台湾营业所

（一）沿革：本所系接收前日本时代一切设备，于一九四六年八月一日正式成立，其营业区域为台湾全省。因外油公司在台并无营业机构，故台湾全省油料供应大部分均由本公司负担。该所于基隆、高雄、苗栗、台中及台南各地分设供应站，以资供应。

（二）业务设备：台湾营业所普及全省，以其交通畅达，油料供应便利，该所在台省各大城市均建有储油设备。兹将各地油料容量、仓库容量、运油工具、加油站等分别列表如次：

地点	油池容量 公□	仓库面积 平方米	油罐卡车 辆	油罐车辆	加油站 座	冲气站 座	重油加油 站座
基隆	一一 八五〇	二 一六二	二		一		一

续上表

地点	油池容量公□	仓库面积平方米	油罐卡车辆	油罐车辆	加油站座	冲气站座	重油加油站座
台北	一三〇四	五七〇	五	一〇三	二		
苗栗	六〇〇	二七〇	一			三	
台中	六〇〇	一八七	一		一		
高雄	五五五	一二九〇	二		二		一
总计	一四 九〇九	四 四七九	一一	一〇三	六	三	二

（三）销路

1. 汽油：台湾方面汽油销售，系由台省油料分配审议委员会审核，由台湾营业所照量供应，前每月销量约为六十万加仑左右。本公司高雄炼油厂年来积极增产，台省汽油销额原可放宽，惟以格于审核会规定及台省励行节约原则，销量暂难增加。

2. 煤油：本公司高雄炼油厂自积极开工以来，煤油产量亦随之增加，现每月销量约为二十五万加仑，销售对象为民间日常燃用及鱼船之需。嗣为推广业务，普遍供应起见，复采用零售商办法，凡有意经营煤油事业之行号，可认定每月可能销售数量，向台所登记领取执照，由台所核定供应。现已登记营业之行号约有三百余家。

3. 柴油：柴油及燃料油：台湾营业所供应台省柴油及燃料油，向根据本公司业务方针以供应直接用户为原则，凡轮船、工厂在台需用上项油料，均可向台所申请核配。目前每月销量柴油约为四百吨、燃料油约为三十吨。

（四）员工

职员：九二人。

工人：三〇九人。

合计：四〇一人。

五、财务（另见后述）

中国石油有限公司台属财务情形

查本公司在台湾省之各单位计有：台湾油矿探勘处、新竹研究所、嘉义溶剂厂、高雄炼油厂、台湾营业所五处。其中除台湾油矿探勘处因供应天燃气收支尚可维持及台湾营业所尚有营业收入外，其余各处或在恢复修理，或在改善扩充，故每月均须负担巨额建设费，若仅赖台所营业收入支拨，实难应对。以往由总公司筹款接济，嗣后嘉义溶剂厂所产丁醇已能外销，易取外汇；高雄炼油厂所产成品亦能源源供给国内需要，营业收入亦随时激增，故近数月来所有台湾各单位经常及建设费之支出，勉可应付。所需生产周转金并得台湾银行同意商借押款，可无须再由总公司筹款矣。兹将台湾各单位最近库存及台湾银行借款列表于后，俾供参考。

资源委员会中国石油公司台湾

各单位最近库存表

1949年5月15日

单位：台币

单位名称	专用款	保管款	周转金	经常费	总公司	合　计
台湾油矿探勘处			211 944 164.28	188 097 052.99		402 041 217.27
嘉义溶剂厂			10 450 000.00	45 567 340.99		56 017 340.99
高雄炼油厂			78 403 771.12	353 012 480.47		421 416 251.59
台湾营业所		432 393.28	523 400 000.00	(768 170 276.34)	3 390 698 520.07	3 146 360 637.41
新竹研究所						

注：新竹研究所最近无库存报告送总公司，故无法列入。

资源委员会中国石油有限公司

台湾银行借款表

（一）　　单位：美元

用　途	金　额	备　注
归还美援案内原油垫款	600 000	除已陆续归还美金171 857.92外，尚欠美金428 142.08

台湾银行借款表

（二） 单位：台币

用　　途	金　额	备　　注
修理台湾各单位	240 000.000	1938 年 4 月份起每月摊还 80 000 000
丁醇押款	500 000 000	1938 年 5 月份归还
租用挖泥船	2 400 000 000	1939 年 1 月份还清
代高雄港务局借	1 000 000 000	1939 年 4 月份还清
合　　计	4 140 000 000	

（丁）钢铁事业

台湾钢厂

一、沿革：本会因台湾炼油厂、碱厂、制罐厂等，每年所需大量钢皮均由国外输入，而该地尚无制造此项材料之工厂。兹为建立华南钢铁事业，供应台湾各工厂所需大量钢皮起见，爰于三十七年十二月底开始筹备，本年元月十七日设立台湾钢铁厂于高雄。

二、组织人事：该厂现有厂长、副厂长、总工程师各一人，秘书一人，工务、业务及总务主任各一人，暨管理人员数人。兹将主要人员列表如后：

职　　称	姓　名
厂　　长	卜昴华　（暂兼）
副 厂 长	卜昴华
总工程师	沈光瑟
秘　　书	傅沈韩
工务主任	陈仰星
业务主任	黄之材
总务主任	翁兆庆

（戊）金属矿业

一、台湾金铜矿务局　　地址：台湾基隆区金爪石

（一）沿革：该矿位于台湾省台北市基隆区金爪石，距基隆港约三十五公里，除有公路直达矿山外，尚有自建之轻便铁道由八英尺门直通山下之水南洞。一九三二年由前日本矿业株式会社开始经营，先后完成每日可处理铜矿砂二十吨及金矿砂一千二百吨之浮选设备，惟无提炼设备，精选后之金银淀物及铜矿砂全部运往日本处理。胜利后，由前台湾长官公署接管，于一九四六年始由前资源委员会接办成立筹备处，因铜矿砂成分过低（0.7%），且无冶炼设备，故首先恢复采选金矿砂及矿水沉淀铜工作，同时添置提金及冶炼设备，于一九四八年筹备完成，遂正式成立台湾金铜矿务局。现每月约可生产纯金一千二百市两、粗铜一百五十吨、电铜九十吨。

（二）组织：该局现设局长一人，副局长三人，总工程师一人，下分秘书室及总务、业务、工务三组暨矿厂、选厂、炼厂、修理厂、提金室等各单位。此外，并设有医院及台湾办事处，上海方面原设有驻沪代表办事处，迨金属矿业各单位上海联合办事处于上半年十月间成立后，即并入该处，为该处之第五组。兹将组织系统及主要负责人员姓名另列如附表。

（三）投资成分：

由前资源委员会独营。

（四）职工人数：

本年四月份之统计该局员工人数如左：

职　　员：二百人。

工　　人：二千零四十四人。

其他工警：一百六十六人。

共　　计：二千四百一十人。

以上之人数未包括雇员、试用人员及临时工人在内。

（五）设备或新式工程

（1）矿场主要设备表

部分	矿							厂								
项目	坑道及吊井			采矿设备				矿								捣矿设备
	金矿坑道	金矿吊井	铜矿坑道	修钻机	凿岩机	压风机	风管	金矿铺轨坑道	铜矿铺轨坑道	电车	架空索道	竖井大型绞车	斜坡运输道	无柱索道	电动小绞车	捣矿机
已往设备	46 km		96 km	6 台	950 台	21 台	63 145 m	15 km	20 km	40 台	1 723.6 m		8 处	910 m	不详	新进（五部）
已往生产能力	1 000 T/日	—	2 000 T/日	300 根/□	3—31 T/架	8—49 m^3/□				$1\frac{1}{2}$ TY12 T	600 T/日	$\frac{1}{2}$ T～2 T	$\frac{1}{2}$ T～2 T	90 T/时	不详	附有捣冲杵 50 支
应用程度		—		100%	80%	90%	90%	90%	85%	95%	95%	90%	80%	95%	50%	
严重损缺数量	23 km	60%	58 km	2 台	190 台	5 台	45 000 m	10 km	15 km	20 台			原动机及路面	原动机		
三十八年度拟修总数量	4—10 km	500 m	— —	拟新购台		拟修复 3—5 台	500—1 000 m	5 km	—	2 台	—	未	无	无		
现已修复	15 469 m	1 953 m	1 400 m	4 台	650 台	6	12 474 m	178 km	1.4 km	7 台	1 723.6 m		5 处	910 m	22 m	36 年 5 月新建
生产能力	450 T/日	—	无	600 根/日	3—20 T/台	配合 600 T/日	配合 600 T/日	配合 600 T/日	—	配合 600 T/日	配合 600 T/日		配合 600 T/日	配合 600 T/日	10 T/日	10 T/日（八小时）

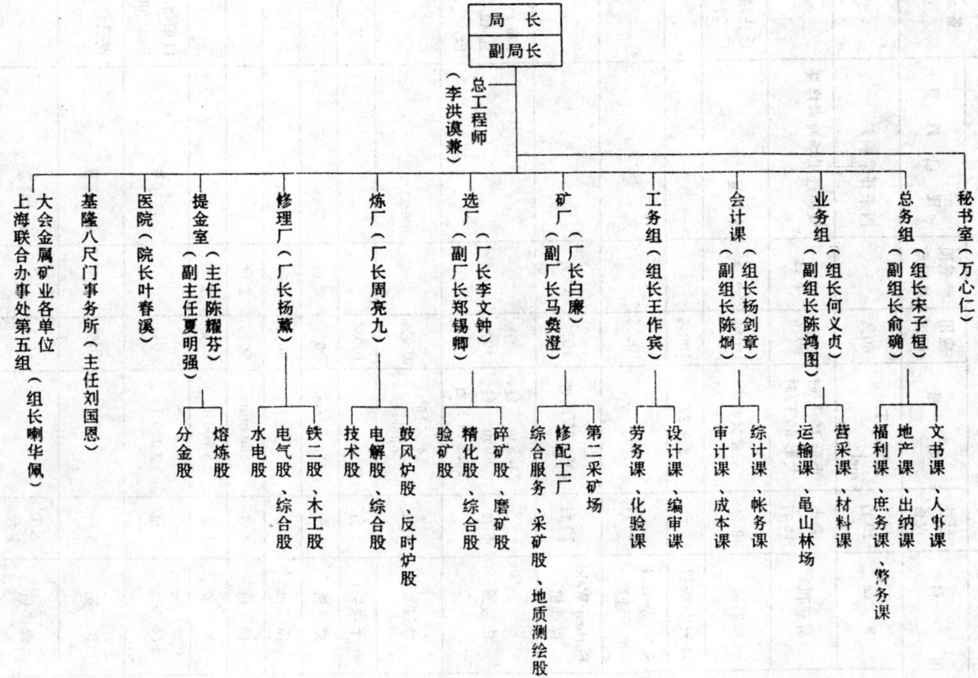
局长
副局长
总工程师（李洪谟兼）
秘书室（万心仁）
总务组（组长宋子桓）（副组长俞确）
文书课、人事课
地产课、出纳课
福利课、庶务课、警务课
业务组（组长何义贞）（副组长陈鸿图）
营采课、材料课
运输课、龟山林场
会计课（组长杨剑章）（副组长陈炯）
综计课、帐务课
审计课、成本课
工务组（组长王作宾）
设计课、编审课
劳务课、化验课
矿厂（厂长白廉）（副厂长马奂澄）
第二采矿场
修配工厂
综合服务、采矿股、地质测绘股
选厂（厂长李文钟）（副厂长郑锡卿）
碎矿股、磨矿股
精化股、综合股
验矿股
炼厂（厂长周亮九）
鼓风炉股、反时炉股
电解股、综合股
技术股
修理厂（厂长杨薰）
铁二股、木工股
电气股、综合股
水电股
提金室（主任陈耀芬）（副主任夏明强）
熔炼股
分金股
医院（院长叶春溪）
基隆八尺门事务所（主任刘国恩）
上海联合办事处第五组（组长喇华佩）
大会金属矿业各单位

(2) 选厂主要设备表

部分		选				厂	备考
项目		已往设备	规格	应用程度	严重损缺程度	现已修复	
铜选工场	矿筛	20台	10′×4′Trommel	60%		因未开采铜矿	
	碎矿机	大小16台	小形 15 T/时 大形 60 T/时	50%	8台	故铜选工场尚未修复	
	球磨机	8台	8′×4′	30%	2台	未修复	迁往猜化工厂二台
	Dorr 分级机	8台	8′×27′	100%			
	S. W. 及 H. F 型浮选机	60台		100%			
	Forhen Wald 浮选机	70台	43″×36″两种	70%	30台		
	浓缩器	5台	24.5 m 二台、 60 m 一台、 10.6 m 二台	40%			106 m 代表直径公尺长。
	滤过器	4台	14′×16′ oliner	100%			
	干燥炉	1台		100%			
	鼓风机	5台	1 130 m^3/min	40%	2台		
	压气机	3台		50%	2台		
	抽气机	4台	600 mm	50%	2台		
	矿金	1座	8 100 T	40%			
猜	碎矿矿仓	1座	2 000 T	80%		全已修复	以前每日处理 1 200 T
	矿筛	5台		50%		全已修复	现已修复每日 600 T
	碎矿机	大小7台		70%		全已修复	
	锥形磨矿机	6台	8′×3′	50%	4台	已修好 8×4′二台 8×3′一台	

续上表

部分		选厂					备考
	项目	已往设备	规格	应用程度	严重损缺程度	现已修复	
化工场	管形磨砂机	6台	6′×12′	50%	3台	修好三台	8′×4′乃由铜选工场移来。
	Dorr 分级机	6台	8′×27′	40%	3台	修好三台	
	Bowe Dorr 分级机	6台	12′×31′～8″二台，6′×31～8″四台	40%	3台	修好 12′×31′～8″二台 6×31′～8″一台	
	Forhen Wald 浮选机	24台	43″20台 36″4台	80%		全已修好	
	浓缩器	5台	19 M 一台、24 M 三台、60 TwrT-nickcien 一台。	60%	1台	修好四台	
	滤过器	13台	14′×16 oliuei	80%	7台	修好六台	
	搅拌器	24台	rm×6 m 6台 8 m×6 m 18台	65%		修好六台	内18台在日矿时已被毁。
	收金槽	3台		60%	1台	修好二台	
	遣平泵甫	21台	5″	40%	11台	修好十台	
	扬泥泵甫	9台	4″7台、3″2台。	60%		全已修好	
	离心泵甫	9台		60%	3台	修好六台	
	隔膜泵甫	7台		60%	4台	修好三台	
	抽气机	7台	600 mm	70%	3台	修好四台	
	压气机	4台	1 k3/0 cm	70%		全已修好	
沉淀工场	沉淀槽	5台	高0.5公尺 阔1公尺	100%	4处	修好一处，计4267公尺	
	切铁机	2台	2 T/日	90%		修好二台	37年11月又买一台
	Filterllots 滤过机	2台	4 T/日	40%		全已修好	

(3) 炼铜厂主要设备表

名称	数量	容量	附注
反射炉	2座	8′× 11 locecoith aiea 80 ft^2	
一号鼓风炉	1座	72 cm 直径	每日15公吨沉淀铜
二号鼓风炉	1座	100 cm 直径	每日30公吨沉淀铜
一号鼓风机	1部	风压 20 m/m Hg 风量 m^3/min	马达 20 HP
二号鼓风机	1部	风压 45 m/m Hg 风量 40 m^3/min	马达 15 HP
三号鼓风机	1部	风压 36 m/m Hg 风量 30 m^3/min	马达 10 HP
鲁斯鼓风机	1部	风压 1 500 m/m Hg 水柱 风量 80 m^3/min	马达 40 HP
团矿机	3部	马达各 5 HP,每日各 45 公吨沉淀铜	
一号式碎矿机	1部	开口 120 m/m×50 m/m	
二号式碎矿机	1部	开口 190 m/m×160 m/m	
飞轮研磨机	1部	直径 1 150 m/m 镐 1 180 m/m	
卷扬机	1台	马达 20 HP 扬程速度 40 m/m	卷扬负重 800 kg
电解槽	120个	1 400 m/m × 870 m/m × 1 160 m/m	150个作电解用,5个储水用
马达 240 KW 发电机	2套	直径 120 伏特 2 000 安培	

续上表

名　　称	数量	容　　　量	附　　注
耐酸泵甫	2台		
水泵甫	2台		
沉淀槽	2个		
注液槽	2个		
回液槽	3个		
洗液槽	3个		
成品库	1间		储置各种铜品之用。

(4) 提金室主要设备表

名　　称	数量	规　　　格	附带搅拌器马达等
硫酸处理槽	2个	每小时处理淀物80公斤。	附带活动炉底、烟囱、鼓风设备
熔炼及分银两用炉	1座	3.1 m×1.6 m	手压式
小型压滤机	1台		
电热干燥炉	1座	1.5 m×0.5 m	
坩埚炉	1座	1 m×0.6 m	
流酸分金炉	1座	处理量100 kg	
分金设备全套	2处	每处可处理含金粒30公斤	包括金锅、分金盘、器皿工具等
氯化法精炼设　　备	1套		包括氯气、火炉、鼓风机等设备

(5) 修理厂主要设备表

部　分							
项　目	已往设备	规　格	应用程度	严重损缺数量	现已修复数量	修复起始时期	备　注
车床	22 部	8″×6′—18″—16′	90%	2 部	18 部	35 年 5 月	
钻床	12 部	12″—26″	90%	5 部	6 部	35 年 5 月	
刨床	5 部	30″×6′—39″×8′ 16″×16′—24″×36′	90%	微坏	4 部	35 年 5 月	龙门刨二部、牛头刨二部
滚床	1 部	40″	90%		1 部	35 年 5 月	
皮带锤机	1 部	$\frac{1}{4}$T	100%		1 部	35 年 5 月	
空气锤机	1 部	$\frac{1}{4}$T	100%		1 部	35 年 5 月	
电动起重机	3 部	3 T	90%	微坏	3 部	35 年 5 月	
电焊机	8 部	15—32 K. W.	100%	2 部	5 部	35 年 5 月	
直流发电机	23 部	0.2—5.0 KW	100%		23 部	35 年 5 月	
变压器	1 处	7 000 KVA 变压器四部	60%	4 500 KVA	1 处	35 年 5 月	附有 400 KVA 交流发电机二部
高压输电线		3 300 V			9 300 公尺	35 年 5 月	
锯木机	2 部	10—20 HP	85%	微坏	2 部	35 年 5 月	
刨木机	2 部	12″—14″	90%	微坏	2 部	35 年 5 月	
刨槽机	1 部	4 HP	90%		1 部	35 年 5 月	

续上表

部分							
项目	已往设备	规格	应用程度	严重损缺数量	现已修复数量	修复起始时期	备注
回转式压风机	9部	220--300 HP	90%		9部	35年5月	所有压风机均供矿厂使用
往复式压风机	1部	250 HP	90%		1部	35年5月	所有压风机均供矿厂使用
卷扬机	10部	能力10—00 m/min	90%		10部	35年5月	

(六) 原料主要来源

该局由采矿以至成品生产均为自办材料，消耗部分其来源如左：

1. 选矿用氰化钠及锌粉，由国外购入。
2. 炸药、钻钢由国外输入。
3. 电力由台湾电力公司供给。
4. 矿用坑木，该局本身有一林场，不足者由福建输入。
5. 其他钢料、油料均在国内可购得。

(七) 历年及最近生产概况

该矿由日本矿业株式会社于一九三二年创设，一九三三年即开始生产。计采金矿砂三十三万零七百零七吨，内含纯金一千五百六十四公斤、纯银四千七百八十二公斤及纯铜三千二百三十八公吨。于一九三六年即增至采选原矿砂九十六万六千二百一十六公吨，内含纯金二千四百八十五公斤、纯银一万零四百零五公斤、纯铜六千九百一十五公吨，后因富矿大部已掘尽，且因太平洋战争爆发，产量锐减，至一九四四年仅采矿砂三十五万一千二百七十七公吨，内含纯金五百四十七公斤、银三千六百七十公斤、铜三千五百四十七吨，迨一九四五年即停止生产。太平洋战争结束后，由资源委员会接办，并增添提金室及小规模之炼铜设备，至一九四七年始，恢复生产，兹将历年生产量列如附表。

年度	采矿量	含金量	含银量	含铜量	纯金	纯银	粗铜	电铜
1933	330 707(公吨)	1 564(公斤)	4 782(公斤)	3 238				
1934	379 404	1 757	5 123	3 949				
1935	625 620	2 032	7 894	5 915				
1936	966 216	2 485	10 405	6 915				
1937	1 058 235	2 561	9 958	6 955				
1938	1 107 426	2 604	9 673	6 228				
1939	1 167 331	2 479	9 295	6 533				
1940	1 070 050	2 262	8 314	5 862				
1941	999 622	2 506	7 579	5 214				
1942	860 664	1 905	6 526	5 748				
1943	615 755	855	5 894	5 627				
1944	351 277	547	3 670	3 547				
1945	462	7	88	209				
1946				451				
1947				513	7 078	1 585	458	
1948	109 256				11 085	5 807	130	472
1949					1 928	2 608	—	171

1947 年提金为五个月之产量，炼铜为六个月之产量。

1948 年粗铜为四个月之产量，五月起电解设备完成，故电铜为八个月之产量。

1949 年产量仅统计至四月止。

（八）营业状况

在日人经营时期，一贯的采取统治殖民地政策，故在台未设提炼工厂，而将所产半成品金、银淀物及精选后之铜矿砂全部运往日本本土处理。自一九三六年至一九四二年均有盈余最高额，曾年达二百三十余万日元。由资源委员会接办后，曾添设提炼设备，但限于资金每月仅能生产纯金一千余两，粗铜及电铜一百余吨。所产纯金概由中央银行及台湾银行收购，粗铜、电铜则分别供应沪、台二地之需要，惟因过去二三年来经济情形动荡不定，一切均在不合理的条件下进展，故根本无法估计其合理的盈亏。

（九）展望

金、铜二项矿产品截至目前止，据勘测结果：吾国仍为贫产的国家，金𫮃石之金、铜矿成分虽较低（平均约含铜成分为 0.72%、含金成分为 49/t）。但其埋藏量据日人探勘后之估计，约尚有金矿砂五百零一十六吨、铜矿砂五百八十四万二千吨（见附表）：

矿区／矿类	本山系	长仁系	总　计	备　　注
金矿（公吨）	2 726 000	2 290 000	5 016 000	
铜矿（公吨）	5 596 000	246 000	5 842 000	
纯金（公斤）	15 453	7 894	23 346	包括铜矿内之金
纯银（公斤）	89 246	19 331	108 577	包括铜矿内之银
纯铜（公吨）	40 852	1 427	42 279	

注：为数虽不甚巨，可能或尚有新的发现，且其采选设备均已粗具规模，加以该地交通及电力均已相当便利，实较内地各处为优越。为配合新中国的建设，应尽先使之恢复全部旧有生产能力，并添建年产五千吨电铜之提炼设备，一面可供应最近各建设事业之需要，同时尚可训练人才，以备日后内地各厂、矿作更大规模的开采之用。

二、台湾铝业有限公司筹备处　　地址：台湾高雄复兴路一号

（一）沿革：该处前身为日本铝株式会社高雄工场。该会社总社设在日本东京，由三菱、三井及台湾电力等公司投资合组而成，资金总额实收日币六千万元，计辖在日之黑崎工场及在台之高雄花莲港二工场与台湾出张所。民国三十四年八月抗战胜利，该会社

除总社及黑崎工场外，其在台部分均由前台湾行政长官公署日产接管委员会接管，后复由资源委员会设立台湾铝业有限公司筹备处接收、整理，恢复生产以至于今。

高雄工场创设于民国二十四年，由德籍工程师设计，其基本原料为铝、矾土，用拜耳氏标准法提炼铝氧；其电解炉则采苏氏连续自焙碳柱设备，相当新颖。初以鉴于台湾水电及劳力之价格低廉计算成本，远较其在日本本土为低，殊足与欧美铝业抗衡，故乃逐年扩充设备、增加产量，最高曾及年产铝氧三万一千吨、纯铝一万二千吨，最后拟复扩充至纯铝一万五千吨、铝氧四万二千吨。惟工事未成已遭盟机轰炸，至三十四年三月卒因主要设备受损而停工。平均损失计：厂房及员工住宅、宿舍等约为百分之四十，机器、设备约为百分之二十七。

花莲港工场创设较迟，系二十七年始行动工，且仅有电解设备，而其所需之铝氧系由黑崎及高雄工场供给。三十三年八月，因发电厂被水冲毁，而即停工，一时难望恢复。其设备除一部分当由日本军部拆迁他处外，其他设备亦遭受轰炸损失甚重，厂房及机器被毁总数在百分之五十以上。自该处接收、整理后，即将可用设备及器材拆运高雄，用补不足。

（二）组织人事：该处计辖二室七处三办事处等十二单位，兹将组织及主要人员并列如下：

主　任：孙景华

副主任：吴道艮　许自诚

1. 总处：高雄戏狮甲（即复兴路一号）。

（1）主任室：孙景华（自兼）主要工作：计划、考核、训练、调配及一般管理等。

总工程师：郑逸群

秘　　书：王铃

工 程 师：王大伦、李惟梁、林慰桢、马龙翔、丁陈威、汪盛世、萧承祥、乔振离、邓锡麟、叶□□、陈定闻、徐植礼、王修瑜。

管 理 师:张人伟、凃莹光
暂属单位:汪盛世(兼)
材 料 课:黄和晋
土 木 课:黄冷则
(2) 研究室:郑逸群(兼)
化 学 分 析:李彝俨
光 学 分 析:王光镕
高频率电炉:萧承祥(兼)
炭 弧 电 炉:司徒恩保(兼)
(3) 总务组:凃莹光
文　书　课:陈善继
事　务　课:唐书第
出　纳　课:周君讦
人　事　课:吴国辅
福　利　课:董华山
工人管理课:余家芳
医　　　院:黄自权
警　卫　队:许晥英
(4) 业务组:徐植礼(兼)
采 购 课:李志超
运 输 课:张好先
营 业 课:徐炳猷
(5) 会计组:张人伟
稽 核 课:殷士嘉
账 务 课:余永祺
成 本 课:
综 计 课:储镜波
(6) 铝氧组:丁陈威(兼)

焙烧工场
蒸煮工场
蒸发工场
澄清工场
析出工场
煅烧工场

以上各工场：本组分课未详，惟重要负责人为张国炳、黄估卿、郑孚、汤谙礼、姚翰亭等。

(7) 电解组:陈定闿(兼)

电解工场:陈家麟、蒋洪根

电极工场:甄鸿畅、王治平

回收工场:黄真之

融溶工场:李　卓

(8) 动力组:王修瑜(兼)

配 电 课:刘永锴

整 流 课:组长自(兼)

外 线 课:胡启怡

火力发电课

修 理 课:陆纯勇

(9) 机械修造组:李惟梁(兼)

修造工场:邓锡麟(兼)

翻砂工场:邵高典

设 计 课:王大伦

其他分课不详

2. 附属机构:

(1) 台北办事处(台北中正西路三十四号)

主　　任:林则实代

主要工作:营业、采购及联络等。

(2) 花莲办事处(花莲港米伦)

主　　任:江聪慧代

主要工作:保管工场拆运机件及联络等。

(3) 上海办事处:(上海四川中路资源大楼)

主　　任:季树棠代

主要工作:营业、采购及联络等。

(三) 投资成分:该处系资委会独营,因尚在筹备期中。据初步估计,现值美金八百万元,资本未经确定。复员后,截至一九四八年底止,本会共拨付创业经费总数计金圆券一六二三二九〇三九.二一元。

四、职工人数:兹据三十八年度四月份统计,人数如左:

职　　工:二〇〇人(管理及技术人员各约半数)。

工　　人:一五七八人(普通工人约为二二〇名左右)。

其他工警:九二人。

共　　计:一八七〇人。

五、设备或新式工程:该处自三十五年复工以来,损坏之设备已大部修复,就现有设备年可产铝锭八千公吨,其主要之设备如下:

(1) 氧化铝厂

焙烧及粉碎设备:二套,每套每日产现原矿一五〇吨。

湿氏粉碎机:一套,每日粉碎原矿一五〇吨。

蒸煮设备:九套,每套每日处理原矿二五吨。

澄清及红泥洗涤设备:一套,配合蒸煮设备。

析出设备:三三套,每套每日析出氧化铝八〇吨。

煅烧设备:二套,每套每日煅烧铝氧六〇吨。

蒸发设备:二套,每套每日去水三五〇立方公尺。

(2) 电解厂

电解炉:一五二套,每套每月产铝四〇——四五吨。

废气排除及水洗设备:一套,处理电解炉内排除之废气。

空气压缩机:二套,可载重一吨。

熔融设备：一套，每日可熔融铝锭三〇吨。

制电极糊设备：一套，每日制造电极糊十五——二〇吨。

炭极加工及烘焙设备：一套。

水晶石回收设备：一套，每日处理炉渣八——十吨。

(3) 电力厂

海线高压输电线　三〇〇〇〇 KVA

山线高压输电线　一五〇〇〇 KVA

（以上）计长约九公里

配电设备（包括变压器七十九套）。

整流设备（包括变压器、移相器、汞弧整流器共三十六套）。

透平发电机：二套，每套 1 000 KVA。

供水设备（包括离心水泵八套）。

(4) 修造厂

车　　床：八套。

龙门刨床：一套。

牛头刨床：四套。

工具磨机：一套。

钻　　床：二套。

摇臂钻床：二套。

锯　　床：一套。

铣　　床：三套。

交流电焊机：三套。

电动锤：一套。

落　　锤：一套。

弯板机：一套。

电弧炉：一套。

粉碎机：一套。

高周波电炉:一套。

翻砂工场行车:二套。

化　铁　炉:二套。

(5) 其他新式工程

计划中先行设计一小型轧铝厂,复自日本拆迁之大型轧铝机二套,业已运到高雄,正装置中。连同其他附属设备之制装,约需时一年可成。

(六) 原料主要来源:该处炼铝之基本原料为铝矾土,台湾并无是矿,日人时代系取给于荷、印屏坦岛。该处开工后,所用之第一及第二批铝砂各五千吨亦购自南洋者,惟此项原料须用外汇,而在入超之我国欲得外汇殊非易易,故该处除生产外,复力求基本原料之自给。根据地质调查所得之结果,国内可能有此矿砂之地区厥为福建之厦门附近,以及南至广东之雷州半岛。经有技术人员前往厦门附近勘察,前后数次,终于金门岛及漳浦等处发现是矿,于是设立闽南铝矿工程处于厦门,从事开采。及至最近,因经济运输以及对地方人事之种种问题未能尽如人意,但此项原料之自给已可逐渐解决矣。

在炼铝之过程中,除铝矾土外,尚需其他多种重要材料,如水晶石、石油、焦柏油等等。该处日前所用水晶石尚系接收来之存货,其余均须购自外洋,实则此种材料自给亦未始不可能,然能达到此目的还须看今后有关各工业发展之程度及其配合之适当也。

(七) 历年及最近生产:日人经营时期,分高雄及花莲港二厂,兹将二厂之历年生产量列表如左:

	高雄厂	花莲港厂	共　计
一九四〇	八八,〇〇〇		八,八〇〇
一九四一	一二,二〇〇	一三九	一二,三三九
一九四二	一二,一〇〇	一,二三七	一三,三三七

续上表

	高雄厂	花莲港厂	共计
一九四三	一〇,七〇〇	三,一三六	一三,八三六
一九四四	七,四〇〇	二,八六八	一〇,二六八
一九四五	六〇〇		六〇〇

至该处接办以后,一九四六年仅作冶炼之试炼,共产铝锭六四吨。一九四七年,格于原料及设备,全力注重修复工作,至一九四八年正式开始生产。兹将接办后各年产量分列如下:

一九四六	六四
一九四七	——
一九四八	二,五〇九
一九四九	七六六

其中一九四九年仅有四个月之统计数字,原预计产量为铝锭三千六百公吨。

(八)营业状况:我国铝品市场,据加拿大铝业公司估计:上海一地每年可销纳一万吨,美国雷诺公司估计每年可销二万吨。此项估计乃按我国尚无飞机及汽车等制造工业,即在建筑及电业上亦甚少用铝,故仅及炊具与寻常器皿之制造用者。其先上海市场所销纯铝多由加拿大铝业公司供给,迨该处出品后,如铝之输入逐渐停止,然就年余之业务统计,除台湾可销三五十吨外,其余大部分在上海销售。盖国内其他各地尚无铝品厂也。据该处上海办事处报告,自三十七年二月至本年四月之间,共销纯铝一七八〇吨,平均每月仅销一二〇吨,其实际销路与估计之数量相去甚大。故其原因则现有铝品厂之生产能力不够,或由上海各铝品厂尚有存货,或由各地受战事影响铝品运销不畅等,故盖上海虽有铝品厂三十余单位,但仅华铝钢精厂现规模稍大,其余均属月销数吨之小厂而已。

故该处为资金之周转计，不得不将一部分纯铝运销美国。

（九）将来展望：世界炼铝事业之兴起，乃近数十年间事，而今已成衡量一国强弱盛衰之标尺，决非偶然。然我以抗战八年之牺牲，得此小小事业，原不足重。然以我国炼铝事业得此基础亦足为未来发展之张本。该处目前年产四千吨之数量，与他国年产百余万吨相较，诚若小巫见大巫，但能从此训练大批管理及技术员工，其价值之高不容忽视。

本事业之物质条件乃为有低廉之电力与丰富之矿源。电力之产生，莫廉于利用水力，台省之水力发电源基础良好，对该处之帮助发展甚为有利。至若矿源，铝矾土之储量在我国内虽不多（厦门附近已发现者，据估计仅足供该处规模一二十年之用），而其足资炼铝之矿物，如浙江、安徽之明矾石，贵州、云南、山东之矽矾石，华北、东北各地之铝页岩，皆为取之不尽之矿源。此项矿物之为用，目前在成本上虽稍逊于铝矾土，但后者之世界储量极为有限，不数年后各国之炼铝事业均须采用上项矿物无疑，故又何愁我国将来铝业之不如人。

由此观之，我国现时之炼铝事业自不能与诸大国所有者比，而对未来发展之潜势则甚大。国人如对该处之小小基础加以爱护，任其发荣滋长，行见不久之将来空中有自制铝质之飞机，陆上有自制铝质之车辆，水面有自制铝质之船只，住则有自制铝质之建筑，用则有自制铝质之器具，更将有自制铝质之电缆如网满布于广大之农村，此即富强康乐之新中国也。

（己）机械事业

一、台湾机械有限公司

（一）沿革：该公司设台湾高雄，系于一九四八年四月就原台湾机械造船有限公司之高雄机器厂改组而成（余详台湾造船有限公司之沿革）。

（二）组织人事：该公司组织系统及主要人员表列于左：

董事会　（董事长：杜殿英）

总公司　（总经理：高禩瑾　协理：陶鼎勋、李方华）

- 秘书室　主任秘书 陈志圻
  - 文书课课长胡鑫铣
  - 人事课课长黄仁钵
  - 出纳课课长柯子焜
- 技术室
  - 糖业机械组主任杨炳添
  - 铁路机械组主任舒杨铁
  - 一股机械组主任于一鹏
- 业务处　处长陶鼎　副处长刘璧章
  - 营业课课长程极巽
  - 购运课课长姚廷珍
  - 估价课课长肖如璋
- 会计处　处长赵莘年
  - 综计课课长庄　裕
  - 账务课课长王洁源
  - 审核课课长傅厚藩
- 总务组主任 台机（一） 黄仁钺兼
  - 工务组主任陈志圻兼
  - 成本组主任傅厚藩兼
  - 材料库主任李正芳
  - 第一所主任刘曹瑛
  - 第二所主任杨鑫森兼
  - 第三所主任刘文瑛
  - 第四所主任李宜正代
  - 第一分厂主任翁惠庆
  - 第二分厂主任鞠鸿文
  - 第三分厂
- 台北办事处　处长曲光彩
- 上海办事处　主任施茂材

（三）投资成分：该公司系由资源委员会与台湾省政府合办，投资比例为：会方六成，省方四成（民股包括于省府内），接管资本按一九四六年三月估价为台币八八二一四四二.四四元。民股计值台币七四〇〇〇〇元，约占总值之百分之八十四，该项接管资本按省四会六之比率，计省府台币三五二八五七六.九八元（其中民股约占省府资本之21%），资委会台币五二九二八六五.四六元，接管后曾予增资，并经分别增值。兹将迄一九四八年止，该公司之实际资本表列于附表（台币）：

（四）职工人数：职员：技术人员八三人，管理人员九七人，共一八〇人；工人：技术工人五八三人，普通工人四五〇人，其他工警七六人，共计一一〇九人。

（五）设备及新式工程：工作机三三三部，一吨电炉一座，熔铣炉（一吨三座，三吨及五吨各二座）七座，船台（最大者五〇〇吨）六座。

（六）原料主要来源：主要原料之购买，大部系事前购备，对特种业务所需之材料则系随时采购。原料来源以台省为多，一部分则需由国外或内地采购。

（七）历年及最近生产概况：该公司在以前日敌统治时代，原以配合糖业生产制造糖机及铁路窄轨机车车辆为主，以造船及一般机械之制造为副。接办以来鉴于化工机械之重要，乃积极承揽省内碱业、肥料、水泥、橡胶等公司之设备修制工作。近年以来，工场能力已恢复至战前水准，曾从事整套工厂设备之制造，其已动工者为每日榨量三〇〇吨制糖设备一套，及轧钢制钉厂设备一套，一九四八年全年曾生产窄轨机车一二辆、窄轨货车一〇一辆、柴油机二〇三九马力、工具机三四部、作业机六七部、制糖机配件八六三吨、其他机械配件九二三吨、修船六一九九八吨、造木机船三一九吨。

（八）营业状况：该公司生产品主以配合台省各项工业之需要，

台湾机械公司实际资本表

		1946 年接收时实收	接办后至 1948 年度止实收	总计
台湾省政府	原资本	3 528 576.68	9 000 000.00	
	增值资本	3 030 036 408.24	364 590 000.00	
资源委员会	原资本	5 292 865.46	121 729 671.67	
	增值资本	4 545 054 612.04	971 771 818.13	
合计	原资本	8 821 442.44	130 729 671.67	139 551 114.11
	增值资本	7 575 091 020.73	1 336 361 818.13	8 911 452 838.86

营业状况颇为良好。唯业务种类自较繁复，幸近年以来凭藉生产之经验，制造上之困难均能一一克服之。

（九）将来展望：该公司之制造厂规模甚大，声誉颇著，自整个事业前途已经奠定有利基础，今后发展之目标大要于下：

1. 台湾各糖厂及粤、桂、川各地新设糖厂设备之制修工作，预计每年可达二千吨。

2. 动力机、工具机等产品华南需要颇多，可向该地区推销。

3. 高雄为一大港，水深港阔，未来发展当无限量，对修船务之发展甚属有利。

二、台湾造船有限公司

（一）沿革：该公司设台湾基隆，系于一九四八年就台湾机械造船有限公司原辖之基隆造船厂改组而成。原台湾机械造船有限公司成立于一九四六年五月，系由前日治时代设在基隆之“台湾船渠株式会社”及在高雄之“台湾铁工所株式会社”与“东光兴业株式会社”等三敌产合并改组而成，就原厂地分别更名为基隆造船厂及高雄机器厂。旋因业务需要在一九四八年四月将基、高二厂改组，分别由台湾机械及台湾造船两个有限公司经营。

二、组织人事：该公司组织系统及主要人员列表如次：

三、投资成分：该公司系由资源委员会与台湾省政府合办，投资比率为会方六成，省方四成（民股包括于省府内），接管资本按一九四六年估价为台币二〇八八二〇二八.七五元，民股计值台币四七八一九八四.五八元，约占总值之百分之二十二点九。该项资本按省四、会六之比率计：省政台币八三五二八一一.五〇元（其中民股约占省资本之百分之五十七点二五），资委会台币一二五二九二一七.二五元。一九四六年及一九四八年均曾增资并经分别增值，兹将迄一九四八年照该公司之实际资本表列如左（台币）：

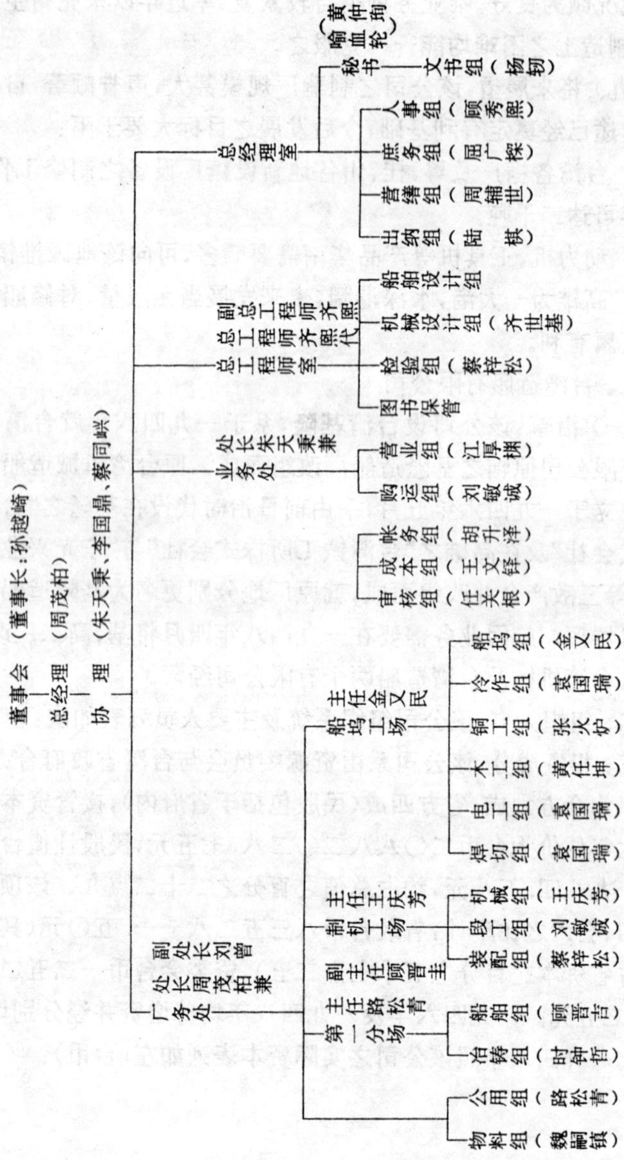

董事会（董事长：孙越崎）
总经理（周茂柏）
协理（朱天秉、李国鼎、蔡同峡）
总经理室
秘书（黄仲翔 喻血轮）
文书组（杨钊）
人事组（顾秀熙）
庶务组（屈广探）
营缮组（周辅世）
出纳组（陆棋）
总工程师室
总工程师齐熙代
副总工程师齐熙
船舶设计组
机械设计组（齐世基）
检验组（蔡梓松）
图书保管
业务处
处长朱天秉兼
营业组（江厚祺）
购运组（刘敏诚）
帐务组（胡升泽）
成本组（王文铎）
审核组（任关根）
厂务处
处长周茂柏兼
副处长刘曾
船坞工场
主任金又民
船坞组（金又民）
冷作组（袁国瑞）
铜工组（张火炉）
木工组（黄任坤）
电工组（袁国瑞）
焊切组（袁国瑞）
制机工场
主任王庆芳
机械组（王庆芳）
段工组（刘敏诚）
装配组（蔡梓松）
第一分场
主任路松青
副主任顾晋主
船舶组（顾晋吉）
冶铸组（时钟哲）
公用组（路松青）
物料组（魏嗣镇）

年别		1946 年接收时	1946 年增资	1948 年增资	
台省府	原资本	8 352 811.50	17 000 000.00		
	增值资本	1 382 390 303.25	1 990 700 000.00		
资委会	原资本	12 529 217.25	25 500 000.00	551 937 301.95	
	增值资本	2 073 585 451.88	2 986 050 000.00	1 600 617 943.66	
合计	原资本	20 882 028.75	42 500 000.00	551 937 326.95	
	增值资本	3 455 975 758.13	4 976 750 000.00	1 600 617 943.66	10 033 343 701.79

（四）职工人数：职员、技术人员九七人，管理人员一〇九人，共二〇六人。工人、技术工人三九〇人，普通工人四六〇人，工警三五人，共八八五人。

（五）设备及新式工程：工作机二二三部，熔铁炉（五、三、二、一、一吨各一）五座，三五吨电熔一座，干船坞三座（二五〇〇〇、一五〇〇〇、五〇〇〇各一座）、造船台三座（五〇〇、一五〇、一〇〇吨者各一座），熔炉八座（包括三.五吨电气炼钢炉一座，熔铁炉五座——最大五吨——退火炉二座）。

（六）原料主要来源：该公司所需主要材料为船用钢板，大半自国外订购，余由国内采购。

（七）历年及最近生产概况：接办以来，除设备已陆续有添增外，生产能力及工作效率亦有改善，如拆换钢板工作部分已由每方英尺需时二工半减为〇.六四工；船壳部分由每方英尺需时三工，减为〇.九工；装置铆钉工作由每组六人，每日装钉一百尺，增为每组五人，每日最少装钉二五〇只等；至于承修船舶吨统计，一九四六年度修钢船一四二一四五吨，一九四七年度为一〇五〇七五吨，一九四八年度为一四四一三七吨。

（八）营业状况：该公司业务系以修船为主，机器制配为副，台省、沪上及华南需要修理之重型船只大部由该公司承修。业务有开展。

（九）将来展望：该公司船坞能力在东南、亚洲可称甚大，而此区域内（包括香港、菲律宾、越南等）船坞设备亦感不敷，故除为国内航业界服务外，且可为东南亚及国际航业界服务，以争取外汇，将来希望实为远大。

（庚）化工事业

一、台湾碱业有限公司

（一）沿革：该公司系于抗战胜利后接收台湾之南日本曹达株式会社、旭电化株式会社及钟渊曹达株式会社等合组而成，于三十五年五月一日成立，设总公司于高雄，下辖工厂四所，盐田工程处及研究室各一所。第一、四两厂设于高雄，二、三两厂设台南，其主要产品为工业盐、烧碱、气制品及各种盐卤副产物。

（二）组织人事

1. 组织如附表

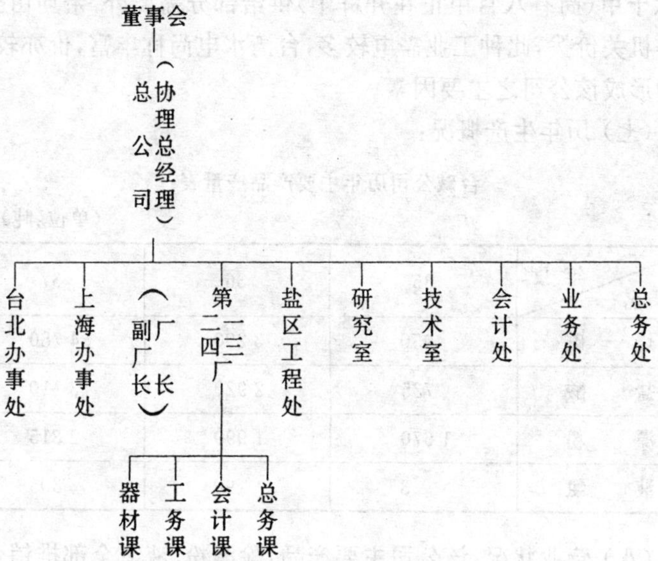

2. 人事：该公司总经理为姚文林君，协理为贾元亮君，第一、二、三、四厂厂长为宋廷幹、张权、张国仁及方栻君。

三、投资成分：该公司系由资源委员会与台湾省政府合资办理，总资本额为台币一〇七八七二八五七.一四元。资源委员会投资额占总数百分之六十，省政府（包括民股）百分之四十。

四、职工人数：至三十七年十一月底止，共有技术人员一七九人，管理人员二一四人，技术工人一一一五人，普通工警九四五人，合计二四五一人。

五、设备：该公司主要设备共有隔膜式电槽四百只（内有一九六只为伏氏电槽，余为别氏电槽），水银电槽三二只（尚有八十只因缺乏水银未能应用），盐酸塔五套，漂粉室三十二只、液气设备四套。其最大生产能力每年为固体烧碱一万一千吨、盐酸三千五百吨、漂粉三千吨、液氯三百吨。

（六）主要原料来源：该公司主要原料为食盐，除自有盐田六百六十甲（尚有八百甲正在开辟中）供给部分需要外，余均由当地盐务机关价拨，此种工业需电较多，台湾水电尚称丰富，价亦较廉，此为形成该公司之主要因素。

（七）历年生产概况：

台碱公司历年主要产品产量表

（单位：吨）

年度 品名	35	36	37
烧　碱	950	3 290	4 780
盐　酸	735	2 920	3 110
漂　粉	1 670	1 990	2 815
液　氯	3	90	305

（八）营业状况：该公司主要产品，除漂粉、液氯全部推销台湾省外，固碱及盐酸因该省销路不大，所有多余产品悉数运销沪上。在解放前，曾试销广州、汉口、重庆一带，但试办日期甚短，业务尚未开展。

二、台湾肥料有限公司

（一）沿革：该公司系于抗战胜利后接收敌产五个工厂合组而成，于民国三十四年开始接收，三十五年五月一日正式成立，设公司本部于台北市。三年以来，整修复工，增加设备，扩展生产，至今厂数仍旧，惟肥料产量已较日治时代有所增进，兹将各厂所在地敌营时代原名称、创立年代、业务性质等项列表如次：

厂　别	所在地	敌营时代原名称	日人创立年代	现在业务性质	备　注
第一厂	基隆	台湾电化株式会社基隆工场	民国二十四年	主产:氰氮化钙 副产:电石、石灰、氯气、□□、炭酸钙	
第一厂罗东分厂	台北县罗东镇	台湾电化株式会社罗东分工厂	民国十六年	主产:电石、电极矽 副产:硝石灰	计划扩充后改为第四厂
第二厂	基隆市	台湾肥料株式会社基隆工场	民国九年	主产:过磷酸钙 副产:硫酸、氧矽、酸钙	
第三厂	高雄市	台湾肥料株式会社高雄工场	民国二十八年	主产:过磷酸钙 副产:硫酸、氧矽钠硝酸	
第五厂	新竹市	台湾有机合株式会社	民国三十年	计划生产:氰酸化钙 现在生产:电组电石	日人创建未完成,接收后计划改为氮肥工厂

(二)组织及人事

1. 组织:公司最高决策机构为董事会。由资源委员会派董事四人、监察人一人,台湾省政府派董事三人、监察人一人,组成之公司。本部总经理、协理以下,设技术室及总务、业务、会计等三处室,以下分组,处以下分课办事。各厂厂长以下均设技术室及总务、会计等三课,并视其工作性质分设制造、修缮等工场,多寡不等。室、课、场以下均分股办事。又因事实需要于三十七年九月呈准增设各厂,副厂长各一,缺罗东分厂因受第一厂监督指挥,分厂厂长以下设技术室。工厂暨总务、工务、会计三股。

此外,该公司设有上海办事处,办理联络业务、购运器材等事宜,以上主任一人,主持之。又第一厂于三十六年冬购入民营煤矿一所,定名木山煤矿,以所产之煤供第一厂炼焦、制造氮肥之用,以主任一人主持之,受第一厂指挥、监督,并分股办事。该厂并于台北县属苏澳镇设苏澳办事处,管理该地石灰石矿之开采、运输事宜。又海州方面为购运磷砂、接洽联络之便,曾设置代表一人、管理员一人。自去年十月海州解放后，采运工作停止，该代表亦经撤回上海办事处工作。该公司组织系统略如图：

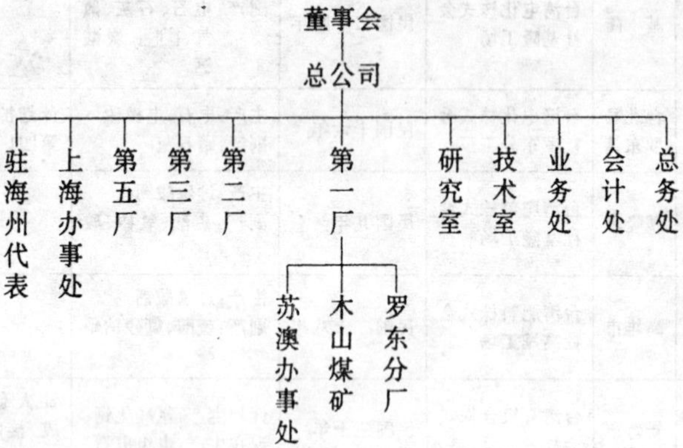

2. 人事：该公司总经理为汤元吉，协理共有二人，为蔡义及夏之骅。第一厂厂长陈垚；罗东分厂厂长张胜游；第二厂厂长许怀均；第三厂厂长缪钟彦；第五厂厂长原为协理李国柱兼任，李辞职后继任人选在解放前未据呈报，该厂厂务系由秘书冯传枢代理，研究室主任由汤元吉自兼，以沈彬康副之。

（三）投资成分：该公司系由资源委员会及台湾省政府合资办理，其总资本为台币十一亿元，其中资源委员会投资额占百分之六十，台湾省政府（包括民股在内）为百分之四十。

（四）职工人数：该公司在三十七年十二月底共有职员二九三人，工人一四九四人，普通工警一八〇人，合计一九六七人。

（五）设备：该公司共有四十吨大电石炉四只、小电炉二只、氮肥炉二套，共一百三十只，铅室、硫酸设备二套，磷肥设备二套，电极设备二套，液化空气设备二套，煤矿一所，石灰矿二所，石灰炉十四只，其最大产量为氮肥三万六千吨，磷肥四万二千吨，电石二万四千吨。

（六）主要原料来源：氮肥部分主要原料为焦炭、石灰，悉由台湾省就地采用，大宗用电望台湾电力公司水电供给。磷肥部分之硫化铁可由台湾金瓜石金铜矿供应，但因该矿迄未大规模开采，故在解放以前悉以马鞍山硫铁矿运用。磷灰石则除利用海州锦屏磷矿公司之产品外，并向安南购用，因安南磷矿砂成分较多，而海州之品质则较低，必须掺合使用，成品含磷量始能合格。此外，西沙群岛之鸟粪含磷量亦尚丰富，该公司已取得该岛矿权，惟以运输不便，迄未能运用。

（七）历年生产概况：

台湾肥料公司主要产品历年产量

（单位：吨）

产品 \ 年度	34	35	36	37
氰氮化钙	——	3 204	8 003	10 030
过磷酸钙	400	1 639	9 205	28 299
电石	——	4 160	5 342	4 745
浓硫酸	——	116	1 074	513
电极	——	65	609	671
矽铁	——	——	——	551

（八）营业概况：台湾农民经日人多年之推广，已深知肥料之重要，并能广泛供用在农产品全盛时代，该省年需可种肥料约五十万吨，该公司最大生产能力仅八万吨，较之需求数字尚远，故主要产品全部销售岛上。副产品如电石，除销售该岛渔民外，余运销上海。矽铁则全部外销，用以争取外汇，备该公司扩充基金。该公司产品直接影响农民，故售价较低，仅能维持成本而已，副产品等运销岛外者则随市场价格涨落，业务状况颇能自给。

三、台湾纸业股份有限公司

（一）沿革：该公司系接收敌营纸厂合并改组而成，于三十五年五月一日成立，设总公司于台北，分设台北、台中、台南、高雄、士林五厂。经员工努力修整，迅即开工。

（二）组织及人事

1. 组织：

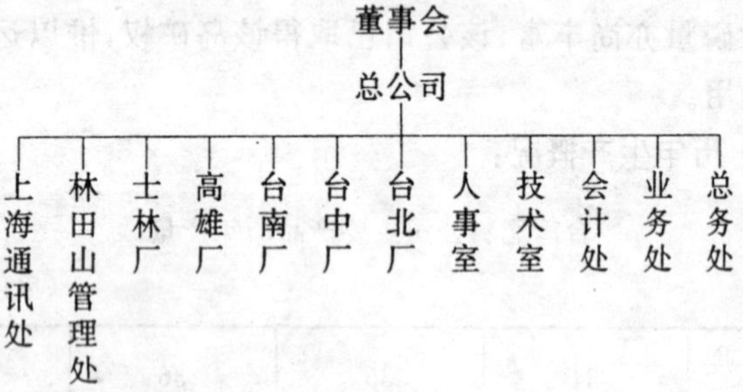

2. 人事：该公司总经理系谢惠民，协理为汪公旭、聂汤谷、胡世棻、孙承谟四人。台北厂厂长林厥达，台中厂厂长黄祖坪，台南厂厂长高永祥，高雄厂厂长由孙承谟兼，士林厂厂长为刘仕渠，林田管理处处长为周桢。

（三）资本：截至三十七年底止，总资本额为台币五〇一四〇八五一三.一三元，资源委员会投资额为百分之六十，台湾省政府为百分之四十。自三十七年八月改革金圆券以来，以该公司一部分资产划作金圆券发行准备，并以一部分发售民间。

（四）员工人数：三十七年十二月底止，共有职员七一八人，工人三〇九九人。

（五）重要设备：该公司各厂设备以台北厂规模最大，而台南厂设备最新。

1. 台北厂：木浆设备一套，计有蒸煮器六只，长网抄纸机三座，扬奇抄纸机一座。

2. 台中厂：蔗浆设备一套，包括蒸煮器十一只，长网抄纸机三套，扬奇抄纸机二套。

3. 台南厂：蔗浆设备二套，包括蒸煮器六只，长网抄浆机二座。

4. 士林厂：草浆设备一套，包括蒸煮器四只，圆网抄纸机及圆网扬奇抄纸机各一座。

5. 高雄厂：草浆设备一套，包括蒸煮器四只，长网抄纸机一座。

（六）生产概况：

台湾纸业股分有限公司历年生产概况

产品	单位 \ 年度	35	36	37
纸	吨	1 973	5 597	7 210
纸板	吨	1 755	3 989	4 070
蔗板	张	62 859	206 252	119 163
纸浆	吨		1 142	1 665

（七）业务概况：该公司产品除印刷三号纸及新闻卷筒纸专供台省应用外，余均分销大陆，并于三十七年十月起试向香港推销黄纸板。三十七年营业情形大致为台省占百分之七十，大陆占百分之三十。

（辛）糖业

台湾糖业有限公司

一、沿革：台湾糖业之开始，远在三百余年以前。台湾被割于日本后，经日人五十余年锐意结营，结果愈见发达。砂糖生产最盛时期为民国二十八年，甘蔗栽培面积达十六万七千亩，占全省耕地面积八十余万亩的百分之二十，糖产额为一百四十一万公吨，此曾盛极一时之糖业。因太平洋战争后，日本粮食缺乏，海上交通断绝，砂糖无法外销，工厂相继被炸，加之日军先后占领产糖区南洋等地，日本政府乃改变台湾糖业政策，减少砂糖生产，将原植甘蔗之土地大部分改植米谷及其他粮食，于是台湾糖业一蹶不振，及至抗战结束。前日人经营之四大糖业公司(日兴、台湾、明治、盐水港)所属之四十二所糖厂，殆大部遭受美机轰炸，损失甚重，完全未受损害者仅余八厂。当民国三十四年接收后，制糖因甘蔗收获面积仅四万三千亩，其中五千亩尚为苗圃，供制糖原料者预计可得三万八千亩。其后复因盗食斫刈，实际收获面积只三万三千余亩，较之全盛时期之十六万七千亩有天壤之别。台湾糖业虽如此衰落，但该业对于台省经济及农村建设关系深巨，故决划归国营，由资源委员会同台省行政长官公署组织台湾糖业公司(资本总额台币三十亿，资委会出资百分之六十，台省行政长官公署及民股出资百分之四十)，负经营台省糖业之责，于三十五年五月一日正式成立。在未成立前，为先使熟悉该事业之内容，俾接收工作顺利进行起见，特于三十四年十一月，组织糖业监理委员会。先从监理日人各公司及糖厂入手，半年后先后成立四区分公司，将原四十二所糖厂合并为三十六厂，分属于四区分公司，计属于第一区分公司(原日糖兴业株式会社改组而成)者有：虎尾、龙岩、北港、大林、斗六、竹山、三井、台中、潭子、乌日、彰化、苗栗、月眉、新竹等十四厂。属于第二区分公司(原台湾制糖株式会社改组而成)者有：屏东、桥子头、东[车]辂墘、湾里、三崁店、旗尾、恒春、东港、后壁林、埔里社等十厂。属于第三区分公司(原明治制糖株式会社改组而成)者有：总爷、萧垅、蒜头、南靖、乌树林、南投、溪湖、台东等八厂。属于第四区分公司(原盐水港制糖株式会社改组而成)者有：新营、岸内、溪州、花莲港四厂。以后因地区关系，略有更动。该公司经员工三年之努力，现已全部修复。产糖数量：三十六、三十七年期二十六万三千吨，三十七、三十八年期为六十三万吨。于三十七年八月因币制改革，指定台湾糖业公司资本之一部为金圆券准备金，并发行股票，故于是年九月三日改为台湾糖业股份有限公司，并估计全部资产为四亿八千万金圆，其中提出十分之一计金圆四千八百万元，委托指定之国家银行售与人民。又提出股票金圆八千万，作为台湾银行之发行准备。又，该公司于三十七年春季与广东省政府及四川资川酒精厂合办广东糖厂及四川糖厂。

（二）组织人事：该公司为股份有限公司，设董事会于南京，总公司于台北。董事长吴兆洪，总经理沈镇南。总公司以下设有业务处、储运处、财务处、材料处、秘书室、人事室、农务室、技术室、经济研究室、稽核室，并附设四个分公司、糖业试验所、上海办事处、香港营业所。第一区分公司设虎尾，经理朱有宣，副经理王舜绪，现管有虎尾、龙岩、北港、大林、斗六、竹山、彰化、乌日、台中、潭子、月眉、苗栗、新竹等十三厂，及虎尾甘蔗示范场。第二区分公司设屏东，经理张季熙，现管有桥子头、后壁林、屏东、东港、车路墘、三崁店、湾里、埔里社、旗尾等九厂，及恒春赤糖厂与高雄加工糖厂。第三区分公司设于总爷，经理吴卓，副经理王济仁，管有总爷、萧垅、乌树林、南靖、蒜头、南投、溪湖等七厂及曾文甘蔗示范场。第四区分公司设于新营，经理陆宝愈，管有新营、岸内、溪州、花莲港、玉井、台东等六厂，及前大埔红糖工场与新营甘蔗示范场。

（三）资金及来源：该公司所有设备系接收前日本四个糖业株式会社而来，并利用接收存糖之一部分及向中国银行借得美金五百万元，作为补充设备、整理修复之用。至借款部分，自前年起已逐步归还。

（四）职工人数：民国三十七年十二月份员工人数：

员工分别 单位	职员	工人	公役	警卫	合计
总公司及上海办事处及糖业试验所	六五八	二七八	一九四	一〇四	一,二三四

续上表

员工分别 单位	职员	工人	公役	警卫	合计
第一区分公司及各单位	一,六九八	五,六一〇	二五三	五二六	八,〇八七
第二区分公司及各单位	一,一六八	五,三四三	二五六	三二一	七,〇八八
第三区分公司及各单位	八五六	二,七五二	六〇	二三七	三,九〇五
第四区分公司及各单位	七七四	二,七三一	二〇五	二六〇	三,九七〇
合计	五,一五四	一六,七一四	九六八	一,四四八	二四,二八四

(五)设备或新式工程:该公司所属第一区分公司共有新式压榨机十六套,每日压榨能力二万一千五百五十吨,并有酒精工场五个,酵母工场三个,蒂利斯工场一个。第二区分公司共有新式压榨机十二套,每日压榨能力一万五千四百五十吨,并有酒精工场二个,酵母工场一个,蔗渣板工场二个。第三区分公司共有新式压榨机十套,每日压榨能力一万五千五百吨,并有酒精工场五个,蔗渣板工场一个。第四区分公司共有新式压榨机十套,每日压榨能力一万一千八百五十吨,并有酒精工场三个,酵母工场一个。故该公司压榨能力,统计为每日六万四千三百五十吨。此外,甘蔗运输入厂大部利用自备铁路,计共有小铁道三千余公里。又该公司所属之糖业试验所对于土壤、肥料、改良品种、杀虫、化验等设备均极完备。

(六)原料主要来源:该公司各厂制糖原料之甘蔗全部由各厂附近蔗田供给,分自作及契约二种,共有蔗田十二万公顷。自作部分约占六分之一,该公司对于契约蔗农,除有耕种贷款、肥料贷款外，甘蔗成熟运厂制糖后，可各半分糖。因甘蔗对于制糖关系特殊，故该公司各分公司均有甘蔗示范，均对甘蔗品种之研究甚为注意。

（七）历年及最近生产概况：查台湾糖业于日人经营期内，虽最高曾出每年一百四十万吨，但平均产量约为每年一百万吨。由我国接收后原定五年之内亦拟达到每年一百万吨，计该公司三十五、三十六年期产糖三万另八百八十三吨，三十六、三十七年期为二十六万三千五百九十六吨，三十七、三十八年期已增至六十三万零八百七十三吨，两年后不难达到年产一百万吨。又，本年度可从糖、蜜制酒精约一千万加仑。

（八）营业状况：该公司三十六、三十七年期产糖二十六万余吨，至三十七年底已大部销出，计在上海出售十二万九千五百八十九吨，台湾出售三万二千三百七十二吨，外销七万零八百七十一吨，共计二十三万二千八百三十二吨。三十七、三十八年期产糖六十三万余吨，除已销英国五万吨、日本十五万吨外，又在接洽销日十万吨。故本年度拟外销三十万吨，其余三十余吨可供给本国大陆及台湾所需。

（九）将来展望：该公司规模甚大，设备尚新，确为我国目前极有希望之事业，将来年产砂糖一百万吨全无问题。惟台湾甘蔗成熟时间约需十八个月，较一般为长，并土壤枯瘦，必需大量施肥，故制糖成本因原料价昂不易低廉，同时，各糖厂亦有甚多不合经济，急需调整。对于业务方面，过去台糖外销以日本为主，将来除供给本国大陆销售外，对日外销，仍须积极推进，以免外销缺乏，市场造成产销过剩现象。

（壬）水泥事业

一、台湾水泥有限公司

（一）沿革：台湾水泥公司包括下列各单位：

1. 高雄水泥厂：高雄厂原为日商浅野水泥会社高雄工场，创立于一九〇六年，其产能年为三二〇〇〇吨。一九〇九年增加设备产能增至年为七六〇〇〇吨；一九三〇年再加扩充，年为二六〇〇〇〇吨；一九三八年又增至三九〇〇〇〇吨，同年该场脱离东京同业公会之牵制，改称台湾水泥株式会社。太平洋战争时，迭遭空袭，损失甚重，产能锐减。另有浅野水泥会社高雄板工场、日本制袋会社及洋灰加工会社亦归并于高雄水泥厂。

2. 苏澳水泥厂：原名化成工业株式会社，于民国三十一年始行开工，其年产一〇〇〇〇〇吨之机器系拆自日本敦贺水泥株式会社，另购年产八〇〇〇〇吨之机器一套，惟开工以来即遭飓风侵害，几濒破产。

3. 竹东水泥厂：原名南方工业株式会社，一九四二年自日本高渣工厂拆来年产一一〇〇〇〇吨之机器一套，在建设期间即被轰炸多次，至日本投降时完成仅达百分之六十。

另有石灰石株式会社亦并入该厂。

除此以外，与水泥事业有关之制品工业尚有日人经营之：

1. 台湾水泥管株式会社。
2. 大和水泥骨株式会社。
3. 台湾石棉株式会社。
4. 东洋钢骨株式会社。
5. 日本石棉株式会社。

民国三十四年，台湾省光复后，所有以上水泥事业均由经济部台湾区特派员办事处统一接收，十一月指派监理人员至。三十五年一月为统一事权，设置水泥监理委员会，自四月起改为接管委员会，嗣由资源委员会与台湾行政长官公署合筹改组，于五月一日成立台湾水泥公司，对前述高雄、苏澳、竹东三水泥厂及其有关之附属事业积极修缮，准备复工。其余之台湾水泥公司暂行保管该公司之总管理处在台北西宁南路62号、高雄厂在台南高雄、苏澳厂在距台北一二〇公里距海岸一公里之苏澳区、竹东厂在距新竹十五公里之竹东区。

（二）组织及人事：台湾水泥公司之组织系统如下：

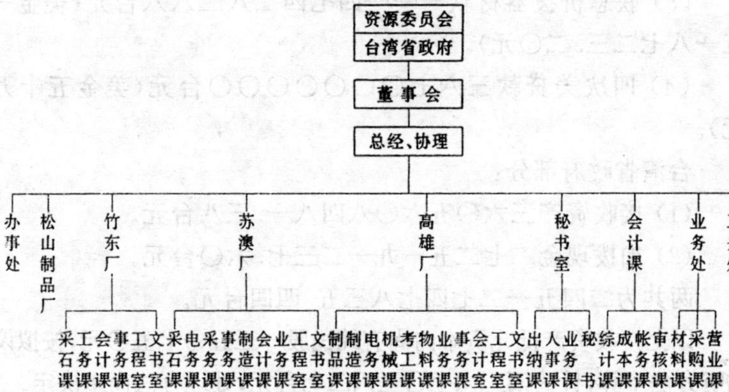

主要负责人

职　务	姓　名	职　务	姓　名
总经理	徐宗涑	会计处长	荆夺元
协理兼业务处长	温步颐	正工程师	汤兆裕 施昌辉 李文光
协　理	汤大纶		
协　理	齐　熨	高雄厂长	周庚森
协　理	王　量	高雄副厂长	宋祖芳
秘　书	施德善 赵秋岩 李　轻	苏澳厂长	马绍乾
		东竹厂长	王仲洁
工务处长	李濬源	上海办事处主任	张正元

（三）投资成分：台湾水泥公司由资源委员会及台湾省政府按六比四共同投资，一部分系以接收资产抵充，一部分为缴纳现款。经三十七年拟议增资，其详细投资情形如下：

资源委员会部分：

(1) 接收资产五四〇八四一二七二二.〇六台元。

(2) 加拨现金四〇八七七九〇〇六.四〇台元。

(3) 联总价拨器材款一一一四七四二八二八八台元(美金一五一八七二三.二〇元)。

(4) 四次美贷款三六七〇〇〇〇〇〇〇〇台元(美金五十万元)。

台湾省政府部分:

(1) 接收资产三六〇五六〇八四八一.三八台元。

(2) 加拨现金二七二五一九一二三七.六〇台元。

两共为二四五一二七四七八三五.四四台元。

以上接收资产抵充资本内尚有纯民股一三五〇七五〇元,按拟议增资办法申算,计为四三六七〇三六二七台元,处理办法尚未决定。

(四) 职工人数:现有员工,总管理处部分职员一一九人,工人二四人,工役二七人;高雄厂职员二一二人,工人一五八八人,警役八三人;苏澳厂职员八六人,工人四〇九人,警役二九人;竹东厂职员七四人,工人二八一人,警役四〇人。共计职员四九一人,工人二三〇二人,警役二三六人。

(五) 设备:

主要设备	高雄厂	转窑三座
		原料磨七座
		水泥磨六座
		发电机四座共 11000KW
	苏澳厂	转窑二座
		原料磨三座
		水泥磨三座
		发电机二座共 4500KW
	竹东厂	lepol 式转窑一座
		水泥磨一座
		生料磨一座

以上三厂主要设备在接管时,或饱受轰炸、或则尚未完工,产能降落至百分之三十。于三十五年公司成立后,计划大加改善并修缮,经与美国通用运输公司签约负责设计并代订材料。外汇来源预计有:美贷、联总、加拿大贷款及外销等,约共计三百万美元,大部用于高雄厂。预计三十七年初恢复原有产能,惟迄三十七年尚未能达到。

(六) 主要原料来源:石灰石均采自厂区附近,最远亦不过二十公里。煤亦为台产,无甚问题。

(七) 历年生产概况:高雄厂生产能力年为三九〇〇〇〇吨。其历年产量如下:

年　度	生产量(吨)	年　度	生产量(吨)
1917	10,000	1934	141,000
1918	33,000	1935	146,000
1919	35,000	1936	143,000
1920	48,000	1937	146,000
1921	64,000	1938	149,000
1922	98,000	1939	224,000
1923	107,000	1940	不详
1924	113,000	1941	不详
1925	96,000	1942	不详
1926	127,000	1943	不详
1927	127,000	1944	228,000
1928	118,000	1945(民 34)	——
1929	128,000	1946(民 35)	57,500
1930	121,000	1947(民 36)	140,611

续上表

年度	生产量(吨)	年度	生产量(吨)
1931	126,000	1948(民国 37 年)	159,000
1932	122,000	1949(民国 38 年 3 月止)	43,333
1933	143,000		

苏澳厂生产能力原为一八〇〇〇〇吨,其历年产量如下:

年度	生产量(吨)	年度	生产量(吨)
1945(民 34)	19,242	1948(民国 37 年)	57,679
1946(民 35)	16,500	1949(民国 38 年 3 月止)	14,358
1947(民 36)	37,957		

竹东厂于接收时尚未完工,至三十五年七月方能开始生产,惟因原石输送困难,不能发挥生产能力,初步产能仅为一二〇〇〇吨,现在充实中,以期达到一一〇〇〇〇吨年产能之预期目标,其实际产量如下:

年度	生产量(吨)	年度	生产量(吨)
1946(民 35)	2,560	1949(民国 38 年 3 月止)	4,652
1947(民 36)	12,636		
1948(民 37)	18,479		

(八)营业状况:台省建设原已具有规模,民间使用水泥亦极普遍,战时受轰炸破坏甚剧,光复后各项建设需要水泥极为迫切,形成供不应求之势,自成立迄今仍复如是。故销售水泥泰斗以公共事业为对象,民间少量需要须附有兴建工程证明书方予配售,售价则向较上海为廉,故间亦有官僚凭藉关系套售图利,甚难拒绝。三年来,销售数量计三十五年八八四一〇吨,三十六年销一八四六〇九吨,三十七年约二三五〇〇〇吨,三十八年一至三月约六二〇〇〇

吨。从三十七年起，一方面因争取国外市场，同时以修复工程中一部分外汇需自备，故即向南洋、菲律宾运销，三十七年计销三四四五〇吨（已包括在销售总数内），三十八年初三个月计有一五六五〇吨，如非限于生产，当不止此数。因运菲运费较运沪为廉，推销容易，惟菲律宾之需要为临时性质，以后将可自给自足。

（九）前途展望：台湾在日人统治时期，每年水泥消费约为三〇〇〇〇〇吨，而日人自台湾为南进基地，故对台湾水泥事业积极开建，如三厂均达理想境地则年产能力为六九〇〇〇〇吨，除供台湾之用外，尚可有余力以供南中国及南洋之不足。光复后，环境已有改观，台湾之地位亦需重新估价，在三十五年至三十七年中，每年消费量随生产量而增加，现在为二〇〇〇〇〇吨左右。目前虽以减少民用、增加对工矿、交通、企业之供应，以补生产之不足。然此因光复后各工矿亟谋恢复破坏，用量较大，一至正常时消费量即将减少，即使开放民用，每年需要量估计每年不至逾一八〇〇〇〇吨。至于生产方面则高雄及苏澳两厂俟改良工程完成，经合理调整后，可能产至四〇〇〇〇〇吨，竹东厂尚不在内，故必有过剩之感。至于区外需要情形，邻近之福建每年约需一一〇〇〇吨，可由台湾供给。广东则所缺甚多，目前年缺约十一万吨，即使西村修复第二套设备，尚缺六〇〇〇〇吨，虽可由台湾供应，然极不经济，现在竹东厂因运石铁路设备不良，年产不过一〇〇〇〇余吨，对台湾之供应并不发生多大影响，不如迁至广东，以其设备能力年为一一〇〇〇〇吨，可补广东之不足。至于以经济立场而言，关于原料之运输情形及费用，即不论竹东厂目前之困难，姑定相等燃料，在台可以本省有佚，而广东区则需他处运来，然燃料运输量仅为成品百分之三十，自较经济。如此，则可减轻台湾之过剩问题，而以余力扩展南洋市场，并兼顾国内其他供应不足之区，较为适宜。

〔资源委员会档案〕

8. 资源委员会所属湘、赣、粤、桂区各事业概况①

(1949年　月　日)

(1) 湖南省事业概况

(甲) 电力事业

湖南电气公司

原湖南电灯公司创于清末，最后发电容量达一万零五百千瓦，二十七年冬，长沙大火，因之停业。公司股东代表黄祖国商请资委会合办，乃于三十年元月订立合作大纲，改名为湖南电气公司。最初资金六百万元，资委会三百五十万元，商股二百五十万元，商股以原有地产二千千瓦、一千千瓦发电设备各一套抵价投资。三十年七月于桂林开新公司创立会，通过组织章程及成立董事会，计划经营长沙之电力供应，但因湘北三度会战，全部计划无法实现。三十一年八月，开第二届董事会于衡阳，决先筹设衡阳电厂，并增资为一千万元，资委会担任六百万元，商股担任四百万元。三十二年二月，又于桂林开第三届董事会，增资为一亿元，资委会担任五千四百万元，商股担任二千三百万元，商股再以七千五百千瓦发电设备一套作价二千四百万元，除以一千八百万元作为商股之增资外，余六百万元由公司付还商股。三十三年衡阳之一千千瓦机甫告装竣，日寇南犯，将机件拆卸，建厂工作因之停顿。抗战时，长、衡各地发电设备迭经损失，三十四年胜利，复员资委会，对于复厂工作无异从头做起。三十六年九月及十月分别恢复供电，十一月开第四届董事会于南京，规定资本总额法币一千亿元，资委会占百分之八十五，商股担任百分之十五，截至本年二月，资委会实投资一千零二十四万九千二百四十八点五三金圆，商股三十四万八千四百五十

① 此件沿用原标题。

六点四一金圆，共计一千零五十九万七千七百一十三点九四金圆。

该公司组织系统及现任负责人姓名如后：

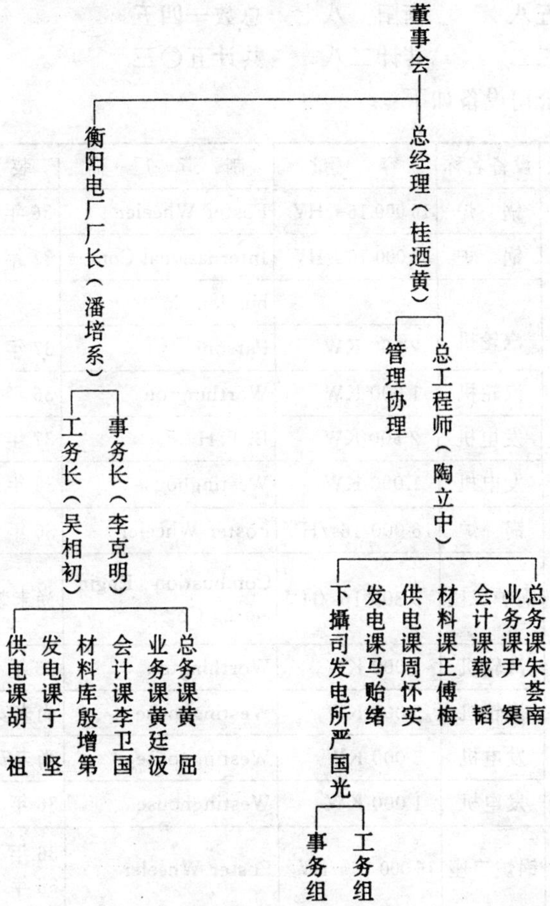

技术人员		管理人员			
长沙	六二	长沙	七二	总数	一三四
衡阳	二四	衡阳	三七	总数	六一
共计	八六	共计	一〇九	共计	一九五

技术工人　　　普通工人

长沙一六四　　长沙一九四　总数三五八

衡阳　五八　　衡阳　八七　总数一四五

共计二二二　　共计二八一　共计五〇三

该公司设备如下：

装置地点	设备名称	容　　量	制　造　厂　商	装置时间
长　沙	锅　炉	16 000 16 s/HV	Foster Wheeler	36年8月22日
	锅　炉	33 000 16 s/HV	International Com—bustion Co	37年10月
	汽轮机	2 500 KW	Parsons	37年2月
	汽轮机	1 000 KW	Worthington	36年8月22日
	发电机	2 500 KW	B. T. H	37年2月
	发电机	1 000 KW	Westinghouse	36年8月22日
下摄司	锅　炉	16 000 16s/HV	Foster Wheeler	36年12月
	锅炉二座	5 300 16s/HV	Combustion Engin-eering Co	尚未装竣
	汽轮机	1 000 KW	Worthington	36年12月
	汽轮机	5 000 KW	Westinghouse	尚未安装
	发电机	5 000 KW	Westinghouse	尚未安装
	发电机	1 000 KW	Westinghouse	36年12月
衡　阳	锅炉二座	16 000 16 s/HV	Foster Wheeler	36年11月 38年2月
	汽轮机二座	1 000 KW	Worthington	36年8月 38年2月
	发电机	1 000 KW	Westinghouse	36年11月 38年2月

供电线路

年度	杆木株数	高压6600伏长度	低压长度	变压器	
				具	容量
36	1 271	1 309	26.47	10	2 450
37	1 425	1 491	3 153	30	1 410
合计	2 696	2 800	5 800	40	3 860

输电线路

线路名称	输电电压	容量	装置年月	输电年月	附注
长摄线	3 33 000 V	1 000 KVA	36 年 12 月兴工		尚未完竣植杆 570
摄潭线	3 33 000 V	1 000 KVA	37 年 9 月兴工 38 年 2 月完竣	38 年 2 月	全长 21 KM 杆 262 根
摄株线	3 33 000 V	5 000 KVA	37 年 10 月兴工 37 年 12 月完竣	37 年 12 月	34 KM 430 根

公司现有用户共约六千余户，内电力用户约占 4%，电量 30%。长市夜间电量已不敷，白昼电量颇有剩余，刻因各工业尚未能复工。衡阳下摄司夜晚电量亦有多余，正谋积极推广电力用户。

地点	年度	发电容量（瓩）	发电量（千度）	售电量（千度）	营业收入	营业支出
长沙	36	三〇〇〇	五〇一	三九五	三九九一五七四	未详
	37	四五〇〇	五四九五	三九五二	三二七二	未详
衡阳	36	一〇〇〇	九二	六六	六三六九四八	未详
	37	一〇〇〇	一九五八	一五七一	一二二六	未详

长沙为湖南省会，商场繁荣，衡阳、株洲又为湘、赣、桂、黔交通枢纽，将来工业中心。远在抗战之前，即有钢铁、电工等大规模制造厂之计划，惜因战时而停顿。该公司为协助湘中工商业之滋长，亟须扩充发电设备，筹建大规模之中心发电所一处，并构成电力网，以备各工商之需要。

（乙）煤业

一、湘江矿业股份有限公司　　地址：长沙织机巷

（一）沿革：民国二十六年，由商人黄竹筠、黄国赢等集资创设湘江煤矿公司，二十七年陆苞吾、朱伯涛、曹胜之等参加合办，逮抗战军兴，长沙大火，被迫停顿。三十年湘省煤荒严重，工矿调整处贷款复工。三十二年本会参加资本，改称湘江矿业特种股份有限公司，三十三年陷敌，三十四年十二月接收，三十六年三月恢复生产改易今名，现开采者为湘潭杨嘉桥矿厂。

（二）组织：设总经理一人，协理二人，下设秘书、总工程师两室，总务、业务、材料、财务四处，各室、处分课办事。在矿场设一矿厂，并在湘潭、衡阳、汉口、南京、上海各设有办事处，湘河口设转运站，其重要主管人员如后：

总经理朱谦，协理陆苞吾、谢子贞，秘书室主任丘海琴，总工程师室兼主任谢子贞，总务处处长钱君白，业务处长邱式麟，财务处长黄士贤，材料处长邱式鳞兼，矿厂矿长刘伯巷，湘潭办事处主任张继陆，衡阳办事处主任范兆彝，湘河转运站长陆懋复，汉口办事处主任魏朴，南京办事处主任沈遇春，上海办事处主任郁功豫。

（三）资本额：三十七年四月调整资本总额为国币一百亿元，同年八月重估为金圆券肆百万元。

资源委员会	百分之四十	金圆券一百六拾万元
金城银行	百分之三十	金圆券一百二拾万元
其他商股	百分之三十	金圆券一百二拾万元

（四）职工人数：职员二四〇人，内管理人员一五九人，技术人员八一人。工人一四九三人，内技术工人四一〇人，普通工人八六四人，公役九六人，警士一二三人。

（五）设备及重要工程：设矿设备计有：大小锅炉九具，一二五马力、二五马力及二〇马力绞车三具，九七.五马力电泵二套，五马力电泵二套，二五马力电泵三套，四英寸及三.五英寸汽泵各二具，风扇四套，修理设备齐全。电源取给于本会与该公司合办湘煤电厂，该厂现有一千千瓦及五百千瓦透平发电机各二套。目前重要工作为井下主要巷道之拓展，与禾桥区新矿厂之探采工作。

（六）生产概况：三十五年恢复生产后，历年产量如下：

三十五年八四六七〇吨，三十六年一一〇二二一吨，三十七年一三七〇八〇吨。目前生产能力最高时可日产五七〇吨，最低三七〇吨，平均四五〇吨。

（七）营业概况：该矿历年所产煤斤供应粤汉路北段用煤，约占产量百分之七十，余供湖南电气公司。汉口既齐水电公司、武昌鄂南电力公司及民生实业公司等营运已上轨道，足以自给，并略有盈余。

（八）将来希望：该公司领有矿区大小共八区，估计储量五千余万吨，惟煤层变化颇大，现正精密钻探，如结果良好，颇有扩展希望。

二、湖湘煤矿有限公司　　地址：湘潭南祝山

（一）沿革：该公司为资源委员会与湖南省政府合办，现辖湘潭长槽及南祝山两矿厂。长槽区厂原为中山文化教育馆与中国建设银公司所经营，民国三十四年十二月，中山文化教育馆股权价让本会，嗣建设银公司股权亦洽定移转，三十五年七月改组为中湘煤矿局，设定国营矿权，同年十一月接收原湘潭煤矿公司谭家山矿厂，成立第二矿厂，旋以湖南省政府经营之。云朔煤矿南祝山矿厂与长槽矿区毗连，且因经费不足，工程无法开展，乃于三十六年由

本会与湘省府商定，将两矿资产估价合并，改组为湖湘煤矿有限公司，至谭家山矿厂则专隶中湘煤矿局经营。三十八年三月，穿透旧峒积水井巷被淹四月，矿厂地方不靖，暂告停顿，该公司于长沙、湘潭均设有办事处。

（二）组织：该公司设总经理一人，协理二人，下设工程、总务、业务、会计、秘书五室，其主要负责人如下：

总经理程宗阳，协理刘孝众、王春霖，工程室主任安如曾，总务室主任孙达弦，业务室主任李彤恩，会计室主任王开基，秘书室主任许继彬，长沙办事处主任刘孝叔兼，湘潭办事处主任刘克让。

（三）资本额：三十六年合约资本额国币三十二亿元。

资委会　百分之五十　国币十六亿元

湘委会　百分之五十　国币十六亿元

上述资本均系签约时以双方原有资产估价，合并非现金。合办后，本会增拨资金计：三十六年拨国币一百六十亿元；三十七年七月以前拨国币六百二十亿元，八至十二月拨金圆券一百一十六万三千元；三十八年一至四月拨金圆券八亿二千五百七十万元。湘省府方面并未增拨。

（四）职工人数：职员一〇三人，内管理员五一，技术人员五二。工人六二二人，内技术工人四二三，普通工六〇，公役六三，警士七六。

（五）设备及重要工程：该矿设备计有：四〇马力锅炉三具，七〇马力卧式锅炉三具，二五马力立式锅炉五具，九七.五马力电泵二具，五〇马力电泵二具，四〇马力及二五马力电泵各一具，二〇马力电泵七具，四英寸汽泵七具，四〇马力汽绞车一具，修理设备一套，自筑运煤公路九.二公里，由杨家桥湘煤电厂至矿高压输电线路一道。目前重要工程为南祝山井下泵房水仓之拓建，与井下巷道之发展。

（六）生产概况：自三十六年始产煤，其历年及最近产煤情形如次：

三十六年三一八六吨，三十七年七五五二吨，最近日产最高达一〇〇吨，最低五〇吨，平均日产六〇吨。现各井被水淹没，无产量。

（七）营业状况：该矿在工程期间产煤有限，加以井下水大，时而被淹停产，故产煤以来，仅销既济水电两批，无业务之可言。

（八）将来希望：该矿蕴藏颇富，煤质甚佳，湘黔铁路修复后，矿厂距铁路干线甚近，运输无问题，故具有大规模开采价值。经延聘美国专家协同设计，预定以日产二千五百吨为目标。目前复工生产，因潜水量甚大，亟需加强井水设备。

三、中湘煤矿局　　地址：湘潭谭家山

（一）沿革：湘潭谭家山煤矿，自明季即有，附近居民以土法开采。民国二十六年秋，本会为供应内迁各工厂之燃料利用。中福公司内迁器材与该公司合组湘潭煤矿公司，以机电设正式开采，旋因日寇侵湘停工，器材亦撤迁入川。三十五年十一月，原公司清理结束，由资源委员会将该矿并入中湘煤矿局接收整理。该公司原仅开采湘潭县属史家幻及长槽矿区，因以谭家山矿为第二矿场，嗣长槽矿区与湖南省政府云湖煤矿合作，另组湖湘煤矿公司。自此，中湘煤矿公司即单独经营。谭家山矿区三十六年始正式以小规模着手开采。

（二）组织：该局设局长一人，副局长二人，下设秘书、总务、矿务、工务、业务、会计六室，并于下摄司设办事处。其主要负责人员如下：

局长孙炜鄂，副局长王逸凡，秘书室主任耿心泉，总务室主任陶亦候，矿务室主任佟敬宗，工务室主任贾振华，业务室主任陈世昌，会计室主任卢吉士，下摄司办事处主任窦良政。

（三）资本额：三十七年八月以前拨创业费国币二十亿元，八至十二月续拨金圆券五十四万五千元，三十八年一至四月续拨金圆券四亿二千二百四拾二万元。

（四）职工人数：职员七十六，内管理人员五六，技术人员二〇。工人八三三人，内技工一〇六，普通工人六四三，公役二七，警士五七。

（五）设备及重要工程：该矿设备计有：大小锅炉十具，十五千瓦、三.五千瓦及七五千瓦发电机各一具，四〇马力汽绞车连锅炉一套，大小电泵五部，五吋以下汽泵五部，由下摄司发电厂至矿高压输电线路乙道。目前重要工程为：档子塘一二两直井与千金寨三四号井之开凿，与巷道拓展等工作。

（六）生产概况：三十五年十一月接收整理于三十六年开始生产，目前尚在工程期间，产量无多计。

三十六年二九七五吨，三十七年一〇〇五一吨。最近日产量最高七〇吨，最低二〇吨。

（七）业务概况：该矿工程期间产煤有限，初期曾收购附近土井产煤，计三十六年收购一二二一〇吨，三十七年开始自采，仅收购二八四九吨。主要顾主为湖南电气公司及汉口既济水电公司。业务尚未正式展开。

（八）将来希望：该矿系可炼焦之优良烟煤，经钻探结果，煤层厚度在二三公尺之间，储量约二千余万吨，具有大规模开采价值。经延聘美国专家协同设计，预定日产二千吨为目标，惟地层中潜水量甚大，且有流沙层，施工、排水颇多困难。

四、永邵煤矿局　　地址：湖南零陵易家桥

（一）沿革：民国二十七年十月，本会为供给湘桂铁路用煤，成立祁零煤矿筹备处于湖南零陵之易家桥，开凿直井，翌年十月正式出煤。二十九年四月，改为祁零煤矿局。三十三年日寇进攻湘桂，撤退停产，原有大井两被水淹没，胜利后于三十五年由本会接收，改称今名。以祁零为工作重心，并筹划邵阳、保和堂、牛马司等地国营矿区之开发事宜。

（二）组织：该局设局长一人，下设总务、工务、业务、会计四课，并于衡阳设办事处，其重要负责人员如下：

局长陶勋，总务课长左宗彝，工务课长郅人杰，业务课长刘正德，会计课长彭虹，衡阳办事处曹宗城。

（三）资本额：截至三十七年七月底止，历年投资总额国币肆百五十四亿二千六百万元，八至十二月续拨金圆券四十八万八千，三十八年一月至四月拨金圆券八亿六千二百万元。

（四）设备及重要工程：该矿设备计有：二百瓦柴油发电机一套，大、小锅炉共十二具，四〇马力汽绞车连锅炉二套，五英寸汽泵一具，四英寸汽泵七具，二英寸汽泵三具，四.五马力电泵一套，三〇马力电泵六套，压风机二套，修理设备一套，自筑运煤轻便铁路一公里。目前该矿重要工程为恢复祁零直井与轻便铁道改线等工作。

（五）生产概况：该矿历年及最近生产量如下：

二十八年五二一八吨，二十九年五〇二〇九吨，三十年三九九三四吨，三十一年五一三二二吨，三十二年、三十三年、三十四年无，三十五年七〇六二吨，三十六年一八八三三吨，三十七年二八六九三吨。最近生产能力最高日产一五〇吨，最低九〇吨，平均日产一一〇吨。

（六）营业概况：该矿所产煤斤几全部供应湘桂铁路之用，业务范围甚狭，年来以路局营业不振，经费困难，该矿亦因而周转不灵，且以开辟牛栏塘新井关系，未能达到自给地步。

（七）将来希望：该局现在开采之祁零矿厂，原为供应湘桂铁路机车燃煤，故虽储量不丰，煤质稍逊，且潜水量大，施工困难，仍有其重要性。惟缺乏大规模开采条件，至其所辖邵阳、牛马司等地国营矿区多属可炼冶金焦之优良烟煤，储量亦相当丰富，俟湘黔铁路东段修复，运输问题解决，即可着手开发。

五、湘永煤矿股份有限公司　　地址：湖南永兴白头狮

（一）沿革：该矿所产为白煤，初由商矿鼎新公司民国二十一年设权开采，稍具规模，嗣因资金不足，于二十五年八月租与实兴

公司。以历被水淹，无法经营，乃于二十九年十一月由资源委员会湘南矿务局参加资本，成立湘永煤矿公司，改称湘南矿务局第三矿厂、湘永矿场。三十二年秋，因战事停工，大井被水淹没。三十五年，湘南矿务局撤销，该矿遂由湘永煤矿股份有限公司单独复工。

（二）组织：该公司董事会之下设总经理一人，协理一人，下设：矿务、机电、土木、秘书、业务、总务、会计七室，其主要负责人如下：

总经理晏良海，协理杨振麟，矿务室主任张继英（因公赴美），机电室主任冯有申，土木室主任陈华梁，秘书室主任吴义正，总务室主任王大新，业务室主任闵侃，会计室主任潘宇柱。

（三）资本额：三十五年合约资本额四亿八千万元，资委会占三分之二，计三亿二千万元，商股三分之一，计一亿六千万元。三十六年本会增拨国币一百四拾三亿元，三十七年上期继续拨国币四百四拾二亿元，三十七年下期续拨金圆券五十四万六千六百六十七元，三十八年一至四月续拨八亿一千九百一十五万元。商股方面并未增加资本。

（四）职工人数：职员一三三人，内管理人员九八，技术人员三五。工人一八五五，内技工二〇八，普通工人一五〇四，公役三七，警士一〇六。

（五）设备及重要工程：该矿重要设备计有：五〇〇瓩透平发电机一套，大小锅炉十具，七五马力汽绞车二套，五英寸汽泵一具，三英寸半汽泵四具，二英寸半汽泵一具，压风机二套，修理设备一套，轻便铁路一公里，煤车五〇余辆。目前重要工程为二号直井加深，及井下新泵房水仓之布置等工作。

（六）生产概况：该矿三十五年复工后，历年产量如次：

三十五年一九一四吨，三十六年三七三〇一吨，三十七年五六七八吨。目前最高日产量二五〇吨，最低一〇〇吨，平均日产一八〇吨。

（七）营业概况：该矿所产煤斤为无烟煤，运销衡、长两地。衡阳月可销煤三五〇〇吨，长沙月可销煤八〇〇〇吨，故销路尚无问题。但煤斤外运唯一出路，来河水浅滩多，运输困难，尤以冬季枯水时期为甚，目前营业收支尚可相抵。

（八）将来希望：该矿所产白煤煤质优良，储量亦丰，颇有经营价值，惟非工业用煤，且运输问题尚待解决耳。

六、湘盛煤矿　　地址：永兴蓼江市

（一）沿革：民国二十四年由商民组设大盛公司及惠济公司，设权开采，至三十年五月湘南矿务局投资合办，改称湘盛煤矿公司及湘惠煤矿公司，隶属于湘南矿务局之第三矿厂（即现在之湘永公司）。三十三年十一月，湘惠矿区经湘盛公司收买，是年年底，地方沦陷，逐告停工。胜利后，交由湘永煤矿公司兼办，三十五年四月间复工，迄三十七年十月资源委员会价购全部商股，独资经营，于三十八年一月正式改组成立。

（二）组织：该矿设矿长一人，下分：总务、工务、业务、会计四课，其主要负责人如下：

矿长邓启　各课长人选以改组成立未久，尚未据报。

（三）资本额：原资本额为国币四十万元，三十七年下期收购商股，增拨金圆券六万四千元，三十八年一月至四月增拨经费金圆券三亿零五百二十八万八千元。

（四）职工人数：职员十六人，工人约三百人。

（五）设备及重要工程：该矿尚为土法开采，无机器设备。目前重要工程为拓展第一号平峒巷道，修筑运煤公路。

（六）生产概况：三十五年复工后，历年产量如下：

三十五年三三九〇吨，三十六年六〇〇八吨，三十七年七八一三吨。目前生产能力平均日产三〇——四〇吨。

（七）业务概况：该矿原隶于湘永煤矿，所产烟煤主要供湘永锅炉之用，无甚业务可言。目前虽已独立生产，仍继续供应湘永，余煤运供衡阳电厂。该厂运输困难，但生产成本甚低，如有相当周转金,即可自给。

(八)将来希望:该矿煤质优良,可炼焦,惟储量无多,无大规模开采价值,但施工颇易,成本甚低,资兴与蓼江市原由湘南煤矿局修有铁路支线,如粤汉路加以修复,则该矿运输问题亦可解决,仍有小规模经营价值。

(丙)金属矿业

资源委员会第二区特种矿产管理处　地址:长沙下六浦行五十七号

附属单位地址:

锑品制造厂	长沙下六铺街
锡矿山工程处	湖南新化锡矿山
乳源工程处	广东坪石罗家渡转深塘
瑶岗仙工程处	湖南白石渡站(粤汉路)转异田
安源工程处	湖南郴县安源

一、沿革:湖南锑矿自一九三六年起开始管制,由资源委员会设立锑业管理处,办理商锑收购及外运事宜。抗战军兴,该管理处多方设法鼓励湖南粤北及贵州三合各地商矿增产,裨益甚巨,至一九四一年对外运输发生困难,外销阻滞,该处乃创办锑品制造厂。以前所收纯锑,制造锑红、锑白油漆、合金焊锡等供应国内市场需要。一九四三——一九四四年间战局转移,对外交通完全断绝,纯锑外销全部停顿,生产亦受窒息。抗战结束以后,该处奉令改组合并资源委员会属前钨锡两业管理处湖南分处为第二区特种矿产管理处,继续收购湘产锑钨,并收买一部分工锑矿,引用机器,自办采炼工程,先后成立锡矿山、乳源、瑶岗仙、安源四工程处,并在锡矿山设立电厂及排水站,协助该区各私营锑矿排水,恢复生产。一九四九年五月钨锑管制取消,为改善管理,增进工作效率,该管理处奉令裁撤原有锑品制造厂及锡矿山、乳源、瑶岗仙、安源各工程,改由金属矿业管理处直辖指挥。

二、组织及人事：该管理处本处已于本年五月奉令撤消，仅留二十人办理结束事宜，原有组织情形从略。

该处最主要附属单位为：锡矿山工程处及锑品制造厂，兹将该二单位组织情形列后，以供参考。

锡矿山工程处组织规程略如左：

(1) 本处设主任一人，由管理处副处长兼任，综理处务。

(2) 本处设总工程师一人，襄理主任办理厂务。

(3) 本处设总务、工务、业务、会计四课，各课设课长一人，秉承主任分掌主管事项。

(4) 本处得附设采矿场、选炼厂、电机厂、排水站，各设矿长、站长一人，除排水站外，各场厂视事实需要，得分股办事。

(5) 本处设工程师至多十二人，管理师至多六人，副工程师至多二十人，副管理师至多十五人，助理工程师及助理管理师各至多二十人，工务员、管理员、助理工务员、助理管理员各若干人，就实际需要任用。

(6) 本处依事实需要，得呈准管理处招收实习员及练习生。

(7) 本处依事实需要，得呈准管理处在各有关地点设立栈站、转运站或办事处。

(8) 本处依事实需要，得呈准管理处依照矿业警察规程设立矿警队，其组织另订之。

(9) 本处依事实需要，得呈准管理处设立员工医院，其组织另订之。

锑品制造厂组织规程略如左：

(1) 本厂掌理矿品之利用、配制与推销等事项。

(2) 本厂设厂长一人，综理厂务。

(3) 本厂设总务、工务、业务、会计四课，各设课长一人。

本为谋产品制造之改良，得呈准设研究室，设主任一人。

本厂为集中管理财产、材料成品等项，得呈准设公物库，设主任一人。

上项课长、主任均由厂长指派，工程师、管理师或副工程师、副管理师兼任之。

(4) 本厂设工程师至多六人，管理师至多四人，及副工程师、副管理师、助理工程师、助理管理师、工务员、管理员、助理工务员、助理管理员各若干人。

(5) 本厂得招收实习员及练习生，实习期间作在额人员计算。

(6) 本厂因业务上之需要，得呈准在国内各重要城市设立营业所，其组织另订之。

该管理处原有中级以上人员及所属锑品制造厂、锡矿山、乳源、瑶岗仙、安源四工程处中级以上人员名册如左(名册略)：

三、投资成分：该处系管制机构，无资本额，以往进行矿品收购所需资金系由资源委员会按月依照计划，产收量拨汇。

现矿山等工程处所需创业经费，过去系由资源委员会依照预计工程进度按月拨发。

四、职工人数：该本处于本年五月奉令裁撤，酌留职员十人至十五人办理　东事宜。

锑品制造厂：

职　　员	四五人
工　　人	一七五人
警　　役	二四人
共　　计	二四四人

锡矿山工程处：

职　　员	一九〇人
技术工人	四五七人
普通工人	五一六人
其他工人	五七人
共　　计	一二二〇人

乳源工程处：

职　员	三九人
技术工人	三〇人
普通工人	三八三人
其他工人	三九人
共　计	四九一人

瑶岗仙工程处：

职　员	四〇人
技术工人	六〇一人
普通工人	一二〇人
其他工人	四七人
共　计	八〇八人

安源工程处：

职　员	三九人
技术工人	一六二人
普通工人	一一六人
其他工警	四一人
共　计	三五八人

五、设备或新式工程：

锑品制造厂：

制锑白炉	一座
焙　烧炉	一座
精　炼炉	二座
坩锅铜炉	二座
机械厂设备	一座

锡矿山工程处：

实验炼厂及南炼厂共有炼炉五座。二五〇 KW 柴油发电机两部及七五 KVA 煤气机一部，均已装妥发电。

八〇〇 KW 蒸汽发电机一部正装置中，另向资源委员会煤业总局购得一〇〇〇蒸汽发电机一部，正在运途中。

二〇吨/日采矿设备一套，修理设备一套.

乳源工程处：

炼锑设备两套。

七五 KVA 发电设备一套(尚未装妥)。

简单修理设备一套。

瑶岗仙工程处：

三十 KVA 发电设备一套。

简单采矿设备一套。

简单修理设备一套。

安源工程处：

二五〇 KVA 发电设备一套。

简单采矿设备一套。

简单修理设备一套。

六、源料主要来源：

发电机所用柴油及机器配件系自国外输入。

炼锑所用纯碱大部分购自塘沽水利化学工业公司。

七、历年及最近生产概况：前锑业管理处在湘收购钨锑，于一九三八年达最高纪录，计共收购锡砂一七三四吨，纯锑一四八九六吨，生锑二三二六吨及锑养五三六吨。其后由于：(甲)抗战期间矿用器材、炸药及炼锑所用纯碱不能陆续供应。(乙)物价波动过速，各矿厂售矿所得□于进行再生产。(丙)一九四一年以后，对外交通路线先后断绝，销路阻滞，以致生产日趋衰退。一九四三年以后，日寇深入湘境，各矿遭致严重破坏，生产全部停顿，一九四六年一月管理机构改组成立第二区特种矿产管理处，尽力扶助商矿复工，并引用机器自办采炼工程，仍因器材缺乏，物价波动过剧，各项工程计划未能逐步完成，生产迄未恢复过去水准。兹将胜利以后各年锑、钨产收吨量列明如左：

	纯锑	钨砂(单位公吨)
一九四六年	二七四	一〇六
一九四七年	一二六七	四二〇
一九四八年	三二四〇	七三九
一九四九年	一〇〇〇	一〇〇〇(计划产量)

八、营业状况：该处及附属各工程处产收锑、钨所需收购，及创业资金系由资源委员会按月拨发。产收矿品外运销售收入货款由资源委员会统筹支配。惟因前中央银行所订外汇汇率过低，销售矿品结汇收入不敷生产周转，一九四八年七月由资源委员会洽商前中央银行，以合作购运方式，由该行无息透支购运，资金分拨各矿区应用，俟产收成品运抵口岸后，按照当时纽约矿品市价作价交售，中央银行抵还透支，生产勉得维持。

九、将来展望：湖南锑矿储量居世界首位(估计现在约尚余存一四一五五〇〇公吨)，历年产品外运出口，在国际市场上亦占重要地位，今后无论为对外输出、换取机器设备或对内供应新工业需要，均宜积极整顿，开发如能：(甲)在锡矿山设立巨大电厂，公营及私营锑矿普遍引用电力排水，并尽可能利用机器采矿。(乙)充分供应锡矿山、龙山、益阳等地私营锑矿以矿用器材。(丙)便利各地矿业生产资金周转，则生产可重新发展。

(丁)电工事业

中央电工器材厂有限公司湘潭电机厂(长沙区营业处、广州营业处)暨附概况

一、沿革：一九四六年初，本公司依据抗战时期拟定之战后电器工业建设计划，组织电机新厂筹备委员会，进行筹备本公司事业范围中最重要之电机主厂，以期配合利用，与美国西屋电器公司及史密斯公司合作。所获之高度崭新技术及训练之大批人才，使在短

期数年内能制供国内相当数量之电力机，以达成引领发展各项工矿建设之目标。厂址经决定设在本公司发祥地之湖南湘潭东南郊下摄司地方，厂基广袤，约九千四百亩。惟时以国内局势动荡不宁，工业建设进行困难，该厂筹建工作虽有关大规模之进展计划，但仅能从小范围做起，乃于一九四七年七月一日成立湘潭工程处。修缮原有四百二十方厂房，机器设备则就本公司昆明等厂旧有者及历年自国外陆续添购到沪者，设法汇配运湘装置。一面分批训练艺徒，招收技工，于一九四八年初开始初步生产；一面并开建第一期新厂房五百二十方，准备为比较大规模的扩展。同时，为配合该处之生产，于一九四八年一月在长沙设置长沙营业所，三月在广州派驻一营业所代表，以推销该厂产品为要任务。迨同年七月一日，本厂改组，成立之日湘潭电机厂及长沙区营业厂遂亦同时自工程处及营业所分别改组，正式成立。一九四八年冬，本公司施行区经理制，湘厂、长处两单位，由长沙区经理统辖。今年元旦将驻广州营业所代表改设机构，成立广州营运处，三月将该处、办统归长沙区经理指挥。长沙区所辖生产及营业地域包括湖南、广东、广西三省，及江西省沿浙赣铁路以南湘厂，于一面展开生产，一面继续创建情形下成立，适已一年，第一期厂房五百二十平方之新建筑已于去年底完成。惟以经费困难，前已预定之布置新厂房装机等工程均未能实现。本公司取得之日本赔偿机器百余部，已运抵该厂待装入，今年后，由于币值加速贬落，人民生活不能安定，社会秩序不宁，致厂区附近盗匪丛生，员工工作情绪颇受影响。复以战事关系，交通不畅，建设事业萎顿，该厂产品销售情形亦呈不良反应，营业收入不足维持开销，此种情形近来愈演愈劣，五月乃由该厂主持人与员工组织厂务推进委员会，使全体员工均行参加厂务之管理，以最民主之作风，发扬集体意志及力量，进行处理厂务，以期渡过难关，迎候光明之到来。

二、组织：兹以系统表表示之，并附列各级主持人员姓名：

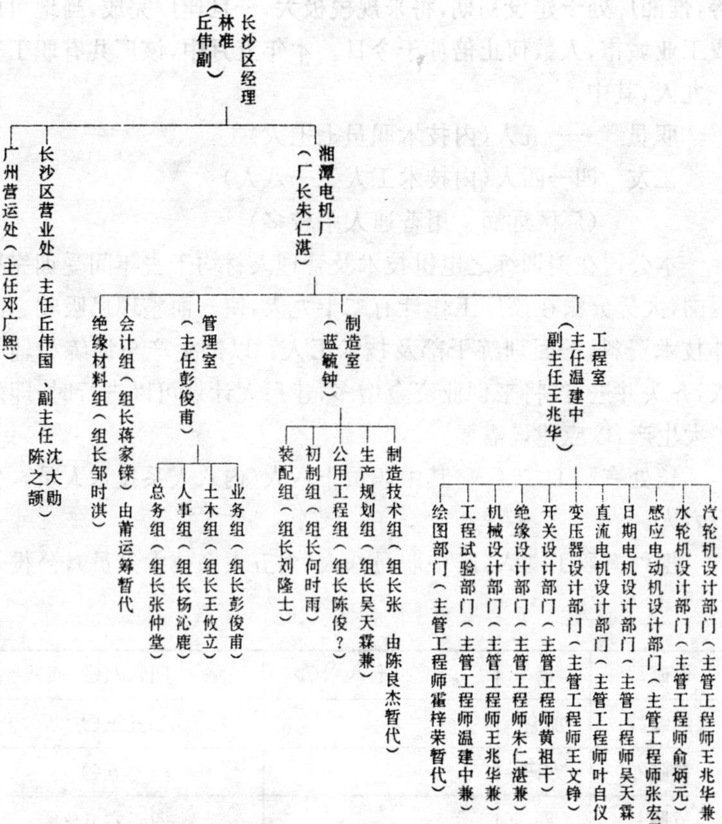

湘厂厂址辽阔，人员众多，而僻处郊野，各项生物设备必须周全，除已招商设肆，便利员工及眷属购用日常需物外，并设医务室一所，为诊疗通常疾病，又在湘潭城内特约医院俾可使用，较重病患者可以住院诊疗。此外，除员工组消防队外，并设立警卫队，组成治安防御之机能力量。又设有员工子女小学校一所，教育员工子女兼收附近佃农家中子弟为之教育，颇足为彼等佩赞。

三、职工：本公司各生产单位职工人数，沪、津、湘各厂大致相等，惟湘厂处于建设初期，将来规模极大，一旦建厂完成，当地可蔚成工业城市，人数何止倍徙于今日。本年五月中，该厂共有职工五一九人，其中：

职员　一一五人(内技术职员七七人)

工友　四一四人(内技术工人三一八人)

(厂区远润　用普通人手较多)

本公司在美训练之电机技术及管理人材均于去年间受训完毕返国，大部分派在该厂工作计有二十九人，使一面整理已吸收之国外技术资料，一面训练干部及技术工人。以期生产与训练相辅相依，齐头并进，俟将来创业资金增多，建厂大计划可以进行时，即能扩大生产，以应建设需要。

长处有职工二二人，其中职员十六人(内八人系技术人员)，公役六人。

穗处有职工九人，其中职员八人(内五人系技术人员)，公役一人。

电磁线	磅	七八六〇	一一四六八〇.四八
绝缘线	加仑		二五三〇
黄腊布	方码		一七五〇
黄腊带	圈		四二六九
紫铜皮	磅		二〇六三九

注：1. 表内数字包括已唯拨该厂尚未运离上海之料。

2. 一九四九年未拨料。

3. 该厂就地购料未列。

四、生产：湘厂筹建于困苦艰难之中，凡百计划均跬步以行，逐步使其发展。在此初期建厂之时，生产成果自不能期望过高，即比较小之生产计划亦因种种障碍未能如预期实现，惟自该厂于一九四八年初步生产以来，本公司电动产品已增加过去生产一倍以上，变压器亦增百分之三十四，开关设备则已逾一九四六年、一九四七年每年之两倍。

年	月＼产品	电动机(HP)	变压器(KVA)	开关设备(件)	电风扇(具)
一九四八	六月	一四〇	五〇		
	七月	五五六	八〇〇		
	八月	二〇五	六五五		
	九月	三六〇	五〇		
	十月	一〇三〇	四五四	一〇〇	
	十一月	三九〇	八二	五五	
	十二月	九〇九	三一〇	一〇六六	
一九四九	一月	三四〇	六九〇四	三三	
	二月	三一二.五	四七〇.一八	二七	三三
	三月	一五〇	一一四三	三五	七三七
	四月	二二一.五	五六〇.一二	五三	五〇〇
	五月	四四三	三五〇	三七	
共计		五〇六七	五六一四.七	一四〇六	一二七〇
占本公司同期生产数		523%	34%	98%	100%
战前币值		一三七八二二.四〇元	七六三五九.九二元	一六五九〇.八〇元	七六四五四元

本年五月底止，该厂计已生产合战前币值约三十万元之产品。此外，应特别提出者即本公司于去年七月底承接川东电力公司（长寿电厂）上清渊硐三千瓩水力发电设备全套之制造，系由该厂承制，开我国自制大型水电设备之新纪元，亦可谓为该厂向大事业之开端。现在局势尚待澄清，该项设备之制造虽一遇特大困难，但仍进行不懈，务期完成。

长沙区经理处之职工分别包括湘厂及长处职工人数之内不另计。该区全部职工共计五六〇人，其中职员一三九人，工人四二一人。

五、设备：该厂主要机器设备均为工作机类，除日本赔偿机器装设利用外，兹将现在使用之主要设备列举如下：

各式刨床——十五部　各式车床——七十一部　各式钻床——二十六部　各式冲床——十六部　各式铣床——二十二部　各式锯床——八部　各式磨床——十部　各式剪床——五部　各式压床——十部　各式刨床——五部　各式挣床——四部　各式闸床——一部　抛光床——三部　铲床——一部　砂轮机——六部　绕线机——四部　锉锯片机——一部　铲齿机——一部　攻牙机——一部　弯管机——一部　碰焊机——一部　冲槽机——二部喷砂机——一部　空气压缩机——一部　喷漆机——三部　弧焊器——一部　点熔接器——一部　浸油式平衡器——一部　技直器——一部　电磁轧头——一部　氧气割刀——一部　电镀设备——一套　电磁发生炉——一座　熔铁炉——一座　电烘炉——一座　鼓风机——八具　十吨吊车——一具　摇车——三具　葫芦——八具　板车——六具及工场装发电机、电动机、变压器、开关、电表与生产用各种仪器等。

本公司接受日本赔偿主要设备共一百五十一部，其中除拒收八部，拨津厂、汉厂、京厂等厂二十二部及未到者外，余一百十五部均拨运湘厂利用，计重三百四十八吨，余全数为工作机类，因在日之装箱甚佳，长途运转颇少损毁，一俟将来有款，即可在第一期新厂房内装置利用，增大生产能力，将不止倍徙。

六、原料：湘厂为电机主厂，所需原料除当地及国内可以取给者外，尚有我国现在不能产制，必须仰赖舶来者，如矽钢片、轴承、变压器、油等。湘厂设于腹地，距海较远，自运原料比较耗时费力，故原料之应及时接济乃为该厂最要课题。过去一年主要原料之拨运大致尚无问题，仅有小量延误，影响原定计划，兹列两年来向该厂拨运主要原料数量如左表：

原料名称	单位	一九四七年拨量	一九四八年拨量
电动机矽钢片	磅	二二二九〇	一二五五九一.七九
变压器矽钢片	磅	一〇四五〇	一四四五九四.五三
轴承	只		五一〇
球承	只	五〇	五二四六
变压器油	加仑	一三七五	八九一〇

七、营业：该厂产品大部均自长沙、广州两地行销，汉口、上海等地亦有承接，去年营业额该厂部分占全公司百分之十一点三八，此数大因该厂，乃自下半年起，始有营业，故显低微。就去岁该厂成交营业额与报价额比较，为十三比一〇〇，可推知市场上对该厂产品之需要极多，仅以种种障碍未能全部成交也。兹列该厂截至本年三月底止，产品运销量如下：

电动机二九六五马力（占生产量百分之五八点五）

变压器三六三四千伏安（占生产量百分之六四点七）

开关设备一五七件（占生产量百分之十一点二）

电风扇二六一具（占生产量百分之二十点六）

由上数可知该厂之产销未能尽量配合，此多由局势未能稳定，内陆建设事业遭遇困厄所致，将来大局安定以后，工业建设开始，该厂营业必可与该厂生产同时大为开展。

展望：电机生产，国内以该厂为巨，擘有人才、有设备、有发展之基础及环境，将来建设开始，材料接济，资金周转之困难解除，则该厂潜力必可大为发扬，蔚为大观，福国利民臻成使命。

（戊）水泥事业

华新水泥公司辰谿厂

一、沿革：华新水泥公司系于民国三十二年合并昆明水泥公司及华中水泥厂二者而立。辰谿厂原为华记水泥公司之大冶厂，于民国二十七年武汉告危之机乃拆迁西移辰谿，经内部改组，始称华中水泥厂，历一年又三个月，该厂迁建完成，继续出货，以供东战场一带之用。近年辰谿厂因经济条件不够，于三十七年九月遣散，大部员工准备暂行停工。该厂厂址在湖南辰谿，在长沙福庆街二六号及衡阳中山北路二四七号有华新公司之办事处，经理该厂之运销业务。

二、组织及人事：华新水泥公司之组织如下：

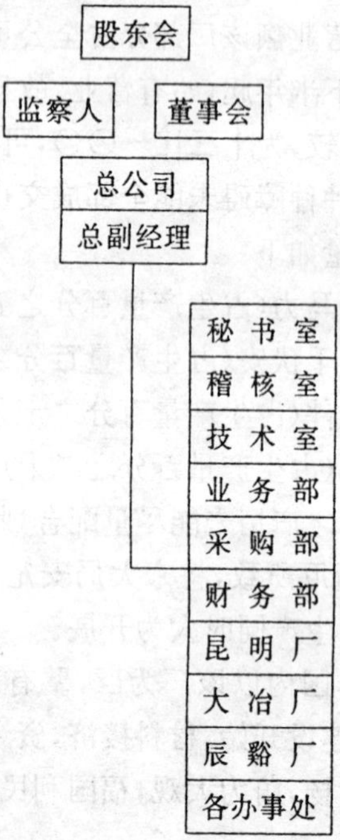

华中厂经理臧振华。

三、投资成分：公司资本总额法币一六〇亿，资本成分分析如下：

(一) 资源委员会　　　　百分之二八.五

(二) 中国银行　　　　　百分之二五

(三) 交通银行　　　　　百分之一〇

(四) 云南省营富滇新银行　　　百分之一五

(五) 启新洋灰公司及其他私人　　百分之二一.五

四、职工人数:三十七年八月约有技术工人六十人,普通工人一八〇人,其他工人一〇人,公役二五人。九月以后,连同总公司及各厂计有职员:技术部分二九人,管理部分八六人(该厂员工因暂停生产,大部遣散,剩余若干,无法划分)。

五、设备:主要设备:

发电机三座　　　　　　二四〇 KW

球磨机 2 米×15 米　　　二座

长磨机 1.8 米×6 米　　二座

旋窑 2.5 米×35 米　　　一座

六、原料主要来源:不详。

七、历年生产概况:设备能力年为三九 〇〇〇吨……。

(2) 江西省事业概况

(甲) 电力事业

南昌水电公司

抗战前南昌市电灯整理处,有发电所二处,共有发电容量五三二〇瓩。其中一一〇〇瓩及二一〇〇瓩发电设备各一套,系二十五年由赣省府委托中国建设银公司代办,英商怡和洋行承包,订有分期付款办法。二十八年方全部装竣,但八月南昌即告沦陷,所有发电设备均未及运出,胜利后,赣省派员接受,但仅存二一〇〇瓩及一一〇〇瓩设备二套,且均残损。三十六年再由建设银公司按约接管代办,亦告于设备无法改善,难以支持。三十七年八月,赣省与资委会签订合办江西电力公司,合约资本总额暂定为法币十万亿元,资委会担任百分之六十，赣省府担任百分之四十，并先行组织南昌水电公司。

赣省府投资部分，除以旧南昌水电厂全部资产加减全部债权、债务作价外，不足之数以现金补足。资委会则以器材及现金缴足，旧厂欠怡和洋行之外债约十五万英镑，经商定，折合法币由资委会列请经费代为偿还，作为资委会投资中之一部分。关于此节，资委会已与怡和洋行商妥，分四期偿付本金，所有以往利息概不计算，但因经费筹措关系，尚未开始偿付。

迄三十七年底已缴投资计有：资委会之金圆券一七三三三三三元，赣省府部分尚未核计。

该公司组织系统及负债人姓名如下：

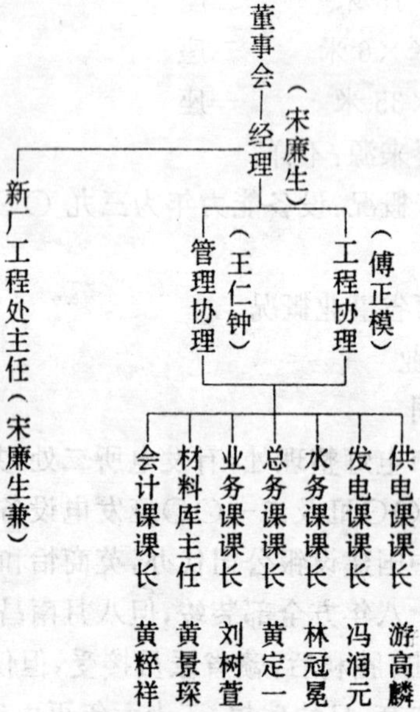

技术人员三六人，管理人员六二人，职员总额九八人。

技术工人一五〇人，普通工人一三七人，工人总额二八七人。

该公司设备如后：

一一〇〇千瓦汽轮发电设备　一套　　二十五年装

二一〇〇千瓦汽轮发电设备　一套　　二十五年装

四八〇千瓦柴油发电设备　一套　　三十七年装

该公司三十七年九月自资委会接管起，生产概况如后：

发电容量	发电量	售电量	营业收入	营业支出
三二〇〇	二八七四	一二五二	二九八一	未详

三十七年九月资委会接管时，每月实发电六二八二〇〇度，抄见三一七四八八度，售水三七八八六吨。至三十七年底，实发电增至八〇〇九七〇度，抄见增至三三七七四四度，售水三四九四二吨。现有灯户八千余户，力户一一二户，最高负荷已超过机件自载能力，因此，资委会加速，先将四八〇千瓦柴油发电设备一套赶工装置完成，以应急需。同时，并拨美贷五〇〇〇千瓦汽轮发电设备一套，其中已有一七六吨之器材运抵厂内。此外，并由资委会拨款二四〇〇镑偿付订购旧汽轮机急切配件款，俾运到即可将旧机大修，增加产量。南昌为赣省工商业中心，逐步计划发展，将来所需电力当尚不止此也。

（乙）煤业

赣西煤矿局　　局址：江西萍乡东门外三眼井

一、沿革：清光绪二十四年，湖广总督张之洞创办萍乡煤矿局，矿区在距城东南八公里之安源镇，是即目前该局安源矿厂之前身。光绪三十四年与汉阳铁厂及大冶铁矿合并为汉冶萍厂矿有限公司，逮至民国十七年以后，业务日趋崩溃，由江西省政府派员管理，维持至二十五年秋，资源委员会在萍乡高坑地方另设高坑煤矿筹备处，开凿大井，整理土窑，积极生产。二十七年二月将筹备处改组为局，同时增加煤产复兴，赣省府合组萍乡煤矿整理局，将安源矿厂力加整理，矿务转佳。迄二十八年五月，武汉失守，停办拆迁，高坑亦停工。二十九年秋，又恢复小量生产。至三十二年，日寇侵入湘南，复被波及停工。胜利后，由会将安源、高坑两矿同时接收，于三十五年七月一日正式成立赣西煤矿局，分设高坑、安源两工程处，另于株洲、南昌、长沙、杭州等地设转运处、办事处或通讯处。

二、组织：设总经理一人，协理四人，总工程师一人，下设工程师、秘书二室及总务、营运、材料、会计、机电五处，各室、处分课办事。另设高坑、安源两工程处及株洲转运处、南昌办事处、杭州通讯处，其重要负责人如左〔略〕：

三、资本额：截至三十七年七月止，历年投资总额计国币二千零五十一亿七千二百万元，三十七年八月至三十八年四月续拨金圆券拾六亿一千二百余万元。

四、职工人数：职员计四〇七人，计管理人员三〇〇人，技术人员一〇七人。工警计一〇七四人，内技术工人四一六人，普通工人五五〇人，公役三一人，警卫七七人。

五、设备及重要工程：该矿设备计：泉江堰电厂装有一千瓩透平发电机二套，二千瓩透平发电机一套，另有七五瓩柴油发电机二套，其他设备计有一五〇马力、五〇马力及三〇马力绞车各一具，三〇马力以下电泵共十三具，一二〇马力风扇一套，修理厂一所，修理设备齐全，小型洗煤设备一套，三一五 CFM 压风机二套，土法炼焦炉十余座，矿内运煤轻便铁道共计五公里。目前重要工程计有：高坑新直井一对，已达初步计划深度，正开凿石门。又王家源矿厂至白马庙高架索道正建筑中。

六、生产概况：该矿自三十五年成立后之历年煤焦产量如下：

三十五年煤二四九〇九吨，焦不详。

三十六年煤九三一〇六三吨，焦三二二一吨。

三十七年煤一二三六三四吨，焦四五一九吨。

目前最高日产量四五〇吨，最低二〇〇吨，平均日产三五〇吨，焦月产量可达六〇〇吨。但自三十八年一月起，以销路关系，暂时停炼。

七、业务概况：该矿历年产煤，除炼焦自用及井口销售当地居民用煤外，供应铁路用煤约占总销量百分之五十以上，其中以浙赣路用煤最多，粤汉次之，平汉南段又次之，余煤运供武汉及京沪。至所炼焦则全部供给华中钢铁公司作炼钢用。目前因新井工程浩大，故营业收入不敷开支甚巨。

八、将来希望：该矿系可冶金、焦之优良烟煤，储量相当丰富，为华中区投资最多，希望最大之国营煤矿，曾延请美国专家协助，精密设计，预定日产四千吨为目标。现开凿之高坑两大直井，即为此项计划之准备工程，将来所需主要器材大部须向国外订购。

(丙) 金属矿业	地址
江西钨锡公司	江西赣县西津路一八一号
西华山工程处	江西大庾老庙城子丰路
大吉山工程处	江西虔南大吉山
岿美山工程处	江西龙南岿美山
金华山工程处	江西广昌县
画眉坳工程处	江西兴国画眉坳
雩都办事处	江西雩都中山街一七七号
上犹办事处	江西上犹马化巷五号
吉安办事处	江西吉安高峰坡
广州办事处	广东六二三路四二号二楼

一、沿革：江西之钨最先发现于大庾西华山，时在前清光绪末年。其后至第一次欧战时期，钨之需要骤增，江西及其他各地之钨矿亦相继发现，当时仅西华山一地之矿工即达二万人，盛况可知。有钨矿区域，民工均可自由开采，惟贩运出口时需向当地驻军缴纳税款而已。至民国十七年，改为招商承办，免缴税款。民国二十四年，江西省建设厅设立江西钨矿局于赣县，统制钨砂收购、运销事

宜。至民国二十五年，政府计划统筹管制全国钨砂产销事宜，遂由资源委员会于二十五年二月接办江西、湖南、广东、广西各省钨矿，于南昌成立钨业管理处，下设湖南、广东、广西、赣南四个分处，管辖四省钨矿区。三十三年夏，因战事紧张停采。抗战胜利后，于三十五年二月改组为第一区特种矿产管理处，同年四月正式复工，所辖矿区为江西全省及粤省东江一带。三十六年十一月，粤省矿区划归第三区特种矿产管理处管辖。三十七年夏，资源委员会与江西省政府协议，会省合办，会方出资六成，省方出资四成，组成董事会，江西钨锡公司遂于同年九月一日正式成立。

二、组织及人事：公司内部组织：总经理下置秘书一人，另设总务、工务、业务、会计四室，室下分课办事，并于重要矿区设置工程处或办事处。工程处内分：总务、工务、会计三组；办事处内分：总务、会计二组，侧重收购工作。各工程处、办事处均于主要矿山设置矿场，管理矿工，办理收砂业务。惟广州办事处系专办矿品交货及器材采购事宜，与其他办事处性质不同。又，公司内另设运务所，办理矿品、器材之运输，并于各交通要点分设转运站。至赣县及附近矿区矿品之收洗工作，为节省开支起见，设置洗砂场，与直属矿厂派总管理员一人负责主持。关于护矿及矿区员工子弟教育，及医疗事务，则设置矿警队、矿警分队及员工子弟学校、诊疗所等机构，分别负责办理。其采收矿砂部门，至今已设有工程处五处，及办事处三处，其下共辖有矿场共二十九处，矿山计一百四十余处，兹将组织系统列表如表：

三、投资本分：该公司投资额原由会、省双方洽定，以资源委员会属前第一区特种矿产管理处，原有全部固定资产、设备估价充资本，按会方六成，省方四成分配摊认。因资产估值迄未完成投资总额，现尚无法确定。但一九四八年八月，该公司创立会及第一次董监事联席会议记录中，附件八：该公司自办工程计划概要报告内，估列有历年各项自办工程设备费用，共约二百四十万美元，此

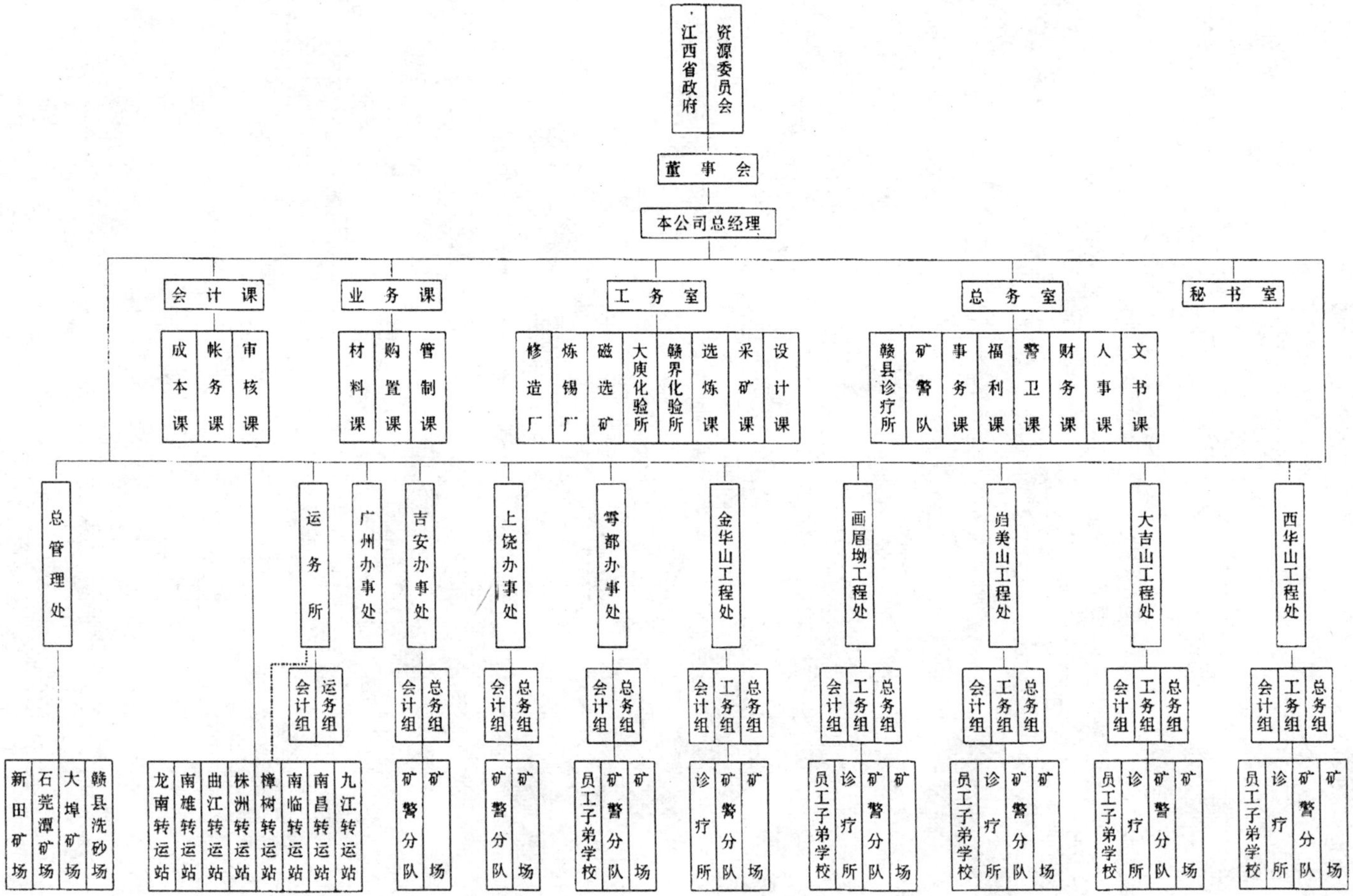

江西省政府
资源委员会
董事会
本公司总经理
会计课
成本课
帐务课
审核课
业务课
材料课
购置课
管制课
工务室
修造厂
炼锡厂
磁选矿
大庾化验所
赣界化验所
选炼课
采矿课
设计课
总务室
赣县诊疗所
矿警队
事务课
福利课
警卫课
财务课
人事课
文书课
秘书室
总管理处
新田矿场
石莞潭矿场
大埠矿场
赣县洗砂场
龙南转运站
南雄转运站
曲江转运站
株洲转运站
樟树转运站
南临转运站
南昌转运站
九江转运站
运务所
会计组
运务组
广州办事处
吉安办事处
会计组
总务组
矿警分队
矿场
上饶办事处
会计组
总务组
矿警分队
矿场
雩都办事处
会计组
总务组
员工子弟学校
矿警分队
矿场
金华山工程处
会计组
工务组
总务组
诊疗所
矿警分队
矿场
画眉坳工程处
会计组
工务组
总务组
员工子弟学校
诊疗所
矿警分队
矿场
肖美山工程处
会计组
工务组
总务组
员工子弟学校
诊疗所
矿警分队
矿场
大吉山工程处
会计组
工务组
总务组
员工子弟学校
诊疗所
矿警分队
矿场
西华山工程处
会计组
工务组
总务组
员工子弟学校
诊疗所
矿警分队
矿场

数可供作参考：

四、职工人数：一九四九年四月份统计：

(1) 技术人员	二四〇人
(2) 管理人员	四六三人
(3) 技术工人	三〇六三人
(4) 普通工人	一二五八人
(5) 其他工警	八七八人
(6) 民窿矿工	二二七七六人
共　　计	二八六七八人

五、设备或新式工程：江西钨矿自抗战胜利复工以后，机器设备大有增加，兹将装置有机器设备之各厂矿及其主要设备分列如左：

(1)赣县修造厂

30 KVA 交流发电机一部　　各种修造机械全套

5.7 KVA 直流发电机一部

1/2 HP——7 HP 马达九部

(2)赣县磁选厂

24″磁选机连辗碎机圆筛等附属设备全套

(3) 大庾选炼厂

20 KVA 发电机一部

20″磁选机连附属设备全套(包括轧砂机等)

浮油选矿机一部

取样设备全套

修理车床三部

反焰熔砂炉一座

1.5 吨新式鼓风炉二座

0.5 吨土式鼓风炉一座

2.5 吨反射炉一座

2.5 吨精炼锅二座

（4）大吉山矿厂：

225 HP　G.M. 柴油机一部

390 HP 六缸柴油机一部

200 HP 半笛塞尔式柴油机一部

8 HP 单缸柴油机一部

250 KVA 交流发电机一套

50 KVA 交流发电机一套

12 KVA 交流发电机一套

200 HP 感应电动机一部

75 HP 感应电动机一部

20 HP 感应电动机一部

200 HP 立日双羽式压风机二部

75 HP 单缸往复式压风机一部

采矿钻机及附属设备全套（包括凿岩机、修钎机、修钎炉等）

碎矿设备一套（碎矿机及轧砂机六部）

修理车床等共八部

（5）岿美山矿厂：

150 HP　MAN 六缸柴油机一部

225 HP　G.M 柴油机一部

200 HP 半笛塞尔式柴油机一部

45 HP MAN 柴油发电机二部

125 KVA 交流发电机一套

50 KVA 交流发电机一套

75 HP 感应电动机一部

200 HP 立日双羽式压风机一部

75 HP 立日单缸卧式压风机一部

20 HP 马达压风机三部

采矿设备一套(包括凿岩机、修钎机、修钎炉等)

碎矿设备一套(碎矿机及轧砂机共三部)

修理车床等共六部

(6) 西华山矿厂

75 HP 三缸柴油机一部

60 KVA 交流发电机一部

45 HP　MAN 柴油机一部

120 HP 木炭机一部(待修整)

90 KVA 交流发电机一部(待修整)

25 HP 感应电动机一部

3 HP 感应电动机一部

6 HP 汽油机一部

小型活动式压风机二部(待修理)

碎矿机一部

轧砂机一部

修理车床等共五部

(7) 漂塘矿厂

225 HP　G. M 柴油机一部

40 KVA 交流发电机一部

45 HP 六缸柴油机一部

5 HP 感应电动机一部

250 CFM 压风机二部

采矿设备一套(包括凿岩机、修钎机及修钎炉等)

碎石机一部

轧砂机一部

修理车床等四部

(8) 其他设备:

新式每日处理矿石150吨选矿设备二全套（拟分装大吉山及漂塘二矿厂一部分尚未运往）

选矿试验设备全套（拟装赣县一部分尚未运往）

各主要矿山均有土法选矿设备

六、原料及主要来源：

（1）主要机器设备来源可分为三部：

甲、由国内已停工各厂矿拆迁应用

乙、向国内厂商订购收买

丙、向国外厂商订购

（2）柴油及炸药由国外输入

（3）矿用钢料分向国内外购入

（4）民窿所用土硝向国内购入配用

七、历年及最近生产概况：兹将赣钨（净砂）历年产量列如后：

年　度	公　吨	年　度	公　吨
1918	9 872	1934	6 675
1919	5 752	1935	6 878
1920	6 856	1936	6 583
1921	7 452	1937	7 971
1922	7 879	1938	9 110
1923	5 517	1939	8 582
1924	6 019	1940	6 673
1925	7 474	1941	10 054
1926	6 801	1942	10 016
1927	6 560	1943	7 626

续上表

年　度	公　吨	年　度	公　吨
1928	6 562	1944	2 897
1929	9 110	1945	——
1930	4 783	1946	2 504
1931	3 974	1947	5 446
1932	3 792	1948	7 826
1933	6 985	1949	1 212

〈1—4月〉

上列产量一九四四年六月，因战事影响，奉令停探，实仅有六个月生产；一九四五年全年因战事停产；一九四六年则延至四月复工，故亦仅有九个月之产量；至一九四九年之产量仅统计至四月止。

根据前表各数字，赣省钨砂历年产量最高达一万公吨，最低亦有二千余公吨，平均年产量约6 589公吨，若按月计，平均月产量约五百余公吨。

若以管制前后各年度，平均产量相比较，则管制前(1918——1935)平均年产为6 608公吨，管制后(1936——1944)平均年产量为7 727公吨。胜利后复工以来，生产量渐次恢复增加，一九四九年计划产量原拟订为净砂八千公吨。

八、营业状况：该公司成立后，关于矿品收购及自产工程创业所需资金，均由资源委员会依据预算先行分月垫拨，以产收矿品分批运达口岸，委托资委会国外贸易事务所统筹外，销收入货款尽先归还垫款，年终结算如有盈余由省会双方依照规定办法，按四六成摊算分配。

九、将来展望：我国之钨素占世界之重要地位，其年产量占世界产量之百分率最高达百分之六六，平均亦占百分之三十，而赣省钨砂之产量复占全国产量百分之八十，其重要性自不可予以忽视。

抗战胜利，各矿复工后，资源委员会对江西钨砂产量之增加品质之提高及其他方面之改善均积极推进、不遗余力，以求保持原有地位，推广外销，争取外汇，故近二年来对各自产主要矿山均尽量加装机器、设备，对采、选二部门并力求其机械化，以增高其生产效能。对在国营矿区包采之各民窿矿工亦尽力予以物料之供应及经费之补助，以达增产之目的。

截至最近止，江西钨矿生产虽尚未发挥其最大效能，然采选各项工作业渐具雏形，扩充甚易，除各主要矿山应继续添置机器设备，以求增进生产效能、减低采选之损失外，其在经费方面，自办工程之经费应与收购、包采矿商产品费用划分指拨，并研究改善会计制度，俾与增产工程之进度能相互配合。此外，并应减低收购毛砂之成色，利用自有之选矿设备改良选矿技术，以增进品质减少损耗。

目前我国所产之钨砂仅为半制品，为发展国有生产事业计，似应筹设炼钨厂，以供国内炼钢及其他工业之所需。

(3) 广东省事业概况

(甲) 电力事业

一、广州电厂

广州电厂创于清光绪三十一年，原为商营，二十一年八月由广州市电力管理处接办，增设河南发电所及西村发电所，连同旧有之五仙门发电所，共有容量五四〇〇〇千瓦。二十七年广州沦陷，设备遂遭破坏。至抗战胜利，广州市府接收时，容量仅及战前九分之一。三十五年四月，广州市府与资委会签约合办，悉力整顿，容量已增至二八〇〇〇千瓦。

根据合办合约，资委会股额占资本总额百分之六十，广州市府占百分之四十。资委会以现金及机器材料缴足，市府以原有该厂资产抵付。迄目前止，资委会投资金圆券三七〇六六一九二.九一元，市府投资三二六四七二〇.四五元。

该厂组织系统及负责人姓名如后：

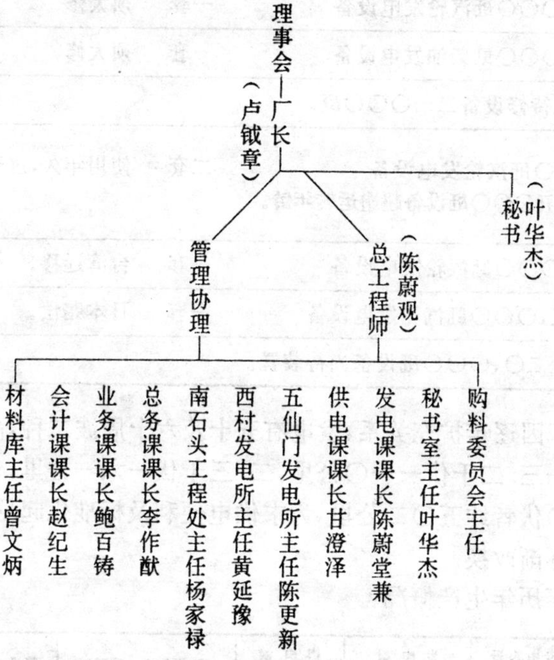

技术人员一〇三，管理人员二三二，职员总数三三五。

技术工人六〇四，普通工人三〇二，工人总数九〇六。

（2）该厂设备如下：

一五，〇〇〇千瓦汽轮发电设备	一套	西村
六，〇〇〇千瓦汽轮发电设备	二套	五仙门
一，〇〇〇千瓦柴油发电设备	一套	河南

续上表

以上共二八,〇〇〇瓩为现时可用之容量。		
一五,〇〇〇瓩汽轮发电设备	一套	汽轮发电机损坏,已向瑞商卜朗比公司订购
五,〇〇〇瓩汽轮发电设备	一套	须大修
一,〇〇〇瓩柴油发电设备	一套	须大修
以上待修设备二一〇〇〇瓩。		
二,五〇〇瓩汽轮发电设备 以上五〇〇〇瓩设备超逾运转年龄。	二套	使用年久,过于陈旧。
五,〇〇〇瓩汽轮发电设备	一套	台湾迁移。
一五,〇〇〇瓩汽轮发电设备	一套	日本赔偿。
以上二〇,〇〇〇瓩设备尚待装置。		

该厂因逐年扩充关系,发电有五十及六十周波二种,高压供电线路有一三.二千伏一一〇公里,二.三千伏一六一公里,低压二二〇——〇伏者约五〇二公里,为求供电便利及标准化起见,供电电压拟予逐渐改换。

该厂历年生产概况:

年份	发电容量(瓩)	发电量(千度)	售电量(千度)	营业收入(千元)	营业支出(千元)
三十五	二八,〇〇〇	二七,五〇九	一五,六八〇	五,四六六,八八〇	四,九一二,九六五
三十六	二八,〇〇〇	八二,一三五	五〇,六二一	一〇六,七五一,一八二	九五,三〇二,〇〇七
三十七	二八,〇〇〇	一一四,九六七	六三,五一二	五五,四五一	五二,三八八

资委会接办时,用户四八九九四户,三十五年底增为五五六九三户,三十六年增至六三四〇〇户,三十七年增至七三一七四户,已与战前用户数相等,现最高负荷二五二九〇瓩,每月发电一一七

四六〇〇〇度，售电六一四三〇〇〇度，电力用电约占全部百分之三十。

广州为华南主要都市，该厂原有发电设备与当地实际需要仍相距甚远，故前由资委会拨给由台湾新所拆移之五〇〇〇瓩机炉，并向瑞士卜朗比公司配购一五〇〇〇瓩汽轮发电机一座，并督饬修复五 〇〇〇瓩及一〇〇〇瓩发电设备各一套，全部完成后，发电量可增为五四〇〇〇瓩，迨日本赔偿之一五〇〇〇瓩设备移装完竣，更可增达六九〇〇〇瓩，将来工商事业发达，尚可开发瀚江水力发电工程，建设粤南电力网，计到□二海南电厂。

海南岛在战前仅海口有电厂一处，由商办启明电灯公司经营。二十八年日军侵占，由敌日窒电业株式会社主办全岛电业，其进行情形如后：

（一）海口区启明灯电公司于二十八年由日本收买，并将旧发电所停办，另在海口市第一公园美城村设立新发电厂，于三十二年完成。

（二）榆林区于二十八年由日窒会社筹建发电所于三亚，二十九年完成，嗣因机件损坏停用，向石原公司购电转售，三十四年由经济部接收，交资委会接办，成立海南电厂。三十七年归并海南铁矿局。

（三）北黎区由日窒会社于三十二年完成五〇〇〇瓩东方水电发电所一处，供应石碌矿区用电。胜利后，由经济部接收，交资源委员会接办，附属于海南电厂。三十七年因供电线路破坏，发电所亦遭洪水冲袭，无法继续，遂改组，东方发电所保管处由海南铁矿局就近代理。

该岛电力设备如后：

（一）海口：四三八开维爱柴油发电设备二套。

六二五开维爱柴油发电设备一套。

（二）榆林区：一二五开维爱柴油发电设备一套。已损。

七五开维爱柴油发电设备一套。已损。

三〇〇开维爱柴油发电设备一套。汽缸损坏,尚未修复。

(三)北黎:五〇〇〇瓩水轮发电设备一套。电机为洪水冲损。

榆林、北黎发电所现行组织系统:

海南铁矿局　　榆林、三亚发电所
(局长郭楠)　　石禄铁矿局　东方发电所(保管)

过去榆林、北黎供电业务大部为:供给铁矿电及沿线各城市电灯。胜利后,因矿山停工,仅持照明,收入甚微,维持经费大部分由资委会列请预算,予以补贴。

(乙)煤矿

一、南岭煤矿有限公司　　地址:粤汉路坪石站

(一)沿革:民国七年,粤商组设地利公司,开采湖南宜章狗牙洞煤矿,因种种障碍而告失败。二十四年,粤省府以粤汉路继续兴工筹设钢铁厂,遂商同湖南省政府同意,将前地利公司经营之狗牙洞矿区改归粤省府经营,分在狗牙洞及广东乳源之八字岭二区设立试探办事处,未见成效。抗战期间,复分别经营八字岭煤矿,并于砰石车站东三公里处成立粤北铁工厂。三十三年四月,资源委员会参加资本合并铁工厂及八字岭煤矿,改组为粤北工矿特种股份有限公司,旋因战事影响停顿。三十五年二月,由会省双方按六四比例增资复工,三十六年八月改称为南岭煤矿有限公司,三十七年经双方同意,邀湖南省政府加入合作。

(二)组织:董事会之下设总经理一人,协理二人,下分总务、工务、业务、会计四室,并于广州设立办事处,其主要负责人如后:

总经理田策衡、协理谭仁、白深柸,总务室主任施穆甫,工务室主任谭仁兼,业务室主任李赋,会计室主任阮思聪,广州办事处主任伦广榆。

（三）资本额：三十五年合约资本总额国币十亿元，资委会百分之六十，计六亿元；粤省府百分之四十，计四亿元。截止三十七年七月，资委会共拨国币五百七十八亿零九百万元，三十七年八月至十二月继拨金圆券八亿一千五百六十万元。粤省府方面曾于三十六年拨付国币三亿元。三十八年邀湖南省府加入合作投资比例拟改，资委会百分之五十五，粤方百分之三十五，湘方百分之十。

（四）职工人数：职员一二九人，内管理人员九二，技术人员三七；工人一八八五人，内技术工人一八七，普通工人一四五八，公役五八，警士一五二。

（五）设备及重要工程：该矿设备计有：七六.五瓩发电机一套，六二.五瓩发电机二套，一二〇瓩发电机二套，大小锅炉九座，蒸汽引擎三部，八〇马力及二〇马力汽绞车各一部，二〇马力电泵四具，三英寸汽泵六具，二英寸汽泵三具，修理设备一套，压风机四套。目前重要之工程为：直井之修理，八字岭、平峒斜井之开凿，与由矿至曾家寮与岭南支线连接轻便铁道之建筑，以及曾家寮煤仓放坡道等土木工程，野猪窝钻探工程等等。

（六）生产概况：该矿三十六年四月开始生产，其历年产量如后：

三十六年四〇一九吨，三十七年二五四九四吨，目前最高日产二七〇吨，最低一五〇吨，平均日产二三〇吨。

（七）业务概况：该矿所产煤斤除自用及每年春秋两季配售当地居民烧石灰用煤外，大部运销广州，由广东燃料供委会价购，配售业务收入，除兴建工程费不计外，已可自给。

（八）将来希望：该矿为距离广州市最近唯一之烟煤矿，为救济广州煤荒，两年来本会与粤省府协同致力于该矿之开发，预定初步计划以日产五百吨为目标，并经粤汉路局修建岭南支线三十五公里，解决运输问题，一面进行钻探，以确定其经济价值，如结果良好，将来扩充至日产一千吨。

(丙) 钢铁事业

一、广州制钢厂

(一) 沿革：查广东一带煤铁资源尚有适当资源，而迄无钢铁工厂之建立，近年来各项工业陆续发展，钢铁需要日益迫切，与各工厂所需修配之钢铁铸件尤渐增多，本会为建立华南钢铁工业基础，并解决华南对钢铁铸件、锻件需要起见，曾将海南矿砂外销，呈准价款提作华南钢铁事业建设之用，爰于三十八年一月十日在广州设立广州制钢厂。

(二) 组织人事：该厂现有厂长一人，副厂长一人及技术与管理人员二十余人，兹将主要人员列表如后：

职称	姓名
厂长	丘王池
副厂长	阮智成
工务主任	(未确定)
总务主任	(未确定)
会计主任	程树棠

(三) 资金及其来源：本会为奠定该厂之基础起见，除将前向香港六河沟制钢公司购到之电炉等项器材一批(计共值美金八三八六三三.五二元)拨给该厂应用外，并另于二月中核拨与该厂美金十五万元，以供修建厂房，及安装机器之用。

(四) 职工人数：现有职工人数如下表：

职员	二八人
工人	五六人

(五) 设备或新式工程：1. 炼钢电灯 $1\frac{1}{2}$ 吨一套；2. 四百公斤锻机一套；3. 工具机三十八部；4. 一吨贝氏炼钢炉一座(鼓风机在沪尚未运出)。

（六）原料主要来源：原料主要来源废铁及生铁，均由本会各厂供应，或购自市上。

（七）历年及生产概况：该厂现正积极建造厂房，安装机器，预计六月开工，每年生产可达钢、铁、铸品各二千公吨，并炼制工具钢供应该区机器工业需要。

（八）营业状况：尚无营业。

（九）前途展望：现广东纸厂、糖厂及华南其他工矿正在建立中，所需修造配制之各钢铁机件甚多，该厂为该区唯一可供铸钢及工具钢之工厂，其初期业务自可乐观，俟经济略裕，拟添置小型轧钢丝机一座，供应该区需要。

二、海南铁矿局

沿革及概况：该局自三十五年三月筹备以来，积极修复、装置设备、运输工具，先期将已存矿砂外销换取外汇，购置建设设备，进行采矿。该局田独、石碌两矿总储量在一亿吨以上，石碌储量较多，日人开发时期规模甚大，惟治安不良，工作未易推进。田独立即可采之矿砂估计五百万吨，已为日人采去约二百五十万吨，地近榆林、海口交通便利，故先从事开采，三十七年二月间开始将矿砂外销，与〇五五公司订立合约，利用该款购置推矿机、铲矿机、登陆艇及发电机、配件、枕木、油料等物，三十七年五月一日该局正式成立。

（丁）电工事业

一、中央无线电器材有限公司华南营业处概况

沿革：一九四八年三月，本公司筹备工作将次完成时，以华南地区人口稠密，工商繁盛，适于推广所制器材，乃委托资源委员会材料供应事务所华南分所代销本公司产品，并调派本公司天津厂工程师王为元前往广州筹设营业处，一九四八年七月本公司董事会议决通过设立广州营业处，经呈资源委员会后正式成立，本年四

月本公司以该区营业地处为华南，各地应改称为华南营业处较符实际，乃呈准改为现称。

该处地址：广州泰康路四号之一

电报挂号：资源委员会电台八〇〇〇

组织人事：

该处组织按本公司营运机构组织通则及资源委员会核定员额，分总务、会计、服务三组，最高员额五人，惟因该处储运、文书、会计、事务现由资源委员会材料事务所华南分所代办，仅派主任一人负责该处营业事宜。现任主任王为元，年三十八岁，广西桂林人，薪额四〇〇元，于一九四一年六月到职。

投资成分：完全系资源委员会投资。

职工总数：一人（即王为元）。

设备、原料主要来源及历年及最近生产概况：该处理只办理营业工作，暂不生产，无机器设备。

营业状况：该处已往营业工作着重代本公司上海营业处验交定货，当地营业受走私物资之影响，致业务难以展开。该处成立以来，计代沪处验交定货合银元三八八六〇元，一九四八年八月至十二月营业额为金圆券一九三四四元，一九四九年一至五月营业额为金圆券九一四八一三七元。

将来展望：华南地区工商发达，经济繁荣，一般人民生活水准较高，对无线电器材之需要本殷，前因政治腐败，沿海一带走私，无线电市场私货充斥，该处营业因而无法发展。待解放以后，走私货品定能绝迹，本公司产品必易于推销，该处业务当充分展开也。

（戊）糖业

广东糖厂筹备处

一、沿革：粤省原为制糖区域，战前原有新式糖厂六家，战时被毁四家，至今仅存承德与东莞两家，故前资源委员会有鉴于此，特与广东省政府合作，以会属台糖公司不使用之寿丰厂设备与广东省政府之市头糖厂旧资为投资，并由该处向台糖公司借贷特号砂糖五千吨，预期两年内以同等砂糖偿还。于三十七年春开始筹备，设筹备处于广州建设大厦，由冼子思为筹备主任，原定于本年底开工，惟寿丰厂系在台湾东部之花莲港，限于风灾及运输关系，及至三十八年四月底止，由台运穗1 500吨左右，尚有三分之一设备仍未运达，同时修理装置需时更多，故自四月中起，除将该厂继续筹建外，另又收购东莞糖厂，希能在本年内出糖，以厂养厂。查东莞糖厂原为私营，因各股东意见不合，经营不善，故愿以特砂四千五百四十五吨之代价出售。广东糖厂筹备处因前向台糖公司所借之糖五千吨中只有二十吨可暂拨用，不得不向台糖公司再借特砂二千五百四十五吨应急，于本年五月中已经各方同意，开始订约，办理交往，故该处现有东莞糖厂及市头糖厂两处。

二、组织人事及职工人数:该处原设筹备主任及副主任各一人,下设总务、工务、购运、会计四组。职员四十一人,工人十一人,共计五十二人。惟东莞糖厂因收购不久,上海解放,失去联系不详。

三、投资成分:该处系前资源委员会所属之台糖公司以花莲港寿丰厂全部设备及一部分厂房为投资,广东省政府所属广东实业公司以市头糖厂旧址为投资,并由该处向台糖公司借特砂五千吨为筹备费用,预期两年内以同等砂糖偿还,最近因收购东莞糖厂,又向台糖公司增借特砂二千五百四十五吨。

四、设备:该处市头厂有压蔗机一套,清净设备一套,蒸发设备一套,分离设备一套,汽锅设备一套,运输铁轨三公里半,起重机两架,发电机一套。每二十四小时压蔗一千吨,约每日产糖一百吨。东莞糖厂压蔗能力每二十四小时亦为一千吨,约每日亦可产糖一百吨。

五、原料主要来源：广东制糖原料全部由蔗农供给，现因新式糖厂缺乏，大部用土法制造，原料甚为丰富。

六、历年及最近生产：该处市头糖厂原定于本年底开工，因运输、修理延误，恐不及出货。东莞糖厂每二十四小时压蔗能力一千吨左右。

七、将来展望：广东气候植蔗较台湾为佳，并土地亦较台省为肥，故制糖成本可较低廉，将来台湾方面不经济之糖厂很可搬至广东使用。

(已) 水泥事业

附省营水泥事业

一、海南岛水泥厂

海南岛榆林港有日铁水泥厂，距该厂二十公里尚有浅野水泥厂，原均为日本侵入后所经营，未及完成，日本已投降。日铁水泥厂仅有磨机一套及包装设备，另有一〇〇〇 KW 发电机两座，一座已损坏，一座已修复。浅野水泥厂则建有回转窑，惟仅成十分之一，原料来源约距厂四公里，目前如欲复工，首先为继续装置回转窑，再则解决两厂之交通联络问题，但燃料、反动力问题较难解决。

往日人经营海南水泥事业，目的专为供开发海南岛之用，但当地缺乏燃料，且该岛远隔大陆，不能供应广东之不足，如言外销，则因其附近之越南海防水泥厂条件甚优，难与竞争，故是否有复工价值，似有考虑。目前两厂由海南铁矿局保管中。

二、广东西村士敏土厂

(一) 沿革：民国十七年铁道部完成粤汉路工程，需要大量水泥，旧河南厂出品质量均难合需要，乃由粤省筹备水泥厂，择址于广州西村之狮头岗，自十八年开始筹备并即兴建至二十一年六月落成。开工二十四年，增建一套设备，二十七年再完成第三套设备，至此产能年达一九八〇〇〇吨。抗战发生，粤省沦陷，该厂设备一部分自行破坏，在日本占领之七年内，由浅野会社修复一套，并将第二号设备全套售与华北轻金属张店工厂，改为制铅机；第三号设备则仍废置。其时产能仅为六〇〇〇〇吨。光复时，第一号设备又被日人破坏损害，较废置之第三号设备尤甚，故即着手修缮第三号设备，三十五年三月修竣，六月复工。

（二）组织及人事：该厂内部组织系统不详。总经理为孙满。

（三）投资成分：资本总额为旧法币九七〇〇〇〇〇〇元，改币时曾否办理增资，则不详。资本来源为粤省省款。

（四）职工人数：职员共有一四〇人，工人共有二八二人。

（五）设备：现有主要设备：

旋窑二座（丹麦史密芝公司）

碎石机一座

原料磨二座（丹麦史密芝公司）

煤磨二座（丹麦史密芝公司）

熟料磨二座（丹麦史密芝公司）

（六）主要原料来源：石灰石采用花县，飞鼠岩则采用开滦及曲江煤粉，石膏采用钦县产品。

（七）历年及最近生产概况：战前该厂有二套生产设备时，平均年产十三万吨。战后产量三十五年下半年为一四五七七吨，至三十六年为四一九三三吨，但该厂生产工作一则以电力供应不能正常，再则运煤不畅，生产常有间断。

（八）营业状况：战前以供应、交通、建设为主，营业甚佳。战后营业仍可维持，计三十五年销一四二八五吨，三十六年销四一五八一吨。

（九）将来展望：按西村以往营业及生产状况，供应尚不逮需要，估计广东区需要量年约十六万吨，目前西村仅能供应五万吨。第一号设备修复则亦不过十万吨而已，如能恢复共三套之设备，则差足应付也。

（4）广西省事业概况

（甲）电力事业

一、柳州电力公司

该厂创始于民国六年，原为商营，容量甚小，二十四年收归省办，成立广西电厂柳州分厂。至三十年八月，桂省府与资委会签约合办，于三十一年一月成立柳州电厂，曾添设汽轮发电机，于三十三年三月装竣供电。同年十一月，湘桂战事失利，柳州陷敌，机件设备未及运出，损失至巨。胜利后，积极整修，并添加发电设备，恢复供电。三十七年十一月一日改组为柳州电力公司。

兹将该公司组织系统及主要负责人列表如后：

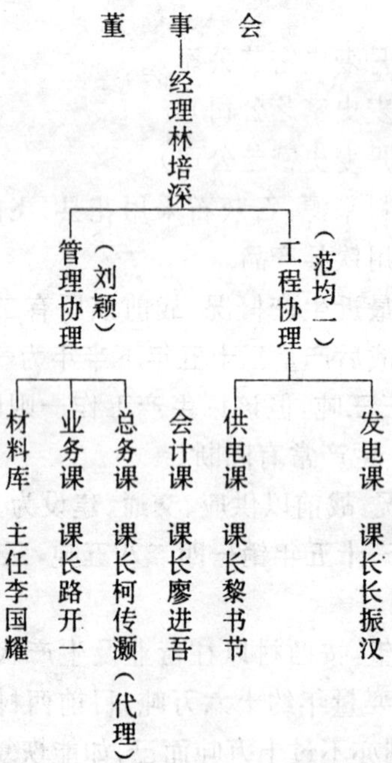

该公司投资额比例，资委会占十分之六，桂省府占十分之四，三十年时总额为八百万元，成立公司后资本总额改为金圆券一百万元，仍维原有比例。本会每年投资额列表如下(单位千元)：

三十年	三十一年	三十二年	三十三年	三十四年	三十五年	三十六年
一七〇〇	三五〇〇	六五〇〇	二二五五〇	一九三〇〇〇	二〇〇〇〇〇	九〇〇〇〇〇
技术人员　二一		管理人员　三一		职员总额　五二		
技术工人　六二		普通工人　八七		工人总额　一四九		

该公司现有发电设备开列如下：

二〇〇〇瓩汽轮发电机　　一套

五〇〇　瓩汽轮发电机　　一套

该公司所用燃煤由合甫及来宾两处供给，约距厂四五十公里。

历年生产量及营业状况开列如下：

项目＼年分	三十一年	三十二年	三十三年	三十四年	三十五年	三十六年	三十七年
发电量	三六〇	三六〇	二,〇〇〇	四四	四四	四四	二,五〇〇
发电度数(千度)	八五五	八一七	一,二一五	四	五四	七一八	二,三二四
售电度数(千度)	六一六	六三五	九三五		四九	五〇二	一,八五四
营业收入(千元△金圆)	一,八五四	五,〇一三	二二,三五四		四六,九五七	二,八五一,三八七	一,二九五
营业支出(千元△金圆)	二,〇九五	九,五八二	一九,三一二		三一,一三五	二,六〇一,九九四	一,二六六

柳州为水陆交通要道，现黔桂铁道尚未通至贵阳，又经日敌大肆破坏，居户一时难以恢复，故用电不多，一旦黔桂铁道延至川滇，则该处营业必可大为发展。唯目前情形尚不甚重要耳。

(乙)金属矿业

一、资源委员会第三区特种矿产管理处

广西本处地址：桂林五美路二十号

广东分处地址：广州沙面珠江路五十号

一九四四年湘桂撤退时，本会前钨锑两业管理处所有钨、锑、铋、钼各矿，因抢运不及，大部埋藏地下或沉诸江中，为数甚巨。抗战结束以后，前运务处散存黔境、贵阳、都匀、三合、独山、金城江各地矿品（包括钨、锑、锡、铋、钼、汞等项在内）为数亦多，因于一九四六年一月将前锡业管理处改组为第三区特种矿产管理处，负责收集整理桂、黔、川南及粤省、西江流域掩藏及散存矿品，并收购恭城、灌阳、河池、田东、南鹏岛等地私营矿厂所产钨砂、生锑、青锑及红锑。为推进矿品收集、收购、选炼及转运业务，该处分设选炼厂、办事处如左：

附属单位名称	地址
柳州选炼厂	广西柳州盘龙新村
梧州办事处	广西梧州维新街十三号
平乐办事处	广西平乐
丹池办事处	广西河池
田东选炼厂筹备处	广西田东
八步办事处	广西八步

一九四七年底，本会国外贸易事务所前昆明办事处改隶该处，办理滇锡接运，并收购云南文山一带所产白钨。至一九四八年七月一日，资源委员会前第一区特种矿产管理处改组，所属广州办事处改隶该处，就原机构成立广东分处，负责收购粤省所产钨砂。先后成立各收砂机构如左：

收砂机构	地址
东江区办事处	广东惠阳
南路区办事处	广东阳江
西江区办事处	广东高要

北江区办事处　　　　　　广东曲江

韩江区办事处　　　　　　广东揭阳

本年五月以该管理处收集整理矿品任务大致完成,奉令撤销。其广西本处酌留职员五人,办理结束事宜;桂省矿品收购业务另由资源委员会金属矿业管理处设立柳州、梧州、八步、平乐、田东各购运站继续办理;其广东分处钨砂收购业务改由金属矿业管理广州办公处(广州沙面珠江路五〇号)接续办理。

二、平桂矿务局　　地址:广西钟山八步西湾

(一)沿革:前光绪三十三年政府拨款伍拾万元,设官矿局于西湾,宣统二年开始采煤,民国三年组织煤矿公司,五年收归省办,十八年政变全部放弃,二十四年桂省府拨款整理西湾煤矿筹建电力厂,并成立省营望高锡矿经理处,二十七年资源委员会与桂省府合组平桂矿务局,将省营锡矿、西湾煤矿及电厂合并经营。又计划增设炼锡厂及扩大机厂,惟以电厂遭日机轰炸,动力缺乏,机械厂中止进行。炼锡厂则完成精炼部分,并在田东设炼锑厂、上林办理金矿,工程将竣,因桂南沦陷而停办。二十八年九月,在贺县半路墟筹设炼铁厂。二十九年春电厂复工,望高锡矿停办。三十二年四月筹设水岩坝锡矿。三十三年湘桂战起,全部停办,胜利后三十五年一月复工者有:西湾煤矿、电厂及炼锡厂与水岩坝砂锡矿,至于田东炼锑厂、半路墟炼铁厂及上林金矿均因破坏过巨,一时尚难复工。

(二)组织及人事:

〔略〕

平桂矿务局中级以上人员名册〔略〕

(三)投资成分:

该局资本定为法币五百万元,其投资百分比及投资数如左:

投资百分比:

资源委员会　　　　百分之五〇

广西省政府　　　　百分之五〇

投资数：

资源委员会　　　　法币三八〇五九一一五八.九二元

广西省政府　　　　法币三八〇五九一一五九.〇〇元

以上投资总数为法币七亿六千一百十八万二千三百十七元九角二分。复员后资源委员会数度增资，计有复工经费、扩充经费等约计美金五、六十万元。广西省政府则因经费拮据，始终并未按照比例增资。

（四）职工人数：

职　员	二一三人
工　人	二八八七人
其他工警	二二一人
共　计	三三二一人

（五）设备或新式工程：

锡矿　锡砂沟九座，每座砂泵、水泵各一套。

电厂　一二五〇 KVA 蒸汽透平发电设备三套（其中一套由资源委员会拨借应用，本年四月底尚未安装完成）。

炼锡厂　反射炉两座，土法鼓风炉四座。

煤矿　采煤设备一套。

（六）原料主要来源：以往所用采矿、发电机件及柴油，均系自国外输入。

（七）历年及最近生产概况：抗战以前，该局主要生产煤电，供应八步区私营锡矿及工厂需要。自二十八年以后，增办锡矿及炼锡厂，因所产锡砂有限，其炼锡厂主要业务系代资源委员会前锡业管理处代炼所收商锡。抗战胜利后，力谋增加自产精锡，以受物价波动影响未能迅速完成计划。本年三月以后，各地拒用伪金圆券，资金周转困难，生产濒于停顿，其最近各年锡锭产量如左：

一九四六年	一四六公吨
一九四七年	二五六公吨
一九四八年	三三二公吨
一九四九年	三五〇公吨

（八）营业状况：该局主要生产为精锡，每月所需产锡周转金由资源委员会按照计划产量预行垫拨，至月终时按照实际产量及外销价格折算结价。全部锡品交由资源委员会统筹外销。

（九）将来展望：该局所产精锡品质优良，在国际市场上素负盛誉，将来如能增加发电设备，并扩展矿区产量，不难增加，当可增进出口，易取我国新经济建设所需工矿器材。

〔资源委员会档案〕

9. 资源委员会所属川、滇、黔区各事业概况①

（1949年　月　日）

（1）四川省事业概况

（甲）电力事业

一、万县电厂

万县电厂设于四川万县，原名万县电气公司，为商办，共有发电容量一八〇瓩，以管理不善，亏累甚巨。抗战开始，工厂内迁，后方动力需要甚殷，亟须扩充，川省府乃向资源委员会洽商合办，于二十七年六月订立合约，正式改组为万县水电厂。三十四年再改名为万县电厂。

该厂组织系统及现任主要负责人姓名如后：

① 此件沿用原标题。

- 厂长（余翔九）
  - 工务长（段连福）
    - 发电课课长陈永棠兼
    - 供电课课长李国章
  - 事务长（徐光遇）
    - 总务课课长李北辰
    - 业务课课长徐光遇兼
    - 会计课课长林式铿
    - 材料库主任许克昌代

技术人员二〇，管理人员三四，职员总额五四。

技术工人五三，普遍工人一〇七，工人总额一六〇。

该厂资本按照二十七年合约规定为法币四十万元，三十三年增资为六千万元。资源委员会占三七五〇万元，川省政府占二二五〇万元。迄至目前为止，实际增资经调整为金圆券后，资源委员会投资金圆九八九六六〇.七一元，四川省政府投资金圆二七六六八一.〇〇元，共为金圆一百二十六万六千三百四十一元七角一分。

该厂设备如下：

五〇〇瓩汽轮发电设备　　一套

一八〇瓩柴油发电设备　　一套

一六〇瓩水轮发电设备　　一套

一三六瓩水轮发电设备　　　　　　一套

三六〇瓩水轮发电设备　　　　　　一套

该厂除水轮发电机利用水力外，柴油机所需柴油必须由外埠购运。至于汽轮机所需烟煤，万县附近四方碑、田坝等处均有出产。兹将历年生产概况列后：

项目 / 年份	发电容量（瓩）	发电量（瓩）	售电量（千度）	营业收入 法币千元 金圆千元	营业支出
二十六					
二十七					
二十八	三一二	六〇〇	三九八	一二〇	一一二
二十九	三一二	八一四	六〇二	二六六	三一三
三　十	三一二	八二一	六〇二	八〇四	九七三
三十一	六五二	九八五	六八二	四，一八二	三，八四〇
三十二	六五二	一，三六七	九一八	一一，九三九	二七，〇〇〇
三十三	九四八	一，二九六	八八二	四九，〇二八	五八、六三〇
三十四	九四八	一，六二一	一，〇五九	一三一，二七九	一五四，三七七
三十五	九四八	一，六五八	一，〇二〇	三三四，七一五	二九四，八七八
三十六	一，三一六	二，二〇七	一，二六四	二，八一三，八六一	二，七八四，〇〇九
三十七	一，四九七	四，二九二	二，一二六	九，八七〇	一二，〇四〇

万县为川省水路要埠，历年电厂增加容量，以应市区需要。一

且川省全省建设开始，长江货运发达，区区电力仍不敷需要，该厂前途、发展颇有厚望。

二、长寿电厂

长寿电厂设于四川长寿县。资源委员会于二十四年四月派员入川勘测水力，发现长寿县境之龙溪河蕴藏水力甚巨，于二十六年七月成立龙溪河水力发电厂筹备处。旋以工程浩大，短期内不能完成，乃先筹建煤气发电所，于二十九年完成供电并同时积极进行梅花溪、下清渊硐及回龙寨等处小型水力发电工程，先后在三十年及三十三年完成。至三十五年一月成立为龙溪河电厂，嗣后又向美国添购立式水轮发电机安装于下清渊硐，三十七年三月装竣供电，三十六年七月改称为长寿电厂。三十七年川省府建议合办川东电力公司并拨给小额款项，但迄今未能成立公司。

该厂组织及主任以上人员姓名如下表：

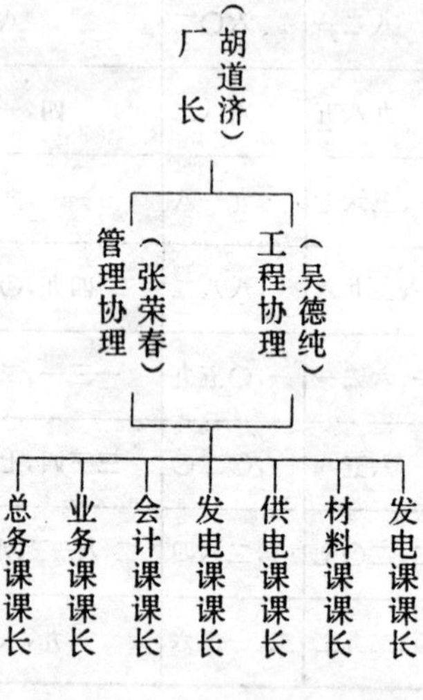

技术人员二九人，管理人员三三人，职员总额六二人。

技术工人七七人，普通工人一二三人，工人总额二〇〇人。

该厂经费由本会单独投资，自二十五年起至三十六年，共计拨款二一八〇一九一八一八.六一元，历年投资额如次：

二十五年——四七六四九.六一

二十六年——四〇〇〇〇〇

二十七年——二五〇〇〇〇

二十八年——八〇〇〇〇〇

二十九年——二八六〇一六九

三 十 年——七三三四〇〇〇

三十一年——一二五〇〇〇〇〇

三十二年——一三〇〇〇〇〇〇

三十三年——一八〇〇〇〇〇〇

三十四年——二五〇〇〇〇〇〇

三十五年——一〇〇〇〇〇〇〇〇

三十六年——二〇〇〇〇〇〇〇〇〇

该厂设备如下：

二九二瓩水轮发电机　一二套

一五〇〇瓩水轮发电机　二套

七五〇瓩水轮发电机　二套

该厂历年生产概况：

	发电容量（瓩）	发电度数（千度）	售电度数（千度）	营业收入（法币、金圆券千元）	营业支出
二十九年	二一〇	二	一		
三 十 年	一〇七六	三五一	一二〇五	五九九	四八五
三十一年	一〇七六	二一九二	一九四五	二〇三三	一二三七
三十二年	一〇七六	三三〇二	一〇七九	六九〇〇	五三〇三
三十三年	二五七六	六九七六	六五六八	三八八一八	二四〇九三

续上表

	发电容量（瓩）	发电度数（千度）	售电度数（千度）	营业收入（法币、金圆券千元）	营业支出
三十四年	二三七六	一三八六九	一三二一一	一七五九一三	一六五一六九
三十五年	二三七六	一四七五六	一三九二九	四五二八六七	四四三二二〇
三十六年	二四三六	一六七〇二	一五七七三	二七三三二三五	二六三〇八一九
三十七年	三九二六	二三五四二	二二三六一	一二三二一八七	一二〇三六二七

该厂利用水力发电，电价低廉。自供电后，电化及电熔等厂相继成立，虽发电量年有扩充仍供不应求。目前所利用之水力尚不足全部水量十分之一，如将来狮子滩发电工程全部完成，可发电三万余瓩，对于巴、涪一带所需动力，当可充分供应，于川省建设实大有裨益。

三、泸县电厂

泸县电厂设于四川泸县，该地为川南重镇，水陆交通要道，原有小型发电，以经营不善而停顿。资源委员会鉴于当地工商业之迫切需要电力，乃于三十年一月成立泸县电厂工程处，在城外石棚建筑厂房，并向会属中央机器厂订购汽轮发电机一套。厂房于三十一年十一月完成，发电设备则因昆渝运输困难，延至三十三年九月方始装竣。是年十月正式供电，改名为泸县电厂。

该厂组织及主任以上人员姓名如次：

厂长——任栋梁

管理协理——周修建

工程协理——朱治修

总务课课长——陈雪琪代

业务课课长——张运军代

会计课课长——刘洪汤

材料课课长——徐桂林

发电课课长——陈昭善

供电课课长——曾体彝

发电所主任

该电厂系资源委员会独营事业，自二十九年至三十五年共计投资二三六九三五四九二.〇〇元。历年投资额如次：

二十九年（九六九四九二）

三 十 年（一四六六〇〇〇）

三十一年（四五〇〇〇〇〇）

三十二年（七〇〇〇〇〇〇）

三十三年（一三〇〇〇〇〇〇）

三十四年（六〇〇〇〇〇〇〇）

三十五年（一五〇〇〇〇〇〇〇）

员工：

技术人员一九，管理人员三六，职员总额五五。

技术工人六一，普通工人一一四，工人总额一七五。

设备：

二〇〇〇瓩汽轮发电机一套。

该厂所用燃煤大部由嘉阳煤矿供给，历年产量及营业情况如表：

将来展望：该厂成立之初，负荷仅四四〇瓩，至三十七年已达一千七百瓩，现仍积极推广乡村用电，转售电力于乡村合作社开发农村经济，唯限于线路材料及发电容量未能尽量开放，现只供给田坝及罗汉乡两处。

四、自流井电力公司

自流井电力公司设于四川省自贡市。二十八年秋，资委会循财政部川康盐务局之邀请合办自流井电厂，以供开发盐场用电。二十九年四月，装竣汽轮发电机一套，九月正式供电，嗣因电机容量不

项目＼年份	三十三年	三十四年	三十五年	三十六年	三十七年
发电容量(千瓦)	二〇〇〇	二〇〇〇	二〇〇〇	二〇〇〇	二〇〇〇
发电度数(千度)	三八	一一九八	二六二八	四一一〇	五四四七
售电度数(千度)	二三	九三五	二一一七	三二七七	四二八四
营业收入(元 △金圆)	一七八六六九九	九八九一三二〇三	四〇一五八九五五五	三六七三七七一〇〇〇	△五八〇六二三
营业支出(元 △金圆)	四二一九二五一	一一八〇八七二一二	四四八〇九一五七四	三一七七二五五〇〇〇	△五三三八七五

敷，川中燃料缺乏，乃由宜宾架设三三千伏输电线加供电流，于三十三年正式通电，输电五百瓩，连同自发电共一千瓩。三十七年五月改组为自流井电力公司。

该公司组织系统及现任主要负责人如下：

经理——黄序观

管理协理——

工程协理——朱天吏

总务课课长——吴子勤

业务课课长——罗秉衡

会计课课长——李玉册

发电课课长——胡玉书

供电课课长——曾世民代

材料库主任——王焕堃

技术人员一七，管理人员四一，职员总额五八。

技术工人七九，普通工人一二五，工人总额二〇四。

该公司最初资本一百万元，资委会占五十五万元，川康盐管局占四十五万元。嗣因敷设井宜线路增资为三千万元，仍照原比例。三十七年改组公司后，增至二二〇亿，仍照原比例，双方均已缴足。现因该公司资本尚未调整，帐面资委会投资金圆四〇三三.三四元，川康盐管局投资金圆三三〇〇.〇〇元。

该公司设备如下：

五〇〇瓩汽轮发电设备　　一套

三三〇〇〇高压输电线路　九〇公里（发电所需燃料均由附近之小型煤矿供给）

该公司历年生产概况如表：

自流井为川省产盐重心，唯煤产不丰，建立大规模电厂殊有困难。资委会计划尽量扩充宜宾电厂、加强井宜输电线工程，俾自贡区域盐业得以发展。

项目＼年份	二十九年	三十年	三十一年	三十二年	三十三年	三十四年	三十五年	三十六年	三十七年
发电容量(千瓦)	五〇〇	五〇〇	五〇〇	五〇〇	五〇〇	五〇〇	五〇〇	五〇〇	五〇〇
发电量(千度)	四五	五〇四	九四七	一三二四	二三四九	三五九九	三八二四	三八〇四	三五七七
供电量(千度)	五二	四二八	八八五	一二一七	二〇四八	三〇九九	三二〇〇	三二一七	三五二五
营业收入(千元 △金圆)	四八	七四三	二五三九	九七〇三	六七二八六	三三六三九八	七五八六一六	五三八九四八七	△一〇九〇
营业支出(千元 △金圆)	一一八	九〇九	二三五五	八七二二	二二三六八	二七八七三二	七一二三一六	四五七九九三七	△一〇六五

五、宜宾电厂

宜宾电厂设于四月[川]叙府。资委会于二十八年夏成立宜宾电厂筹备处，二十九年开始先以煤气发电机及柴油发电机供电。三十年九月正式成立宜宾电厂，再购置二〇〇瓩蒸汽发电设备一套，三十一年装成加入供电。迨三十二年十二月将价购汉口既济水电公司之六〇〇〇瓩汽轮发电机一套，装置成立，容量大增，遂日夜供电，并将原有之小型电机一律停用，转让其他各厂。上述六〇〇〇瓩发电设备初因锅炉配件不齐，仅能发电三〇〇〇瓩。抗战胜利后，经添购配件，三十六年十一月第二号锅炉配齐，发电量乃增至六〇〇〇瓩。

该厂组织及主任以上人员列表如次：

厂长（李运墀）

工程协理（李国光）　管理协理（张令綵）

发电课课长谢静复　供电课课长周汉忠　总务课课长陈正镞　业务课课长吴俊义　会计课课长殷　泽　材料库主任葛祖辉

该厂系资委会独资经营，自二十八年至三十六年均有投资，共计资金一四八五三八六八四七〇〇元。其历年投资额如次：

二十八年（二三〇〇〇〇〇）

二十九年(一九二〇八四七)

三 十 年(二六六六〇〇〇)

三十一年(五五〇〇〇〇〇)

三十二年(五〇〇〇〇〇〇)

三十三年(一〇〇〇〇〇〇〇)

三十四年(八〇〇〇〇〇〇)

三十五年(五〇〇〇〇〇〇〇)

三十六年(一四〇〇〇〇〇〇〇〇)

技术人员三二,管理人员六二,职员总额九四。

技术工人一三九,普通工人二一〇,工人总额三四九。

该厂现有发电设备:

六〇〇〇瓩汽轮发电设备一套。

该厂燃煤大部分由嘉阳煤矿供给,历年产量及营业情况如后表:

宜宾为长江、岷江、金沙江汇流之处,交通便利,附近木材、矿产丰富,实为工业建设理想中心。宜宾电厂自供电以来,向以电力为大宗,电光用电仅占全部售电百分之十五,除一部分电力输送自流井外,当地以中国、中元等纸厂及天原电化厂需用电力最多,各该厂均开始增加生产设备,因之宜宾电厂势须扩充设备,经商请资委会同意,拨给五〇〇〇瓩新发电设备一套。厂房设计已完成,发电设备且已运抵厂中约百余吨,将来一旦完成,除供应当地需要外,将以宜宾为中心,完成川中、川南电力网。

六、岷江电厂

该厂设立于四川犍为五通桥。二十七年十一月成立五通桥发电所筹备处,翌年三月更名为岷江电厂筹备处,就老龙坝发电所安装蒸气发电机,于是年七月一日完成供电。供电区域为五通桥一带,因定名五通桥分厂。十月间复于五通桥南七公里金粟桥增设一发电所,添设一发电所增设汽轮发电机。至三十三年十一月一日,将筹备处及五通桥分厂名义同时撤销,正式成立岷江电厂。

项目＼年份	二十九年	三十年	三十一年	三十二年	三十三年	三十四年	三十五年	三十六年	三十七年
发电容量（千瓦）	六八	五五八	七四四	三五五四	三五五四	三二〇〇	三〇〇〇	三〇〇〇	六〇〇〇
发电度数（千度）	一二七	四三一	七八四	一五四八	四七二三	八〇八四	九七七九	一二四六一	一四二三六
售电度数（千度）	九九	三八二	六七七	一三五五	四四二三	七四三三	八九二八	一〇六六三	一三〇九〇
营业收入（千元 △金圆）	八二	七七〇	二五一三	一一八五二	七二八二二	四四二〇九〇	一二一八〇四〇	一〇八八九六六五	△一一二四
营业支出（千元 △金圆）	八〇	七〇三	二四四六	一一三六五	五九〇〇一	三九二〇〇六	九三四五二三	七七四〇〇三二	△一一八〇

该厂组织及主任以上人员如次：

厂长——童舒培

管理协理——

工程协理——吴增耆

发电课课长——张　容

供电课课长——李明清

发电所主任——张　容兼

材料库主任——谢祚俊

总务课课长——蔡和甫

业务课课长——何远言

会计课课长——李冀昆

该厂系由资委会单独经营，自二十七年至三十四年及三十六年均有投资，共计资金为七一二八三八〇八五元。其历年投资数如次：

二十七年(五〇〇〇〇)

二十八年(一〇〇〇〇〇〇)

二十九年(三一五五〇八五)

三　十　年(四一三三〇〇〇)

三十一年(六〇〇〇〇〇〇)

三十二年(九五〇〇〇〇〇)

三十四年(一四〇〇〇〇〇〇)

三十六年(六五〇〇〇〇〇〇〇)

技术人员二六，管理人员六三，职员总额八九。

技术工人一三二，普通工人一七四，工人总额三〇六。

该厂现有发电设备：

二〇〇〇瓩汽轮发电机　　一套

该厂燃煤大部由嘉阳煤矿供给，唯上游水道不畅，供应时感困难。

历年产量及营业状况如左：

项目＼年份	二十八年	二十九年	三十年	三十一年	三十二年	三十三年	三十四年	三十五年	三十六年	三十七年
发电量(千瓦)	二〇〇	四〇〇	九〇〇	九〇〇	九〇〇	九〇〇	二〇〇〇	二〇〇〇	二〇〇〇	二〇〇〇
发电度数(千度)	四八	二九八	六八八	一八六一	二九三三	四〇九八	五五九二	七一九一	七八八四	七八七五
售电度数(千度)	三九	二七五	五五七	一六五三	二五三五	三四四〇	四九三八	六三五四	六八九六	六八七八
营业收入(千元 △金圆)	二二	一二〇	五八六	三〇五三	一五六八三	六八八〇八	三五二四七七	一〇七二四八八	八八〇九四八〇	△一七〇〇
营业支出(千元 △金圆)	三一	一八〇	七〇一	二〇三〇	一〇九六八	七〇二三一	二九六九一九	八八七九六一	七三〇一九四七	△一一六二

该厂初创时期业务清淡，至三十六年最高负荷已达一九五〇瓩，电力用户逐渐增加，现已有一百余户。该厂并推广农田灌溉用电已受益者一万三千余亩，而目前发电容量已将满载，如再扩展农田灌溉，势须另筹发电设备矣。

七、都江电厂

都江电厂设于四川灌县蒲邨。资委会鉴于川西需要大量电力，而可开发之水力蕴藏又极丰富，但水力发电工程非短期所能凑成，开发以前又必需动力以供施工，乃于三十四年与川省府商订合办都江电厂。筹备及运机，颇费周折，直至三十七年五月方装二〇〇〇瓩汽轮发电机一套，输电成都及灌县之三三千伏线路计六十公里，亦于三十七年五月完成，六月试机，七月供电。

该厂组织及主任以上负责人员列表如后：

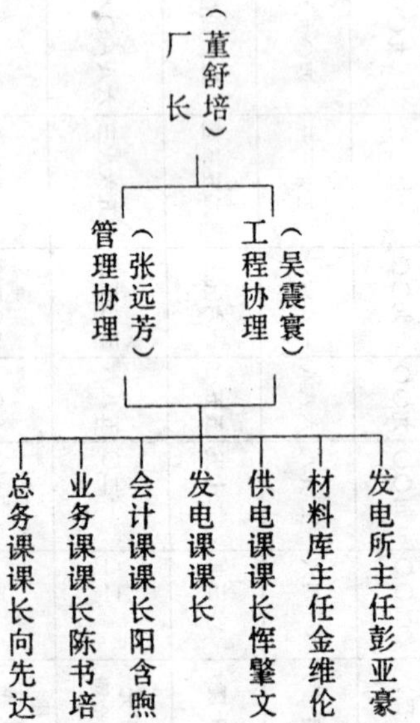

该厂资本总额原定为法币三亿元，资委会占百分之九十，川省府占百分之十，实收资委会投资一百十五亿七千万元，川省府投资

三千万元，共计法币一百十六亿元。其后川省府建议扩大组织，将岷江电厂并入改称为川西电力公司，改定资本总额为战前(二十六年)物价准一千万元，本会占百分之六十，川省府占百分之四十，虽已签订合约，但尚未实行。

技术人员三十二人，管理人员二十四人，职员总额五十六人。工人数额因该厂报告不全，未详。

该厂现有发电设备如下：

二〇〇〇瓩汽轮机设备　一套

该厂产量及营业概况：(三十七年)

发电容量二〇〇〇瓩

发电量　一九六八千度

售电量　一五九六千度

营业收入　三三〇七(千元)

营业支出不详。

该厂目前仍在初创时期，资委会加拨之五〇〇〇千瓦新发电机一套刻已提运，新工程亦在进行。至于水力发电计划之初期，钻探工作亦积极进行中，以资配合将来川西大平原建设计划之实施。

八、巴县工业区电力公司

巴县电力公司设于四川巴县渔洞溪。抗战期间之经济部工矿调整处于巴县李家沱辟建工业区，乃与中国汽车公司等先筹设发电厂。三十二年元月起迁运机件，三十三年二月装竣试车，四月四日正式供电。嗣后工矿调整处撤销，乃将股权移归资委会。三十七年五月，因业务管理不善，原有股东商请资委会主办。

该公司组织系统及现任主要负责人姓名如后：

技术人员九，管理人员二〇，职员总额二九。

技术工人四五，普通工人九八，工人总额一四三。

该公司资本总额定为法币九十六亿元，资委会占二四一〇股，商股二三九〇股。资委会已投资法币十亿九千八百七十万元，商股

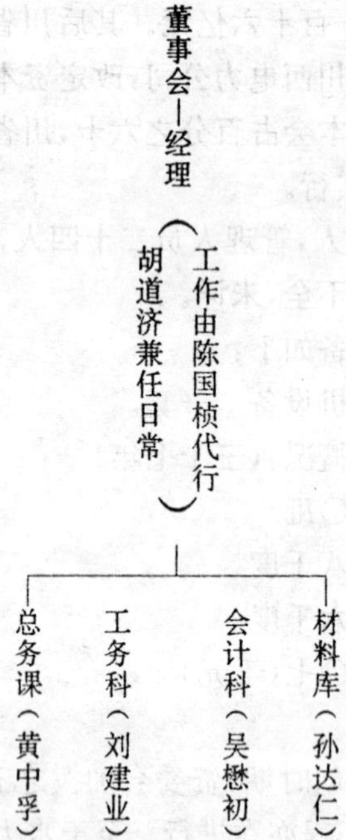

已投资二千一百三十万元，共为法币十一亿二千万元。

该公司现有设备如下：

一〇〇〇瓩汽轮发电机　　一套

兹将三十七年生产概况列后（因自三十七年起始由本会主办）：

发电容量：一〇〇〇瓩

发电量：三八八〇千度

售电量：三四四〇千度

营业收入：一四一九（千元）

营业支出：未报

该发电厂位于重庆南岸渔洞溪，将来供电系统与重庆、长寿等处连成为川东电力网，该厂当可属于川东电力系统之一部分。

九、上清渊硐工程处

四川长寿龙溪河之水力，资委会于抗战前即已开始勘测，先后由美国古柏工程师及萨凡奇氏参加设计，如全部开发，可有容量六万五千瓩，堪供川东农工业之用。惟限于财力，抗战期间仅完成下清渊硐发电所(即长寿电厂)，其容量不过总容量之百分之五十。此外，尚有回龙寨及上清渊硐工程二处，亦已举办，仍以限于财力，进行极缓，现在上清渊硐之土木工程已完成百分之八十，水轮机一座，容量三〇〇〇瓩，现由资委会中央电工器材厂承制，为国内自制发电机设备中之最大者，明年初应交货。至回龙寨之土木工程，抗战期中虽进行一部分后告停顿，现亦拟即予恢复。

兹将该处组织系统及主要负责人开列如下：

主任——萧季和

副主任——林元惕

总务课课长——蒋洵侯

工务课课长——李鹗鼎

机电课课长——刘芳级

材料课课长——徐永辉

会计课课长——唐元航

技术人员二五，管理人员二六，职员总额五一。

技术工人八一，管理工人九八，工人总额一七九。

十、资源委员会川黔各电厂重庆联合办事处

抗战期间，资委会电管处在渝协助内地各电厂办理器材、燃煤运输工作，于重庆附近明月沱及方墩石各设材料库一处。胜利复员后，海外航运恢复，国内运输畅通，内地各电厂正需增加设备或配换机料，以资扩充与改良。资委会电业处(后改称电业管理处)现迁南京，对于协助内地各厂工作仍须积极办理，遂于三十五年三月设立川黔各电厂重庆联合办事处，租赁重庆中正路青年大厦为办公处，接管方墩石材料库。该处主任陆涛、副主任常承福（不分课、股），职员计十三人（管理人员），工人计十六人（技工七，普通工九）。

（乙）煤业

一、天府煤矿公司

（一）沿革：民国二十二年，民生实业公司、北川铁路公司与北碚文星场一带煤厂集资组组天府煤矿公司。二十七年天府与北川铁路公司合并，同时与河南焦作中福公司合作改组为天府矿业公司，因中福公司中资委会占有股权，是为资委会资本经过中福而参加天府之始。胜利后，三十五年天府复与嘉阳、全济两煤矿合并，改组为天府煤矿公司，下设天府、嘉阳、全济三矿厂分产统销，其中嘉阳矿厂原系资委会与川省府、中国西部科学院及商股等于民国二十八年二月合资创办，由本会主办，规模较天府为小。自三矿合并改组后，本会在新公司中占股本为数甚微，故由天府主持。三矿厂之所在地如下：

甲、天府矿厂位于四川江北县文星场。

乙、全济矿厂位于四川合川县香饼场。

丙、嘉阳矿厂位于四川犍为县马庙溪。

该公司在重庆营运总处并于合川、犍为、宜宾、泸县、白庙子、成都设有营运处或办事处。

（二）组织及人事：董事会之下设总经理一人，协理一人，总经理黄志煊，协理黄云龙，其内部组织及人事以非本会主办，不详。

（三）资本额：三十六年合约资本额国币三十六亿六千万元（资委会百分之五．六五，为二亿七百万元；川省府百分之二．六六，为九百七十五万元；其他商股百分之九一．六九，为三十四亿四千三百二十五万元）。

（四）职工人数：职员五八八人，内：技术人员一〇二人，管理人员四八六人。工人九〇五〇人，内技术工及熟练工人四八〇〇人。

（五）设备及重要工程：

（1）天府矿厂计有：视厂、峰厂、卢厂等三处。重要设备计有五〇〇瓩发电机二套，修理制造所一所，洗煤机一套，炼焦炉十余具，机车六辆。

（2）嘉阳矿厂开有直井一口，重要设备计有：一〇〇瓩及八〇瓩发电机各一部，一三.五瓩发电机二部，四〇马力绞车一套，四英寸及三英寸汽泵各一套，四〇马力抽风机一具，修理设备全套，自筑轻便运煤铁道八公里，运煤车三百辆。

（3）全济矿厂凿有平巷二道及斜井一口，主要设备有：一〇〇瓩发电机二套，二〇瓩发电机一套，一〇〇马力蒸汽机二部，十六马力及七马力蒸汽机各一部，一五〇马力及一二〇马力锅炉各一座，大、小电泵三具，二〇马力风扇一具，修理设备一套，炼焦土窑八座，自筑运煤轻便铁道一一.五公里，煤车二百余辆。

（六）历年及最近生产概况：天府、嘉阳、全济三矿三十五年合并后，历年煤焦生产量：三十五年煤四五八八八二吨，焦不详。三十六年煤六三〇八八七吨，焦一四三三二吨。三十七年煤五七一八七四吨，焦一五九六三吨。最近三矿合计生产能力日产最高达一七〇五吨，最低一四二一吨，焦产量不详。

（七）营业概况：该矿为西南区产量最大之矿，历年所产除自用炼焦外，全部运输川省各地，其主要销场计有：重庆、泸县、宜宾、犍为、宜昌、成都等地，有时亦运销京、沪。就用途言，供应电厂约占百分之二十、盐场及工厂约占百分之五十、航运业约占百分之十五、其他百分之十五。营业收支略有盈余。

（八）将来展望：该矿于民国二十七年以来，锐意经营，规模粗备，且有北川铁道及嘉陵江运输之便，在西南区煤矿事业中已有卓越地位，尤以抗战期间对后方各工业、航运、电厂、冶金等事业燃煤供应无缺，厥功最伟。其修理制造所当时已能自制小型机车及瑞氏洗机。战后合并全济及嘉阳二矿分产统销，每日产量共维持一千余吨至二千吨，同时天府煤斤可炼冶金焦，而嘉阳之长焰烟煤为平炉必需之原料，将来成渝铁路通车及渝郊生产事业繁荣时，该矿为配合发展，当可及时扩充，正有无限前途也。

二、威远煤矿公司

（一）沿革：该矿位于四川威远县黄荆沟，原为川康盐务局土法经营。民国二十九年盐务局见于自贡盐场需煤甚殷，拟扩充开采，洽商资源委员会及中福公司加入股本组织威远煤矿公司，利用中福迁川机器之一部，用新法开采，至三十年九月正式出煤。

（二）组织及人事：董事会之下设总经理一人、协理一人，下分秘书、会计二室，各设主任一人。矿厂设矿长一人，下设九课，各设课长一人。于重庆设办事处，设主任，各部分负责人如下：

总经理史维新、协理水崇逊、会计主任贺霖尧、秘书室主任陈廷纲、矿厂矿长李明灿、文书课长罗仲良、事务课长罗仲良兼、营业课长胡寿三、运输课长彭毓庆、材料课长丁孔杰、会计课长贺霖尧兼、矿务课长王朝林、机电兼土木课长徐桂斌、重庆办事处主任钟道德。

（三）资本额：三十六年合约资本额国币十亿元。资委会百分之三四，三亿四千万元；盐务局百分之三三.二五，三亿三千二百五十万元；中福公司百分之三二.七五，三亿二千七百五十万元。

（四）职工人数：职员一〇〇人，内技术人员二六，管理人员七四。工警二九一一人，内技术工人二四七人，警士一二三人，余为普通工人。

（五）设备及重要工程：该矿现开采有一、二、三号直井三口，重要设备计有：大、小锅炉十余具，汽绞车一具，大小汽□十余具，洗煤槽一套，修理设备一套，煤车百余辆。

（六）历年及最近生产概况：本会于二十九年秋投资于该矿，于三十年九月正式产煤，其历年产量如下：

三十年煤一九八五吨，三十一年煤四七一〇九吨、焦四一二吨，三十二年煤九四〇一二吨、焦一六七一吨，三十三年煤九三一九五吨、焦一七三七吨，三十四年不详，三十五年煤一一五六七八吨、焦不详，三十六年煤一三三八二七吨、焦一七八吨，三十七年煤一五四四三一吨、焦三二一吨。最近生产能力最高，日产三九一吨，最低二三六吨。

（七）营业概况：该矿所产煤大部供应自流井一带之盐灶应用，是以该矿业务与附近盐灶齿唇相依。自抗战胜利后，盐灶渐趋下游，是以该矿业务大受影响，销路停滞，存煤甚多，周转不灵。

（八）将来展望：该矿二、三两号直井业已于上年度完成，以现有设备之生产能力，每日不难达到四万吨，虽战后该地盐务萎缩，销路颇成问题，将来食盐工业发达及附近小型炼铁炉开工之后，该矿生产量当能扩展也。

三、建川煤矿公司

（一）沿革：民国二十九年十月，建设银公司及中国银行集资组织中国矿业公司，钻探四川巴县白市驿煤田，于地下四十公尺处即探至煤层，同年十一月钻探工程结束，筹备开采。至三十年资源委员会加入资本，改称建川公司。三十五年建设银公司以多半数股权移转资委会，正拟改交资委会主办，讵是年秋季因井下失慎，发生爆炸，井巷被毁于火，遂暂行结束保管，迄未复工。

（二）资本额：三十五年合约资本额国币一千二百万元。

资源委员会百分之七五.九百万元

建设银公司百分之八.三三百万元

中国银行百分之十六.七二百万元

3. 将来展望：该矿位于重庆西郊，并在成渝铁路线上。将来机车用煤取给，于该矿极为便利，战时虽拟有由矿至重庆莱园坝之运煤高架索道计划，战后资委会接管该矿大部股权后，又价购邻近之福华通矿区，可合并开采，并由美国工程师拟有扩充计划。今后成渝铁路如能及时完成通车，该矿大有恢复生产、扩充经营之价值。

（丙）石油事业

一、中国石油公司四川油矿探勘处

该处系资源委员会于一九三六年设立，以王㯳为处长。一九四六年改隶中国石油公司，仍以王㯳为处长，迄今未有更动。一九三七年十一月，在巴县石油沟开第一井，历二载完成，井深一四〇二公尺，有气无油，每日天然气产量约二〇〇〇〇〇立方英尺，供附近行驶卡车及轮船之用。一九三〇年七月，在威远臭水河开第一井，历七月，井深达一二〇二公尺，无油无【气】，当即放弃。一九四一年十二月，在巴县花仙岩开第二井，钻历一年余，井深达一〇〇二公尺，以钻机拆让于甘肃油矿局，因之停工。一九四三年五月，在隆昌圣灯山开第二井，同年年底完成，井深八八五公尺，有气无油，每日天然气产量约一〇〇〇〇〇〇立方英尺，现售与隆圣企业公司作熬盐、制碱及烧磁器、砖灰燃料之用。一九四五年八月，在江油海乐溪开第一井，历二年，井深达一一五六公尺，无气无油，亟行停工。一九四九年四月，在隆昌余家坝开第四井，迄五月下旬，井约三〇〇公尺，正继续下钻中。又龙泉山亦准备钻井，机器大部分已运达重庆。

该处处址设在重庆牛角沱，分工务、总务、会计三课，处理业务并辖有石油沟、圣灯山二矿场，及隆昌余家坝探勘队。

四川油矿探勘处概况表

主持人：王㯳　地址：四川重庆

主要设备及生产能力	主要机器名称	德制1200公尺旋转钻机	英制50型旋转钻机	圣灯山第一号井	石油沟第一号井

续上表

主要设备及生产能力	数量（单位）	一部	一部	一口	
	生产能力			年产300000千立方尺（天然气）	年产5000千立方尺（天然气）
员工	职员	60人			
	工人	181人			
	合计	241人			
备注	财务情况另见后述				

二、中国石油公司重庆营业所

（一）业务设备：重庆营业所以受运输影响，销售区域尚未能展至腹地，业务设备亦仅就重庆开始筹建。在距渝市十五公里之黑石子建有储油所，除围墙码头工程业已完竣外，仓库、油池等工程尚在进行中，目前少量储油暂利用距渝四公里之化龙桥储油库，该库有小量油池四座，共计一二三□□□，仓库面积九五〇平方米，运油工具计油罐卡车二辆。

（二）销路：渝市汽油销路不广，故渝所汽油销量亦极有限，加以廉价私油，黑市猖獗，营业不无影响。至渝市各种车辆用油，除本公司外，尚有外油公司及其他方面油料供应。关于本公司供应各用户汽油，每月约为一万加仑；煤油除供公司之需外，并配售公教人员燃用，每月销量约为五千加仑；柴燃油因运输困难，费用高昂，成本较煤高出甚多，故本公司在渝暂无供应。

（三）员工：

职员:八七人

工人:三二五人

合计:四一二人

关于川属财务:

查本公司在四川省之单位计有重庆营业所、四川油矿探勘处二处。唯在渝因私油廉价倾销,致该所营业收入殊属有限,经常支出均由总公司调拨。该所除推销产品外,兼为转运西北器材,故每月运费支出亦甚庞大,另由总公司拨付专用款,以资接济四川油矿探勘处,每月仅略有天然气出售,一切费用支出仍需由总公司接济。兹将该二处最近库存表附后,以资参考。

资源委员会中国石油有限公司

四川单位最近库存表

1949 年 5 月 15 日 单位:金圆

单位名称	专用款	保管款	周转金	经费	总公司	合计
重庆营业所	1,570,953.85	87,989.42	8,538,782.80		41,553,822.13	51,751,548.20
四川油矿探勘处	536.62		3,101,306.30	14,828,659.57	2,009,541.94	19,940,044.33

(丁)钢铁事业

一、钢铁厂迁建会

(一)沿革:钢铁厂迁建会于民国二十七年三月一日成立于汉阳,当时抗战军兴,所需钢铁材料甚急,经济部资源委员会与军政部兵工署负责内迁汉冶萍钢铁厂、六河沟炼铁厂及上海炼钢厂等重要冶炼设备至四川之大渡口,重建复工,同时探勘重庆附近之南桐煤矿、綦江铁矿区,予以开采,以求原料之自给。钢铁厂迁建会成立以后,军事吃紧,抢运工作煞费苦心,举凡拆卸、整理、修配、设计等工作均作最艰苦之努力。二十九年五月,二十吨炼铁炉即行开炉，生产灰口生铁。三十年冬及三十一年，炼钢轧钢部门及百吨炼铁炉相继开工，由筹建阶段进入全部生产时期。该会所辖，除大渡口钢铁厂外，二十八年九月增设水道运输管理处于綦江三溪，以便煤铁矿之运输；复于三十年三月，于接近两矿之适宜地点增设分厂，加建二十吨炼铁炉，于三十二年开炉，生产生铁。

（二）组织人事：钢铁厂迁建会设主任委员及副主任委员各一人，下设秘书、会计、工务三处，总工程师办公室及第一、二、三、四、五、六、七制造所、运输所、技工训练班、警卫队及警卫稽查组等部门。又，南桐煤矿、綦江铁矿、綦江水道运管理处、綦江铁路局四附属单位。兹将课长以上人员列表如后：

职　称	姓　名	职　称	姓　名	职　称	姓　名
主任委员	张可治	庶务课课长	李金铎	工作支配课课长	胡超荣
副主任委员	翁德銮	医院院长	陈懋槐	工作准备课课长	邱任勋
秘书处主任秘书	李仲蕃	子弟小学校长	陈封鲈	物料总库长	谭树福
文书课课长	范景和	会计处处长	田泽生	理化试验室主任	王兴芳
人事课课长	孙一鲲	审计课课长	田泽生兼	总工程师	翁德銮
出纳课课长	常守信	簿计课课长	余家栋	第一制造所所长	黄国安
福利课课长（福利课设图书馆）	夏绳武	成本课课长	梅锡之	第二制造所所长	彭阴棠
购置课课长	陈嘉猷	薪工课课长	王俊卿	第三制造所所长	张如宾
第五制造所	（停办）	技工训练班主任	王遵元兼	綦江铁路局局长	申大礼
第六制造所	（停办）	南桐煤矿矿长	张伯平		
第七制造所所长	王遵元	綦江铁矿矿长	仝书德		

（三）资金及其来源：钢铁厂迁建会自二十七年三月一日奉令成立，迄二十九年底止大部尚在迁建时期，所需经费除由资源委员会拨发壹佰万元外，余均逐年编具预算，由兵工署核准后分月拨发，核实支用。自三十年度起，各部先后开工，所有公品多数解缴兵工署，由兵工署按照解缴数量及核定单价拨发制造费，以资周转。查该会历年所收迁建经费如后：

二十七年度	二,四六八,六四二.〇〇元
二十八年度	三,〇三一,三五八.〇〇元
二十九年度	一六,三〇〇,〇〇〇.〇〇元
三 十 年 度	三七,二〇〇,〇〇〇.〇〇元
三十一年度	八〇,〇〇〇,〇〇〇.〇〇元
三十二年度	八〇,〇〇〇,〇〇〇.〇〇元

该会产品大都为生铁、钢料、兵工器材等,制造时常需预储相当数量之原料,因是每年另向兵工署请领周转金购各种矿料。

该会建厂所用机器由汉阳等厂拆迁,此项机件、器材费用估价方法列入资产,历年实物投资如左:

三十年度以前	三二,一〇八,〇七四.五七元
三十一年度	一九,九二八,三〇四.七四元
三十二年度	一八,七八七,五二四.九〇元
以上共计七〇八二三九〇四.二一元。	

(四)职工人数:现在职工人数如下表:

职员:三九五人

工人:三二一六人

(五)设备或新式工程:钢铁厂重要设备如后:

部别	设备名称	数量	生产量	来源
动力厂	透平发电机 锅炉	二部 七部	每部一五〇〇瓩	大冶迁建
炼铁厂	百吨炼铁炉及其附属设备	全套	月产生铁二〇〇〇吨	六河沟迁建

续上表

部别	设备名称	数量	生产量	来源
	二十吨炼铁炉及其附属设备	全套	月产生铁五〇〇吨	自建
炼钢炉	三吨电炉	一座	月产钢锭三〇〇吨	德国制
	一吨半电炉	一座	月产钢锭一四〇吨	
	一号十吨平炉	一座	月产钢锭六百吨	
	一号十吨平炉	一座	月产钢锭六百吨	
钢条厂	轧钢机	二对		汉阳迁建
	同右	同右		同右
	同右	四对		同右
钢轨板厂	轧钢板机	一座		同右
	轧钢轨机	二座		同右
炼焦厂	炼焦炉	五座	月产焦二五〇吨	自建
	副产品提炼设备	全套	焦油三吨	自建

（六）原料主要来源：煤之主要来源为南桐煤矿，矿区位于贵州桐梓荡东北与四川之南川万盛场煤田相接，系为二叠纪，含可采煤层三层，可炼焦。据李春昱、潘钟祥之估计，储量有三千三百余万吨。所产煤焦成分据四川地质调查所之分析，列表于后：

类别	水分	拨发油	固定碳	灰分	硫分
大连子	0.77	20.14	66.29	12.89	——
矿子峒	0.88	28.34	40.91	29.87	——
焦灰	0.75	1.85	81.84	15.56	1.14

铁之来源为綦江铁矿（另详綦江铁矿），石灰石及锰矿均由自采。此外，并采用土生铁板、毛铁、威远生铁作炼钢原料，萤石、滑石

则经购买而来。

历年及最近生产概况：钢铁迁建会大渡口钢铁厂自二十七【年】春开始拆迁，迄二十九年夏开始出铁，三十年度及三十一年钢铁作业设备先后完成，进而踏入正常生产阶段。除生铁外，钢品生产种类如下表：

类　别	钢品吋
圆　钢	2分至3吋
方　钢	3分至4吋
扁　钢	5分2分及5分2.5分
八角钢	6分7分及1吋
钢　轨	8公斤35磅及85磅
钢　板	长6至8吋，宽3至4吋，厚度由2分至1吋
螺钉及螺母	4分5分6分7分至1吋
铆　钉	3分6分7分及1吋

各种钢铁品历年产量如下表：

类别＼年度	29年	30年	31年	32年	33年	34年	35年	36年	37年	总　计
生　铁	2,932公吨	4,441	12,170	11,699	2,255	524	1,326	4,342	9,006	48,695公吨
钢　铁		113	1,231	4,063	6,551	6,201	7,035	7,932	9,509	42,635公吨
钢　品			960	1,200	2,590	2,000	5,505	6,188	6,379	24,752公吨

（七）营业状况：该会与綦江铁路局配合完成路轨、加强运输。所属南桐煤矿及綦江铁路增置设备，修理新井，提高原煤与铁沙产量，厂内加强各项工程，皆为提高产量之必要。

二、綦江铁矿

（一）沿革：民国二十七年三月，钢铁厂迁建会在汉阳成立铁矿筹备处，同年六月十二日入四川工作，八月十六日暂以包采制开采。二十九年三月取消筹备处名义，正式成立綦江铁矿。

该矿位于綦江县境内，属赤铁矿，由上而下形状互异，为侏罗纪之产物，其厚度自二三公寸至一公尺许，延长约二百余华里，中间或断或续或薄。主要产地分土台、麻柳滩、大罗坝、小矿山及白石塘五处，一律用长壁发进法探钻，与开采同时并进，敷设轻便铁道直达转运站。

该矿蕴藏量各方意见不一，估计当约五百余万吨。

（二）组织人事：该矿设矿长一人，直接向钢铁厂迁建会负责。

（三）职工人数：职工人数如下表：

职员：五十四人

工人：一二七五人

合计：一三二九人

（四）历年及最近生产概况：该矿每年可采选矿砂约三万余吨，均供炼铁炉之需用，兹将最近生产情况列表于后：

三十八年一月	三五一一公吨
三十八年二月	二七七六公吨

本会各合办事业之近况：

三、电化冶炼厂

（一）沿革：该厂成立于民国三十年七月，分设一、二、三、四四厂。第一厂即前炼铜厂，由重庆移设于綦江三溪；第二厂为纯铁厂；第三厂为高周波感应电炉，冶炼特殊钢料，并有铸造工厂；第四厂为平炉炼钢厂。均为抗战后方新式设备，规模仅次于大渡口厂。

该厂工作于胜利后赓续迄今，艰苦支撑，炼铜厂仍代兵工厂冶炼精钢之电炉，炼钢厂亦继续冶炼特殊钢料。惟平炉与纯铁厂以设备及原料之来源困难，业告停工。

（二）组织及人事：该厂现设总经理一人，重庆炼铁厂设厂长一人。炼铁厂系接办本会资渝钢铁厂之炼铁炉。兹将重要负责人员姓名列表于后：

职　称	姓　名
总经理	张桂耕　代理
重庆炼铁分厂厂长	朱家丰

（三）职工人数：该厂现有职工人数如后：

职员：八六人

工人：三九〇人

（四）财务情形：截至三十六年底止，投资总额为三二八二〇七八.一三元（法币），三十七年下期为一八二〇〇元（金圆），全部为本会投资。

（五）设备或新式工程：该厂重要设备如后：

部别	设备名称	数量	备注
电力厂	三〇〇 KVA 发电机	一部	
	一〇〇 KVA 柴油发电机	一部	
	二八〇马力蒸气机	一部	
	水管式锅炉	二座	
纯铁炼厂（第一厂）	转窑	一座	美国制
	煤气发生炉	一座	
	磁力选矿机	一座	
	碎矿机	三座	
	滚筒磨矿机	二座	
	筛矿机	一座	
合金钢厂（第三厂）	二五〇 KVA 高周波感应电炉	全套	美国制
	熔铁炉	一座	自制
	混砂炉	一座	
	三吨吊车	一座	
	五吨吊车	一座	
	试砂设备	一套	

续上表

部别	设备名称	数量	备注
平炉炼钢厂	十五吨平炉	一座	
（第四厂）	煤气发生炉	三座	
	16 英寸二层四联钢皮轨钢机	一套	
炼铜厂	反射炉	二座	
（第二厂）	电解池	全套	
修造厂	车床	十二部	
	万能铣床	一部	
	精细铣床	一部	
	刨床	二部	
	钻床	二部	

（六）原料主要来源：炼铜厂所用粑铜原料系兵工署供给，废铜系收购而来，铁矿砂系自行采选老厂沟之铁矿与收购他矿之矿砂，废钢料购自民生公司。

（七）历年及最近生产状况：该厂每年可生【产】精铜四百余吨。电炉于三十三年一月开始生产，每月生产量最高达二十吨，订货者以 SAE3120 及 3140 等类钢料为最多，用以制作汽车配件。平炉自三十四年初始有产品，惟生产不久，以原料运输市场均有困难，不久即行停工，计产钢锭六十吨。兹将三年来该厂主要产品列表于后：

主要产品	35 年	36 年	37 年	合计
炉炼铜	527	975	66	1568
精铜	420	697	146	1763
特殊钢锭	2		6.5	8.5

续上表

主要产品	35年	36年	37年	合计
钢铁铸件			17	17
生　铁			373	373

（八）营业状况：该厂三十七年营业收入计：一六三五四九.二五金圆，营业支出二五二七〇九金圆。

（九）前途展望：抗战胜利之后，本会即筹有较大规模之四川钢铁厂之计划，决定与兵工署合办，并拟定合同，延请美国钢铁专家实地勘测，决定厂址设在綦江三溪，旋以时局中止。

四、四川各钢铁厂保管处

（一）沿革：本会四川各钢铁厂保管处，系暂时保管机构，缘自三十四年秋。抗日战争胜利后，原由敌伪经营之华北、东北各钢铁工业相继为本会接收。为集中人力、物力积极办理华北、东北等处规模较大、基础较固之钢铁工业起见，不得不将在抗战时期于四川所办之小规模钢铁厂暂时停工后，除一部分钢铁厂如威远铁厂交由当地机关办理外，乃集合资渝钢铁厂及资蜀钢铁厂成立四川各钢铁厂保管处，暂于保管。该处系于民国三十五年初成立，设处长一人，保管人员若干人。现处长一职由本会重庆办事处处长曹丽顺兼任。

（二）保管单位：

1. 资渝钢铁厂：资渝钢铁厂成立于三十二年，由资渝钢铁厂、资和钢铁冶炼公司炼铁厂及陵江炼铁厂合并而成。当时在重庆潼家溪有五吨炼铁炉、坩埚炼钢等设备，在巴县石门有二十吨炼铁炉及其附属设备与动力设备等，在巴县甘家碑有炼钢、轧钢等设备。现除二十吨炼铁炉已拨交电化冶炼厂应用，轧钢机一套、贝氏麦炉、锻机等迁往华中钢铁公司利用外，其他房屋及零星设备交由该保管处保管。

2. 资蜀钢铁厂：资蜀钢铁厂系本会接收人和钢铁冶炼公司之全部设备而成立。该公司系于民国二十八年由杨萃文、刘刚等发起组织，选定江北县三圣乡人和沟为厂址，创立小型炼铁炉，于二十九年春正式出铁；三十年添设炼钢厂于江北县水土沱，三十一年九月出产钢锭，终以资金冻结，周转不灵，至三十二年以无法维持而停工。及三十三年八月十九日，本会允该公司股东之请，作价收买，改名资蜀钢铁厂，于三十三年十一月炼铁厂恢复生产。三十四年五月炼钢厂开始试炼，抗战胜利后停工，现该厂主要设备：七吨炼铁炉两座、一吨及半吨俾士麦各一座及其他动力炼焦设备、房屋等，均由四川各钢铁厂保管处暂予保管。

附：民营各重要钢铁厂

（一）中国兴业公司：中国兴业公司创立于民国二十八年七月，由华联钢铁股份有限公司、中国无线电业公司及华西兴业公司合并组成。股本、资金迭经变迁增加，其中本会接管前经济部工矿调整处结束后移交股本法币二九九四〇〇〇〇万元，最后股本为一亿二千万元，公股占百分之九一.五，商股占百分之八.五。总经理先后为傅汝霖、胡子昂担任。钢铁厂设于重庆对江之香国寺，于二十七年冬开始筹设，二十八年春建厂工作开始，电炉于二十九年开工，炼铁炉与轧钢机相继于三十年开始生产，平炉与柏塞脉炉亦于三十一年出钢。为公商合办，规模次于大渡口之后方钢铁厂，并经营三才生煤矿，以供应原料。

设备：主要设备如下：三十吨炼铁炉一座，十五吨炼铁炉一座，五吨炼铁炉一座，十吨平炉一座，一吨电炉一座，一吨柏塞麦炉一座，十英寸三层五联式轧钢机一套，十八吋三层四联式钢条及轻钢轨轧钢机一套，七五〇公斤气锤一座。

生产情形：自二十九年至三十年，每年产额虽有盛衰，而工作未尝中止。三十四年胜利后，始全部停工。兹将历年生产情形列表于后：

品名	29年	30年	31年	32年	33年	34年	合计
生铁		970	5025	1954	2455	3241	13715
钢锭	153	303	1179	2362	2857	2027	3871
钢品		271	752	1535	2080	1810	6118
钢铁铸件	94	78	82	82	234		560

（二）渝鑫钢铁厂：渝鑫钢铁厂为内迁之私营工厂，抗战前在上海为大鑫钢铁厂，原设杨树浦，总经理为余名钰，设备计有电炉熔铁炉等。七七抗战内迁重庆，与民生实业公司合资经营，改名渝鑫钢铁厂，二十七年四月勘定小龙坎为厂址，九月复工生产。总厂外并设分厂，司轧钢、拉线及制钉等工作。在北碚江家沱筹设五吨平炉，准备炼钢。

生产情形：每月平均约产钢锭一五〇吨、钢品一〇〇吨，合计历年曾产生铁六〇五七吨、钢品五五八六吨。

（戊）机械事业

一、中央汽车配件厂

（一）沿革：一九三八年七月，前交通部鉴于公路运输工具来之不易，乃开始筹办该厂，择定重庆化龙桥为厂址，一九四〇年五月正式开工，同年秋在重庆南岸先后成立二塘厂及鸡公塘厂，一九四一年秋该厂由交通部及运输统制局合办，一九四三年初复由交通部、军政部合办，一九四三年四月接办西南公路工务局机车厂成立贵阳分厂，一九四五年改由交通部独办。抗战胜利后，因业务骤减，乃将二塘厂及鸡公塘厂先后迁并化龙桥厂，藉谋紧缩，一九四六年一月，该厂移归资源委员会接办。一九四八年秋贵阳分厂以业务清淡、无法维持，乃于八月间结束保管。先是于一九四七年春该厂奉令出售民营，待售经年未有成议，旋于一九四八年底奉令移交，由联勤总部接办。一九四九年起，不再隶属资委会。

（二）组织及人事：

1. 组织

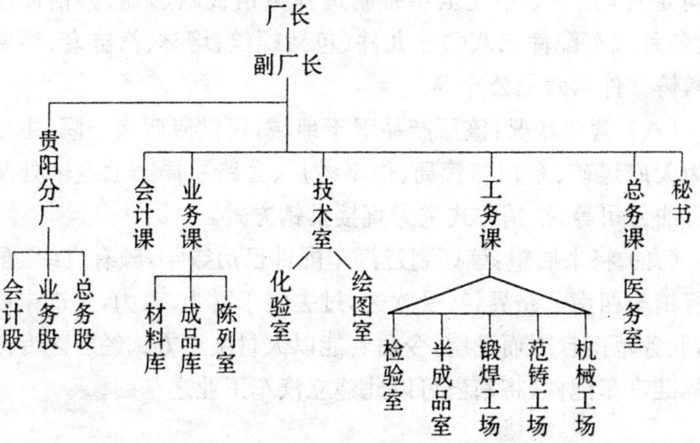

2. 人事：该厂人事目前情形不详，兹将一九四八年底时主要负责人列如下：厂长仇俭、工务课长成贻典、业务课长商汝钦、会计课长寿公恕、总务课长许以觐、贵阳分厂总务股长王家龙。

（三）投资成分：该厂于一九四六年一月由资委会接办时，将原所投资本作为资委会资本，计法币二二〇一七〇七.八〇元。一九四六年初起至一九四八年底止，由资委会独办，该时期内并未增资。

（四）职工人数（根据一九四八年十二月之统计）：

职员：技术人员一四人，管理人员一六人。

工人：技术工二二人，普通工五五人，警役二六人。

（五）设备及新式工程：工具机及杂项机械一二二部，二五〇公斤电炉二座。

（六）原料主要来源：该厂所需主要原料计弹簧钢料、生铁及其他钢料、弹簧钢料，向大溶口钢铁厂价购，其余则就地采购。

（七）历年及最近生产概况：该厂制造各种汽车配件曾达百数十种，旋因销路及资金关系仅承制数十种。其成绩以连杆培林一项为最优，并为适应目前西南一带工矿之需要，曾接受天府、豫丰等公司定货，三十七年度全年曾制造弹簧钢板四〇吨、铸钢件四五吨、各种汽车配件二八〇二九件（包括螺丝、培林、汽缸套、活塞环等），铸铁件六六七公斤等。

（八）营业状况：该厂产品限于地域，仅供应西南一隅，主要主顾为天府煤矿、东川邮管局、豫丰纱厂、公路总局第七运输处及中国石油公司等，推销方式主为直接推销方式。

（九）将来展望：该厂制造汽车配件已历数年，颇有成绩。配件之行销于西南公路界，甚受欢迎，过去限于财力、人力，生产未能开展，业务范围自因而受制，今后若能以大量生产方式经营之专门制造标准汽车配件，将来当可以此建立汽车工业之基础。

（己）电工事业

一、中央电工器材厂有限公司重庆制造厂、重庆区营业处

沿革：本公司于抗战初期一九三九年八月在重庆设立重庆办事处，负营业、运输及联络之责，并因当地之需要，就自鄂迁渝之第四厂电池部分人员及机料在化龙桥设立电池工场，制造各项干电池、蓄电池，后即正式定名为第四厂重庆支厂（简称渝池支厂）。嗣一九四一年初，在桂林之第二厂派员在重庆南岸黄桷椏地方设立第二厂重庆支厂（简称渝二支厂），专制电灯泡。一九四四年尾就湘桂战役撤退到渝之桂林，第四厂电机部分与原有之重庆电池支厂合组为重庆第四厂（简称渝四厂）。遂又在渝增制电机，同时第二厂亦自桂林撤渝与该厂重庆支厂合并，因即撤销该支厂名称，将桂二厂改称渝二厂，继续制造灯泡。历年电机、电池、电照

各项生产供应后方军需民用，品质优良，胜过舶来，极富时誉，迨抗战结束，本公司重心东移，内地单位均予适宜之调整，遂于一九四六年三月一日将渝二厂(电灯泡)、渝四厂(电机、电池)合组为重庆分厂，一九四七年三月改称为重庆制造厂(简称渝厂)，以灯泡、电池为主要生产，电机则因主厂已在湘潭设立，渝地嗣后仅为修配工作。办理当地区营运业务之重庆办事处于一九四六年三月调整内地机构时改称为重庆营业处(简称渝处)，办理川、康、陕、甘四省区之营业。一九四八年冬，本公司施行区经理制，该渝厂、渝处两单位由重庆区经理统辖，综合办理该区产销业务。渝厂厂址仅约四十五亩，其中在南岸之十亩且系租赁而来，厂本部及电池部门设于重庆化龙桥，电照部门则设于南岸黄桷椏，两地相距约二十里，交通不便，正议觅址。将租赁行将期满之电照工场迁至厂本部附近中，该厂厂房因系抗战时期之建筑，相当简陋。

组织：

重庆区经理:高　嵩

重庆制造厂厂长:俞显昌

副厂长:张祁年

计划组组长:胡岳代

电照组组长:张泽琏

电池组组长:张祁年兼

副组长:马成骏

管理组组长:陆厥昌

副组长:徐　立

会计组组长:钱泰声

副组长:吴毓松

重庆区营业处主任:高　嵩兼

副主任:杨作孚

渝厂各组以下并得因需要分设各股，此外设有公诚小学一所，教育员工子女，组织校董会办理之。

职工：渝厂有职员、工人292人，其中：

职员50人（内技术职员16人厂址、分处两地管理人员任用势必较多）。

工友242人（内技工200人）。

渝处有职工24人，其中职员15人，公役9人，上项人数为本年五月中情形……。

设备：渝厂之主要生产为电照、电池两类，其主要机器设备列举如下：

冲床7部、牛头刨床5部、龙门刨床1部、车床7部、钻床4部、电焊器2只、电动机34只、发电机1部、变压器2具（以上普通生产设备，另有供电、蒸汽设备及修理设备）、绕丝机7部、剪丝机一部、真空泵21具、自动心极机10部、喇叭机4具、锯玻管机2具、球形测光器1具、绷丝机8具、点焊机二具、导丝机及其电源设备1套（以上电照部分设备）、打炭包机3部、绕线机4部、卷边机1部、磨光机2部、切纸筒机2部、卷纸筒机6部、卷锌筒机5部、球磨机3部、磨粉及和粉机4部、离心分离机2部、空气压缩机2部、压滤机1部、扣边机1部、刻边机1部、铜帽机1部、盖片机2部、压碎机2部、打浆机1部、切纸机1部、高压抽水机1部、炭条机1部、模子启合机10部、裁纸机1部、刨木隔板机1部、容电量5具、烘炉炉灶6座（以上电池部分设备）。

原料：渝厂所需原料中电照类之钨丝、钼丝及大部之氩气必须仰给于舶来，电池类之纯青铅、石墨粉及大部分锌皮、胶壳等，亦必等待国外之输入。此外，该厂修配电机类所需之矽钢片目前国内亦尚不能供应，故上述各项主要材料之余裕或亏少，关系该厂生产者极巨。其余各料比较次要，在国内当可设法，惟该厂远在巴渝，交通不便，输入颇感困难，就地采料难免质地不良，可能影响生产。兹列去年自上海转拨该厂主要原料数量如下表：

主要原料名称	钨丝	钨丝圈	锌皮	蓄电池壳	青铅	石墨粉	锰盐	矽钢片
转拨渝厂数量	342162米	1110152根	21296.62公斤	1773只	18500公斤	2041.16公斤	15716.98公斤	8533.21公斤

生产：兹将渝厂历年及本年一至四月份生产数字列如后表（其中一九三九至一九四五各年包括该厂前身桂渝二、四各厂数字在内）。

该厂历年共计产值合战前币值四〇三〇三九一.三〇元。

营业：兹列去年渝厂生产及渝处销售各量比较表如后：

可见渝区对于本公司电工器材之需要，除渝厂产制之部分外，当需大量他厂产品。而渝厂所产者仅敷当地需求，而不易外销，如使渝厂展开生产，必须先令本厂昆渝两地产品交流、打开市场，则所产者方足有其销场。

……

二、中央无线电器材有限公司重庆营业处

沿革：本公司重庆营业处之前身为前中央无线电器材厂之重庆办事处，该处成立于一九三九年春。一九四六年七月本公司筹备处成立于上海，该办事处改组为重庆营业处，一九四八年七月本公司正式成立，该处仍隶属于本公司，其业务为销售及修理本公司之产品，并附带装制少量无线电机及配件（该处地址为重庆中山路299号，电话3797，电报挂号5005。又本会电台挂号9000）。

组织人事：该处设主任、副主任各一人，其下分总务、会计及服务三组，均由主任及副主任主管之。兹将主任及副主任名单开列如左：

职称	姓名	年龄	籍贯	薪额	到职年月
主任	葛家声	三七	江苏兴化	四三〇元	一九三八年八月
副主任	董家良	二八	浙江鄞县	二二〇元	一九四五年八月

产品 年份	电灯泡（只）	收信电子管（只）	发信电子管（只）	干电池（只）	蓄电池（只）	极片（片）	电动机（TP）	发电机（KVA）
1939	192647	5722	1756	1536790	45		2183.5	89.384
1940	264372	35485	1505	2179310	183		1550	1288.6
1941	231384	1388	2300	3114321	564		1398.5	1518.8
1942	638379	12735	4323	2988998	784		1515.5	2079
1943	685886	17511	6264	3642206	914		1933.5	2100
1944	835779	9145	2248	2286677	883		994	347
1945	837819	—	211	1596516	896	108477	672.5	—
1946	774992	—	—	685604	706	114567	1356	18.75
1947	740977	—	—	699585	645	84134	1428	—
1948	696111	—	—	624114	430	133010	1705	—
1949年1至4月	120880	—	—	198082	153	45703	173	—
历年共产	6019226	81986	18607	19602203	6203	485891	14809.5	7441.534
价值（战前币）	902883.90	213163.60	148856.00	1666187.26	148872.00	145767.30	402818.40	401842.84

产品	电动机（HP）	变压器（KVA）	开关设备（件）	里铜线（吨）	绝缘线（圈）	电磁线（公斤）	铅包线（圈）	电灯泡（只）	干电池（只）	蓄电池（只）	极片（片）	发电机（KVA）
渝厂产量	1705	——	——	——	——	——	——	696111	624114	430	133010	——
渝处销量	1664	1132	409	30.67	8001	5705	187	578041	553604	166	62112	40

投资成分:完全系资源委员会投资。

职工人数:职员九人(管理人员五,技术人员四),工友八(技工四,普通工一,其他工二,公役一)。以上职工共计十七人(本年四月份)。

设备:车床二部、铣床一部、钻床一部、刨床一部。

原料主要来源:本公司供给。

历年及最近生产概况:该处业务以销售及修理为主,装配少量机件为附。

一九四七年全年装配:1.收音机三十三部,2.发报机四部,3.收讯机四部,4.扩大器二套,5.电唱机一架,6.变压器六具。

一九四八年全年装配:1.收音机三十部,2.发报机五部,3.收讯机四部,4.发话机二部,5.其他机件三十四部。

本年一至四月装配:1.收音机五部、2.变压器等十七件。

该处时因运输困难、材料不齐之故,其生产能力大受限制。

营业状况:该处营业以销售本公司京津二厂出品收音机为大宗,修理工作亦颇繁忙,其余收发报机等项以在该处生产者为限,销路不多。兹将该处历年营业额开列如下:

一九四六(七——十二月)	法币七八〇〇万元
一九四七	法币四八六〇〇万元
一九四八(一——七月)	法币八七七九〇八一万元
一九四八(八——十二月)	金圆七二〇三八四元
一九四九(一——四月)	金圆六七七〇九三四二元

……。

三、中央电瓷公司宜宾厂与重庆办事处:

沿革:本公司宜宾厂在四川宜宾县城对江下游之锣锅沱,距城约五里。一九三九年十月开始筹备,向国外订购机器、采购原料,当时因抗战激烈,又值欧战爆发,运输困难,经过极大的努力和奋斗,国外器材方才由仰光抢运到厂,一九四二年三月正式出品，迄今已有十年，仍在继续生产，是本公司历史最悠久的一个厂。该厂所有原料主要自乐山葫芦坝渡岷江而下，质地当佳，唯因四川缺少粘土及长石，故制造初期，时感困难，迩来长石等供应已可解决，所有出品行销西南各省及华中地区者甚多。本年因限于运输，仅能供应西南。重庆办事处在重庆两路口金城别墅10号，房屋是租赁的，成立于一九四〇年五月，原先是本公司前身中央电瓷厂总管理机构，那时本公司共有两厂——沅陵厂与宜宾厂，所以在重庆设立总管理机构，综理两厂业务。后来总机构迁宜宾，故设重庆办事处办理业务（该处有货栈一所，在南岸野猫溪）。

组织人事：

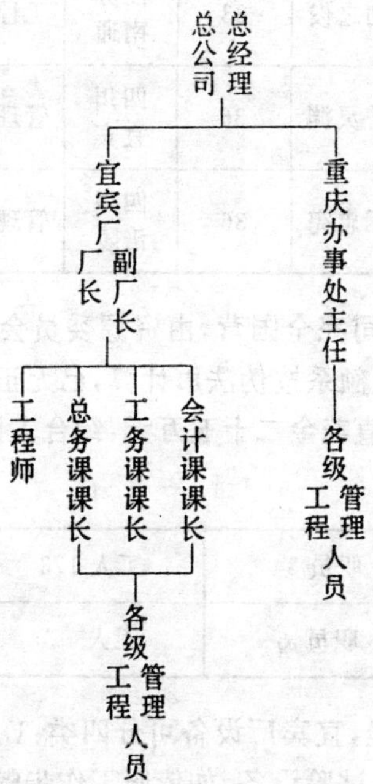

附职员名单：

（部分）	（职别）	（姓名）	（年龄）	（籍贯）	（备注）
宜宾厂	厂　长	李锡麒	37	江苏泰县	工程人员
宜宾厂	副 厂 长	李叔建	43	湖南长沙	工程人员
宜宾厂	正工程师	张　光	48	湖南长沙	工程人员系总公司正工程师，暂派宜宾厂工作
宜宾厂	总务课长	章荣禄	37	江苏泰县	管理人员兼办业务
宜宾厂	工务课长	刘之俊	33	江苏南通	工程人员
宜宾厂	会计课长	曾灵渊	36	四川宜宾	管理人员
重庆办事处	主　任	王忠宪	36	四川涪陵	管理人员

投资成分：本公司完全国营，由资源委员会经营，无其他资本投入。宜宾厂资本总额系按伪法币计算，已无正确性可以表达，但就全厂设备估计，约值美金二十五万元，约合人民币四亿元。

职工人数：

宜宾厂	职员 34	工人 173	共计 207
渝办处	职员 5	工人 5	共计 10

设备或新式工程，宜宾厂设备可分四类：1. 制瓷设备，2. 窑炉设备，3. 金工设备，4. 试验设备。如依照工作步骤，制瓷设备又可分为：磨粉、炼泥和制坯三阶段。

1. 制瓷设备:磨粉部备有轧石机及磨粉机各一具。轧石机是本国制造,磨粉机是美国货 Raymond mill。产量因原料之硬度及所需之细度而异,瓷土和火泥每小时约二吨,石膏、硅石每小时约一吨至半吨,细度为百分之九十五三百目。炼泥部有干拌泥机、湿拌泥机各一具,真空炼泥机二具和立式炼泥机二具。干拌泥机每小时可拌泥三四次,每次二百公斤,产量迅速,可供大量制造之用,不过泥内如有竹丝、木屑却不能分除,是其最大缺点。湿拌泥机附有吸铁器、筛浆机、抽浆机和榨泥机各一具,吸铁器能吸去泥中铁屑和铁质,筛浆机能筛去泥中竹丝、木屑等一切杂质,拌成之泥品质较佳,可供制造高压电瓷之用。真空炼泥机除将拌成的泥炼成泥段,并抽去泥中空气,每小时产量四百公斤。此外,尚有打粉机一具,专制干粉,供压坯之用。制坯部备有压坯机四十九具、旋坯机三十三具、木车床六具、制管机一具、喷釉机一具及修坯机十六具,详细数字因南京厂调用或有变动,此间无从查核(以上磨粉机、干拌泥机、真空炼泥机、吸铁器均为美国货之新式设备,国内不可多得)。本公司南京厂仅有真空炼泥机,其余尚付阙如。

2. 窑炉设备:现有阶级式窑炉四座,窑基依山坡而筑,窑前为空间,后为烟囱,中为窑室,共分八间,每级升高数尺,故名阶级窑。窑室是长方形,高约七英寸,宽六英寸,长十英寸,全窑可装匣钵千余只,共计八九千钵英寸,每次耗用松柴四百担,此种窑炉使用不甚满意,限于各种条件,尚无法改进。另有倒焰式煤窑二座,可装四千余钵英寸,较阶级窑稍佳。机器方面有碎钵机、炼钵泥机各一具、压钵机一具,专供造匣钵之用,每天可制二百余只,亦为新式设备。

3. 金工设备:分锻工、铸工及金工三部,熔炉、冲床、车床、铣床等,工具机均有,主要工作为制造电瓷附件和制坯钢模。此部分设备尚称完美。

4. 试验设备:有高阻试验器一具,专供试验电讯绝缘子的电阻用,亦系国内不多见者。

原料：主要原料是瓷土，又名高岭土，川省产瓷之区甚广，乐山、南溪、江津、江安等地均有，不过含氧化铁甚多，烧成之后色泽欠佳，而同一地点所产之成分也颇不一致，因此每次原料进厂必先经化验并试验其收缩性、吸水性、烧成温度和其他物理性能。宜宾厂采用的主要原料是乐山瓷泥，是向矿商订购的，其次是泡砂和硅石，宜宾城效真武山出产泡砂，本厂雇工自采。硅石则在江中拣取，全年用量共约二百吨。

历年及最近生产概况：出品种类依其性质可分为七大类：1.高低压绝缘子类，2.瓷夹板、瓷管类，3.灯头、西令葫芦类，4.开关插头、插座类，5.保险丝具类，6.特种瓷件类，7.金属附件类。

宜宾厂成长于抗战期间，为国内规模最大的电瓷工厂，当时供应后方电讯、电力建设所需的各项电瓷，为数甚巨。自一九四二年开始生产以来，产量逐渐增加。一九四六年抗战胜利，虽因复员影响，略有低落，但次年即恢复原状，并超过以往产量。最近因受时局、物价及运输影响，资金周转不敷，全厂不得不予紧缩。

营业状况：宜宾厂营业地区在抗战时期遍及于西南、西北各省。胜利后虽行销至汉口、南京、上海等地，颇得各界好评，然以交通不便，未能大量运出，大部产品均在重庆销售。至于销货种类，以长途电报、电话所用之大量双绝缘子和电力建设所用之六千六百伏高压绝缘子占最大多数。自一九四二年至一九四八年，七年间共计销售六百二十万件。

……

（庚）化工事业

一、中央化工厂筹备处重庆工厂

该厂系由原动力油料厂改组而成，于民二十七年六月成立，由兵工署及资源委员会合资举办，资本总额为法币三亿九千五百万元，兵工署投资额仅占五十万元，余均为资委会之股本。该厂设于重庆小龙坎，以蛇管式炉裂化植物油料，制造各种石油代替品，当时裨益后方运输非浅。至抗战胜利以后,因市场需要情形变更,该厂遂转移生产目标,作直接与民生有关之产品,如纸张及油脂等,并于三十七年一月归并于中央化工厂筹备处,改称该处重庆工厂,主要产品为硫化碱,用以配合该处上海工厂转制磁化元。该厂现有技术人员十五人,管理人员二三人,技术工人四五人,普通工人及工警一〇〇人,厂长为陈大燮君。

二、资川酒精厂

该厂系移用前咸阳酒精厂设备,于二十八年成立,设厂于四川资中银山镇,原名资中酒精厂,制造动力酒精及无水酒精,供运输之用。抗战胜利后,复合并资源委员会在川各酒精厂,改名为资川酒精厂,并设分厂二所于简阳、泸县,其总资本额为金圆券一百五十五万元。厂长为金贵湜,全厂计有职员一一〇人,工友三五八人。

三、天源电化厂有限公司

该公司成立于民国十八年十月。抗战以前,仅有一厂设于上海,产制烧碱及氯气制品。抗日军兴,滨海各厂相继西迁。在后方建设期间,因资金不足,商请资源委员会投资协助,先后在四川成立重庆及宜宾两厂。复员以后修复上海工厂,并扩充收购敌产之一部分物资,成立浦东工厂。该公司四个工厂生产目标相同,总投资额在三十六年调整为法币五百亿,资委会投资比例为百分之四十。

1. 重庆工厂:成立于二十九年六月,厂址在重庆猫儿石,共有职员二五人,工人八〇人,厂长为马应龙氏。

2. 宜宾工厂:厂址设于四川宜宾蒋坝,于三十五年十二月开工,现有职员十七人,工友八〇人,厂长为叶世强氏。

四、资源委员会资川酒精厂概况

1. 沿革及厂址:抗日战争开始后,资委会在四川省先后设立酒精厂多所,利用当地沱江流域的糖蜜作为原料,制造酒精,用作汽车等内燃机的液体燃料。胜利后,因为需要情形改变,把四川省资委会主管的酒精厂重新安排,合并成一个组织,定名为资川酒精厂。总厂设在资中县银山镇，分厂二个，一在简阳石桥镇，一在泸县蓝田坝，继续制造酒精。

2. 投资：完全是资委会投资，共计伪金圆券一百五十五万元。

3. 职工人数：职员一一〇人，工友三五八人。

4. 设备：资川本厂、简阳厂和泸县厂各有动力酒精制造设备一整套，资川本厂还有无水酒精制造设备一套，全部生产能力每月可产动力酒精十万加仑、无水酒精一万加仑。

5. 原料来源：沱江流域的废糖蜜(这种糖蜜在没设厂以前是喂猪的)。

6. 历年和最近生产量：抗战时因需要量大，所以充分生产，增添简单的小蒸馏机，干酒也用做原料，成本虽较高，可是因为需要的关系，还是值得制造。用干酒和糖蜜做原料，资委会所属的厂每月可产动力酒精二十万加仑。战后因为环境更变，同时要讲究成本，干酒的价格太高，不适宜于应用，纯粹把糖蜜做原料，所以产量少了许多，每月约产四万加仑动力酒精。

7. 营业概况：四川省的公路运输用燃料现在大部还在用酒精，每月的产量和市场的需要相符，资川的酒精曾运来上海销售，品质很有信誉。

……

(辛) 糖业

一、四川糖厂筹备处

1. 沿革：四川内江一带产蔗甚多，惟全部用土法制糖，尚无新式糖厂设立，前资源委员会有鉴于此，利用会属之台糖公司苗栗厂不再使用之制糖设备及四川资川酒精厂现有厂址、房屋，合办四川糖厂，厂址为四川银山镇，由资川酒精厂厂长金贵湜兼筹备主任，于三十七年春开始筹备，原定于本年底开工。

2. 组织人事及职工人数：该处设筹备主任及副主任各一人，

下设总务、工务、农务、运务、会计五组。于筹备期内,除至少制糖、农务人员外,大部人员利用资川酒精厂现有员工,以减低筹备费用。该处现有职员三二人,工警十五人,共计四七人。

3. 设备:该处所用设备由台糖公司苗栗厂拆迁,计有压蔗机一套、清净设备一套、蒸发设备一套、结晶设备一套、分离设备一套、汽锅设备一套、电机及酒精制造设备各一套,每十四小时压蔗三百公吨,约产糖每日三十公吨,另酒精设备每二十四小时出酒精一五〇〇加仑。总共机器一千三百二十五件,至三十八年三月底止,已运抵厂内者达八百七十五件,其余尚在途中。

4. 投资成分:该处系前资委会所属台糖公司及资川酒精厂合营,除台糖公司出苗栗厂大湖工场全部机器及厂房与资川酒精厂出厂基及一部分房屋外,另由台糖公司拨砂糖四百吨、资川酒精厂拨酒精四万加仑为筹备费用,最近因经费困难,又依照比例增加砂糖六百吨、酒精六万介仑。

5. 原料主要来源:该处将来需要原料系用就近生长之甘蔗,因四川之内江、资中、资扬等县均产甘蔗极丰。

6. 历年及最近生产概况:该处拟于本年底开工,其制糖设备为每二十四小时压蔗能力三百吨,故每年可产糖三千吨左右。

7. 将来展望:该处之筹设为四川新法制糖之示范,希望以后均能将土法逐渐改为新法制糖。

云南省事业概况

(甲) 电力事业

一、昆湖电厂

民国二十七年,湖南资委会各厂纷纷迁昆,该地原有耀龙电力公司,发电量不敷供应,乃于是年三月成立云南电厂工程处,在昆明西郊马街子购地设厂,并自自贡盐业电力厂购得汽轮发电机二套,另自大冶矿场拆迁柴油机一套,备供厂用。于二十八年二月装竣汽轮机，于是年五月装竣发电，六月正式成立昆湖电厂，二十九年日军攻滇，局势紧张，该厂奉令拆一机一炉存置安全地带。嗣后局势稳定，昆明附近需电日增，乃在昆明郊外之喷水洞建立山洞发电所，以避空袭。于三十一年开始装置，三十二年四月装竣发电，三十三年二月因电力不敷，又向本会中央机器厂添置汽轮发电机一座，于三十四年八月装竣于马街子发电所。

该厂组织系统及主要负责人员如后表：

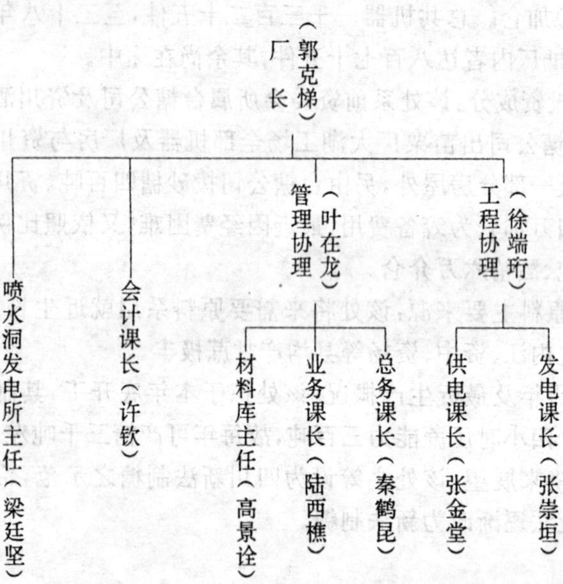

技术人员三九人，管理人员五七人，职员总额九六人。

技术工人一五三人，普通工人二〇二人，工人总额三五五人。

该厂资金由资委会单独投资，其历年投资数额如下表：（千元）

二十六年	二十七年	二十八年	二十九年	三十年	三十一年	三十二年	三十三年
七五〇	二三〇	一一五〇	二六三七	二八八〇	四〇〇〇	八〇〇〇	六〇〇〇

该厂现有发电设备如下表：

马街子发电所　二〇〇〇瓩汽轮发电机　二套

喷水洞发电所　二〇〇〇瓩汽轮发电机　一套

该厂所用燃料由本会明良煤矿公司供给。该矿距马街发电所约六〇余公里，有滇越支线直通马街子喷水洞附近，亦由明良煤矿供给，相距近，仅数十步。

该厂历年生产量及营业情况如下表：

	发电量（千瓦）	发电度数（千度）	售电度数（千度）	营业收入（千元）	营业支出（千元）
廿八年	四三三六	四九五	三七八	四三四	三三
廿九年	二三三六	三八九六	三六八〇	一〇〇五	八六五
卅年	二三三六	六六三〇	六二二八	三三八五	二〇七九
卅一年	二三三六	七八〇二	七一八六	一九四八七	一六四一〇
卅二年	四三三六	九四八九	八四八六	八六二二五	八三一八二
卅三年	四三三六	一五一八六	一二六二一	二五二四三二	二二八五〇七
卅四年	六四三六	一八九九五	一五四〇五	一三四五一八八	.一三三七七二九
卅五年	六四三六	一五三八九	一二七二七	一六四三三四三	七五〇六九六二〇
卅六年	六〇〇〇	一九七三四	一七二〇二	一二三五三三九六	一一〇八六九二二九七
卅七年	六〇〇〇	二〇八三〇	一八六〇六	五六四五	二〇三五七六

该厂自开办迄今，年有盈余。抗战时期，新兴公私工商为数颇多，胜利后一度衰落，现该厂电力在夜间大部供给昆明市区照明，仍不敷用。云南矿丰富，将来工业必可大为扩展，故该厂将来营业极为乐观。

（乙）煤矿

明良煤矿局

一、沿革：该矿位于云南嵩明宜良县嵩宜大煤山，民国前有美利公司及开济煤庄于宜良可保村经营、包销及开采。该村附近煤矿于民国四年合并，改组为云南煤矿公司，请领矿区，扩充生产；十六年改组为云南明良煤矿公司，扩充设备，改良运输，成为云南最大之煤矿。二十八年九月，资源委员会加入股本，改称官商合办明良煤矿公司。三十四年，资源委员会收购商股，独资经营，改称明良煤局，辖有万寿山、喷水洞两矿厂，并于可保村设办事处。

二、组织人事：该局设局长一人、副局长二人。下设总务、运输、业务、会计四课，各设课长一人。矿厂设矿长一人，办事处设主任一人。兹将该局高级职员姓名列后：

局　长：郭　珠

副局长：李汉民（兼秘书）、徐镇南

万寿山矿厂矿长：徐镇南（兼）

喷水洞矿厂矿长：戴长莹

总务课长：杨存仪

运输课长：彭兆咸

业务课长：戚少文

会计课长：陶世忠

可保村办事处主任：刘兴周

三、资本额：截止三十六年决算为止，本会自二十七年至三十五年历年投资共该国币四亿一千九百二十二万元。

四、职工人数：现有职员一二二人，内技术人员三九人，管理人员八三人。工警一〇七四人，内技术工人四一六，余为普通工人及警士。

五、设备与重要工程：该矿原有小松园、喷水洞及万寿山三矿厂。小松园开有直井二座，喷水洞开有平巷二道及通风斜井二口，万寿山沿露头开斜井一口及平巷一道。战后因紧缩生产，业将小松园矿厂停工。

矿厂主要设备计有：四〇马力锅炉二具，三五马力锅炉二具，七五马力锅炉一具，三〇马力绞车及五马力绞车各一具，二英寸至一英寸大、小汽泵共六部，四〇马力至五【〇】马力电泵共五部，修理设备全套，自筑轻便运煤铁道二十四公里，煤车百余辆。

六、历年及最近生产概况：该矿自二十八年开办以来，历年煤焦产量如后：

二十八年：煤八九一〇吨，焦二九吨。

二十九年：煤三四〇四六吨，焦四四吨。

三 十 年：煤六〇一一五吨，焦八八吨。

三十一年：煤五七三七五吨，焦一二五四吨。

三十二年：煤六四八二八吨，焦七二三吨。

三十三年：煤七四七一九吨，焦八九五吨。

三十四年：煤六六〇三四吨，焦七八三吨。

三十五年：煤五〇八八七吨，焦无。

三十六年：煤五八三六九吨，焦五一一吨。

三十七年：煤七二三三七吨，焦无。

最近日产量——最高一七〇吨，最低九九吨，平均日产量一四〇吨，未炼焦。

七、营业概况：该矿历年所产煤斤，除炼焦及自用外，全部供应川滇、滇越、箇碧石三铁路。昆明及耀龙二电厂用煤历年营业收支因限价关系勉可相抵，甚少盈余。

八、将来展望：该矿为滇省目前唯一稍具规模之煤矿，日产百数十吨，足供该省交通、电力及其他工业用煤而有余。将来工业发展，需煤渐多，该矿储量达二千万吨以上，扩充增产至日产五百吨至一千吨，应无困难。

附：云南省营一平浪煤矿

一、沿革：一九三七年左右，云南省政府财政厅于一平浪（滇缅公路上一小镇，位昆明之西一百二十八公里）设立一平浪制盐场，开采附近羊桥菁煤矿作为煎盐之用，后改为滇西企业局，并于离一平浪约五公里地方增设干海资煤矿，曾作较大规模之开采，并炼焦供给安宁炼铁厂之用。抗战胜利后，滇西企业局改组，属云南人民企业公司，该矿情形不详，据猜测，羊桥菁部分乃开采供煮盐燃料。干海资部恐在保管状态中。

二、组织人事：不详。

三、资本额：不详。

四、职工人数：一九四五年最高，达二千余人。

五、工程设备：羊桥菁及干海资至一平浪有板车道及公路可通。

各矿除窿道及斜井外，并无任何机器设备。

干海资有土法炼焦设备。

六、生产概况：历年最高产量为：抗战期间之一九四三年约产十五万吨，最近产量每日约二三十吨。

七、营业概况：最近因交通不便，销路不多，除供煮盐外，营业甚为不振。

八、将来希望：该矿储量虽不甚丰，但干海资及新庄一带煤质颇优，可炼焦，将来滇缅铁路建筑完成、安宁铁厂复工，则该矿前途颇可乐观也。

（丙）钢铁事业

云南钢铁厂

一、沿革：资源委员会于二十八年初有筹设云南钢铁厂之拟议，于三月间派员赴滇调查易门、昆明两县之铁矿及宣威县与可保村之煤矿，是年八月始决定在滇筹设钢铁厂，设立云南钢铁厂筹备委员会。其组织由资委会、云南省政府、兵工署三机关合办，各派委员三人，并以资委会所派之委员指定一人为主任委员，云南省政府所派者一人为副主任委员。

二十八年十月，资委会复派员赴滇复勘易门县军哨铁矿，并再勘查厂址，视察一平浪煤矿，始决定厂址于安宁郎家庄。

十二月，奉资委会令准先拨国币九百九十万元，完成第一步计划。

三十二年四月完成五十吨炼铁炉一座，五月底开始生产生铁，七月底柏士麦炼钢炉设备亦相继完成，每月俱有小量生产。

三十四年九月，以抗战结束，主要人员均调赴东北乃停工保管。

二、组织人事：云南钢铁厂在保管期间设保管员及会计各一人，保管员系该厂副管理师杜伟材负责保管该厂一切资产、器材及处理应办事项。

三、投资成分：云南钢铁厂建设资金由三方面投资，数额如下：

资源委员会重工业建设基金：二二九五一〇〇〇〇．〇〇元。

兵工署：三〇〇〇〇〇〇．〇〇元。

云南省人民企业公司：二一三〇〇〇〇〇．〇〇元。

四、职工人数：职员二人，工人七名，警役二十二人。

五、设备或新式工程：

（一）五十吨炼铁炉一座。

（二）一吨贝氏炼钢炉一座。

（三）$1\frac{1}{2}$吨贝氏炼钢炉一座。

六、原料主要来源：昆明、易门两县之铁矿及宣威县与可保村之煤矿。

七、历年及最近生产概况：该厂三十二年至三十四年主要产品及产量如后：

	三十二年	三十三年	三十四年	合　计
生铁：	三一三四公吨	三六四二吨	三五一〇吨	一〇二八六吨
钢锭：	二公吨	一九六吨	一九六吨	三六八吨

其主要设备为：五十吨炼铁炉一套，一吨贝色〔氏〕麦炉设备一

套。

八、营业状况：该厂自三十四年九月抗战结束停办保管，故无营业之可言。

九、将来展望：该厂因昆明附近工业自抗战胜利后异常衰落，以致成品销售锐减，目前在停工保管中，将来复工或扩展问题须重作通盘之考虑。

（丁）金属矿产

一、云南锡业公司

总公司：云南个旧

昆明办事处：昆明穿心鼓楼金殿公路路南

（一）沿革：该公司创立于民国二十九年九月，由前云南锡务公司、个旧炼锡公司及资源委员会云南锡矿工程处合并而成，当时抗战止殷，后方工矿事业亟须加强组织、促进生产，以应国防需要，因由资源委员会、云南省政府及中国银行联合投资，将三个各别组织合并为一。成立至今已历九载，其间虽经种种困难，一切计划未能完全实现，然总能循序渐进逐步推进事业之发展，现总公司设于个旧，在老厂区设老厂锡矿，马拉格区设新厂锡矿，开远乌格村乌格煤矿，并分设选炼厂及机厂于个旧，又于昆明、南京、上海分设办事处，蒙自、碧色寨分设转运栈。

（二）组织及人事：〔略〕

（三）投资成分：

该公司资本总额定为法币伍百亿元，其分配及来源如左：

(1) 投资分配百分比：

资源委员会	百分之三〇.一五
云南省机关	百分之三〇.六九
中国银行	百分之三〇.一五
其他商股	百分之九.〇一

(2) 投资来源及数额：

资 源 委 员 会	法币一五〇七五〇〇〇〇〇〇元
云南省属机关	法币一五三四三一五〇〇〇〇元
中 国 银 行	法币一五〇七五〇〇〇〇〇〇元
其 他 商 股	法币 四五〇六八五〇〇〇〇元

以上投资总额共为法币伍佰亿元。

(四) 职工人数：

一九四九年四月份该公司职工人数如左：

技术人员	一〇五人
管理人员	一二八人
技术工人	一一六人
普通工人	二二四八人
其他工警	三〇三人
合计	三九〇〇人

(五) 设备或新式工程：

(1)·老厂锡矿：有直井两口，各深二百公尺，每日处理矿石一五〇吨，采矿及选矿设备一套，六〇〇 B□动力设备两套(目前未用)。

(2) 新厂锡矿：有四五公里架空索道直达个旧选炼厂。直井一口，深三百余公尺，又每日处理矿石一二〇吨，采矿设备一套。

(3) 选炼厂：有一二五吨/日重力选矿设备两套，鼓风炉一座，韦氏炉两座，反射炉一座。

(4) 个旧机厂：有修理设备一套(其中有新式车床十二部)，其他刨床、钻床、电焊机俱备四〇〇□，动力设备一套。又翻砂部分每月能铸铁十吨。

(5) 乌格煤矿：有六〇吨/日采矿设备一套；炼焦炉四座，每日可产焦一五〇吨，该公司生产能力每年可产精锡一五〇〇吨。

(六) 原料主要来源：

(1) 自产锡砂不足需,收购个旧区私营锡矿,产砂应用。

(2) 所需矿木须自附近各县采购。

(七) 历年及最近生产概况:

抗战期间,该公司年产纯锡及精锡共约一千余吨,其主要业务系代理前云南出口矿产品运销处、精炼商锡。自一九四六年锡品管制取消,云南出口矿产品运销处裁撤后,乃力谋增产,惟因滇越铁路切断,矿山粮食供应不足,无法容纳较多工人。又以交通困难,所需矿木及机器设备均不能顺利补充,致未能完全达成增产计划。自抗战胜利以后,该公司各年实产锡品数量如左:

一九四六年	九九三公吨
一九四七年	一一八五公吨
一九四八年	一〇七六公吨
一九四九年	一二〇〇公吨(计划产量)

(八) 营业状况:

该公司所产纯锡及精锡因国内工业落后不能利用,历年大部均系出口外销。抗战以后,因前中央银行所订汇率过低,锡品出口外销所得不敷生产成本,维持至感困难,旋于一九四七年六月由资源委员会商洽中央银行按照成本加利润收购,始得继续进行生产。至一九四八年七月,前中央银行改按纽约银行锡价在个旧收购,勉维生产。本年以来,个旧矿山及昆明市区先后拒绝使用伪金圆券,资金周转困难,生产濒于停顿。

(九) 将来展望:〔略〕。

二、滇北矿务局保管处

地址:昆明圆通街一五一号(矿厂在云南会泽)

(一) 沿革:民国三年,云南实业公司倡办东川矿业公司,设总公司于昆明,开采东川府属之铜、铝、锌矿。至民国二十七年下半年抗战后方建立兵工事业,对铜、铝、锌各矿需求甚殷,资源委员会乃与云南省政府筹商合办公司，共谋开发。二十八年三月一日，将前述东川矿业公司改组为滇北矿务公司，迁总公司于会泽县城，至三十二年扩大组织改为滇北矿务局，附属矿厂计有：汤丹及落雪两铜矿矿山厂，铅、锌矿会泽炼铜厂。抗战结束以后，因产品缺乏销路，缩小业务，于三十五年五月改为保管处，仅维持小量生产，供应当地需要。

（二）组织及人事：〔略〕

（三）投资成分：前滇北矿务局资本在三十三年增为法币五百六十万元，百分比及投资数如左：

(1) 投资百分比：

资源委员会	百分之五〇
云南省政府	百分之五〇

(2) 投资数额：

资源委员会	法币三六八三〇〇〇〇〇元
云南省政府	法币八八八五八六二.七五元

以上投资总数为法币三亿七千七百一十八万五千八百六十二元七角伍分。

（四）职工人数：

本年四月份该处职工人数如左：

职员	二〇人
工人	八五一人
役警	七五人
共计	九四六人

（五）设备或新式工程：该处矿厂设备甚为简陋，各矿均在探勘期间，其主要设备如左：

(1) 压风机三部及附属零星采矿设备。

(2) 30KVA 发电机一部。

(3) 精炼铜之反射炉一座。

(4) 土法铜、铝、锌炼炉各十余座。

(5) 翻砂间及火砖厂各一座。

(六) 原料主要来源〔从略〕:

(七) 历年及最近生产概况:

抗战时期后方需要矿品迫切,该局生产数量颇巨,计:精铜产于二十九年,最高达一七五吨;粗铜产量于二十八年,达六六九吨;净锌于三十二年,达一八九吨。其后,因需求减少,该局产量随之萎缩。本年以来,以销路停滞,生产陷于停顿。

(八) 营业状况:

该处业务系收购会泽各私营小矿所产粗铜、粗铅、粗锌,加以精炼后运销昆明。复员以来,昆明兵工厂停止采购,一般工业凋疲,厂家倒闭,存矿无法销出,维持至感困难。

(九) 将来展望:

滇北会泽等地铜、铅、锌矿储量颇丰,汤丹、落雪两铜矿初步估计含铜约一百万公吨,平均含铜成分为百分之四左右,为国内现已发现之最大最丰铜矿,惜因地位偏僻,交通不便,运输困难,致未早日开发。惟查我国铜、铅、锌矿历年均赖国外输入,今后发展民族工业,势必开发国内矿藏,力求矿产自给自足,该局所属各矿将来自应竭力开发,如能改善交通、引用机器采炼,当可成为全国最大非铁金属矿之一也。

(戊) 电工事业

一、中央电工器材厂有限公司昆明制造厂、昆明区营业处概况:

沿革:一九三八年,本厂原定在湘潭设立之第一厂(电线厂),因抗战军事转移关系改在昆明筹设,于翌年开始生产时本厂总办事处亦迁设来昆,遂于七月一日正式成立。至同年冬,第四厂(电机厂)除桂林部分外,开始增设昆明部分,产制电动机、变压器及开关设备等。于一九四一年初正式定称为昆明第四厂，时本厂在昆之机构除总处及第一厂(电线)、昆四厂(电机)外，并有第三厂(电话机厂)，当地遂行成为全厂之重心所在。一九四四冬，原在桂林之第二厂电子管部分因湘桂战役撤退到昆，成立第二厂昆明支厂(简称昆二支厂)，制造电子管并附制氧气供应空军，于是本厂在昆有电线、电机、电话机及电子管四个生产单位。抗战结束，总厂迁设南京调整后方机构，除第三厂(电话机厂)待另行变更组织昆二支厂(电子管厂)暂行结束外，第一厂(电线厂)、昆四厂(电机厂)遂于一九四五年十一月合组为昆明分厂。一九四六年四月接办昆明炼铜厂改为昆厂冶炼组，完成制造电线整个设备及步骤，一九四七年三月改称昆明制造厂。昆明营业处系自一九三九年秋总处在昆设驻城事务所，历改为昆明门市部、昆明办事处、昆明事务所等演化而来，于一九四六年三月始改定今名，办理滇黔两省区营业。一九四八年冬，本公司施行区经理制，昆厂、昆处两单位同受昆明区经理统辖，综合办理该区产销业务。

昆厂原为本公司战时生产之重心，故生产能力在战后遂远超过西南地区之需要，就在昆设厂便利制造电线原料之供给的初意及因与英国绝缘电缆公司技术合作在昆设备之基础，乃决定战后该厂以制造电线为主，并配制电机将制造电机之多余机器、设备选择移运湘潭，以充实湘潭电机厂，多余之制线机器则运至上海充实电线主厂。昆厂设于昆明西郊距城九公里之马街子，厂址地占六百余亩，在本公司八厂中，除湘潭厂外，以该厂为最大，现厂房空闲者甚多，如将来扩充生产，当有相当之便利。

组织：兹以系统表示之〔略〕。

昆厂各组以下并得因需要分设各股，在管理组内并设医务室及警卫队。此外，与昆湖电厂及云南锡业公司合组昆明西山三厂子女小学一所，教育各厂员工子女，组织校董会办理之。

职工：昆厂有职员、工人 246 人，其中：职员 61 人(内技术职员

31人)。

工友185人(内技术工人116人),厂区辽阔,警卫人数需要较多。

昆处有职员14人,公役3人。

以上人数为本年五月中情形区经理处之职工,包括于昆厂之内。

设备:昆厂之主要生产为电线类,电机类副之,兹列举其主要机器设备如下:

拉线机6部、绞线机3部、轧头机2部、复绕机1部、耐酸压滤机1部、电解槽1套、酸洗设备1套、酸洗缸4只、咸液箱1只、束线机2部、制模设备1套、金钢钻线模128只、韧炼设备1套、镀锡机2部、转线架24只、放线架4只、进线架10只、皱板机1部、线盘299只、纱包机1部、漆包机2部、铅包机1部、涂蜡机2部、包带机2部、纵包机1部、剥铅机1部、真空浸漆器1只、磨粉机2部、瓷土风机1部、制锌氧粉设备1套、洗土设备1套、离心力机1部、挤橡机1部、混浆机1部、上浆机1部、双混橡机1部、滤油机1部、辗页机1部、切条机1部、油漆箱1套、硫化筒19只、硫化器1套、绕线机2部、拼纱机3部、络丝机1部、绕筒机1部、成圈机2部、双绞机2部、编织机2部、铁线盘417只、精辗机1部、粗辗机1部、辗片机1部、绕焊机2部、铜焊机4部、耐酸抽液机3部、汽油打水机1部(以上制线部分设备)。

鼓风炉1座、电解炉5座、电炉1座、韧炼炉1座、铜□再热炉1座、反射炉5座、氟气酸制造设备1套(以上炼铜部分设备)。

水压床2部、16T冲床1部、钻床6部、车床13部、刨床7部、铣床1部、锯床2部、抬床38把、剪刀机3部、电焊机7具、空气压缩机1套、调压器7部、喷漆机1部、制钉机1部、矽铜片再热炉1座、变压器烘房1座(以上电机部分设备)。

氧气贮存缸1套、分馏柱1套、空气干燥筒4只、氧气瓶118

只、双焊压风机1套、氧气压风机1套、鼓风机6具(以上制氧设备)。

原料:昆厂制造电线所需之主要原料为铜,在滇省虽有会泽铜矿,惟业务不振,产量有限,且因生产成本过高,如收购再制,必致影响电线销路。抗战时期,昆厂所需铜料多系自国内各地收购而来,时断时续,不能把握产量。近二年来,綦江电化冶炼厂所产之精铜尚能陆续济一小部分制线之用,惟内地运输困难极多,接济情形难如理想,在沪统购之国内外铜料更以运输关系不能对该厂有所供应,故昆厂生产上最大之关键乃在于铜料之是否可以经常获得。此外,如棉纱、橡胶、石蜡等亦为制电线之主要原料,昆厂设在内地,亦端赖外间之接济。至于配制电机类产品之原料,主要者为矽钢片,国内既无出品,更必赖仰外国之输入。变压器油之情形与矽钢片同,亦为难以内运,而必不可少之原料,故欲使昆厂生产开展,必须先将原料接济问题予以解决,始能成功。兹列去年自重庆、上海转拨该厂各项主要原料数量如下表,此仅为该厂需料之一小部分耳。

原料	数量
紫铜锭	三三九二三.七五公斤
生橡胶	三九四六.四八公斤
矽钢片	一二七八七.九○公斤

生产:兹将昆厂历年及本年一至四月份生产数字列如后表:

另于抗战时期曾制有镀锌线一六一四八九四吨,军用被服线八九五.一六圈,手摇发电机七九六架,并拉制钢丝绳七九六八七四吨,因抗战结束后不再制造,故不再列入表内。

昆厂历年共计产值合战前币值五二五二二三二.三二元。

营业:兹列去年昆厂生产及昆处销售量比较表如后:

产品 / 年份	裸铜线（吨）	绝缘线（圈）	电磁线（公斤）	铅包线（圈）	电动机（HP）	变压器（KVA）	开关设备（件）
1939	307653.2	——	——	——	——	11.3	43
1940	273.09	4788	2259.52	——	——	1340163	249
1941	57656111	27780.5	9591.75	236.05	2302.75	6978.5	893
1942	45468104	30988	15407.78	783.91	54365	10278	2899
1943	35323424	39403	28556.85	578.11	4718	4285185	3117
1944	2547835	64353.5	43542.3	363	4118	4719.53	4605
1945	28470835	47724.7	〔数字不清〕	113	5241	5563	5459
1946	9296917	6930.4	〔数字不清〕	2190	431	810	710
1947	16967119	14102	6985.99	567	2115	1120	621
1948	127	34297	11746	2298	384	1541425	640
1949.1—4 月	144226	5743.79	3648.8	175.55	——	0.36	2
历年供应	29087735	276101	149948195	7384.62	2284.75	36187463	19238
价值(战前售出)	2327018.80	92493967	11179118.30	110769.30	621322.80	492144.50	227008.40

产品	电动机（HP）	变压器（KVA）	开关设备（件）	裸铜线（吨）	绝缘线（圈）	电磁线（公斤）	铅包线（圈）	电灯泡（只）	干电池（只）	蓄电池（只）	极片（片）	发电机（KVA）
昆厂产量	384	1540	640	127	34297	11746	2298	——	——	——	——	——
昆销处量	283	1246	987	54.06	11937	4733	181	46202	54828	2993	9472	——

展望:〔略〕

（己）机械事业

中央机器公司昆明机器厂

一、沿革：一九三六年九月，前资源委员会奉令筹备飞机发动机的制造，成立了一个机器制造筹备委员会，厂址勘定湖南的湘潭下摄司，一面向美国订购机器。到了一九三七年八月飞机发动机的制造计划遇到了阻碍，而放弃该厂的生产计【划】，改订为工具机、动力机及一般机器等，这时候国外的机器已购到一部分，而且已经开始在安装。

一九三八年一月，日寇深入湘潭，设厂已经感到威胁，不得不变更设厂地点而改在云南的昆明。同年二月开始拆迁下摄司厂的机件，同时新入口的机件则利用滇越铁路直接运到昆明去。

一九三九年九月正式成立于昆明的茨坝，改称中央机器厂。

在一九四〇年九月间，曾在四川宜宾筹设分厂，厂址选定在四川宜宾之坪坝。筹备了一年，奉到前资源委员会的命令，将此分厂为独立机构，定名为宜宾机器厂。

一九四六年春，日寇投降以后，原有的员工大部分调返沿海一带办理接收的工作，原有的业务也随着实际的需要而减缩了。同年十月奉前资源委员会命令改归本公司管辖，并改名为中央机器公司昆明机器厂。

二、分支机构：本公司在昆明和重庆均设有营业所，在本公司组织系统上说，各地方的营业所全归本公司业务处直辖，但这两个营业所是有其特质的，因为昆明、重庆两地之对外业务大部分是推销昆明机器厂产品。关于产品的成品和运输等，皆须与昆明厂随时取得联系，为著使业务推展灵活起见，特将该两所之主任一职由昆厂厂长兼充，所以该两所在系统上仍归本公司业务处管辖，而实际上是昆厂的两个分机构。

三、中央机器有限公司昆明机器厂课长以上职员表：

职　　称	姓　名	年龄	籍贯	学　　历	经　　历	备　注
厂　　长	陈　湖	三八	河北天津	国立交通大学机械系毕业	上海电力公司副工程师、兵工署二十四厂设计部主任、资源委员会甘肃机器厂工程师。	在美国实习二年
副厂长	韩忠山	三八	江苏泰县	国立同济大学机械系毕业	兵工署二十五厂技术员、资源委员会甘肃机器厂工程师。	
副厂长	陶亨成	三五	浙江绍兴	国立同济大学机械系毕业	资源委员会甘肃机器厂副工程师，上海机器厂副厂长	
管理师兼总务课长	顾振夏	四九	江苏无锡	国立交通大学铁路系毕业	平汉铁路审核、滇缅铁路课长、宜明煤矿局课长。	
管理师兼会计课长	沈正华	四一	江苏镇江	光华大学商科毕业	英美烟公司段长、中央航空公司会计股长、滇越铁路簿记主任。	
工程师兼农具组组长	李端本	三八	云南祥云	中法国立工学院机械电机系毕业	云南建设厅专员及示范工厂厂长	
工程师兼工具组组长	黄存正	三四	江苏泰县	国立浙江大学机械系毕业	中国汽车制造公司帮工程师，航委会飞机修理厂技术课长	
工程师	杨树宪	三四	江苏泰县	国立武汉大学机械系毕业	中央机器厂工程师	
工程师	李曦临	四二	河北平山	北洋大学机械系毕业	人和钢铁公司工程师明良煤矿局工程师	
工程师	刘明墉	四〇	四川铜梁	国立同济大学机械电工系毕业	兵工署三十一厂课长、主任，甘肃机器厂工程师	
工程师	杨承祉	三三	江苏镇江	中央大学机械系毕业	资源委员会技士、南京机器厂工程师	在英国实习
工程师	王慈明	三五	浙江海宁	国立交通大学工学院毕业	中央机器厂副工程师、上海机器厂副工程师	
副管理师兼昆明营业所主任	欧阳振华	二九	广东新会	广州南武中学毕业	西南运输处海防分处督装员	
副管理师代重庆营业所主任	徐宝章	四三	浙江鄞县	上海宜益高级中学毕业		

四、投资情形：当一九三六年九月前资源委员会筹备机器制造厂时，原系与当时的航空委员会合作，该会补助一部分经费，但是后来飞机发动机制造的计划受到阻碍而放弃。一九三七年八月改由前资源委员会独资经营，一直到今日完全由资源委员会投资，并无其他成分在内。

五、中央机器有限公司昆明机器厂工人人数表：

类　别	人　数	
技术工人	332	
普通工人	51	
其他工人	43	
公　役	7	
警　卫	35	
共　计	468	三十八年三月份人数统计

六、昆明机器厂机器设备

机器种类	数量	机器种类	数量
甲、制造机件用机器设备	245部	乙、非制造机件用机器设备	26部
一、普通工具机及工作机	209部	一、工具室用机器	11部
(1)车床类	78部	二、公用部机器	10部
(2)钻床类	35部	三、杂项及试验用机器	5部
(3)铣床类	25部		
(4)切齿机类	5部		
(5)镗床类	8部		
(6)刨床类	22部		

续上表

机　器　种　类	数量	机　器　种　类	数量
(7) 磨床类	23 部		
(8) 其他工具类	3 部		
(9) 滚卷机类	1 部		
(10) 压力机类	2 部		
(11) 冲床类	7 部		
Ⅱ、专用机类	15 部		
Ⅲ、焊接机类	5 部		
Ⅵ、木工机器	8 部		
总　　计	271 部		

七、需要原料及来源：

1. 生铁：可利用附近所出产土铁。

2. 钢料：普通钢料可在昆明市采购，至于合金钢及工具钢则须自国外进口。

3. 焦炭：昆明附近有产品。

4. 其他另生金属品：少量昆明市区可购到或可利用废料，惟特殊者仍须自国外进口。

八、昆明机器厂过去生产种类及数量：

产品种类及名称	单位	过去最大年产量	目前估计年产量	备　注
1. 纺织机 (1) 梳棉机	部	116(1947 年)	10	
(2) 细纱机	部	——	——	
(3) 纱　锭	套	14100(1947 年)	——	纱锭现已停止制造
2. 动力机 (1) 水轮机				

续上表

产品种类及名称	单位	过去最大年产量	目前估计年产量	备注
(2) 柴油机	马力	1200(1947年)	1800	
(3) 马达				
3. 工具机 (1) 六吋车床		208	——	
(2) 八吋车床		——	20	
(3) 万能铣床 (4) 牛头刨床 (5) 龙门刨床 (6) 精密台钻	部	17.6 20.6 1.1 43.3 } (1948年)	5 15 —— ——	
4. 小工具 (1) 万能夹头 (2) 铣刀及滚刀	件	1322(1947年)	1000	
5. 农具机 (1) 水泵	部	——	25	
6. 农作机 (1) 碾米机 (3) 切面机	部	158(1947年)		现已停止制造
7. 普通机械 (1) 纸型机 (2) 印刷机	部	36(1947年)	——	现已停止制造
8. 汽车零件	件	3330(1947年)	——	现已停止制造

九、昆明机器厂业务情形

(一) 销售方式

1. 总公司订货:按照生产计划所订之产品制成后,由总公司统筹运销,如工具机、纺织机及工具等属之。

2. 客户订货:非本厂经常产品,而为当地各工商业及人民团体机构所需之机器、工具或配件,代为设计制造者。

3. 现货销售:非总公司指定之订货,而本厂经常能生产供应之普通机具,如抽水机、切面机、碾米机、印刷机等属之。

4. 代客修配:当地客户机器损坏之修理、零件之添配等属之。

例如代磨汽车之曲轴之业务亦颇多,过去一年间曾代磨四百五十余根。

以上第二、三、四项系由总公司设立昆明营业所及重庆营业所专责代办。惟因交通困难，运输费时，在重庆之业务颇难进展，而昆明之业务又因材料来源不易、币值贬落之影响，过去亦感周转不灵，难以维持。

（二）销售对象：

1. 昆明方面：以云茂纺织厂购货最多，其购置范围有纺织机、工具机、普通机器马达及工具等，现尚有摇纺机八十部在制造中。其次则为昆明附近各电厂及水利协会之订货，如开远电厂、耀龙电力公司、玉龙电力公司、贵阳电气公司、昆明自来水厂、呈贡大河口灌溉合作社及各地水利协会等。

2. 重庆方面：以豫丰纱厂为大主顾，工具机、纺织机及马达之订货甚多。次为维昌、富华、渝江等纺织厂、西北机器厂及兵工署。较远者为自流井电力公司及衡阳电厂。

十、展望

从昆明的地区而言，它是处在西南山地里面，和四川、贵州等地区同在西南山区之内，对外交通极端困难。所以在自然地理的条件上说，昆明厂的生产范畴是受限制的，但是云贵川各省深处内地，距海岸线太远，所有该地区之工业和前进的农业区域对于机械的需要日益普遍而繁多，故该厂的任务和前途仍然是远大而沉重的。最近几年来，该厂出产的工具机、农业机械、水力发电机和小工具、纺织机、纱锭等供应西南各省需要而获得好评，此后继续努力，仍当为该厂前进正确方向。

复次，在目前中国国内所有机器厂的机器设备而言，昆明厂的机器设备可算是较新而且较为完备的，以他的生产能力而言，倘然不为交通所限制，则发展前途是不可以地区为限的。假使川滇铁路和湘黔铁路、黔桂铁路能以完成联贯起来，则华南、华北乃至华中、华东都可以作为产品供应的范围。例如最近华东各矿区需要之电力、马达超过一五〇马力以上者，上海的工厂便无此供应，然而这种产品即使再加大些在昆明厂是可以解决的，故昆明厂发展前途与将来交通有息息相关之处。……

（庚）水泥事业

一、华新水泥公司昆明厂

（一）创立及沿革：抗战爆发，华中水泥厂自大冶西迁湘省辰谿，二十八年复该厂主持人员在昆筹设水泥厂，以供西南各省需要，二十九年完工，惟以生产技术尚有问题，延至二十九年杪方正式出货。三十二年一部分股东提议与华中水泥厂各并，以增实力，经全体同意，乃合并，改称华新水泥公司。抗战胜利，公司迁回汉口扬子街九号，积极筹建大冶新厂，并于各地分设办事处，其地点如下：

1. 总公司：汉口扬子街九号
2. 长沙办事处：长沙福庆街二二六号
3. 南京办事处：南京鼓楼头条巷四号
4. 衡阳通讯处：衡阳中山北路二四七号
5. 昆明营业所：昆明象塘新村二七号

昆明厂厂址在昆阳海口

组织与人事

华新公司之组织系统如后：

昆明厂主要负责人名单如下：

经理　陈作新　　　副经理　蔡孝宽

（二）投资成分：华新公司总资本为二六〇亿元，其资金成分分析如下：

资源委员会	28.5%	63%
中国银行	25%	
交通银行	10%	

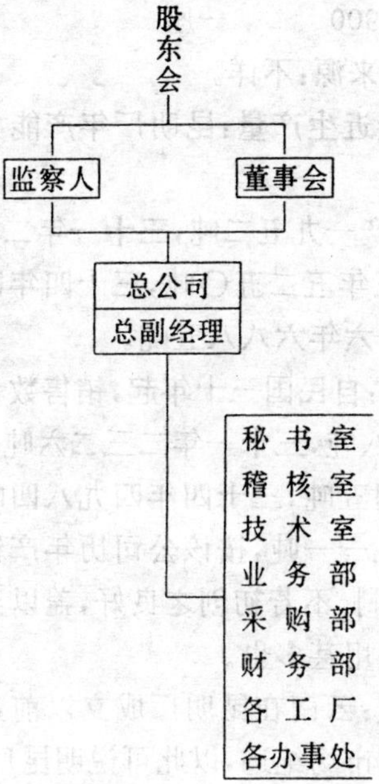

富滇新银行　　　15%

启新公司及其他私人 21.5%

昆明厂之资本包括在内

（三）职工人数：截至三十七年底止，职工人数为：职员管理部分九一人，技术部分三六人，共计一二七人；工人：技术工人一一四人，普通工人七五人，其他工人七四人，公役四五人，警卫八六人，共计三九四人，其中包括大冶厂、辰谿厂在内。昆明厂实有若干，因以往公私合营企业每于需款时，则函电交催，平时则资料延不递送，故无法划分。

（四）设备：昆明厂之主要设备：

马达两具，共四三五匹马力

立窑 25 米×12 米　　　二座

生料磨 1450$^{\phi}$×2800　　一座

球磨机$^{\phi}$1570×900　　　一座

（五）原料主要来源：不详。

（六）历年及最近生产量：昆明厂年产能力为九〇〇〇吨，实际产量：

民国三十年生产一九五二吨，三十一年二九五六吨，三十二年二三五八吨，三十三年五二五〇吨，三十四年四九三四吨，三十五年三一六八吨，三十六年六八八五吨。

（七）营业状况：自民国三十年起，销售数量如下：

三十年二一〇八吨，三十一年二三二六吨，三十二年二〇九九吨，三十三年五一四五吨，三十四年四九八四吨，三十五年二七五四吨，三十六年四九一一吨，按该公司历年产销大致尚能配合，惟三十六年则生产过剩，不若初创之良好，盖以当时滇、缅、川、滇等公路、铁路及机厂需用甚多也。

（八）将来展望：云南在昆明厂成立以前，水泥向采用越南法货，嗣后法货在昆明市场绝迹，以此可说明昆厂在滇之市场尚可维持，但昆明区水泥销费量估计不过五〇〇〇吨左右，故现有设备已绰有余裕。

贵州省事业概况

（甲）电力事业

（一）贵阳电气公司　附：修文河水力发电工程处

贵州省政府于民国十六年设立贵州电气局筹建贵阳电厂，至十七年十二月完成发电，当时仅供给机关用电，二十四年七月改组为建设厅贵阳电灯厂，开始供应商电。二十七年三月，贵省府鉴于原有机量不足，电请资委会合办，于是年五月订立合约并在水口寺附近另建新厂，增添发电设备，二十八年贵省府将股本移转贵州企业公司，并于二十九年改组为贵阳电气公司。

兹将该公司组织系统及主要负责人姓名列表如后：

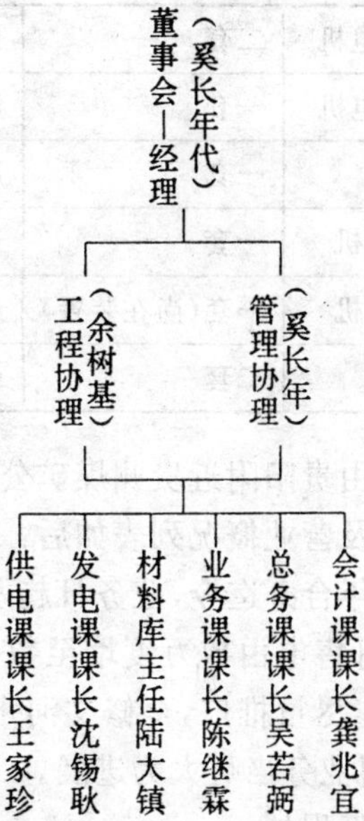

该公司投资比例额：资委会占七成，贵省府占三成。二十九年成立公司时，资本总额为三百五十万元，资委会历年投资数列表如左：

二十六年	二十七年	二十八年	二十九年	三 十 年	三十一年
六五千元	二四〇	四〇〇	七五〇	一四三四	五〇〇
三十二年	三十三年	三十四年	三十五年	三十六年	
	二〇〇〇	一五六〇〇〇	四五七〇〇〇	二二〇〇〇〇〇	

技术人员三四，管理人员五四，职员总额八八。

技术工人一一五，普通工人一二八，工人总额二四三。

该公司现有发电设备如左表：

一六〇千瓦蒸汽机、发电机	二套	连锅炉	二套
二〇〇千瓦蒸汽机、发电机	一套	连锅炉	一套
二六〇千瓦汽轮发电机	一套	连锅炉	一套
一〇〇〇千瓦汽轮发电机	一套	连锅炉	一套
一〇〇〇千瓦汽轮发电机	一套(尚在装置)	连锅炉	一套
五六〇千瓦水轮发电机	二套	尚未运至国内	

该公司所用燃煤由贵阳附近贵州煤矿公司供给。

该公司历年产量及营业概况列表如后:

该公司自二十七年合办迄今,业务日趋发展,用户由七百四十户增至四千余户,每月售电由数万度增至数十万度,已增加十倍。目前因机量已满,未能尽量推广,至修文河水力厂完成,及新装之汽轮机完成后,该公司业务当可大为进展。

修文河水力发电工程处

(一)沿革:修文河原出贵州修文县北之狗场坝,流经修文县城而注入猫跳河,全河受水面积为二二五平方公里,全年平均雨量计约一二〇〇公厘,平均流量四四秒立方公尺,水力极为丰富。资源委员会于三十三年三月成立修文河水力发电工程处,以进行修文河水力之开发。未几,日寇进逼黔南,工程即暂停顿,但不久即行复工。三十四年八月抗战胜利后,因经费困难再度停工,工程处改为保管工程处,至三十五年七月工程再度恢复。三十七年一月工程处复改隶贵阳电气公司,至是年七月则改由全国水力发电工程总处接办。

(二)经费:修文河工程处之经费均由该公司就盈余项下及工贷专款筹拨,现虽由全国水力发电工程总处接办,然各项经费仍由该公司负责支付。

(三)业务:修文河之水位落差约九十公尺,其发电量为一五

项目 \ 年份	二十七	二十八	二十九	三十	三十一	三十二	三十三	三十四	三十五	三十六	三十七
发电量（千瓦）	一五〇	四七〇	四七〇	四七〇	八四〇	八四〇	八四〇	一〇四〇	一〇四〇	二〇四〇	二〇四〇
发电度数（千度）	一四四	六七三	一〇八二	一二五〇	一七三八	三〇九一	三五〇二	四三三二	四六〇二	五五五二	六七二四
售电度数（千度）	一〇〇	四八七	九七三	一〇六四	一四七一	二六一一	三一三五	三七六一	三八九四	四八二一	六五四三
营业收入（千元）	四〇	一六二	四八八	一四九八	六九一八	二二三三一	一一八四九五	七二六六〇四	一〇二一六〇九	九三五三四四八	一五三八
营业支出（千元）	三二	二五三	六〇五	一五五二	五七九二	二二三二九	一二一四六一	七五四七五一	九四六六三三	八〇五〇五四七	一七九九

〇〇千瓦。拦河坝距河口约一.五公里,为圬工重力式,长五二公尺,高约七公尺,进水口在坝之左端,装设闸门及拦污栅,并附有起门机以起闭闸门,后接渠道,由渠道而达前池,再用钢管通达厂房,钢管直径为二五吋,末端分歧为二,各与水轮发电机连接,容量为七五〇千瓦,电力将送达贵阳,电压为三三〇〇〇伏。

现拦河坝、进水闸、引水道、前池等工程业已全部完成,前池进水闸安砌拦污栅、闸门连同启门机装置等工程均在进行中。

输水管管道之挖方已全部完成,上下镇墩之探座及安砌亦告完成,所有铸铁弯管接头均经订制,钢管、卷管工作亦已开始。

厂房基础之开挖亦完毕,所需条石亦经大部修成,现正积极推动岩石、堡坎及内外缘挡水墙之安砌。建筑材料除钢筋尚有不敷外,其他材料已大部购齐,尾水道开挖亦已完成。

输电线长三十公里,已完成测量,钢筋混凝土杆尚未施工,所需变压器、油、开关、铜线、碍子、钢筋等材料尚待资源委员会之配发。

水轮发电机前在美订购二具为卧型,法兰西式已运到,上海一部分已内运。此外,并订购厂房,手摇吊车一架,俟对外交通恢复后即可运到。

概括言之,修文工程尚待完成者有:(1)厂房;(2)发电设备及变压设备之运输及安装;(3)输水管及其进水闸门之安装、输电线之敷设。

(四)人事:

主任——
- 工务课
- 机电课
- 事务课
- 会计课

主任:王伊复

工务课长：邓才寿

机电课长：傅明焕

事务课长：杨渭汶

会计课长：龚兆宜

现有工程人员：十一人	共十九人
管理人员：八人	
技工：十四人	共六二人
普通工人：四八人	

（乙）煤矿事业

一、贵州煤矿公司

（一）沿革：该矿位于贵阳东二至五公里之巫峰山，有筑东及小车河两矿厂。筑东矿厂原为黔省府与商股合办，民国二十八年贵州企业公司成立，改归该公司经营。民三十年五月，本会投资，合作成立贵州煤矿有限公司，接办筑东矿厂，扩充开采，同年十二月将该区内沙河各土窑一律接收，成立沙河办事处。三十三年八月筹开林东矿厂，翌年停办。林东、沙河两矿集中力量经营筑东，本年计划增开太慈桥、小车河矿区。

（二）组织及人事：该公司于董事会之下设经理一人，副经理一人至二人，下分总务、工务、营运、会计四课，各设课长一人，矿厂设矿长一人，兹将其主要负责人列后：

董事长：何辑五　　经理：孙守五　副理：朱永济

总务课长：于伟知　工务兼筑东矿长：赵柔远

营运课长：徐蕒昌　会计课长：金富椿

（三）资本额：三十六年合约资本额国币十亿元。

资委会百分之五五　　国币五亿五千万元

贵州企业公司百分之七.五　　国币七千五百万元

中国银行百分之一八.七五　　国币一亿八千七百五十万元

中国农民银行百分之六.二五　国币六千二百五十万元

交通银行百分之一二.五　　国币一亿二千五百万元

（四）职工人数：职员四六人，内技术人员一六人，管理人员三〇人。工人五二人，内技术工人七七人，余为普通工人及警士。

（五）设备与重要工程：筑东矿厂凿有直、斜井各一座；小车河矿厂上年度开始凿直井，仅凿深二〇余公尺，因经费限制停工。

该矿用电系由贵阳电厂供给，其主要设备计有：立式锅炉二具，五〇马力、四〇马力及三〇马力电泵各乙具，四五〇〇 CFM 风扇一具，修理设备一套，土法炼焦炉十余座，自筑由矿至贵阳东门轻便铁路一·五公里，有煤车五〇余辆。

（六）历年及最近生产概况

（子）历年煤产量：三十年三九七八吨，三十一年一九二一五吨，三十二年二二四六九吨，三十三年二六一七八吨，三十四年二五六七九吨，三十五年二四七八七吨，三十六年二八三六六吨，三十七年二二九四七吨。目前生产能力最高日产八三吨，最低五七吨，平均日产七二吨。

（丑）历年焦产量：三十年一九四五吨，三十一年七七二七吨，三十二年六〇〇八吨，三十三年五一四一吨，三十四年三五五〇吨，三十五年四〇六五吨，三十六年五五四三吨，三十七年三六七〇吨。目前月炼焦二百余吨。

（七）营业概况：该矿所产煤斤向以供应贵阳电厂为主，余煤用以炼焦供应贵阳机关、学校及民用，估计贵阳燃料平均每月约八千吨，该矿销量仅占四分之一，故销路不成问题。营业收支方面盈亏互见，大体尚可相抵。

（八）将来展望：该公司尚有林东矿区，在贵阳西十五里，储量达四千万吨，将来湘黔铁路通达贵阳，机车燃料必须就地供应。该公司正计划开辟林东矿厂，并拟商请路局修筑林东支线十五公里，以资配合。

二、南桐煤矿

(一) 沿革：该矿位于贵州桐梓县北九十公里之桃子荡西北，距四川綦江四十余公里，历史虽久，而皆为土法小窑开采，民国二十七年三月兵工署与资源委员会合办之钢铁厂迁建委员会成立南桐煤矿筹备处于汉口，划该矿为国营矿区，用新式方法作大规模经营，九月正式开工，以产煤全部炼焦供给重庆大渡口钢铁厂冶铁之用。

(二) 组织及人事：该公司由兵工署管理，内部组织及人事不详。现任矿长为王恒源。

(三) 资本额：二十七年创办时，资委会投资百分之五，其后增资均由兵工署拨付，实拨经费不详。

(四) 职工人数：职员八八人，内技术人员四九人，管理人员三九人。工警二〇五四人，内技工九〇三人，警士一三七人，余为普通工人。

(五) 设备及重要工程：该矿现开采者有二、三两号直井，主要设备计一二〇马力锅炉一具，一一〇马力锅炉六具，八〇马力锅炉一具，六六马力、三〇马力及一〇马力蒸气引擎各一具，二五〇马力汽绞车一具，七五马力汽绞车二具，大小汽泵共十四具，三二〇〇 CFM 风扇一具，修理设备全套，自筑由矿至三溪轻便铁路三十余公里，一.二吨煤车九二辆。

(六) 历年及最近生产概况：历年煤焦产量如下：

二十八年：煤五五七五吨，焦二六〇六吨。

二十九年：煤二九六五〇吨，焦一三三四三吨。

三 十 年：煤八九七七〇吨，焦三六一〇三吨。

三十一年：煤一一九九九八吨，焦三七七一三吨。

三十二年：不详。

三十三年：不详。

三十四年：不详。

三十五年：煤八〇五六七吨，焦不详。

三十六年：煤五〇三五二吨，焦一三四八二吨。

三十七年：煤七三〇八〇吨，焦一九七六八吨。

最近生产能力最高日产煤一六〇吨，最低一二〇吨。

（七）营业概况：该矿历年产煤除炼焦炭及自用煤约占百分之七十五外，其余百分之二十五供给工厂或航业之用。焦炭全部供应大渡口炼钢厂之用。

（八）将来展望：该矿产煤几全部炼焦，供作重庆大渡口钢铁厂鼓风炉原料。战前每日生产毛煤五〇〇吨，战后因钢铁厂需要量减少，煤矿一度紧缩，就生产设备及运输能力而言，该厂矿在黔省已有相当地位，将来为配合钢铁厂需要起见，该煤矿为必需发展之单位。

（丙）水泥事业

贵州水泥公司

（一）沿革：贵州水泥公司于三十年十月成立，开工三年后即以销售困难而陷于停工，至三十四年与三十五年之间，以修建黔桂铁路水泥需要大增，即行复工，同时扩充设备、增资，收购江西天河水泥厂磨机两座，以及充实其他设备，以备增产。公司与工厂均在贵阳头桥。

（二）组织与人事：公司主要职员为董事长何辑五，经理王百雷，副理兼总工程师叶兆荣，副理兼总务课主任辛先懋。

（三）投资成分：该公司最近增资后为金圆八〇〇〇〇〇元，主要股东为省营贵州企业公司，其百分比如下：

资源委员会	百分之二六.六
贵州企业公司	
华新水泥公司及其他商股	百分之七三.四

（四）职工人数：职员共一五人，工人共七〇人。

（五）设备：

主要设备磨机 12″×6.5″	一座
磨机 1.570$^{\phi}$×0.1 米	一座

立窑 11 米×1.5 米　　　　　　一座

土法烧制立窑　　　　　　　　四座

（六）原料主要来源：不详。

（七）历年及最近生产概况：贵州水泥公司之生产能力年为二八八〇吨，收购天河水泥公司之设备安装完竣后，年可达九〇〇〇吨。以往生产量：三十五年为一七八一吨，三十六年为一七九一吨，三十七年上半年销一〇三三吨，未有滞销存货。

（八）将来展望：贵州地瘠民贫，目前难有伟大建设，故水泥销量不过二〇〇〇吨，该公司现有设备可达年产九〇〇〇吨，已属超过需要甚多，将来对生产尚须斟酌，否则将陷于滞销困境，除非有特殊工程兴建，恐仍以审慎为宜。

〔资源委员会档案〕

10. 资源委员会所属西北区各事业概况①

（1949 年　月　日）

（1）陕西省事业概况

（甲）电力事业

（一）西京电气股份有限公司

西京电气公司设于西京，另设汉中分厂，二十五年四月陕西省政府与前建设委员会合资成立西京电厂，正式营业。二十六年七月，中国建设银公司参加投资，改组为电气公司。二十七年春，前建设委员会归并经济部，该公司股权移归资源委员会接管，陕省府股权划归陕西省银行。斯时资源委员会应地方需要筹备汉中电厂及宝鸡电厂，并筹建水力发电工程；其后宝鸡电厂于三十七年五月出租，汉中电厂归并西京电厂公司；目前西京有装见发电容量三二七

① 此件作者未明，沿用原标题。

五千瓦，汉中有装见容量二四五千瓦，共有三五二〇千瓦，最高负荷二四八〇千瓦，每月发电约八〇〇〇〇〇度，用户七一一六户。

该厂组织系统及现任负责人姓名如后：

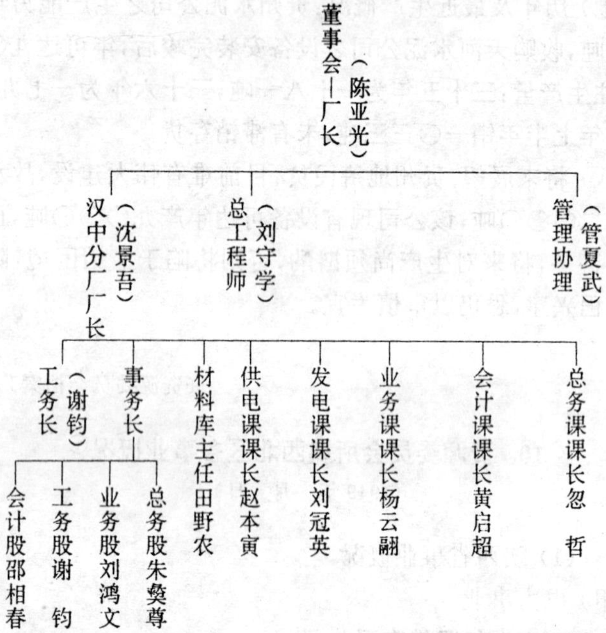

技术人员四五，管理人员七五，职员总数一二〇。技术工人一四二，普通工人三二八，工人总数四七〇。

该公司由资委会与陕西省银行合办，投资比例于三十五年第七次董事会议决：资委会占百分之九十，陕西省银行占百分之十。截至二十七年止，资委会已投资法币八三八五二四二六〇〇〇元，陕西省银行投资一三八七〇〇〇〇元。

该公司设备如左：

一六〇〇千瓦汽轮发电设备　　　　一套

六七五千瓦汽轮发电设备　　　　一套

一〇〇〇千瓦汽轮发电设备　　　　一套

一六〇千瓦水轮煤气两用发电设备　一套

八五千瓦蒸汽发电设备　　　　　　一套

该厂历年生产概况

年　份	发电容量(千瓦)	发电度(千度)	售电度(千度)	营业收入(千元)	营业支出(千元)
二十六	二二七五	一五三三	一〇六二		
二十七	二二七五	三五五三	二七九四	五六七	三七五
二十八	二二七五	三七九五	三二一七	六三〇	五九九
二十九	二三六〇	二九五三	二四五五	七二九	一一四七
三十	二三九〇	二七九一	二三七五	二三七七	二六九六
三十一	二四二〇	二五六二	二〇五六	六五三〇	七四六四
三十二	二三九〇	三〇四〇	二二六三	二一二五五	二五七五四
三十三	二五二〇	四二六六	三二八七	八三四一〇	五六〇一五
三十四	二五二〇	五四一九	四三二九	四六八〇六九	四九六四三四
三十五	二五二〇	六七一六	五二九二	一七四五〇七八	一五一八六一四
三十六	二五二〇	八三〇二	六四三一	二一五一三一七一	一九三六七三九八
三十七	三五二〇	九三六九	七二六六	三〇七九	三七八九

西安为西北重镇，交通畅便，陇海路横贯东西，面粉、纺织业颇发达，用电量日增，该厂原有发电设备远不敷当地需要，资源委员会拟在西安之坝桥设二万千瓦发电厂一所，以应当地工业之需要。惟以器材缺乏，交通梗阻，致仅完成征地及计划工作，以后为发展西北工商业，该厂确有加紧扩充之必要。

甘肃省事业概况

(甲) 电力事业

(一) 兰州电厂

兰州电气事业始于民国三年，迨二十四年发电容量仅一六八千瓦。抗战以后，该地人口激增，工商茂盛，遂由甘肃省政府商得资委会同意，签订合办兰州电厂合约，逐年扩充，现有发电容量九七四千瓦，最高负荷八〇八千瓦，每月发电六万度，用户四〇五一户。

该厂现在主要负责人姓名及组织系统如下：

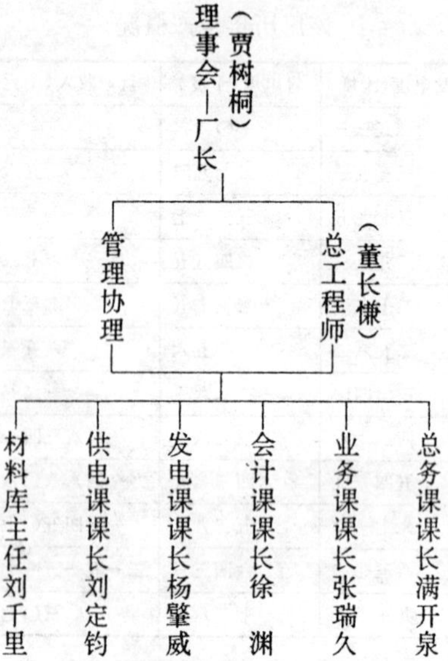

技术人员三〇，管理人员四八，职员总数七八。技术工人一二二，普通工人一四六，工人总数二六八。

该厂为资源委员会、甘肃省政府合办，投资比例资委会占百分之八十、甘省府占百分之二十。截至二十七年底止，资委会实缴资本一一〇三六九七二八元、甘省府实缴九六二二八.七五元，共计一一九九九二六.〇三元。

该厂设备如左：

六一〇千瓦汽轮发电设备	一套
一四〇千瓦蒸气发电设备	一套
一一四千瓦蒸气发电设备	一套
一一〇千瓦蒸气发电设备	一套

该厂历年生产概况

项目 年份	发电容量 （千瓦）	发电度 （千度）	售电度 （千度）	营业收入 金圆千元	营业支出 金圆千元
二十七年	一六八	一二三	一一〇	三六	四七
二十八年	二七〇	四一〇	三一一	一二四	一三五
二十九年	四七四	五三〇	三六七	五六三	三三六
三十年	九七四	七六六	五三五	一一〇九	一一〇七
三十一年	九七四	一二四二	九一五	三二九八	二五一二
三十二年	九七四	一八六三	一三七六	一四三九九	一一九四〇
三十三年	九七四	二八八五	一〇六三	五二四五二	三四〇九〇
三十四年	九七四	三五〇三	二六九一	二二四七七九	一五八五八七
三十五年	九七四	四〇〇三	三〇七四	八〇一〇三〇	六二二五一七
三十六年	九七四	三七九一	三〇六五	六三八五三二九	六三六七一一九
三十七年	九七四	三八六七	二九八九	二一五四	二一四四

兰州为西北重要都市之一，亦为西北工业中心地区，依照售电趋势观察，十年间增加二十倍，而工业电力用电占全部售电百分比亦逐渐上升(二十六年工业用电占百分之二十九，三十七年占百分之三十三)，足征工业已在进展。资源委员会有鉴于此，配拨一千千瓦汽轮发电设备两套，大部分机件已通达兰州，尚有一小部分遗存上海，一旦大局安定，该厂自有光明之前途。

（二）天水电厂

天水电厂设于甘肃天水。民国十一年甘肃省政府创办天水电灯厂，仅有三十千瓦发电设备一套，二十九年省府要求资委会合办筹建一六〇千瓦水力发电设备及一一七千瓦柴油机各一套，现共有装见容量三〇七千瓦，最高负荷二〇八千瓦，每月发电约五万度，用户一一四八户。

该厂现有主要负责人姓名及组织系统如左：

厂长（林得文）

- 材料库　主任张清玉
- 供电课　课长贾兰馨
- 发电课　课长林得文兼
- 会计课　课长潘鸿绶
- 业务课　课长林大豪
- 总务课　课长刘桂森
- 工务长　林得文兼
- 事务长　刘桂森兼代

技术人员九，管理人员二〇，职员总数二九。

技术工人三四，普通工人三九，工人总数七三。

该厂由资委会与甘省府合办，双方投资比例为：资委会百分之八十、甘省府百分之二十，截至二十九年止，资委会实缴投资折成金圆券为二六一．六〇元，甘省府实缴三三三金圆。

该厂现有设备如左：

一一七千瓦柴油发电设备　一套

三〇千瓦煤气发电设备　一套

一六〇千瓦水轮发电设备　一套

该厂历年生产概况

项目／年份	发电容量	发电度（千度）	售电度（千度）	营业收入金圆千元	营业支出金圆千元
三十一年	一〇八	二〇	六	五五〇	四二〇
三十二年	一三五	一三四	一二一	二五二八	三八七四
三十三年	一三五	一六二	一四六	八八九七	一四四九七

续上表

项目 年份	发电容量	发电度（千度）	售电度（千度）	营业收入金圆千元	营业支出金圆千元
三十四年	一四七	五五	五三	九九七七	三〇一一七
三十五年	三四七	二九一	二六七	一一九八八〇	九四八二二
三十六年	二〇〇	四三五	三九五	一二四三〇三八	一一八九七〇二
三十七年	三〇七	六五五	五三六	△一八九	△一六七

该厂地处西北，规模甚小，殊少国营价值，当以地方经营为宜，资委会曾数度拟让与地方政府，唯地方政府一时尚无力担负，未能成议。俟大局安定，似仍以改由地方政府或当地合作社经营为妥，技术上自可由中央统筹协助。

（三）兰州勘测队

抗战期间，资委会就在西北的天水、西宁开办水力发电厂，同时由该会水力勘测总队在西北进行勘测的工作。到了抗战末期，全国水力发电工程总处成立后，为了进行整个西北水力的勘测工作，成立了西北勘测处，处址设在天水，当时全处的技术人员在三十人以上，工作范围包括黄河上游和渭河上游，著名的黄河朱喇嘛峡工程计划就是他们成绩之一。到了一九四八年秋季，整个工作停顿了，不久就因经费无着，解散大部分人员，只留下了技术人员三人和技术工人三人，改组成了兰州勘测队，队址设在兰州，替整个西北水力勘测留下了一个根据地，静静地等待着伟大的光明的时期到临，继续建设国家的光荣使命。

该队负责人为工程师兼主任（卢守珪）。

技术人员三，管理人员〇，职员总数三。

技术工人三，普通工人〇，工人总数三。

（乙）石油事业

一、中国石油有限公司甘青分公司

（一）沿革：本公司在兰州西北八二〇公里之老君庙，属玉门县境，拔海高度约二四〇〇公尺，蕴藏石油已见五代时后汉、后周之载籍，以荒漠僻壤迄未开发。一九三七年抗战军兴，海港封锁，汽油供应问题顿形严重，资源委员会有鉴及此，于一九三八年冬设立甘肃油矿筹备处，从事钻探，历时二年余，计凿二〇〇公尺左右之浅井七口，于一〇〇余公尺处发现K油层，每井日产约二十五桶，始知有大规模开发之价值。

一九四一年春，改组为甘肃油矿局，扩大组织，充实设备，加强运输，五年间计凿九〇〇余公尺之井一口，五〇〇公尺左右之井二〇口。在四五〇公尺发现L油层，五五〇公尺发现M油层，L油层产量甚丰，M油层则颇贫弱。在油矿局时期，每年原油产量约五〇〇〇〇〇桶，汽油产量约一〇〇〇〇〇桶。

一九四六年夏，中国石油有限公司成立，将甘肃油矿局并入改组为甘青分公司，下设探勘处、矿场、炼厂、工务组、总务组、会计组、中小学职业学校、医院、酒泉办事处、矿警大队及兰州通讯处，其中技术部门除探勘处设兰州外，其余矿炼部分均在老君庙。探勘方面由在西北多年之地质家孙健初担任处长，下设地质、测绘、总务三课，专司地质调查及油田探勘事宜。矿务方面由刘树人任矿长（刘君毕业于北洋大学，曾赴美学习油田开采），专司老君庙油田开采工作，及各地之探井、凿井工作，下设研究、凿井、采油、工程四部。炼务方面由熊尚元担任厂长（熊君毕业于清华大学，并在美实习炼油工作有年），专司炼油及研究工作。

（二）组织：

酒泉办事处

职工指导委员会（系蒋党派驻该分公司党部机构）

职工人数

资源委员会中国石油有限公司
甘青分公司组织系统表

经　理
副经理

中油学校　医院　会计组　总务组　工务组　探勘处　炼厂　矿场

小学部　中学部　初级职业学校　审核课　帐务课　成本课　矿警大队　农场　运输课　庶务课　出纳课　福利课　文事课　材料课　配工课　土木课　机电厂　文事课　地质课　测绘课　文事课　文事课

职员：技术人员一九六人
　　　管理人员二九一人　　合计：四八七人

工人：技工一六九〇人
　　　普通工二八七六人　　合计：四八七二人
　　　警　卫三〇六人

职工总计：五三五九人。

主要职员人名如下：

分公司兼经理　邹　明
矿场场长　刘树人
炼场场长　熊尚元
探勘处处长　孙健初

（三）将来展望：西北西起新疆，东迄陕晋，迭有油层发现，其中作具体地质调查者计有柴达木盆地之铁木里克油田、玉门、酒泉附近之青草湾、大红圈、文殊山等构造，永昌北山地带青土井构造，永登、民和间哈拉古山构造。根据调查结果，此区域较之全国其他地产油希望为大，如能广事采钻，油源证明充裕，可能大量生产，则敷设油管接通在比较接近市场地区，从事设立炼油厂，当可成一国油料生产之主要来源。

目前在西北地区,甘青分公司范围内,油田开发已具相当规模者厥为老君庙矿厂。过去凿井工程因在抗战时期限于器材,八九年来开凿之井不过三四十口,日常生产之井只十一口,且限于一隅范围,未广集中,取油量日衰。一九四七年及一九四八两年开始推广井区,另凿新井十二口,老君庙油田广布构造全面,因而证明油田面积由原估之八百二十英亩,一跃而为二千六百英亩,可采油量至少可达二千六百八十万桶以上。一九四八年冬发现油田,西南边缘之I——一五井含有水分,一九四九年春凿成之ㄖ——一五井发现砂层有水无油,可能已见边水。考油田动力最好能利用边水驱动,则蕴藏量可采比例可以增高。今既发现边水,如有相当压力,可能用为产油驱动主力,则前估之二千余万桶之总产量应可增加甚多,今后似应详加研究观察。此外,各种辅采油方法(Secondary Recovery)亦为增加蕴藏量可采比例之道,亦应加以研究,斟酌采用,以增油源。

老君庙原油系石蜡,基为制造润滑油之较好原料,现老君庙炼厂除已有蒸馏裂炼炉一座外(日炼原油一千五百桶至二千桶,照炼炉性能以日炼一千八百桶最为经济),尚有为提炼润滑油之蒸馏真空炉一座(日炼原油一千五百桶)及小型去蜡厂一所、燃油减粘炉一座,均在装配,其中以润滑油价值较高,虽运输困难,仍能运销西北区以外地区。惟建造之提炼设备中去蜡部分尚嫌不足,可加补充,以增润滑油产量。

二、兰州营业所及酒泉、西安两分所

(一)沿革:兰州营业所成立于一九四五年九月,系承接前甘肃油矿局运输处之兰州区办事处统辖,运销机构内设业务、储转、会计、总务四课,并就原业务处之西安营业所改组为西安营业分所。另于酒泉成立酒泉营业分所,分办两地销售业务,运输处所属各区之运输站改组为运输队,按兰所各运输站及兰州、张掖、天水三修理所之辖线,计南起广元至张掖路线极长,另有宝双及兰西两运输支线担任接运自陇海铁路西运器材及运济西安分所油品，辖车计有二百余辆。广元以南各站划归重庆营业所管辖。一九四六年五月将兰所储转课取消，增设运输、机料两课。复将运输队改为兰州站，成立兰州修造厂及兰州油料库。

（二）组织：

中国石油公司兰州营业所组织系统表

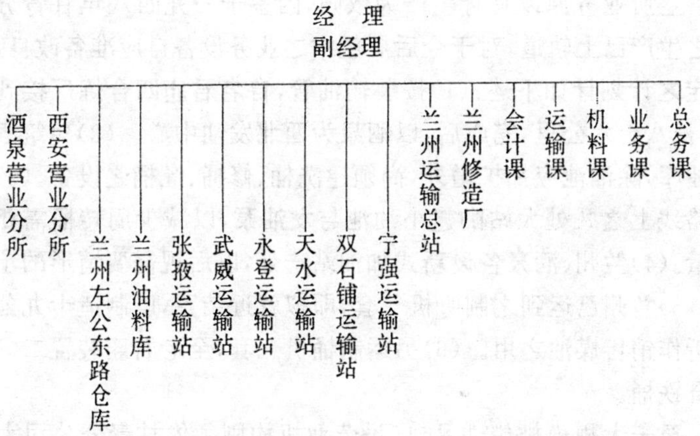

职工人数：

职员：技术人员　三一人　}合计：一五三人
　　　管理人员一二二人

工警：技工　　二八二人　}
　　　普通工　五六〇人　}合计：八八九人
　　　警卫　　　四七人　}

职工总计：一〇四二人。

重要职员人名如下：

兰州营业分所经理　高　理

兰州营业所西安分所主任　王占荣

兰州营业所酒泉分所管理师兼主任　李清涵

（三）将来发展：兰所目前任务主要为甘青矿厂转运器材及食粮等供应供品，前在甘肃油矿局时期即由本身担任，自重庆至老君庙一段长二五七一公里之公路运输在沿公路重要市镇均自设车站，成为运输据点，同时就运输站之便兼营业务。就西北运输言，南起广元，西至酒泉，另有宝双及兰西运输支线，上行运料，下行附带运油下销。

兰所业务原以甘青生产为依归，因鉴于一九四八年甘青分公司之生产已上轨道，对于今后展望中之业务设备自应准备改良，已决定之计划计如下述：(1)按装输油管，自老君庙四合炼厂接到酒泉，长八十六公里，完成后，以酒泉为西北发油中心。(2)建筑酒泉储油库，除油池应加扩增外，尚须建洗桶、修桶、灌桶之设备。(3)沿公路线上之几处大站酌建小油池与发油泵，以减少周转桶需要之数量。(4)兰州、酒泉各设新式加油站一处，以后视需要情形酌予增设。(5)兰州已运到之制听机一套，即拟就近装置，以制造十九公升空听作销售煤油之用。(6)另运制桶机一套，至老君庙装置二〇〇公升铁桶。

至于大规模推销油品，广设营业机构则须俟甘青分公司大量生产后方可推展。

（丙）水泥事业：

附：甘肃水泥公司　（省府经营）

（一）沿革：资源委员会同甘肃省政府及中国银行设立甘肃水泥厂，于二十九年夏开始调查，三十年四月筹备设立，三十二年初建厂完成，二月开工。迨抗战胜利，业务清淡，无法维持，三十四年停工。三十五年因河西工程处需要水泥，再度开工，至十一月停工。三十六年末，应新疆方面之需，再作短期复工。三十七年资委会股权扫数价售与甘肃省政府。公司所在地兰州宗棠路五八号；工厂在永登县窑街镇。

（二）组织及人事：

经理：张恩温

（三）投资成分

该公司三十五年核定资本为一千二百万元，投资成份如下：

1. 资源委员会：五一五〇〇〇〇元。

2. 交　通　部：一七〇〇〇〇〇元。

3. 甘肃省政府：一二〇〇〇〇〇元。

4. 中 国 银 行：三九五〇〇〇〇元。

民国三十四年底，交通部所有股权全部转让资源委员会，三十七年中资委会股权作价旧法币四亿四千五百万元，全部转让省政府。

（四）职工人数：在开工时，有职员：技术部分十三人，管理部分三十二人，工人共有二〇〇人。保管时，有技术职员四人，管理职员十七人，技术工人五人，普通工人二十三人。

（五）主要设备：

超福民式水泥窑	二座
方型水泥窑	一座
哈定式球磨机	二座

（六）原料主要来源：

不详。

（七）历年来生产概况：设备能力年为三千吨，实际生产量：三十二年一〇〇〇吨，三十三年二〇〇〇吨，三十四年一〇〇〇吨，三十五年一二一一吨，三十七年一三〇〇吨（估计）。

（八）营业状况：甘肃水泥公司之业务完全依赖特殊工程之兴建，诸如：天宝铁路河西工程等，但一般销售则甚少，常在举债维持中，故每于业务无法时即行停工，至有大批需要时再行开工制造，其不经济情形极为明显。该公司历年实销量计：三十二年七一〇吨，三十三年一九〇〇吨，三十四年八五〇吨，三十五年八五〇吨，三十七年情形不详。

（九）将来展望：甘肃地处西陲，交通不便，外运水泥极为不便，而青海、新疆等处需要亦可由甘肃制造供应，但西部水泥工程甚少兴建，使用极不普遍，故在工厂开工期间则滞销、停工时，则又有新建工程缺水泥供应。根据上述两项特别情形，甘肃水泥公司将来亦惟有随时斟酌市场需要，以定工作与否，但最重要者应加意保养、修缮，俾必要时可迅速复工。

〔资源委员会档案〕

二、兵工署所属兵工企业概况

1. 联勤总部兵工署组织系统表

（1946年9月9日）

〔兵工署档案〕

2. 兵工署1946年度工作计划与实施（节录）①

（1947年3月　日）

兵工署工作计划与实施　一九四六年度

Ⅰ. 工作计划

第一章　制造部分

甲、械弹制造及修理。

乙、兵工厂整理建设。

1. 现有各厂之调整迁并。

2. 新厂筹备。

3. 收复区光复区各厂之整理。

① 此件系兵工署抄件，原稿无日期。

第二章　研究部分

1. 改进各厂出品品质及检验各厂出品。

2. 指导、监造、检验其他国营与民营工厂承制之军火与器材。

3. 研究试造新武器。

4. 培养兵工专门人才。

5. 增建新兵器、新研究场所及机械仪器等实验设备。

第三章　军械部分

关于械弹器材部分已列入第一章，其事业部分之计划如左：

1. 兵工器材及武器附件购置。

2. 修械经费代金之核发。

3. 军械保管。

4. 库房修缮。

三十五年度下半年兵工署工作计划

1. 切实清理接收物资保管统筹分配利用。

2. 积极整理迁并接收工厂。

3. 增产计划。

4. 派员参加联合勤务学校干部训练班第一期训练。

5. 派员参加联合勤务学校教官训练班第二期训练。

6. 搜集美方各种兵工教材。

7. 确定兵工学校及勤务训练班永久校址。

8. 充实整建部队武器并调整制式。

9. 敌械整修与运用。

10. 美械清理与运用。

11. 研究利用日本武器弹药。

Ⅱ. 工作实施

甲、事业部门

一、军需工业建设

第一，制造及修理

1. 三十五年度各兵工厂生产状况统计表

品名	单位	原拟计划数	实际造成数	造成数与计划数百分比
步枪	枝	96,000	102,655	107 %
轻机枪	挺	7,500	7,012	92 %
重机枪	挺	3,000	3,600	119 %
60 迫击炮	门	3,650	2,660	73 %
82 迫击炮	门	1,400	500	35 %
120 迫击炮	门	92	81	88 %
78 式枪榴弹筒	具	8,000	8,200	103 %
步机枪弹	粒	98,000,000	87,781,724	89 %
60 迫炮弹	颗	681,000	680,872	100 %
82 迫炮弹	颗	317,000	417,212	132 %
120 迫炮弹	颗	13,000	7,800	60 %
信号枪弹	颗	67,000	40,000	60 %
手榴弹	颗	2,600,000	2,546,406	97 %

2. 三十五年度修械统计表

品名	数量	备考
步枪	30,892	
轻机枪	1,507	

续上表

品名	数量	备考
重机枪	369	
手枪	234	
高射机枪	34	
战防炮	1	
马炮	2,291	
小口径炮	105	口径 7.5cm 以下
中口径炮	166	口径 7.5—10.5cm
大口径炮	56	口径 10.5cm 以上
火箭炮	2	
枪弹	625,000	
小口径炮炮弹	6,000	
中口径炮炮弹	18,456	
大口径炮炮弹	311	
掷榴弹筒	162	
发射筒	223	
步枪零件	1,427	
轻机枪零件	113	
重机枪零件	74	
手枪零件	504	
小口径炮零件	27,235	
中口径炮零件	10,970	
大口径炮零件	609	

续上表

品名	数量	备考
机关炮零件	196	
望远镜	191	
测远镜	14	
瞄准镜	54	
方向盘	23	
剪形镜	36	
测角镜	2	
测角仪器	24	
测斜仪	2	
经纬仪	13	
平板仪	5	
水平仪	1	
水准仪	2	
闪光器	1	
罗针	7	
指北针	38	
引信	102	
引信零件	2868	
枪口帽	500	
炮车轮	425	
驮鞍	500	
扳手	11	

续上表

品　　　名	数　量	备　　考
水准汽泡	300	
轻气装配器	2	
观察器材零件	462	
摄影机附件	8	
照相镜帘配盒	2	
平板仪三角架	3	
经纬仪附件	4	
方向盘附件	2	
络车架手摇板	2	
传　动　轴	1	
螺　　　丝	10	
杠　　　柄	10	
汽车零件	4	
沙　轮　机	2	
步机枪木箱	64	
炮弹铅皮箱	15	
爆　发　罐	45	
十字镐等木柄	1,400	
帆布皮带	2	
计　算　尺	1	

第二，工厂之调整

1. 原有兵工厂之调整迁并

原由：

抗战期间本署所属各兵工厂，均因作战关系先后内迁，并为顾及空袭安全，力事疏散，复以补给需要，不得不添雇员工，尽量增产。现以抗战结束，预算紧缩，除整军所需武器，仍当积极赶造外，其他不甚急切或限于保存时效之弹药，拟予减造或停造，以期回复正常工作，俾维预算而节公币。故对现有各厂，亟应重新统筹调整，务使产品单纯管理集中，以符工业经济之旨。拟具调整原则及办法（见预定计划甲乙两项），于本年三月十六日签奉部长呈转奉委员长蒋批准照办。

预定计划：

甲、调整原则

（一）在同一地区内制品相同或性质相近者，分别迁并或改组为分厂。

（二）凡一制品有数厂制造者，指定其中产量较大之厂，按照需要制造，而将其他各厂停工保管或予迁并。

（三）因制品限于保存时效，平时应予停制者，亦予停工保管。

（四）凡继续工作之厂，其厂房过于疏散者，在可能范围内尽量集中。

根据上列原则，斟酌情形逐步实施，期于本年度内调整完毕。计有兵工厂二十一，分厂十一，合计三十二个单位。又全部员工兵夫在抗战结束时近九万人，经陆续减少，现尚有 77630 人，调整后约可再资遣 28000 人，保留人数约占现额百分之六十四。

乙、调整办法

（一）就原址继续工作者：

1. 第二十工厂　增建厂房，将二十五厂及二十一綦江分厂枪弹部分机器，择要迁并，集中管理。

2. 第二十三工厂　除化学战剂及防毒器材部分停工制造外，其余各部照常工作。

3. 第二十一工厂　增建厂房，将四十一厂机器择要迁并。

4. 第二十四工厂　继续完成马丁炉之建设。

5. 第五十二厂　补充制炮设备。

6. 第五十三工厂　补充光学仪器设备。

7. 钢铁厂迁建委员会　完成五岔至三溪段铁道工程并酌紧缩所属各单位。

8. 第二十三工厂重庆分厂

9. 第五十工厂成都分厂

(二) 迁移集中者：

1. 第十一工厂　择要迁武汉，担任修械及手榴弹制造，其余就原地保管。

2. 第三十一工厂　按原定计划继续迁移虢镇，集中担任修械及手榴弹制造。

(三) 改组为分厂者：

1. 第十工厂　改为五十厂之分厂。

(四) 迁并或改隶者：

1. 第一工厂　制步枪部分拨归二十一厂，改为制造所，仍在原址工作，其他部分停工并交二十一厂保管。

2. 第二十五工厂　逐步迁并二十厂。

3. 第四十一工厂　先行停止，遴选优秀工人调赴二十一厂加班工作，增制步机枪，所有设备暂行就地保管，继续迁并二十一厂。

4. 第二十一厂綦江分厂　炮弹部分迁并二十一厂，枪弹部分迁并二十厂。

(五) 停工保管者：

1. 第二工厂　交五十厂保管。

2. 第二十六工厂　交二十三厂保管。

3. 第二十七工厂　交二十一厂保管。

4. 第二十八工厂　除一部分设备材料交材料试验处应用外，

其余交二十四厂保管。

5. 第三十工厂　交二十一厂保管。

6. 第四十二工厂　交二十三厂保管。

7. 第四十四工厂　遴选少数优秀员工，调赴胶济区兵工厂接收处，担任修械工作，所有设备就地保管。

8. 第五十二工厂　交五十三厂保管。

9. 第二十一工厂安宁分厂　交五十三厂保管。

10. 第二十三工厂昆明分厂　交五十三厂保管。

11. 第五十三厂贵阳分厂　交五十三厂保管。

12. 东南区一、二、三、四、五分厂　遴选少数优秀员工调赴修械厂工作，所有设备就地保管。

丙、一般法令〔略〕

实施情形：

各继续工作工厂

指示：

为增进工作效力减低成本，节省经费，凡年老力衰工作不力员工，概予资遣，以资整饬。

实施：

第二十工厂　资遣职员106员，工人484名。

第二十一工厂　资遣职员102员，工人610名。

第二十三工厂　资遣职员89员，工人509名。

第二十四工厂　资遣职员70员，工人825名。

第五十工厂　资遣职员202员，工人1314名。

钢铁厂迁建委员会暨所属各矿处　资遣职员420员，工人2565名。

第二十三厂重庆分厂　原有人员本不敷用，此次紧缩，工作并未减少，故人员未遣散。

第五十二厂成都分厂　资遣职员43员，工人209名。

第十一工厂　迁移集中。

指示：

迁移武汉，担任修械工作，除利用接收之敌伪各工厂设备外，并将该厂修理械弹所必需之设备尽先迁移充实，其余设备，着逐步停止保管，规定办法如下：

甲、厂房　尽量利用所有接收敌伪工厂房屋，必要时得酌予添建，但以尽量撙节为原则。

乙、机料　除修理械弹所必要之机料尽先迁运武汉外（如轻机枪、炮弹、火工、机器等厂择必要者拆迁），枪弹厂暂在原址工作，俟储料用毕再停工保管，其余机料均暂就地集中保管。

丙、员工士兵

（一）职员　酌留成绩优良之技术人员及干练之事务人员，最多三百员在该厂服务，或调本署及其他附属机关工作，其余予以遣散。

（二）工人　选择技术优良熟谙修理械弹之年富力强工人，最多一千五百名，调赴武汉或留辰工作，其余就地资遣。

（三）士兵　选择年青忠实之士兵，缩编三个中队，其余资遣。

丁、经费　机料迁运、员工派遣及资遣费，由该厂分别详估报核。

实施：

该厂系于本年一月间即着手陆续迁移，八月间厂本部移驻武汉，截至年底已就原汉阳厂旧址筹造手榴弹工作完成60%；修械部分就武昌造币厂旧址布置就绪，从事修理工作；辰谿厂址因补给需要，继续工作筹造美式枪弹完成80%，员工除留用及调用者外，资遣职员236名，工人1640名。

第三十一工厂　迁移集中

指示：

按原定计划，继续迁移虢镇集中，担任修械工作及手榴弹制造。

实施：

四月一日起由兴平马嵬迁移宝鸡虢镇，于九月底全数迁到，资遣职员35员，工人199名。

第十工厂　改为五十厂分厂。于七月一日起由五十厂接收改为五十厂分厂，资遣职员95员，工人614名。

第一工厂　迁并二十一厂及五十厂。

指示：

（一）制步枪部分继续在原地工作，拨归二十一厂改为制造所。

（二）制炮弹部分停工，拨归五十厂，在未迁并以前交二十一厂代为保管。

（三）机器厂停工，全部拨归二十一厂。

（四）样板厂停工，机器除一部分拨归五十厂外，其余拨归二十一厂。

（五）火工部分停工，拨归五十厂。

（六）制步枪之工具材料，拨归二十一厂，制炮弹之工具材料，拨归五十厂。

（七）公用材料约略按二十一厂三分之二，五十厂三分之一之比例，分配给二十一厂及五十厂。

（八）房地产均交二十一厂就地保管。

（九）由二十一厂及五十厂商酌留年富力强技术优良服务勤劳之优秀技术员工。

（十）交接手续依照调整各厂交接须知办理。

实施：

九月底结束，十月一日成立二十一厂鹅公岩保管处，资遣职员291员，工人3493名。截至十二月底止，二十一厂接收机器材料工具样板派员整理，完成50%，五十厂拆迁引信部分，新式自动机已安装完成,其他机器须俟三十六年五十厂新建厂房完成再行迁装。

第二十五工厂　迁并二十厂。

指示:

逐步迁并二十厂接管,凡年老力衰办事不力之员工,概予遣散,遵照调整交接须知于六月底以前办竣。

实施:

七月一日由二十厂接收成立张家溪保管处,资遣职员157员,工人1036名。九月间令二十厂就二十五厂设备就地筹造美式枪弹,于年底试造成功,三十六年一月可有正式出品。

第四十一工厂　迁并二十一厂。

指示:

应予停工,照下列原则办理结束。

(一) 遴选年富力强之优良技术员工调赴二十一厂工作,增制步机枪,其余概予遣散。

(二) 所有机器设备房地产等均交二十一厂就地保管并由二十一厂择要陆续将机器迁并渝厂。

(三) 会同依照调整各厂交接须知,限六月底以前办竣。

实施:

五月间开始逐步停工办理资遣,六月底全部停工,七月一日成立保管处。因清理帐务较费时日,始于十二月间结束完毕。资遣职员229员,工人2598名。截至年底止,二十一厂拆运机器二千七百余吨,完成97%,材料半成品已全数起运完毕。

第二十一厂綦江分厂　迁并二十一厂及二十厂。

指示:

应予停工。制枪弹部分拨交二十厂,制迫炮弹部分拨交二十一厂总厂,水力发电设备及房屋地产家具等拨交钢铁厂、綦江铁矿,并遵照各厂交接须知,限于六月底以前分别办竣。

实施:

自五月份起逐渐停工结束，十月一日成立二十一厂綦江保管处，分厂同时撤销，资遣职员93员，工人1352名。截至年底止，枪弹部分机料由二十厂拆运，安装完成80%，炮弹部分机料由二十一厂加以整理完成90%，机器运输八千吨，材料二十吨，其余设备房地产家具等，除水力发电綦江铁矿需用外，均由保管处接收保管。

第二工厂　停工保管。

指示：

应予停工资遣交五十厂保管，依照调整各厂交接须知，限于六月底以前办竣。

实施：

四月间着手办理，八月间五十厂开始接收。嗣因辰谿一部分机料改拨十一厂，致延时日，始于年底全部交接清楚，由五十厂保管。资遣职员155员，工人931名。

第二十六工厂　停工保管。

指示：

应予停工资遣，交二十三工厂保管，依照调整各厂交接须知，限于六月底以前办竣。

实施：

五月间因军事需要，令饬该厂酌量紧缩，资遣职员57员，工人377名，仍维原状，免予结束保管。

第二十七厂　停工保管。

指示：

应予停工资遣，交二十一厂保管，依照调整交接须知，限于六月底以前办竣。

实施：

九月底结束，十月一日成立二十一厂万县保管处，所有未了案件，由保管处接办，资遣职员147员，工人1229名。截至本年底各制造所设备器材移置集中保存60%。

第二十八厂　停工保管。

指示：

应予停工。一部分设备材料，交材料试验处，其余交二十四厂接收保管，依照调整各厂交接须知迅办结束。

实施：

因整理材料帐务，始于九月间分别点交材料试验处及二十四厂，于十一月间交接清楚，尚有未了手续，饬交二十四厂接办，资遣职员65员，工人540名。

第三十工厂　停工保管。

指示：

应予停工资遣交二十一厂保管。依照调整各厂交接须知，限于六月底以前办竣。

实施：

因绥靖军事需要，奉令增产，于九月间令饬该厂继续工作，延至三十六年六月底结束。本年内资遣职员120员、工人1264名。

第四十二工厂　停工保管。

指示：

应予停工资遣，交二十三厂保管，依照调整各厂交接须知，限于六月底以前办竣。

实施：

十月一日成立二十三厂遵义保管处，同时撤销四十二厂番号，资遣职员47员，工人427名。

第四十四工厂　停工保管。

指示：

应予停工资遣，并遴选优秀员工兵700名，调赴胶济区兵工厂接收处，担任修械工作，所有设备就地保管，并依照调整各厂交接须知，于六月底以前办竣。

实施：

在筑业务，七月底停止工作，共资遣职员58员，工人835名，调胶济区接收处，职员183员，工人461名，分批出发，于七月间已陆续到达，同年十二月接收物资，清理完成，接收处裁撤，仍为第四十四工厂。在筑设备由该厂酌派人员暂行保管。

第五十二工厂　停工保管

指示：

（一）该厂自奉到命令之日起，应按照下列事项逐一赶办，限于本年七月底以前全部结束完竣。

1. 就现有人员中遴选优秀干练人员，依照附表式样造册呈核，听候调派工作或资遣。

2. 除前项另调工作及结束，必须留用者外，其余员工应即迅予资遣。

3. 所有财产帐务，均应彻底清理，分别详细具报。

（二）前条各项逐一办竣后，该厂应即撤销其全部设备，移交第五十三厂接管。

（三）为保管妥便计，在该厂未撤销前，先行会同接管厂拟具驻凤保管处组织编制及经费预算呈署候核。

（四）结束期间，所需经常费用由该厂制造费节余项下开支。

（五）所需资遣经费，应另编预算呈候核拨，在预算未核定前，由该厂制造费节余项下先行垫支。

（六）该厂各项财产之处理。

1. 库存现金结束后全部缴署。

2. 库存材料（包括全新工具）应造册移交接管厂并呈署核备转帐，遇有动用再行扣款。

3. 文卷家具与一切固定资产应分别造册移交并呈署核备。

（七）保管所留必需员工，应分别造册移交接管厂留用。

（八）监交人员派定另行饬知。

实施：

七月一日由五十三厂接收成立凤鸣保管处，同时将五十二厂撤销，资遣职员72员，工人554名，十月间五十三厂拟具处理凤鸣保管处办法前来，复饬再行查报凭核。

第二十一工厂安宁分厂　停工保管。

指示：

应予停工资遣交五十三厂保管，依照调整各厂交接须知，限于六月底以前办竣。

实施：

该厂于四月底停止制造，办理员工资遣及调用手续，计资遣职员126员，工人1193名，因整理机器、清查材料、结算帐目等等工作关系，延期于八月底全部结束，保管处则于七月一日由五十三厂接收成立，制炮弹机料改拨二十一厂总厂拆运。截至本年十二月止，二十一厂拆卸安宁分厂配弹机器共完成35%，运交五十三厂机料150吨已全数运清。

第二十三工厂昆明分厂　停工保管。

实施：

职员工人全部资遣，房屋机器材料家具已全部点交五十三厂保管。

第五十三工厂贵阳分厂　停工保管。

指示：

应予停工资交五十三厂保管，依照调整各厂交接须知，限于六月底以前办竣。

实施：

原定由五十三厂保管，嗣改由四十四厂就近接收保管。七月间因该分厂试造光学玻璃，初产成绩尚佳，复准继续保留少数人员(资遣职员8员，工人109名。)就地工作，以竟前功，并改称五十三厂光玻试造所，因编制未拟送，故尚未呈请成立。

东南区第一、二、三、四、五分厂　停工保管。

指示：

应予停工保管，依照调整各厂交接须知办理结束，并限于六月底以前办竣。

实施：

六月十六日联合组设东南区厂库保管处，办理结束及未了事宜，一、二、三、四分厂已于九月底结束竣事，资遣职员 220 员，工人 1432 名，五分厂因设备分别拨交十一厂及武汉被服厂交接费时，故年内尚未结束。

第二，新厂之筹建

一、组织新厂建设委员会

原由：

抗战结束后，本署鉴于原有各兵工厂之机器设备，均嫌陈旧，不足以适应现代国防之需要，并以配合整军计划补给起见，拟即成立兵工建设委员会，旋改为新厂建设委员会，其纲要如下：

1. 建设新厂以充实历来未能自造之兵器。

2. 广设及充实各种研究所，积极推进科学之展开。

3. 树立工厂科学管理之新制度，并从事现代化之制造技术。

4. 遴选优秀人员分赴各国研究学习，造成各项科学技术专才，以为建立各部分事业，推动主干人员。

5. 加强原有各厂之设备，使现代化。

上列五端，实为一错综复杂之工作，必须集中全部力量努力以赴，庶几完成兵工新事业初步雏形。因此组织新厂建设委员会，以专责成，而利推进。

组织规程编制及系统〔略〕

成立经过：

新厂建设委员会原名兵工建设委员会，三十五年一月九日奉准成立，派本署副署长杨继曾兼任主任委员，着手筹备，三月间派第十一厂厂长李待琛兼任副主任委员，襄助进行，四月间改为今名，将组织规程及编制呈奉总长核准施行，遂于五月一日正式成立，调用各结束厂之优秀干部，并加派制造司司长庄权兼任副主任委员，计划接收日本赔偿工厂。迨十一月间，国防部以紧缩人员，令于十一月底将该会撤销，经申叙该会任务繁重，签请暂缓撤销，奉总长批示可并入兵工署办理，并奉总长面谕技术人员应予保留，等因。该会之继续存在问题，始得暂告解决。

二、新子弹厂

原因：

根据整军计划，轻武器弹药自给之原则，我国现有之枪弹工厂，大部分机器设备均已陈旧，且制造能力亦不敷需要，故必须筹设新厂。适大战结束，加拿大蒙特利尔兵工厂停工，改为商厂，所有制造枪弹之机器设备，可以出让，乃进行购买。

计划：

派员前往接收拆运，定期半年竣事，因款项问题欠耽，致须延期。成厂后每日产量为四千五百万颗，可制下列弹种：

（一）七九枪弹

1. 钢心弹	1,250,000	合计 3,000,000 粒
2. 曳光弹	1,250,000	
3. 燃烧弹	500,000	

（二）0.303″枪弹

1. 普通弹	20,000,000	合计 22,000,000 粒
2. 钢心弹	800,000	
3. 曳光弹	800,000	
4. 燃烧弹	400,000	

（三）九〇枪弹　20,000,000 粒

总计　45,000,000 粒

实施：

（一）派员出国接收，本署于本（三十五）年三月间派第二十五

厂厂长冯朱棣率同技术人员钱鸿章、郑永宁、邱可南、陈君敏等五员出国赴加拿大，进行接收拆运事宜，定期半年。因沿途等候车船，该员等于五月二十五日始行到达。

（二）我方设厂之先决条件　加方诣〔询〕明我方设厂之先决条件如何？当经决定：(1)厂址定在株洲，即利用前炮技处所购地皮，地图已寄去。加方以该项机器甚多，厂房设计似宜分散，我方则以战时终须入地下建筑，故仍拟集中建筑。(2)动力如自行发电，即用前向美订购一千瓩发电机，已运抵上海。(3)水源为江水。(4)交通以铁路联系。

（三）洽购条件　该项机器约七十套达数千部，原预算价款为五百万美元，嗣以增购必要之附属设备，如动力、熔铜轧铜工具等，签奉行政院核准增加为一千二百万美元，由物资供应局经办签订合同手续。以请款及文电往来需时，该局于本年十二月间始电加催物资供应处办理，是以已不及于年内签订矣。

（四）设计改装工作　该项机器原系出产0.303″子弹，对于我国之需要不符，必须设计改装。就七十套中改为7.92 m/m 者四十套，预计每月产量二千五百万颗。其中钢心弹占二十分之一，曳光弹占二十分之一，燃烧弹占十分之一，其余不改。经加方拟定工作程序，双方人员积极进行，至十月底止已大体就绪，只待机器运往魁北克集中后开始实施。

（五）进行之困难　因该项机器于停工后混乱堆置，须加清理，运往魁北克厂集中，始能施行检查整理，当以魁北克无余屋可资容纳，并以加方钢铁厂工人、运输工人等罢工数月影响甚大。尤以合同未能签订，仅凭草约进行，以致困难迟滞。该员等出国期至十一月底届满，势须延长，乃又签奉行政院核准展期六个月，至三十六年五月底止，并饬如期完成任务。

三、战车厂

原由：

本署奉令接办前军政部陆军机械化学校战车工厂，并依建军计划所需，筹建战车工厂。

计划：

（一）成立筹备处进行建厂。

（二）工作计划大纲　据该处三十五年八月二十一日签呈拟具工作计划大纲，分为工作目标、修理工作及制造厂三项：

甲、工作目标：

（一）坦克车修理（视零件供应来源有否着落，或自制零件问题能否解决为定）。

（二）遵照委座之建军计划，供给三十师之轻型坦克车装备，并能自行补给。

（三）制造中型坦克车问题，应于战车厂成立后第五年间，计划决定（盖因(1)此厂成立伊始，人工经验均无，若目标过多，反易得欲速不达之果。(2)美制M－24系大战将终时设计成功者，式样较新，一时不致落伍。而现美军采用标准中型坦克M_4A_3，不久或将逊位于更新设计，故稍候不为无益）。

乙、修理工作：

（一）修理工作方针　应于筹备处中成立一训练修理机构，以期供修理而达到训练之目的。各种零件应暂向美军购买，以应时需。如原料问题解决，其需用较多部分且可自己试造，至筹备结束时，则成一部门，称为修理所。

（二）修理工作程序

1. 向装甲兵教导总队，切实调查中国现有坦克车式样、数量与中国战场经验最易损坏之部分，加以统计。

2. 确定其零件名称及军用号码与大约消耗量，向美军洽购。

3. 修整原上海兵工厂龙华药厂厂房，利用本署接收机械化学校之机器，使成为与美军四、五级修理厂之工作能力相等。

四、制造厂

（一）工作方针

1. 标准式样，本署经多方考虑轻型坦克以取美式 M-24 中型，以暂取美式 M_4A_3 作标准为宜。

2. 轻型坦克以自造自给为目标，中型者则暂以购置为原则。

3. 根据整军计划，立须加入装备者共为五百八十六辆，但此后厂中补给能力，须为每月三十三辆（第一区）。

（二）工作程序　本署迄今并无制造战车之经验、与此项工作熟练之员工，为使进行顺利计，以采取与外国合作方式为基本原则：

1. 计划核准后，即由政府进行向合作国接洽，尽先遣送第一批人员出国制造该项单件或部分或装配工厂见习。

2. 向各该处接洽，在送实习员时，即以订购五八六套之轻坦克零件为交换条件，签字后十个月交三百套，二十个月后全部交清。

3. 厂房建妥后，第一批人员应即回国，前二年本厂以装就此三百辆轻坦克为工作目标，同时遣送第二批人员出国。

4. 第三年起，第二批人员返国，本厂开始制造零件，先造最易损坏者为主，次第种类增多，至第六年底时全部零件问题，得以解决。

5. 第五年中，如有需要，则计划制造中型坦克车问题。

实施：

（一）接收机械化学校战车工厂之进行　查该校战车工厂，仅为筹备时期，并未成立，本署于三十五年五月间奉令接办，即进行接收事宜。

1. 接收案卷　该项全部战车工厂案卷，经总长于六、十二两月先后以京（三五）制考 2484 及勤器制 1908 号代电，转饬移交本署，迄今尚未见办理，正催促中。

2. 派员调查该厂咸宁筹备处存留机器　查该厂曾在咸宁设立筹备处，本署于本年十月间令饬昆明第五十三厂就近派干员前往咸宁，调查存留机器名称、规格、数量、重量、新旧情况等项，列册具报去后，兹据该厂十一月十四日呈称，该处已奉令迁往四川潼南县塘坝乡，所有器材多已运走，其余者均已封箱待运，无法查看等情。现正核办中。

3. 派员调查该厂外购机料　本署于本年六月间派李委员国琛向财政部及经济部存印物资接收委员会洽查该厂外购机料情况如下：

（1）英购机料　款额二十八万英镑，在英信贷款项下分两次提拨，由中国政府驻伦敦购料经理处办理订购手续，品名及数量见该校所制详细清册，共用去十六万五千英镑，较第一次指拨数超出三万二千英镑。其余第二次指拨数，因中英财协停止动用，至订购机料，业已陆续运印及上海，运抵上海者共计二千八百吨，品名等详见李委员七月六日报告。

（2）美购机料　款额二十四万美元，系二十九年七月奉准在桐油借款下盐务总局停购汽车款内划拨。嗣因缅甸失陷，滇缅路中断，无法内运，故迄未订购。

（二）决定厂址　战车厂厂址，经本署与前机械化兵司会商结果，作第一广州、第二汉口、第三衡山之选择，于本年七月十六日签奉主席未佳（三）府军爰代电饬设于株洲衡山一带，故现决定为衡山。

（三）成立筹备处　接收机械战车厂之准备，现已告一段落。乃于八月间派李委员国琛负责筹备事宜，并为接收机件工作方便计，于九月一日在上海愚园路成立筹备处，拟具编制，计官佐161至230员，工兵夫319至323名，经呈奉本部准该筹备处先行成立，并暂先任用三分之一人员，已于九月间转呈总长核示，迄尚未奉准。惟为避免外间视【听】，保守机密起见，该处改称为“兵工署驻沪修理处”。

（四）整修厂房　接收机料物资等需要存储地点，并以愚园路房屋不敷应用，爰拟利用上海前龙华工厂厂房，惟被二十一军部队占据，几经交涉，始于十一月间收回全部房屋之五分之一，加以修理。

（五）接收机械化学校战车厂之机件，计分二部：

1. 由经济部存印物资接转处，代为接收。由印转运抵沪者，共计约二千余吨。因仓库清点需时，并以该接转处于九月底奉令移交物资供应局，值此交接期间，进行迟滞，故迄十一月间，实际已签发提货证者仅 870 余吨，而其中钢轨占 560 吨，柴油机头占 20 吨，其他砝码、钢索、齿轮、开关、石棉、实验室仪器等配件又占大部分，锅炉、车床等主要机器反居少数，是以能否足够配置应用，尚须加以整理检视。

2. 由机械化学校驻沪刘代表书祥移交者共计 177 件，其中鱼鳞、螺钉 20 箱，锅炉材料 146 件，电焊器 6 件，车床 5 件。

（六）汽车装甲工作　汽车装甲工作，该处于十一月间拟就步骤，经请本部分饬本部第一汽车机件修造厂，将报废之战车 23 辆及本部第一汽车修理工厂将现存轻战甲车 20 辆，拨交该处接收，予以利用。

（七）关于制造战车有关资料之调查　关于我军现有美制及日制战车之型式、名称、制造年度、重量以及年来我军该用战车最易损坏之部分等项，经本署于八月间分电陆军装甲兵教导总队及前机械化兵司请予列表见示。旋以该司结束，该总队亦迄未复，遂于十一月间又派李处长国琛亲赴沈阳徐州一行，除对上述各问题加以调查外，并视察一般战车工作以备参考，搜集主要修配零件，俾便仿造洽查东北钢板是否为合金钢，以及供应、运输等问题之解决。

五、阿摩尼亚厂及硝酸厂

原由：

溯自二十九年初，本署鉴于炸药一项，向外订购，漏卮甚巨，而国际情势，日趋恶劣，购运益感困难，是以亟须扩大火药厂。饬第二十三厂计划自制阿摩尼亚及硝酸，以供需要。所有机件设备，由美借款项下拨款，向美订购。

计划：

原定三十四年五月间，可以开工出品，因赶运军火，完成魏德迈计划，该项设备不能如期运入国内，以致未果。现正筹备，该厂完成后阿摩尼亚日产五吨、硝酸日产二十吨。

实施：

（一）决定厂址　因资源委员会在四川长寿设有电厂，电压为6900V，可供给2300V，故阿摩尼亚厂于二十九年即决定设于该地。至硝酸厂之厂址，经多次之考虑，始于三十五年十月间决定亦同设长寿。

（二）筹备负责人　阿摩尼亚厂及硝酸厂之设计，原系泸州第二十三厂厂长吴钦烈兼管，嗣以该员他调，并因长寿原有二十六厂，两厂厂址既定于长寿，故即着二十六厂方厂长志远，就近暂为兼负筹备之责。

（三）机件之运输　硝酸厂设备有182箱，重54789磅，于三十三年间由美运抵印度，陆续内运，三十四年二三月分别在宜宾及昆明两地提到共92箱，至三十五年底查明运抵上海之机料计阿摩尼亚厂293637磅，硝酸厂445505磅，以及原存泸州之机件三千余吨。

（四）经费困难　如在长寿建筑库房，本署于本年八月拨款8000万元，而其他款项则尚无着落，筹备工作无法进展，以致迄今未能成厂。

六、接收日本赔偿工厂

派员赴日本：

三十五年四月间奉令以盟国对日委员会我国代表团赴日在即，派本署第十一厂厂长李待琛（现调副署长兼新厂建设委员会副主任委员）为该团专门委员前往，旋据报告关于日本赔偿我国工厂设备造兵机器种类数量甚多，奉总长批示加派人员前往协助。本署遵即续派制药、造炮、车辆、炮弹、机械、化学、冶炼各种专门人员刘守愚、熊梦萃、翁德銮、刘东骕、鲁循然、周继健、洪瑞棻、李耀晋、李知常等九员，除洪瑞棻、李耀晋二员已于本年十一月抵东京外，其余人员尚在待命中。

向日本索取赔偿兵器工厂之计划：

根据前陆军总部向冈村总联络部索取之日本兵器工业之概

况，本署于三十五年四月间拟具向日本索取赔偿兵器工厂计划。经呈奉核示，以日本对于研究方面尚见努力，其研究机关之设备，亦尚称完善，故另拟索取其全部研究机关以便整理研究。嗣后本部召开会议，讨论日本赔偿物资分配问题，本署从新拟具本部拟分配日本赔偿机器计划。旋行政院组织赔偿委员会于十二月十三日召开小组会议，决议按照日本赔偿物资之性质，分为六个小组，由有关部会指派代表并推定召集人迅即分别集会研究，拟订草案提交综合小组审议。本署业已拟具兵工署拟自日本拆迁机器建设总表，系就目前我国各兵工厂所缺乏之新式机器由日本工厂新机器中拆迁，以建立新兵工厂，现正审议中。

〔下略〕

〔国民政府兵工署档案〕

3. 兵工署1947年度业务报告（节录）

（1947年12月　日）

国防部联合勤务总司令部兵工署三十六年剿匪业务工作检讨报告表① 三十六年十二月　日　署长杨继曾

业务项目：

武器弹药之补给：

（一）补给

原定计划：

1. 正规部队装备不足之轻兵器分期补足。

2. 参照历年抗战武器平均损耗率，按国军陆军兵力装备总数百分之二十至百分之三十，准备换补。

3. 以国械轻兵器，换装美日械装备四个军（或整编师）。

---

① 原为列表式，现改文字式。表内顺序号进行了调整。表列各个附件均缺。

4. 照1、2两项需要武器数百分之十，换补各军事学校及其他特种部队与军事机关。

5. 参照历年抗战弹药消耗率，比照弹药补给基数百分之四十至百分之六十，备正规部队作战消耗。

6. 按正规部队弹药补给量百分之十至百分之十五，供教育应用。

实施情形：

1. 战列部队械弹战耗率增高，综计一般部队武器损耗补充量，高至装备数百分之三十至百分之四十，且间有至百分之七八十者。弹药消耗补给量，比照补给基数增至百分之五十至百分之七十。

2. 增编部队及扩大编制，综计在四十个旅以上，所需武器弹药，经兼予补给。

3. 地方团队、警队不在军费预算范围内，其所需械弹原非本部担任补给，事实上亦经并予补给。如步枪(修成品)一项，占全年补给量四分之一强。

4. 全年补给损耗数字报表(另附)。

检讨结果：

1. 械弹损耗率较抗战时期增高，复加等队增编与扩编需要浩繁，补给计划一部分固未如原定实现。但徐州、东北、平津、大别山、陕北等战略重点作战部队损耗之武器，均分别配赋数换补足额，且战斗力坚强之部队，间亦有超出全年补给量与损耗量者，较之历年抗战最高补给量与损耗量高出一倍至二倍半(表另附)。

2. 美械装备之整十一师、整七十四师、整四十四旅，日械装备之整八十八师、整十八、整六十九两师之一部，均经以七九口径国械换装完成。

3. 战略重点方面，如东北、华北、陕北、大别山等地区屯弹，大多皆能始终保持基准数，而极少欠缺。

4. 国军轻重武器，因来源不同，制式口径各异，于教育补给两感不便，自不待言。惟来源有限，经常补给浩繁，各项武器无法大宗控存，对于统一制式口径，只能寓调整于补给之中，而不能适时按师以上之大单位彻底调换。

5. 全年补给损耗数字，系根据部队兵站所填报表汇列，平时虽已一再查询，然与实际情形，时感未能达到迅速确实。因补给计划与分配，基于统计数字而审定。关于械弹损耗及补给变动情形，端赖有关部队照补给机构，适时以正确资料供作参考。

建议意见：

1. 接收之美械与收缴之日械，经扩补无存，堪以修用之日械，亦复修发将罄。三十七年度本署参照三十六年补给损耗量拟定应筹备之械弹（表另附），即应照案成立预算，以资配合剿匪军事需要。

2. 武器弹药应配合实有兵员补给，以杜部队将械弹随地留存及防止不正当或意外之损失。然以调节匮乏，并一方面充实部队输力，加强其携行量。

3. 各地高级指挥官应切实考核部队携行械弹实数，并应依据战斗经过，考核所报械弹之损耗是否与战果相衡，尤其对于弹药更应核实饬补。

4. 由国防部通饬部队严守射击军纪，切械浪费，务以少量弹药，争取最大战果。

5. 各地高级指挥官对兵站屯弹，应考虑敌情与战况变化，随时予兵站人员适切指导。须紧急抢救时，部队务必尽力掩护兵站人员紧急处置，如抢运、埋藏、销毁等，以免资敌。

6. 各地高级指挥官及兵站，对于屯弹数量，除必须固守之据点外，其他地区屯弹超过五吨以上，应报本部请三、四厅核定饬办。所有弹药，以屯置交通要点能机动运用为原则。

7. 弹药来源不济时，得酌情减低某一地区或数地区之屯弹基准数。

8. 今后部队与各补给机构有关械弹损耗及补给变动情形之报表，拟请分饬照规定在定期内确实迅速查报，不能间断。否则，不予补给并议处。

（二）来源

原定计划：

1. 利用三十五年一部分剩余械弹。

2. 提高国内生产，按补给计划需要之轻兵器与弹药，并根据胜利后裁并所存各厂之最大可能产量，决定自造百分之五十至百分之八十（表另附）。

3. 发展整修，就国、美、日械堪修用者，按补给量择优选修百分之二十五。

4. 向国外筹购一部分兵器与美械子弹及七九枪弹，并分别缓急轻重，拟定优先程序，以最小限购买。

实施情形：

1. 三十五【年度】剩余械弹利用罄尽。

2. 国内生产经过一年之努力，各种械弹产量（包括新制武器弹药如美械所需之三〇及四五枪弹与装甲车等）均能达到原定计划，并有半数以上之械弹，其产量超过原定计划（表另附）。

3. 整修工作，于平津、武汉、京沪、台湾四区分设整修处，同时于各工厂及修械机构加强整修工作。整修完成之步枪达二十余万支，占全部补给量百分之五十（表另附）〔略〕。

4. 国外筹购械弹，仅向美国购到七九步枪弹一万万三千万粒，及接收极少数美械子弹，另无一械一弹之购到。

检讨结果：

1. 本年度械弹实际产量已超过原定计划，并与抗战时期之最高生产量比较，平均约增百分之五十。其中轻机枪一项，因胜利后裁并之三个制造工厂尚在整修机器，添置厂房，致产量略低，其余均有增加（表另附）〔略〕。

2. 本年度生产计划之实施，虽已勉力达成任务，但生产机构已隐伏危机，若不迅谋补救，后果至为严重。兹分陈于下：

（1）本年度因物价、工资增涨过剧，而经费预算不能与之配合，迫使各厂贴用周转材料，抑低工资，并不顾生产设备所必需保养之工作（如机器、设备、厂房之修理与改建等）。故经分析各厂制造成本，结果本年度所得经费仅达实际成本百分之五十一。此种情形，明年度如继续存在，则械弹产量必将低落。

（2）械弹生产，必须备足敷周转之材料，俾购运供应不致脱节，械弹生产不致中断。过去本署各厂库之主要材料，大部分均有年余之储量，但今年度因经费不足，各厂无力补购，同时由署统筹购运之国外材料，因所需外汇迟至今年十一月始获批准，以致不能适时购运，发生材料脱节现象。尤以火药一项为最著。故七九枪弹及六〇与八二迫击炮弹，迫使停工一月有余。现库厂所存材料，大部分已贴用无余。若不迅谋补救，则明年度停工待料之情形，将无法避免。

3. 械弹生产以火药为主，根据目前及抗战期间之经验，火药一项如不能自给，一遇事故，即无法应变，极感困难。且火药与其他材料不同，订购运输均属不易。本署现虽有一药厂，但设备陈旧，产量过小，不足以应需要，故必须迅即设置新厂，以求自给。

4. 库存国、美、日旧械堪以修用之枪支，均已修发将罄，剩余者大部分均为废品，深恐三十七年度地方团队、警队需用之械弹无可拨补，只能以正规部队缴换之旧品加以整修后予以补充，但必须另有修造的款，方克济事。

5. 部队武器保养关系补给至切，盖保养工作完善，可减低补给成数。现行武器擦拭应用之物资，系列在给与内，按月发代金，由部队自购。惟对照物价所发价款，则不敷甚巨。兼之武器附件又奉拨至微，致保养工作一般皆欠完善。

建议意见：

1. 本年械弹损耗补给繁巨，艰窘毕现，预计三十七年补给需要之械弹，其中外购部分，前请向美、加订购七九枪弹二千万、三〇三枪弹五千万，似宜即筹拨外汇，俾便洽购。又请美方供应美械弹案，亦须催促早日实现。如限于财力，不能照数洽购，即照第二方案，就急切需要之最小限，径洽供应(表另附)〔略〕。

2. 关于国内生产者：

(1) 本年度各厂资力罗掘俱空，以保持产量，故明年度应依物价拨足经费，以敷实际成本，并为维持各厂生产所需机器、厂房之整修经费，亦请照预算拨发，使产量得完成计划。

(2) 国外材料所需外汇，请于年度开始时一次核汇，以免供应脱节。

(3) 完成火药厂及枪弹厂，以加强弹药之自给。

子、火药厂——该厂已有一部分设备，本年度已在汉阳旧厂原址进行筹建，惟尚缺硝化棉药及硝化甘油设备。美国剩余物资中有此设备，价甚低廉，已呈请拨给外汇及建设费，如获批准，则将来火药之供应可获得根本之解决。

丑、枪弹厂——枪弹为消耗量最大之弹药，我国现有设备仅能供应目前需要量四分之一左右，不敷甚巨。故加贷款项下购得之枪弹厂机器，虽设备并不齐全，仍应于明年度尽可能使用者安装利用。所需建设经费及添补缺少机器之外汇，已列入明年度预算中，期能如数拨发。

3. 军械保养有助于兵器性能之发挥、寿命之延长及损耗率之减低。今后应尽财力所及，健全并发展此项业务，以补械弹来源之不足。其办法为：

(1) 武器擦拭应用之各种油、布料改发实物(就三十六年十二月物价，按一百三十个师计算，每月需经费一百零三亿元)。

(2) 保养零件。美械部分经列入请美方供应械弹案内，国械部分拟按需要量竭力制配三分之一。

〔国民政府兵工署档案〕

4. 联合勤务总司令部1948年度下半年工作计划(兵工部分)

(1948年　月　日)

联合勤务总司令部1948年度下半年工作计划　总司令郭忏

行政部门

计划类别	计划号次	计划项目	续办或新办	过去办理概况或创办缘起	计划限度或要点	实施方法	完成期限	成绩百分比率	说明
兵工行政	1.	充实战斗部队武器装备并备足屯储与消耗弹药	续办	各部队作战损耗及配赋之武器弹药应予充实以利戡乱。	遵照国防部37坚御守457号代电规定暂行配赋数,预定下半年度按国军现有单位完成40%,弹药经常保需要屯量及携行量。	就生产与库储及向国外筹购者分别逐步拨补。	本年底		第一、二两项若[为]生产与外购计划。
	2.	补充地方团队械弹	新办	配合戡乱,地方团队所需械药,依国防部计划予以筹补。	按各省增编保安旅团武器第一期补充计划,预定下半年度完成70%。(即赓续上半年全数完成)	整修旧械及增产逐步完成	本年底		
	3.	调整本署各单位编制	续办	根据美顾问建议,配合戡建需要加以调整。	配合业务需要。				
	4.	拟定各厂标准编制	续办	使各厂编制统一组织单位及人数均予划一。	暂定总厂18个、分厂20个,视业务情形予以调整。已拟具纲要呈请总统核示中,并照纲要加拟详细实施办法,正在呈部中,候奉准后即实施。	视各厂作业情形及实际需要,分别由署重行核颁新编制之等级。	俟奉准后方能估计		

续上表

计划类别	计划号次	计划项目	续办或新办	过去办理概况或创办缘起	计划限度或要点	实施方法	完成期限	成绩百分比率	说明
兵工行政	5.	办理化学军官训练班	续办	奉前总长陈代电饬办化学军官训练班。	调训全国各地部队军官施以化学战知识与技能，至已完成两期，华中各部队已训练完成。续办三、四期，召集华北各部队军官受训。	召集来京施以短期训练。	半年		
	6.	办理喷火器训练班	续办	前曾办理四期计受训学员共450员	奉准续办第五期，俟喷火器修理完成配发部队后再签请续办。	召集来京受训。	半年		
	7.	筹设兵工军官训练班	新办	培植兵工低级军官以应部队需要。	编制已奉核准修业期限一年。	召训各兵工厂技工学校毕业生及初中以上毕业之预备军官并资深军士。			补充军械库员及低级兵工勤务人员。
	8.	筹设兵工勤务高级军官班	新办	培植兵工中级军官。	利用学校现有机构调训校级现有军官。	暂拟六个月毕业办法，俟奉准后实施。			补充各军械库机构中级干部及兵工勤务助教。
	9.	召训兵工勤务初级班第二期学员	续办	第一期预定本年十月毕业，全部学员不敷调配，似应继续训练。	根据第一期召训资格，缩短教育期限为六个月。	召训办法俟奉准实施。			

事业部门

计划类别	计划号次	计划项目	续办或新办	过去办理概况或创办缘起	计划期限			实施方法	完成期限		工作成绩百分比	预算		说明
					全计划限度或要点	已完成限度或要点	本年度完成限度或要点		全部计划完成期限	本年计划完成期限		岁入或岁出	数额	
兵工事业（甲）械弹制造	1.	械弹制造	续办	根据补给计划及各厂生产能力。	本年完成。		如经费能与物价配合，国外原料能供应不缺，本年底应按计划全部完成。	分别饬厂制造。	本年底			岁出	国币443,590.315亿元。	保安部队械弹预算已由保安局汇列。
（乙）保养修理		〈略〉											国币66,582亿元。	

续上表

计划类别	计划号次	计划项目	续办或新办	过去办理概况或创办缘起	计划期限			实施方法	完成期限		工作成绩百分比	预算		说明
					全计划限度或要点	已完成限度或要点	本年度完成限度或要点		全部计划完成期限	本年计划完成期限		岁入或岁出	数额	
（丙）建设	1.	继续完成新子弹厂建设	续办	机器已一部分运到株洲，目前三要工作为建筑全部厂房，清运整理安装机器。	本年完成		视预算核准数而定	一、续建厂库房。 二、续造机器。 三、整理安装。	本年底			岁出	国币91,391.5040亿元	
	2.	继续完成新火药厂建设	续办	建厂工作已经着手并已完成一部分建筑工程。	本年完成		同右	一、继续建筑厂房。 二、美购补充设备。	本年底			岁出	国币85.328亿元	
	3.	各厂一般建设	续办	抗战期间所建厂房，系因陋就简，均将倒塌。又接收各厂因增产需要，亦应分别缓急，加以添建厂库房及宿舍。	以维持额定出品为目标	40%		由各厂分别办理。	本年底			岁出	国币54,275.1810亿元	

续上表

计划类别	计划号次	计划项目	续办或新办	过去办理概况或创办缘起	计划期限			实施方法	完成期限		工作成绩百分比	预算		说明
					全计划限度或要点	已完成限度或要点	本年度完成限度或要点		全部计划完成期限	本年计划完成期限		岁入或岁出	数额	
(丙)建设	4.	三十一兵工厂迁建	新办	迁建广元、西安两地，完成正常出品。		在进行筹备中。		视经费及物价情形而定。	本年底			岁出	国币 4500 亿元。	
	5.	军械仓库建修	新办	各地军械库不敷应用，原有者已年久失修，拟分别修建。	本年底完成修理仓库59,200平公，建设仓库 25,000 平公。			就核定经费分别实施。	本年底			岁出	国币 22140 亿元。	
附记	一、全计划兵工经费预计共国币 767,807 亿元。 二、兵器研究费预算已由第六厅汇列，未列计划。													

〔国民政府兵工署档案〕

5. 兵工署1949年上半年作业概况报告书

(1949年8月　日)

一、绪言

本署半年以来,秉承上峰指示,制供作战军品,虽金钱、材料两均缺乏,幸经群策群力,克服困难,勉能维持至今。然战事愈烈,军需愈急,非足量生产,不足应当前急务。目前为适应环境,将全国各兵工厂分为西南(包括四川、昆明、柳州各厂)及东南(包括台湾及海南岛各厂)两区,除台湾及海南岛各厂或已开始出品或正迁建外,四川各厂基础较固,设备较齐,均堪大量生产。兹将本署作业概况分列制造、补给、改进、保防、福利五项,谨为简报,并附呈有关统计图表于后,敬祈俯赐鉴核。

又本报告因各项资料尚在运输途中,故大多偏重于四川方面,合并陈明。

二、制造事项

(一) 生产之现状:

本署现时共有兵工厂16个。在四川者计械弹厂5个、原料厂3个;在昆明与柳州者,计械弹厂各1个;在台湾者计械弹厂3个、原料厂1个;在海南岛者计械弹厂2个(附表第一)。

川区各厂本年上半年内出品数量,大部均已按照规定数量如期完成,半年内造成之主要武器,计60迫炮4150门、82迫炮1200门、重机枪1950挺、轻机枪1800挺、步枪47500枝,弹药亦尚能如预定生产(附表第二)。

(二) 增产之条件:

半年以来,川区各厂因部发经费过少,不敷成本甚巨,致将署存正料4500吨及各厂自存平均两个月之副料及半成品悉数贴入,自七月份起罗掘俱穷,不能不裁员减产(附表第三、四)。

为使今后供应军需源源不断计,亟须力谋有效措施。下列各项似须先予解决，始克有济。

1、每月经费，希望能照成本估计预算数按时领足。

2、每月食粮，希望能照应领数按时领足。

3、每月所需外购材料，希望能按月内运1000吨至渝。又土产材料在经费稍裕时，须经常保持两个月所需数量。

三、补给事项

（一）武器之补充：

西南地区现有十二个军、四个师、一个团，所有待补武器，均经遵照补充，计划分期补充。其有少数欠发者，亦经随时催厂造缴或予调运拨补，以期各军装备完成而利作战（附表第五、六）。

（二）弹药之屯备：

西南地区补给单位，计有重庆补给区司令部及万县、贵阳、昆明、成都四个补给分区。其应行囤备弹药，均已依照西南军政长官公署规定，按轻一重二基数拨屯，其有少数欠拨者，亦经随时催厂造缴，以利囤拨（附表第七、八）。

四、改进事项

（一）行政之改进：

本署行政历经改进，现已渐收成效。目前因时因地两制其宜，一面裁人减政，一面维持生产，并随时勖勉所属，行政公开，甘苦共尝，尤有显著成效。例如本年三至六月份内，经费困难达于极点，各厂员工伙食几于无法维持，有时领到少数经费，不分阶级高低，平均分发薪饷，每人所得虽少至四角、五角，亦皆能体念时艰，忍苦从公，并不以一时穷困而稍持异议，实为明证。惟念时局艰难，仍须继续努力，以谋改进，用增行政效率。

（二）技术之改进：

本署各厂对于制造武器之技术，时在改进中，本年上半年内已改进16种，完全成功（附表第九）。

（三）用料之改进：

购运国外材料，固已极感困难，即国产材料，如步枪木托所需之核桃木、樟木，亦极缺乏。半年来改用他种材料，分别代替使用者计有六种(附表第十)。

五、保防事项

本署保防工作，自卅六年四月起奉令办理，共有防谍人员558人，分布于各厂库，先后发觉匪嫌分子计有97名，破获匪谍案件计有24起，人犯38名。

最近昆明第五十三兵工厂，有工人等组织工人联谊会，公开非法活动，对于厂方已有威胁表示，并阻止迁运精良机械至台湾建设。本署除据情转报外，并已派员前往调查真相中。

六、福利设施

本署为安定员工生活，鼓励工作情绪起见，举办福利事业。凡属员工之衣食住行以及教育、卫生、康乐等项，均照规定予以合法设施。各级员工处此生活困难、百物高昂之际，尚能忍苦从公，继续生产者，实赖福利设施有以维系。惟近因整个经费异常困难，各项福利较前略减，原办四个子弟中学，均已于本年七月停办，并将子弟小学酌予减少矣。

七、附件

附呈有关各项图表谨列如下：

(一) 各兵工厂驻地及产品图〔略〕

(二) 四川区各兵工厂卅八年一至六月份产量统计表

(三) 四川区各兵工厂卅八年四月份及七月份产量比较表〔略〕

(四) 四川区各兵工厂卅八年一至六月份原料产量统计表

(五) 西南地区各军师武器补充现况表〔略〕

(六) 重庆军械库卅八年上半年度主要武器收发数量表〔略〕

(七) 西南地区主要弹药屯备数量表〔略〕

(八) 重庆军械总库卅八年上半年度弹药收发数量表〔略〕

(九) 川区各厂卅八年度上半年技术改进事项表〔略〕

（十）川区各厂卅八年度上半年使用代替材料表〔略〕

（十一）兵工署暨所属各单位主官名册〔缺〕

（十二）兵工署暨各属现有人数统计表〔略〕

四川区各兵工厂卅八年一至六月份产量统计表

厂别	品　　名	单位	饬造数	解缴数	欠缴数	溢缴数	备　　考
10	60迫击炮	门	1,450	1,450			
	60迫击炮弹	发	365,000	315,000	40,700		缺装箱木料
	37战防炮弹	发	15,000	22,000		7,000	已抵缴60迫击炮弹9,300发
20	79尖机步弹	万粒	8,990	8,990			
	45冲锋枪弹	粒	195	185	10		停电时间过多
21	水冷式重机枪	挺	1,750	1,600			
	气冷式重机枪	挺	200	350		150	已抵缴水冷式重机枪150挺
	捷克式轻机枪	挺	1,700	1,800		100	已抵缴中正式枪400枝
	中正式步枪	支	53,200	47,500	5,300		缺木托淬火用油
	82迫击炮	门	1,200	1,200			
	82迫击炮弹	发	310,000	270,000	25,800		缺装箱木料
	82黄磷炮弹	发	10,000	19,700		9,700	已抵缴迫击炮弹9,700发
	82照明炮弹	发		1,000		1,000	已抵缴迫击炮弹1,000发
	黄磷手榴弹	颗	3,000	23,000		20,000	已抵缴迫击炮弹3,500发
	120迫击炮	门	48	38	10		缺磨炮筒用砂条
	120迫击炮弹	发	12,000	2,000	10,000		无发射药正在试验代替料
24	28式枪榴弹筒	具	21,000	21,000			
	27式掷榴弹筒	具	3,000	3,000			
30	掷榴弹	颗	90,000	110,000		20,000	已抵缴手榴弹40,000颗
	手榴弹	颗	500,000	392,500	67,500		缺木料黄蜡桐油等
50	57无座力炮	门	96	36	60		缺炮管料正在试验代替料
	57无座力炮弹	发	13,500	1,500	12,000		发射药不合用现已研究成功
	60迫击炮	门	2,700	2,700			
	60迫击炮弹	发	285,000	235,000	50,000		缺木料

四川区各兵工厂卅八年一至六月份原料产量统计表

卅八年八月十七日制

厂　别	材料名称	数　　量	单　位	备　　考
23	硫　　酸	60	吨	吨以下尾数不计。
	烧　　碱	62	吨	
	硝　　酸	5	吨	
	七九步枪药	23	吨	
	改造60迫弹药	4	吨	
24	钢　　料	1,200	吨	
26	氯 酸 钾	50	吨	
	氯酸钠	60	吨	
29	钢　　铁	4,600	吨	

〔国民政府兵工署档案〕

6. 兵工署工业司1949年上半年度各兵工厂业务总检讨报告稿

（1949年9月16日）

报告　三十八年九月十六日　于工业司

奉令汇齐各厂上半年度业务报告书加以研究，编成总检讨，当即着手遵办。除三十一厂、五十三厂迄未据报外，谨将其他各厂业务报告书扼要摘录，并参考各厂出品及经费情况表，编成三十八年上半年度各兵工厂业务总检讨一文，检同上列各原件赍呈钧核。谨

呈

代司长张转呈

副署长陈

职张叔方　印

三十八年上半年度各兵工厂业务总检讨

一、绪言：各兵工厂本年上半年度因交通阻隔，经费奇窘，业务之不易维持，困难之不易克服，前所未有。材料工具无力购进，罗掘旧存，有竭泽而渔，油尽灯枯之势；生产动力，以电费日昂，煤焦飞涨，或停工省电，或分组开工，生产数量低落已多；尤以员工薪饷所入甚微，饔飧不继，俯仰有亏，工作情绪不安，工作效率遂减。

各厂为谋克服环境，人定胜天，不时轮流召集员工，阐明行政与经济实况，免除不必要之隔阂与误会。各员工亦能共体时艰，刻苦自励，停工待料，则搜罗废旧物，研求代用品，以补材料不足于什一，且在技术上逐步改进，力谋品质之日精，补偿产量之不足，惨淡经营，各竭其力，半年来各厂业务检讨如后。

二、经费：上半年度，各月经费拨汇迟缓，因金圆贬值，物价上涨，发生下列影响：

（1）薪饷：与物价不成比例，以二十厂为例，六月份平均工资为 4.19 元，仅能购米 5 斗 6 升，员工无法维持最低水准生活，影响工作情绪。

各厂薪饷工资占每月实领经费百分比表

	第十厂	第二十厂	第五十厂	附　　注
一月	15.11	18.19	24.87	

续上表

	第十厂	第二十厂	第五十厂	附注
二月	17.01	38.22	45.64	
三月	46.28	95.45	126.32	三四两月薪饷占百分比甚大，仍不能维持生活，厂方亦无余款购料
四月	19.51	97.92	241.39	
五月	30.60	26.64	29.64	
六月	13.18	9.69	27.53	银元经费收入较多，购料后所余无几，员工待遇菲薄
比率超过百分之百者拖延发放，各员工受物价波动影响，生活更艰。				

(2) 材料：外购材料来源日艰，自购材料，经费不足，各厂为维持生产，旧存材料及半成品，贴用殆尽，其无原料可贴者，多被迫部分停工。如十厂缺六〇炮管、不锈钢、迫炮药等，二十厂缺白铅、青铅，二十一厂缺白钢丝、木托及木箱，二十三厂缺原棉，二十四及二十九厂缺烟煤、洗焦，三十一厂缺导火索，五十厂缺六〇炮管、白钢丝、六〇发射药及底火，每因接济不及，产量锐减。

(3) 动力：各厂动力用电颇多，电费按指数增涨。动力支出，以十厂为例：

月份	一	二	三	四	五	六
电费支出占经费百分比	7.22	8.23	25.68	203.28	21.64	9.58

该厂四月份电费高达经费百分之二百，只得以五月份经费垫付，电力自给之少数工厂，如二十一、五十、二十四厂，亦因燃料昂贵，或被迫停电或发电短少，只得减少工作时间，分组开工，遂直接影响生产量。

各厂三十八年上半年度经费概况表

厂别	单位	经费：应领	经费：实领	经费：欠领	经费：欠领经费占应领百分比	备考
十厂	金圆万	16,221	13,941	2,280	14	各厂一至三月份以金圆为单位。四至六月份均折成银元
	银元	291,050	115,347	175,703	60	
二十厂	金圆万	41,690	32,445	9,245	22	
	银元	896,700	396,894	499,806	55	
二十一厂	金圆万	2,487,396	1,831,952	655,444	26	
	银元	883,580	242,644	640,936	72	
二十三厂	金圆万	9,335	5,583	3,752	40	
	银元	135,060	124,360	10,700	8	
二十四厂	金圆万	17,402	15,444	1,958	11	
	银元	167,798	74,181	93,617	56	
二十九厂	金圆万	60,401,816	57,775,268	2,626,548	43	该厂所领经费均折成金圆列报
	银元					
五十厂	金圆万	16,158	14,070	2,089	13	
	银元	337,920	52,962	172,318	52	

三、生产：各厂虽因经费奇绌，材料短少；仍极力罗掘旧废料，利用代用品，改进生产程序，节省工料，以期维持出品，结果产量仍较计划短少。如附表。

各兵工厂三十八年上半年度出品概况表

厂别	品名	单位	出品			备考
			饬造	解缴	欠缴	
十厂	六公分迫击炮	门	1,500	1,000	500	无木料缺弹药箱
	六公分迫击弹	颗	395,000	290,000	105,000	缺炸药及木箱
	美37战防炮	颗	15,000	4,000	11,000	
	信号枪弹	颗	40,000		40,000	缺木箱
二十厂	七九尖机步弹	颗	8,720万	8,720万		白铅青铅用罄
	0.45枪弹	颗	180万	171万	9万	
	中正式步枪	枝	60,000	42,000	18,000	木托不齐，副料缺乏
	各式机枪	挺	3,800	3,350	450	缺乏钢料
二十一厂	八二及一二〇迫炮	门	1,248	832	416	
	八二及一二〇迫炮弹	颗	372,000	236,700	135,300	缺乏木料不能装箱
	黄磷手榴弹	颗	13,000	7,620	5,380	
	七九步枪药	吨	48	21	27	缺乏原棉
	硫酸	吨	120	60	60	
二十三厂	改造迫炮药	吨	24	10	14	
	三七式化学弹	颗	90,000		90,000	缺CN原料
	烧碱	吨	80	20	60	
	硝酸	吨	20		20	
二十四厂	钢料	吨	1,260	950	310	
	钢板	吨	300	263	37	缺煤缺铁
	钢丝	吨	50	12	38	
	钢料	吨	2,880	1,850	1,030	同上
二十九厂	生铁	吨	2,400	2,000	400	同上
三十厂	三六式手榴弹	颗	500,000	340,000	160,000	
	二七式掷榴弹	颗	90,000	60,000	30,000	
	枪榴弹	颗	60,000		60,000	材料不足
五十厂	六公分迫炮	门	2,400	2,400		
	六公分迫炮弹	颗	305,000	235,000	70,000	材料不足
	五七无座力炮	门	96	36	60	
	五七无座力炮弹	颗	13,500	1,500	12,000	

四、技术：各厂在技术上不断改革，节省工料，增进品质，利用代用品，以期稍予补偿经费材料之不足。

（一）技术之改进：

十厂：1. 六〇迫炮击针互换率由20%进至100%。2. 六〇式迫弹试造成功，正试射中。3. 六〇迫弹二引信盒改并为一，节省工时30%，节省材料50%。4. 手枪单星信号弹试制成功。5. 雷管冲模镀铬，寿命增加七倍。6. 锯木机排锯条，自制成功，有余力供应友厂。

二十厂：枪弹全形渐近规格，精度增进。

二十一厂：1. 六五步枪改造七九步枪，已制成六千枝。2. 八一、八二迫炮弹改作空投弹，每三枚用钢丝串联，以代保险销，试造成功。3. 美M式自动步枪试造成功。4. 卡宾枪制成样品，因经费关系暂停。5. 2.36吋火箭及弹试造成功。6. 八二照明弹由圆柱形改为普通弹形，射高射远均大增。7. 一二〇迫炮钢弹制造成功，炮车改用橡胶轮胎成功。8. 八二长弹试造成功。

二十三厂：1. 三七式化学抛射弹，木质弹底改用马口铁皮冲制，试用良好，且能防潮。2. 废单基炮药、加强棉，改制炮药成功，单价低三分之一。3. 改制六〇及八一迫炮药性能增进。4. 智硝中断，硫磺缺乏，设法回收废酸，每月已可收回60%硫酸60吨，80%硝酸10吨。

二十四厂：1. 铸钢浇口及套筒改用耐火砖制，钢料夹灰报废率自40%减少至10%。2. 丝钉厂退火炉改用自然通风法，用煤量减少50%，并可用低价煤。

五十厂：1. 五七药筒上四百个小孔，缺乏冲孔专机，钻孔法费时，难以大量生产，经用铁皮排列冲孔后，压成半圆瓦形，两半圆瓦形铁皮用线焊成药筒，外观无异，初速膛压均合规定。2. 五七群子弹，试制成功，性能与三七群子弹相似。3. 六〇迫炮实施半成品检验，主要零件已能互换。

（二）代用品之运用

十厂：1. 六〇迫炮管以废炮管修改代用。2. 以100#迫炮药代替200#迫炮药。

二十厂：加拿大炭化钨工具应用结果，较普通工具效率高800倍。

二十一厂：1. 捷克式轻机枪弹匣材料，以20#白铁皮代替钢皮。2. 步枪木托缺核桃木，用柏木、楠木、樟木代替。3. 刺刀鞘缺钢皮，改用皮革。4. 八二黄磷弹夹层充填物，以洋灰代替白蜡。5. 步枪装箱用黄凡士林，改以矿油与白蜡混合代用。6. 步枪重机枪装箱以油纸代油木。

二十四厂：1. 耐火材料以土产泡沙石砖代替矽砖，效用相等。2. 以糖浆代替柏油铺炉底。

三十分厂：1. 二七式掷榴弹，废去铁皮箱改为个别用桑皮纸包裹浸蜡。2. 手榴弹保险盖与木柄接合处，改浸黄蜡以代胶布。

五十厂：1. 利用三七炮药作五七发射药。2. 五七炮管用三七炮管料改制。3. 以菜油为原料，自制调水油，成本仅合外购者二十分之一，品质反较佳。

各厂马口铁皮缺乏，装箱防潮，改用玻璃纸。

五、再生产：工厂厂房及设备，因使用中不断折旧损坏，必须随时补充修理，始可维持产量，各厂因经费奇绌，材料艰窘，出品尚无法交足，厂房及设备之再生产准备，更非力之所及，长此以往，有全部破旧逾龄无法出品之危机。

六、结论：

本年上半年因时局及币制之波动，各厂遭遇空前未有之困厄，如解除危机，维持生产，希望：1. 经费按时拨发。2. 材料源源接济。3. 员工生活改善。

〔国民政府兵工署档案〕

7. 兵工署抄送兵工厂产品数量表的快邮代电

(1947年8月20日)

联合勤务总司令部兵工署快邮代电 (卅六)工甲字第3457号

四川区办事处陈兼主任勋鉴:奉交下渝联办(36)工字第2521号代电,以重庆行辕通知魏特使即将来渝,嘱造呈兵工厂情况表,经已权宜造送概况表一案,查魏特使所需各厂人员生产数字,已由署造送,兹特抄送一份。该处提供魏特使资料,应以此表为限。嗣后如需其他资料,应由署供给,以免不符,为荷。工业司。〔未〕〔删〕。理。印。附表一份。

中华民国三十六年八月廿日

兵工署四川区各工厂每月出品数量表

厂别	地址	品名	单位	数量	经常存厂待缴量
二十厂	南岸铜元局	七九枪弹	粒	11,000,000	100万至500万粒
	磁器口詹家溪	美三〇枪弹	粒	3,000,000	50万至100万粒
二十一厂	江北	中正式步枪	枝	8,500	1,000至4,000枝
		马克沁重机枪	挺	300	50至100挺
		八二迫炮弹	颗	50,000	5,000至20,000颗
	鹅公岩	八二迫击炮	门	150	20至50门
		捷克轻机枪	挺	250	30至100挺

续上表

厂　　别	地　址	品　　名	单位	数　　量	经常存厂待缴量
二十三厂	泸　县	无烟药	公斤	3,000	随造随缴
二十三分厂	江北董家溪	枪械皮件	件	10,340	1,000至4,000件
二十四厂	磁器口	二八式枪榴弹发射筒	只	2,500	300至1,000只
		钢　料	吨	200	30至80吨
二十六厂	长　寿	氯酸钾	吨	20	产品由厂代保管现存量二百吨
三十厂	大佛寺	木柄手榴弹	颗	60,000	5,000至20,000颗
五十厂	郭家沱	六公分迫击炮	门	400	50至150门
		六公分迫炮弹	颗	30,000	5,000至10,000颗
五十厂忠恕分厂	化龙桥对河	六公分迫击炮	门	200	30至80门
		六公分迫炮弹	颗	50,000	5,000至20,000颗
钢铁厂迁建会	大渡口	钢铁材料	吨	500	产品由厂代保管现存量一千吨

注：一、每月出品，有时应需要情形奉颁饬造，数量稍有不同。

二、存厂待缴量，因运输及械库存储情形不同，常有变更。惟枪枝弹药之待缴量，总在十天左右之出品量。

1948年1—9月份兵工署弹药生产总数表

（1948年　月　日）

品　名	单位	一月	二月	三月	四月	五月	六月	七月	八月	九月
七九步机弹	粒	4,277,429	12,462,741	27,103.158	1,994,101	15,595,276	25,266,913	23,031,726	25,946,818	52,138,714
六五步机弹	粒	1,200,770	19,609	6,069	459	377,187	614,689	1,245	325	759
三〇步机弹	粒	2,030,156		5	7	130,850				1,866,018
七七步机弹	粒	1,000,000	500			677,467	664,020		1,500	260
三〇三步机弹	粒				610	95,000	20,000			
七六二步机弹	粒			2,002			48,000		134	
四五冲锋弹	粒	1,207,121	5	229	122			35		140
九〇手机弹	粒		2	2,580						
手枪弹	粒	129	11	789	2,706	61		7	239	16
五五战防枪弹	粒					44				
手榴弹	颗	172,301	205,706	1,078,757	838,080	518,990	506,211	848,158	690,758	532,010
枪（掷）榴弹	颗	216,808	5,656	69,896	149,573	62,553	49,776	223,499	133,439	262,432
六〇迫炮弹	颗	21,156	136,786	105,531	50,817	137,242	41,857	149,266	187,836	47.313
八一迫炮弹	颗		60		89	168				67,370

续上表

品名	单位	一月	二月	三月	四月	五月	六月	七月	八月	九月
八二迫炮弹	颗	4,008	168,875	82,100	66,157	42,862	84,000	67,820	80,000	76,475
重迫炮弹	颗		127	2,014	184					
平射(战防)炮弹	颗	29	41	848	712	1,874	30,600		42	6,090
七五山炮弹	颗	3,369	7	749	185	11,648	1,524			（榴弹）15,930
七五野炮弹	颗	17,530		478	942	13,494	5,040			（各式）6,860
一〇五榴炮弹	颗	178		801	90	85			748	
一五〇榴炮弹	颗			448	54	96				
高射炮弹	颗			146	70	193				
火箭弹	颗					300				
信号弹	颗					914	20,000	40,000		
拉雷	颗			3,800						

〔国民政府兵工署档案〕

8. 兵工署编西南之兵工①

（1950年　月　日）

一、引言

……

抗日胜利以后，以杨继曾任伪署长，聘请美帝顾问，所有组织编制，完全照美国主子的意见，改编合并。在西南的兵工厂的概况表如左：

厂　　别	所在地	工人数	职员总数	技术人员在职员中所占%	主要产品
伪第十兵工厂	渝忠恕沱	1,800	280	41.2	60迫炮 60迫弹
伪第二十兵工厂	渝南岸铜元局	5,000	510	38.1	79尖弹 45枪弹
伪第廿一兵工厂	渝江北陈家馆	10,000	650	31.4	120迫炮及弹步枪重机枪轻机枪火箭
伪第廿三兵工厂	泸县罗汉场	1,300	240	39	烧碱硫酸无烟药毒气
伪第廿四兵工厂	渝磁器口	2,800	240	29	枪械钢马丁钢
伪第廿六兵工厂	川长寿	300	100	36.6	氯酸钾
伪第廿九兵工厂	渝大渡口	6,500			生铁钢料
伪第三十兵工厂	渝大佛寺	850	290	22.6	手榴弹
伪第卅一兵工厂	成都	600	140	33.4	手榴弹
伪第五十兵工厂	渝郭家沱	2,500	410	25.3	60迫炮及弹无座力炮及弹
伪第五十三兵工厂	昆明海口	2,000	380	36.8	轻机枪、望远镜、测速仪、迫炮瞄准镜
合　　计		33,650	3,240		

在政治方面，前任伪署长俞大维，虽然标榜无党无派，但实际

① 此文为中央人民政府接收后所编。

上是蒋匪最亲信的人，美帝国主义也很重视他。第五任伪署长杨继曾在兵工界上做了二十多年，与CC有关系，是伪国民党中央候补委员，他从上台后，就排除异己，把在兵工界工作二十年比较廉能的第二十一厂厂长李承干也排挤走了。他执行蒋匪的命令，将在济南的第四十四厂、上海的第六十一厂迁往台湾松山，将武汉的第二十六厂迁往台湾高雄前镇，并携走历年的武器图样三万多张暨美帝所送的图样十万张、说明射表数千本，日本武器图样五万张、说明射表数百本。各兵工厂的警卫稽查，多由军统局派特务驻厂，执行反动工作，经常监视职工的行动，并压迫他们，毫无活动能力与机会，阻止革命力量的发展，莫此为甚。兵工的机构在政治上是反动统治最彻底的。

在经济方面，兵工厂是由蒋匪独占经营，没有第二者与他竞争的。他有他的成本计算，就是一枝枪一颗炮弹，他有一定的估价，根据估计的价格，发一笔制造费，向厂方定货。厂里有两种经费，一种是经常费，凡编制内的人员的薪给办公用品等，都是经常费开支；一种是制造费，凡是材料费用及编制以外额外人员的薪给，都在制造费内开支。厂内总是有盈余的，该项余款，可由厂方呈请兵工署批准作添置房屋设备其他用具等之用。厂长因此勾通署里主管及主办的人员，多定些货，提早发给制造费，以便周转利用，成本会计在厂里是有名无实，虽有繁琐的审核制度，它是徒具形式的。由于上述各种原因及厂里开支庞大，经办人员总是先把钱私人做生意，然后作公用。因此事务人员不贪污的占极少数，技术人员不贪污洁身自好的很多，可能曲意贪污的很少。这是国民党反动派一般的情况，不过以兵工厂为特出。

兵工厂除特殊材料如火药、炸药、炮钢等由兵工署向国外购买统筹配发外，其他一般五金器材工具米煤木料等大部分就地选材购用，职工及眷属消耗品数量很多，对于当地经济影响很大。附近的许多五金商、木料商、煤商、船户小贩、运输夫都依赖兵工厂以为生活，发薪饷的时候，常影响市场物价的波动，一旦兵工厂停工，就会有很多依此为生的人失业。

技术方面，因为蒋匪要走法西斯路线，特别注重兵工业，曾集中很多的技术人才，训练了大批优秀技工，设备也较完全，规模也较宏大。在工业落后的中国，兵工厂总算是有基础的，二十九厂有一百吨与二十吨的化铁炉两座，一吨的电炉一座，轧钢机、制订机各一套，二十四厂有三吨的电炉一座，可以轧制铁道路轧及钢条。二十一厂有完善的翻砂设备及机工工厂，可以制造样板工具及精密机器，其他各厂的机械设备，也都不差。要是以兵工厂的设备和技术加以改变，制造工作机、缝纫机、织机等和平工业，是很容易的。最近的将来，或许因反动派快要整个投降，不需要大量制造，与材料的来源关系，可能在我们到重庆的时候已经停工。首先我们应考虑失业的严重与不利用机器生产的可惜，我们应该早些计划，一方面收集和平工业设计图样，一方面研究新的国防工业。这些兵工厂在西南的建设上是有重要价值的，也是西南生产上最大的基础，我们应该提早研究，并准备恢复与发展生产的问题。

材料方面各兵工厂经常需要的材料很多，兹就要预先购备的几种分述如下：

1. 发射药——包括制造步枪弹、机枪弹用棉火药，发射迫击炮弹之硝化甘油棉火药。该项棉花火药在抗日战争未爆发前，汉阳火药厂每月可造三十吨，迨抗战爆发，武汉失陷，该厂先后迁移湖南辰谿及唐家沱，更名为第二工厂。当时因为国民党依美帝援助，忽视生产，又任随一般贪污渎职的人员因循敷衍，徒有厂名，并未建立。直至抗战快要结束的时候，才把该厂建立，但因制造成本太高，而没有生产。抗日胜利后，将第二工厂合并第二十三工厂，所有制药机器均迁泸州。第二十三厂也有一套制棉火药的设备，抗日战争期间，曾将机器装好，但因品质不高，没有大量生产，今后制火药是不成大问题的。

2. 炸药——包括梯恩梯、特屈儿等,是造炮弹、迫击炮弹用的,其材料来源要购自国外。

3. 钢盂——是制造步枪弹和弹头的材料,其来源要购自国外。

4. 炮管钢——是制造迫击炮及各种炮用的,购自国外。

5. 紫铜皮——是制造步机枪弹壳的原料,来源本是以国外购来,但是沪汉各五金商有经营的。

6. 工具钢——包括锋钢、高炭钢及砂轮,本是购自国外,但沪汉各五金店也有经营的,是各种机器上用的。

7. 苯——是制造毒气和染料的来源,本是购自国外,沪汉各化工原料行也有经营的。

8. 碳棒——是电炉炼钢的材料,原是从国外购来,沪汉五金商也有经营的。

9. 镁砖——耐火砖——是电炉炼钢用的,原是购自国外,可以研究制造。

10. 光学原料——购自国外。

11. 硝石——为制造硝酸及装迫击炮弹手榴弹之用,原是购自智利。西康属之雅安,产有鸟粪,可以提炼。

12. 硫磺——为制造硫酸之原料,原是购自国外,但可用硫化铁自己提炼,二十三厂有每日可制硫酸十吨的新式设备。

13. 氯化钾——为制造氯酸钾炸药之原料,原是自国外购用,但可用桐碱自己提炼。

14. 步枪用钢——可由二十四厂供给。

二、各厂概况分述

(一) 伪第十兵工厂

1. 简史:

民国二十五年筹备成立"炮兵技术研究处",原拟设株洲,后迁渝改称"第十兵工厂",抗日胜利后,一度并入"五十厂",成立"忠恕分厂”，三十七年又独立恢复原番号。

2. 厂址及交通情形：

厂在重庆化龙桥对江忠恕沱，由渝沿成渝公路行约六公里，至化龙桥，过嘉陵江（厂中有自备木船）即达，或由嘉陵江乘船亦可直达。

厂内地形尚平坦，运输主要靠人力。

有卡车数辆供厂外运料用。

有“忠恕”号汽轮暂请招商局代管航行沪渝间输运机料。

3. 组织及主管人员：

有十个制造所及农场合作社等。

工人约 1800 人，职员约 280 人（技术员占 41.2%，事务占 48.9%，警卫人员占 9.9%）。

厂长周有廷，其他技术人员有：施政楷、伍骏、陈志静、王绳勋等。

4. 设备：

机器 1389 部，内有一部分为德造自动车床，很名贵，火工用机器亦很优良。

动力有 300 千瓦柴油发电机一套，全厂需用电量约 1000 千瓦。

5. 产品：

月造 60 迫击炮 200 门，迫击炮弹 65,000 发及电雷管、硝化贲特。

目前因炮管材料及发射药缺乏，迫击炮及弹之制造已停工。

以往制造二公分机关炮弹及三七战防炮弹。

6. 材料来源：

炮管、炮架、底板及工具之钢料均购自外国，生铁自二十九厂供给。

7. 警卫兵力：

① 原有（不详）。

② 接管后所需警卫兵力估计四连。

8. 附厂区略图。〔略〕

(二) 伪第二十兵工厂

1. 简史:

该厂原为四川铜元局,后为四川军阀刘湘之枪弹厂,二十六年底将“金陵兵工厂”之枪弹厂并入,改称“二十兵工厂”,胜利后将“四十厂”之枪弹部分及“二十五厂”并入。

2. 厂址及交通情形:

总厂在重庆南岸铜元局,由菜园坝渡过长江即达,厂中有汽轮二艘,建中轮可航行远程,厂中有卡车数部。

分厂(原为“第二十五兵工厂”抗日胜利后归并)在磁器口张家溪“二十四兵工厂”后方,距重庆市区约二十公里,有公路可通,由嘉陵江乘船上溯,亦可直达,主要枪弹制造厂全在人工凿成石洞中。

3. 组织及主要负责人:

职员人数 510 人(技术人员占 38.1%,事务人员占 49.7%,警卫人员 12.2%),工人约5000 人。

4. 设备:

机器 2433 部,多半为自动冲压枪弹机器,有电炉熔钢及压钢设备,有初速测量及检验子弹设备,动力 1000 千瓦、2000 千瓦透平发电机各一套,300 千瓦柴油机一套。

需用电量 2500 千瓦。

5. 产品:

① 现每月七九尖弹 1,600 万发,四五枪弹 30 万发。

② 三十七年作业计划:七九步机弹 1200 万发,三〇步机弹 350 万发,四五枪弹 50 万发。

6. 材料来源:

紫铜、锌、钢盂、发射药、工具钢均购自国外,发射药存量,据悉仅能用至三十八年六月底。

7. 警卫兵力：

① 原有三个中队，一高射排，一消防排。

② 接管后估计所需兵力计南岸一个连，张家溪三个连。

8. 附厂区略图。〔略〕

（三）伪第二十一兵工厂

1. 简史：

该厂原为“金陵兵工厂”，抗日时迁重庆，将汉阳厂之步枪厂、四川军阀刘湘之修械厂并入。抗日胜利后，又将“第一兵工厂”、“第四十兵工厂”之制炮弹部分，“第四十一厂”、“第二十三厂”重庆分厂（皮革厂），昆明“安宁分厂”之翻砂设备并入。

2. 厂址及交通情形：

总厂：重庆江北陈家馆，由“国府路”底大溪沟电厂旁渡江（嘉陵江）即达，厂有木渡船及大木船多只及汽轮二艘，“楚星”轮可航行远程，有卡车十余辆（成一运输队），轿车一部，厂后有汽车路，接汉渝公路。

厂区地形高低不平，散布很广，有路面良好的道路相连，惟坡度甚大，勉强可行汽车，厂内主要运输仍靠人力。厂后有金子山射击场，最大射程约5公里。

分厂：

① 鹅公岩（原为第一兵工厂，抗日胜利后归并）在长江边水路可直达，并有汽车路可通（由渝市经两浮支路），大部分厂房在人工凿成之石洞中，厂区地形尚平坦。

② 江北董家溪，（原为二十三厂重庆分厂）（制皮革厂）距总厂不远。

③ 铜罐驿白沙沱，原为废品整理工厂，由渝乘轮沿长江上溯，约六小时可达。

3. 编制及主要负责人：

除行政机构外，有重机枪厂、轻机枪厂、迫炮厂、步枪厂、制弹厂(翻砂引信厂在内)、工具厂、火工厂、机器厂、木工厂、动力厂、热处理所等十余制造厂所。

并有技工学校，“宁和中学”及子弟学校，厂中“金工医院”设备甚佳，农场与合作社规模甚大。

原在重庆南岸二塘之“兵工署材料储整处”亦并入该厂。

原在綦江赶水之“四十兵工厂”及贵州桐梓之“四十一厂”均于抗日胜利后并入该厂，一部分机器及人员迁来重庆，原址之房屋及水力发电设备已移交地方政府接收。

工人约 10,000 人，职员共约 650 人(技术人员占 31.4%，警卫人员占 12.8%，事务人员占 55.8%)。

4. 设备：

机器 6,965 部，有 200 吨水压机 1 部(在总厂)，300 吨水压机 2 部(在分厂)，2 吨空气锤 1 部，机器厂有工作母机数部，制弹厂中之翻砂机器与六角车床及材料试验设备等俱甚名贵，总工程师室中所藏图书甚丰富名贵。

动力 1000 千瓦、200 千瓦透平发电机各 1 套，300 千瓦柴油发【电】机一套，需用电量 2500 千瓦。

5. 产品：

① 每月生产八二迫炮 200 门、八二迫弹 60,000 发，步枪 13,000支，轻机枪 350 挺、重机枪 400 挺、二、三六吋火箭发射筒 5 只，一二〇重迫炮 6 门、一二〇重迫弹 1000 袋。

② 三十七年作业计划：

步枪 9,000 支、轻机枪 250 支、重机枪 300 支、八二迫炮 200 门、一二〇迫炮 6 门、八〇迫弹 60,000 颗、八二黄磷弹 5,000 颗、八二照明弹 2,500 颗、一二〇迫弹 1,000 颗、黄磷手榴弹 5,000 颗、二三六火箭弹 1,000 颗、重机枪备分零件 100 套、轻机枪备份零件 60 套、步枪备份零件 100 套、捷枪弹匣 6,000 个。

6. 材料来源：

步枪钢料二十四厂供给，生铁二十九厂供给，迫炮身、机枪钢料、工具钢等多购自国外，火、炸药购自国外。

7. 警卫兵力：

① 现有五个中队，一个分队。

② 接管后所需兵力估计共 14 连（江北 8 个连、鹅公岩 4 个连、白沙沱 2 个连）。

8. 厂区略图。〔略〕

（四）伪第二十三工厂

1. 简史：

该厂原为“巩县兵工厂”之孝义新厂，抗日时迁四川泸州，改称为伪第二十三工厂。

2. 厂址及交通情形：

该厂在泸州罗汉场（由重庆至泸州可乘汽船沿长江上溯三日可达，或乘汽车经隆昌一日可达），由泸州沿长江乘木船，下行二小时可达（约十五公里）。厂内地区大都平坦。

3. 职工人数：

工人约 1300 人，职员 240 人（技术员占 30%，警卫人员占 5.4%）。

4. 设备：

硫酸厂——利用接触法制硫酸，日产发烟硫酸 5 吨，设备为国内所仅见。

氯气厂——为本厂主要部门，主要产品为烧碱、盐酸、氯酸钾，所产氯亦用以制漂白粉。

氧气工厂——液化空气而得氧气，设备有空气压缩机及冷凝塔等。

高温试验厂——制炭化钙。

无烟药厂——原有设备尚佳，抗日胜利后，将专制无烟药之第二兵工厂之设备并入本厂。

毒气制造厂——制造苯氯乙酮、亚当氏气、芥子气、氯磺酸发烟剂、漂白粉。

面具厂——防毒面具。

油布厂——制防毒衣。

口罩工厂——制防毒口罩。

肥皂工厂——制普通洗衣肥皂。

双效减压蒸馏工厂——制甘油。

水电所——发电设备与滤水池甚佳。

化验室——检验及分析化学药品及成品。

本厂共有机器1286部。动力750千瓦透平发电机各一套,240千瓦、140千瓦水力发电机各一套,需用电量1,500千瓦。

5. 产品:

① 现有月产烧碱30吨,硫酸10吨。

② 三十七年工作计划:芥子气1吨、催灭气1吨、催泪手榴弹5,000颗、化学地雷500个、毒气抛射弹5,000颗,七九枪药10吨、烧碱25吨、酒精10万加仑、二硝基氯化苯70吨、硫酸30吨、硝酸10万加仑。

6. 材料来源:

食盐、棉花、甘油等购自国内,硝石、硝磺苯等均购自国外。

7. 警卫兵力:

① 原有共4个中队。

② 接管后所需警卫兵力估计:罗汉场8个连,小市1个连。

8. 厂区略图。〔略〕

(五)伪第二十四兵工厂

1. 简史:

原为四川军阀刘湘所办之重庆炼钢厂,二十五年冬为兵工署接收,抗日胜利后,又接收冶炼合金钢之二十八兵工厂。

2. 厂址及交通情形：

厂在重庆磁器口，位嘉陵江边，汽车轮船均可达厂门。厂有汽轮"金刚"号一艘，大木船多艘，卡车数辆，轿车一辆。动力厂在人工凿成之石洞中，原有紧邻之"二十八兵工厂"，于抗日胜利后并入该厂。

3. 组织及主管人员：

工人约 2800 人，职员 240 人（技术人员占 29%，警务人员 14.3%，事务人员占 56.7%）。厂长杨吉辉（旧四川军人），其他技术人员：杨业成、熊天祉。

4. 设备

① 机器 1,063 部，内有 3 吨电炉一个，转炉 2 个，轧钢机 2 套，又钳锅炉 1 套，拉钢丝机 1 套，材料试验及钢料分析仪器全套等俱甚可贵。

② 动力：1,500 千瓦、2000 千瓦透平机各 1 套，500 千瓦透平机 2 套，需用电量 3,000 千瓦。

5. 产品：

① 现每月钢料 250 吨，枪榴弹筒 400 具。

② 三十七年作业计划：28 式枪榴弹筒 3,000 具、钢料 200 吨、钢板 60 吨。

6. 材料来源：

土产白口生铁（威远等地产）、毛铁、合金原料及碳精镁砖等，均由外国购来。

7. 警卫兵力：

不详。接管后估计约需 4 个连。

8. 附厂区略图。〔略〕

（六）第二十六工厂长寿分厂

1. 简史：

该厂于三十年成立，胜利后向美帝国主义购来全套制无烟药设备，拟在汉阳成立第二十六工厂，后又迁往台湾，该厂改称分厂。

2. 厂址及交通情形：

厂在长寿县城外，位长江北岸，在重庆下游几十公里处，有汽船可达。厂址在山沟间平坝上，工厂内有汽车路，交通运输尚方便。

3. 组织及主要负责人：

乙种厂编制，工人约300人，职员约100人（技术人员36.6%、警卫人员14.9%、事务人员48.5%）。

4. 设备：

① 机器372部。

② 动力：由伪资委会龙溪河水力发电厂供给，电力极充足。自来水滤水池设备甚好。

5. 产品：

氯酸钾（三十七年作业计划：氯酸钾20吨、氯酸钠10吨）。

6. 原料来源：

氯化钾购自国外，亦可从桐碱中提炼。

7. 警卫兵力：

共2中队，接管后估计约需4个连。

8. 厂区略图。〔略〕

（七）伪第二十九兵工厂（原名钢铁厂迁建委员会）

1. 简史：

兵工署上海炼钢厂迁渝后，改名为第三兵工厂，至二十七年春与伪资委会合组接收汉阳钢铁厂，改名为“钢铁厂迁建委员会”，后以“资委会”无力负担生产费用改为今名。

2. 厂址及交通情形：

厂址大渡口，在重庆之长江上游约八十里处，有汽轮可通，水路交通便利，陆路有自建铁路，自对江通綦江，运铁矿，并有大批木船经常运煤及生板毛铁等原料，有汽轮一艘，卡车数部，火车头一个，车皮若干，有码头、缆车设备，厂内有铁道。

3. 组织及主要负责人：

甲种厂编制，有南桐煤矿、綦江铁矿及铁路等附属机构，工人约6500人。厂长：张可治(美麻省理工大学博士，中央大学机械系主任)，其他技术员：马营甫。

4. 设备：

动力设备有1,500千瓦透平机一套，2000千瓦透平机一套(需用电量2,500千瓦)，机器1,176部，内有100吨炼铁炉一座，20吨炼铁炉一座，20吨平炉一座，1吨电炉一座，轧钢机一套(能轧标准路轨)，制铆钉机一套，制洋钉机一套，炼焦、提煤焦油设备(试验用)，火砖厂造火砖及电瓷。

5. 产品：

每月产生铁600吨、钢500吨。三十七年作业计划：钢料500吨、生铁600吨。

6. 材料来源：

煤矿及铁矿均自给(但不足，故不能发挥全部生产力)。

7. 警卫兵力：

① 原有不详。

② 接管后需要兵力估计：大渡口6个连，矿路共需32个连。

8. 厂区略图。〔略〕

(八) 伪第三十兵工厂重庆分厂

1. 简史：

南昌火工厂与济南兵工厂于二十七年合并，改称为三十兵工厂，迁西安，后又迁渝，抗日胜利后，接收武昌日人留下机器成立三十兵工厂总厂，渝厂改称分厂，现总厂已迁柳州，且将再迁贵阳，吸收五十三厂贵阳分厂。

2. 厂址及交通情形：

厂在重庆南岸大佛寺，由重庆朝天门渡过长江下行约三公里即达，厂有汽轮一艘、汽艇一只，厂内地形崎岖不平。有一部分厂房及职员宿舍，建在大佛寺对江茅溪。

3. 职工人数：

工人约 850 人，职员 290 人（技术人员 22.6%，警卫人员 10.8%）。

4. 现有产品：

每月手榴弹 60,000 颗。

5. 设备：

① 机器 727 部。

② 动力：300 千瓦柴油发电机一套，需用电量 1,300 千瓦。

6. 材料来源：

生铁、木料、硝等购自国内，炸药购自国外。

7. 警卫兵力：

① 现有 3 个中队，1 个消防队。

② 接管后所需兵力估计：4 个连。

8. 附厂区略图。〔略〕

（九）伪第三十一兵工厂

1. 简史：

三十厂由西安迁重庆时，留下之部分机器，及"华阴兵工厂"之机器及宋哲元之七十七军修械所，合并成立兵工署西北修械所于陕西马嵬坡，后改称西北修械厂，又改称"第三十一兵工厂"迁虢镇，胜利后接收阎锡山在广元及汉中之兵工厂迁广元又迁成都。

2. 厂址及交通情形：

该厂原在陕西，后迁广元，又迁来成都。

3. 职工人数：

工人约 600 人，职员 140 人（技术人员 33.4%，警卫人员 18.7%）。

4. 设备：机器约 200 部。

5. 产品：手榴弹（三十七年作业计划：月产手榴弹 60,000 颗）。

6. 警卫兵力：

① 现有2个中队。

② 接管后所需兵力估计4个连。

伪三十一厂主管名册。〔略〕

（十）伪第五十兵工厂

1. 简史：

陈济棠向德国买来制炮机器成立“广东湛江兵工厂”，后改名为广东第二兵工厂，迁重庆后为第五十兵工厂。原在南京百水桥之精确研究所迁渝并入该厂，成为工具样板厂。

原在纳溪沟之第二兵工厂，于抗日胜利后停办，将制无烟药之设备迁往二十三厂，原址之其他建筑设备，交由该厂保管。

2. 厂址及交通情形：

厂在郭家沱，在长江北岸，位重庆下游约二十公里处，汽轮可直达厂门，厂区在山沟中，厂房多紧靠岩壁，对空掩良好，惟过于分散，运输所费人力太多。

对江之大兴场有职工宿舍、库房、运输站。有汽车路接通川黔公路，约15公里。纳溪沟在郭家沱上游约三里之长江南岸。厂有汽轮“国元”号等三艘及卡车数辆。厂中医院设备甚完全。

3. 编制及主要负责人：

工人约2500人，职员410人（技术人员25.3%，警卫人员15.8%）。人员名册另附。

4. 设备：

机器设备共1616部，内有制造样板机器全套及制引信之自动车床。制炮所之设备能七五公里口径之炮，制弹所有高速度。动力：有1250千瓦、2000千瓦透平发电机各一部。需用电量1500千瓦。

5. 产品：

① 现每月产六〇迫击炮400门、六〇迫弹50,000发、五七无座力炮12门、五七无座力炮弹200发。

② 三十七年作业计划（十厂在内）每月生产：六〇迫炮583

发、六〇迫弹 95000 发、超迫炮 50 发、超迫炮弹 5000 发、三七炮弹 5000 发、擦枪器 2250 具、六〇照明弹 1000 发、五七无座力炮 50 发、无座力弹 5000 发。

6. 材料来源：

制炮及弹之原料多购自国外，生铁在国内采购。

7. 警卫兵力：

① 原有兵力：4 个中队，1 个消防队。

② 接收后所需警卫兵力估计：郭家沱 6 个连、大兴场 2 个连、纳溪沟 2 个连。

（八）附厂区略图。〔略〕

（十一）伪第五十三兵工厂

1. 简史：

二十八年国民党反动政府筹设第五十三厂造麦德森轻机枪，后以部分机器在海防为日军抢去，乃与制光学器材之二十二兵工厂合并，成为五十三兵工厂。抗日胜利后，第二十一兵工厂之安宁分厂（原拟造士乃德七五野炮），及迄未开工之第五十二工厂、第二十三兵工厂昆明分厂均并入该厂。

2. 厂址及交通情形：

总厂在昆明海口，可由昆明乘船过昆明湖达厂，亦有汽车路可通。总务处、事务处、光学厂在柳坝（城西南角）。

3. 编制及主要负责人：

总务编制分 10 个制造所，工人约 2000 人、职员 380 人（技术人员 36.8%、警卫人员 9.2%）。主要负责人见另页。〔略〕

4. 设备：

机器约 1000 部，动力：140 千瓦柴油发电机 1 部。需用电量 1000 千瓦，光学制造设备为国内罕见。

5. 产品：

① 现在月造轻机枪 300 挺、六倍望远镜 300 具、指南针 200

具、七公分基准测远仪2具及迫炮瞄准具、方向盘等。

② 三十七年生产计划(每月造):轻机枪375挺、望远镜400具、瞄准镜500具、测远仪10具、指南针2000具、机枪备件120套、捷枪弹匣6000个。

6. 材料来源:

钢料及光学玻璃全部购自外国。

7. 警卫兵力:

① 原有4个中队,1个消防队。

② 接管后所需警卫兵力估计8个连。

(附) 伪兵工署四川办事处

1. 简史:

抗日胜利后,伪兵工署本部迁返南京,在重庆成立办事处,作为四川区之指挥机构。

2. 地点:

在观音岩勤居巷山坡上。

3. 编制及主要负责人:

主任:陈哲生(二十兵工厂厂长兼)

总务组长:何振廉(原为二十一兵工厂之福利处长,不容于同人,调来本处)。

工务组长:张善征(兵工学校毕业,原在兵工署制造司)。

会计组

编制共20余人。

兵工材料库:

① 兵工材料总库——泸州蓝田坝。

② 材料储整处——现拨归二十一兵工厂,位于重庆南岸二塘。

军械库:

沙坪坝总库,总库长焦东山。

么塘分库、川黔公路八公里处分库、慈溪口童家桥分库。

另有属于联勤总部之供应局，其库中亦应存有军械：

兹将三十七年八月间各供应局之名称与人事列下：

伪川西供应局　成都　局长刘京南(建业)

伪川东供应局　重庆　局长邱　渊

伪贵州供应局　贵阳　局长刘　瑛(子英)

伪云南供应局　昆明　局长段克昌(筱峰)

伪广西供应局　柳州　局长朱益安(逸庵)

伪广东供应局　广州　局长陈守锋

伪湖南供应局　长沙　局长周鹤订(寿松)

三、各厂编制

三十七年秋，伪兵工署所属各厂采用统一核心编制。此种编制仅分总厂、分厂二种。西南区各厂亦先后改用此种编制。所有总厂均用总厂编制，分厂则用分厂编制。兹将此二种编制之系统表与职掌分述如后。〔略〕

四、各厂职工生活、工作、福利概况

兵工厂的职工生活，在警卫稽查人员的控制压迫下，大都是散漫的，没有组织的。普通职员的工作时间为八小时，技术员工的工作时间平时也是八小时，紧张时候是十小时，早晨六时进厂下午六时出厂，中间有两小时的吃饭休息。但是技术员比工人自由得多，可以迟到早退，而工人方面不论有无工作，都要按规定时间进出，职工的工作情绪很低，工作效率很弱，假日及下班以后，职工以打牌喝酒为消遣，或坐茶馆来消磨时间。职工的进退升迁，大都靠人事关系，年节喜庆送礼的风气非常普通，藉故宴会聚餐也很盛行。因为面子关系，工人及低级职员不得不参加，但是有不胜负担的痛苦。

各兵工厂的福利，职员与工人的差别是很大，职员眷属设备比较完善，工人眷属宿舍大都狭小简陋，其他福利品职员能享受的，工人不一定能享受。兹将各厂的福利项目列下，但各厂并不完全相同，也不完全俱备。

（一）本人食米三市斗（无价供给）。

（二）衣：职工每年发给单军服二套，棉军服一套，有折合代金者。工人在各厂情形不同，有发给十二套单衣者，有发给一套工作服者，有全不发给者。

（三）住：单身职工全有宿舍，带眷职工大部有眷属宿舍（新进职工不一定有），按人口多少与职位高低而配给，好坏大小不同之宿舍，水电均由厂免费供给。

（四）行：新职员到差或旧职工调职，多由厂方供给本人及眷属旅费。

（五）眷属食米每月大口二斗、小口一斗，以低于市价极多之价售予，甚至免费供给（眷属人数在年资悠久之职工可按实有人数报领，最多四大口，新进职工或不熟练工人可报领口数，各厂规定不同）。

（六）带眷职工每户发给燃料煤二担，木柴或刨花若干，多不收价款。

（七）食油：由合作社按低于市价之价格按人口发售，每口每月一斤。

（八）其他日用必需品如布匹、鞋袜、牙刷、牙膏等等，多由合作社早日购储，俟市价高涨后，再按原价或略增之价配售。

（九）浴室、理发、成衣等设备均有，浴室多不收费，理发与成衣之取费，亦低于市价极多。

（十）医药：各厂多有医务科，设备与药品均相当完备，职工及眷属诊疗完全免费，且有数厂如二十一、二十二、五十等厂，且有设备良好之医院。医务科中有助产士，医师为聘任职，其待遇不受阶级限制。

（十一）各厂多办有工人夜校或艺徒训练班，以供工人工余学习进修。教师多由文化技术水准较高之职员担任。

（十二）工余娱乐活动，如运动、唱京戏、地方戏等点缀品。

（十三）子弟学校：各厂均有子弟小学，职工子弟完全免费入学，并供给书籍文具，学校容量足够容纳全厂学龄儿童。

二十一厂且办有“宁和中学”，职工子弟就读者，衣服、食宿、书籍、文具全部供给。

（十四）职工子弟于子弟小学毕业后，厂中无中学可供升入，在厂外公私立学校就读者，得凭缴学杂费收据向厂中请求津贴。

（十五）死亡：职工眷属死亡，如经济困难，厂方多给予棺木，并派人抬埋。

职工本人死亡，厂方为求料理后事，抚恤费除按章发给外，并由同人募集恤款，如有能工作之儿童，多收容入厂学习手艺。

五、各厂警卫稽查制度概况〔略〕

〔国民政府兵工署档案〕

三、国营企业产销状况与产权的变化

1. 资源委员会关于将中国电气公司等移拨本会办理的签呈稿

（1945 年　月　日）①

签呈

窃以凡百建设，其设施标准，重在分工合作。尝奉钧座“工作划分”谕旨垂示，百僚诚应奉为政治楷模。吾国战后一切建设，电信交通及汽车运输极为重要，欧美各国电信网之密布、汽车路之纵横，上裨国防，下益民生，可资借镜。以吾国幅员之广、人口之众，建设电信交通汽车运输，其管理及制造二项工作均极艰巨繁重，管理工作固仍应由交通部主办，而电信器材及汽车之制造似应指定由资

① 原稿无日期。

源委员会办理,以阂工作划分之致旨。职等忝负工业建设职责,以为攸关上述二事之制造事业,而现隶交通部之中国电气公司及交通部军政部合办之中央汽车配件制造厂,亟宜移拨资源委员会办理,俾作战后发展之准备。谨分陈如次:

(一) 中国电气公司

查中国电气公司,为交通部与美国国际标准电气公司合资经办者,原以制造电话、电报器材为目的。惟该公司于民国六年成立以后,虽即在上海设立一厂,而数十年来均以输入电报电话零件在上海装配为事,并不图谋发展。在吾国之制造,素为交通部所不满。故交通部于民国二十六年合同期满之时,交涉退股,但以该公司另具野心,藉口交通部欠该公司之债务,不允交通部退股,交涉未有结果。而抗战军兴以致悬而未决,经交通部呈报行政院有案。查该国际标准电气公司属于国际电报电话公司,而国际电报电话公司夙以垄断一国之电信经营权为目的,对于吾国亦颇具野心,曾一再试探,欲在中国组织一美国公司,以垄断吾国之市内电话及长途电话之经营权,是以中国电气公司不允交通部退股者,恐即在此。本会自抗战以来,办理电工制造业已有年,中央电工器材厂、中央无线电器材厂等制造电话电报机器已具规模,七年以来,供应军政部、交通部、航空委员会等之需要,为数已属不少。为求技术及制造之划一,并杜外人对吾国电信经营权觊觎起见,交通部对于中国电气公司之权利及义务似宜划归本会承继办理,俾便将旧合同加以结束,另行商订技术合作新约,专事制造,避免其涉及电信事业之经营,以期外杜觊觎、内谋发展。

(二) 中央汽车配件制造厂

查英美各国汽车工业因战争之需要,年来一再增加,战后势必大量过剩,竞来我国推销,吾国若不亟谋自行制造,资金继续外流,后患可虑。而自行制造以需要数量之巨,在战后五年至十年间,此项制造事业非以国家资本经营,大量生产,恐无法与外商竞争。且以我国汽车制造事业素无基础，尚须尽量利用外力，如技术之合作、人才之聘用等，故此时亟宜预为绸缪，详细计划。查现由交通部军政部合办之中央汽车配件制造厂，虽仅能制造汽车配件，战后似可扩充为制造汽车之工厂。查汽车制造与公路运输及军事运输不同。汽车制造，实为机械制造之一种，汽车制造厂所需技术设备原料等实与机器厂相似。惟其所产之汽车因供交通机关或军事机关之使用，需合其用途条件而已。在政府各部门分工合作原则下，汽车制造厂之举办似属本会工作范围。本会对于汽车制造曾作筹划，为谋集中人才，并增强制造技术之联系起见，拟请准将该厂划交本会继续办理，以便统筹而利发展。

所有拟请将电信器材及汽车之国营制造事业指定由本会主办，并将交通部现有之中国电气公司、交通部军政部主办之中央汽车配件制造厂划归本会办理各缘由，是否有当？理合签陈，仰祈鉴核示遵。谨呈

委员长蒋

职 翁〇〇 钱〇〇 谨呈

〔国民政府资源委员会档案〕

2. 行政院关于官商合股组织纺织机器制造公司的训令（抄件）

（1946年　月　日）

抄本院　三字第5401号训令

查此次接收敌伪纺织机器厂为数颇多，就其设备整理扩充我国国内所需之纱锭及织布机等，数年后即可自给。中国纺织建设公司于两年后即完全移交商营。故纺织机器之制造，宜此时即以商营为主，而由政府力予协助，以促其成。兹拟就接收之纺织机器厂，估

价作为官股，以为创设之基础。此外，尽量招认商股以为股本，依照公司之规定，组织纺织机器制造公司，商股不足，再由政府拨款加入官股。现各商营纺织厂均可踊跃认股，本月内即可正式成立，该公司内之官股亦可随时全数让售于商股，俾政府提倡商营之初意得以贯彻。经提出三十五年二月十九日本院第七三四次会议决议："通过"，合行令仰知照。此令。

〔国民政府资源委员会档案〕

3. 璧山县商会关于中国纺织建设公司专利垄断违约欺骗商民的代电

(1946年7月20日)

璧山县商会代电 商业字第115号 中华民国卅五年七月二十日

四川省商会联合会公鉴：案准上海中国纺织建设公司重庆办事处渝业字第242号午支电奉悉，当即转知合益、际昌、隆永、泰裕等六商店遵照，去讫，本月十日，旋据该商号等呈称：为违约欺骗垄断勾结，依法请予分转层峰令饬上海中国纺织建设公司及重庆办事处照约履行登记，勿得歧视国人事。七月八日，案奉钧会录案据转中国纺织建设公司重庆办事处卅五年七月四日渝业字第242号代电开：璧山县商会公鉴：案准贵会商业字第152号代电为转请准办合益等号布商登记，等由。查本处奉令配销运渝货品，当经公布出售布匹呢绒办法，嗣准本市绸布业、土布业两公会提供修正意见，请将该办法第五条删去，本处未敢擅专，经报请敝总公司核示，顷准贵会代电前由。正拟转请间，兹奉敝总公司代电指复，饬将出售布匹呢绒办法第五条删去。奉此，关于贵会嘱办合益等号登记一节，歉难照办，相应复请谅察为荷。中国纺织建设公司重庆办事处主任丁沛涛午支业等由。准此。为特录案转知为要。等因，奉此。

窃商等于本年六月十六日根据商务日报登载:中国纺织建设公司重庆办事处渝业第214号启事,招顾各县市绸布商号登记购销布匹呢绒办法第五项明白规定:外埠布业商号请购布匹呢绒,以交验营业许可证及营业执照、同业公会证与商会之证明书可酌予核售,并限期于六月十五日起同月二十四日截止登记有效。昭示煌煌,全民尽知,只冀该公司诚信无欺。因是商等即报请钧会给予证明,并根据上开各项法定规约手续于限期内驰赴重庆该公司办事处,投文报请登记,取据在案。今时逾半月,忽奉前由该公司之删去启事中第五条规约办法,独不删去于立法未登记之前,而乃巧删去于行法暨登记之后,朝三暮四,信用何存?且查该公司本为中国之建设而成,其接收敌伪之经济物资不知若千亿计,今以纺织成品亟应推销全国,以达成建设中国之使命,扫除专利垄断之积习,是则上不负政府委托之重,下不失全民倚依之请,殊事出意外,该公司及重庆办事处竟乃强奸政府民意,似有暗与重庆市区区之绸布、土布业两公会勾结买卖意图,遂其专利垄断之私欲,不无嫌疑,故置商等及各县市合法登记之商号于无效。此种事后违约,变更办法,欺骗他人之事实,揆之人情法理,均有未合。商等均属国民,深知大义,今受该公司之歧视欺侮,心实不甘,为特具文再请钧会准予分转层峰,令饬该公司及重庆办事处仍照原订办法履行登记有效,幸勿因噎废食,至失信誉。如何之处?静候祇遵。谨呈。等情。据此。查该商号等所请仍照原订办法履行登记有效,各情,法理备至,未便缄默。查该公司以重庆市绸布业、土布业两公会提供修正意见之故,竟将原订第五项办法准予删去,并置合益等号依限登记之商号于无效,未免失平。本会以重庆绸、布两业不能代表全中国各县市之绸布,商民更不能以意图专利之私见,使该公司办理中国纺织建设事业,以致受垄断包围之愚弄,似觉不值。除分电外,理合电请钧会迅予分别转电上海纺织建设公司暨中国纺织建设公司重庆办事处立即收回删去第五条办法之成命,仍准合益等号继续登记有效,以维信誉，用息公愤，敬希查照电转，并希赐复为祷。璧山县商会理事长徐六合。午有。印。

〔国民政府经济部档案〕

4. 湖北省政府核办向少凌等呈告兴秭煤矿管理处违约封闭煤窿垄断生产案的公函

（1946年8月16日）

湖北省政府公函 中华民国三十五年八月十六日
省建三字第五三一四号

案准本年七月六日礼字第6678号交办案件通知单，为向少凌等呈以湖北兴秭煤矿管理处垄断生产，影响矿业，恳请救济案。奉院长谕："交湖北省政府核办"等因。附检发原呈及附件。准此。查此案前据该具呈人等先后呈电到府，经交建设厅令据兴秭煤矿管理处本年六月十一日矿总字第1077号呈及同年七月十一日总字第1113号代电声复处理各情形，复由该厅查核，尚无不合，令准备查，并通知该具呈人等知照，各在卷。相应抄同原呈电函请查核转陈为荷。此致

行政院蒋秘书长

附抄送湖北省兴秭煤矿管理处矿总字第1077号呈及总字第1113号代电各一件

主席 万耀煌

抄湖北省兴秭煤矿管理处代电 民国卅五年七月十一日
总字第一一一三号

湖北省建设厅厅长谭：（一）奉钧厅本年六月十七日建三资字第七六二二号巳筱代电：以据承揽煤窿代表向少凌等呈诉本处违约违令，封闭煤窿，垄断矿权，请予救济，等情。仰即遵照，并仰申复

为要。等因。查本案处理经过情形，经于六月十一日以矿总字第一〇七七号呈报在卷。所有各包窿煤斤业经分别验收给价结算清楚。至自愿继续承揽本处煤窿者，亦经发给大量资金，俾得周转，毫无闲言。又向少凌本人不在原籍，系人假借名义。屈禹九为地方流痞，产量最劣，已予停采。李华轩仍继续承揽煤窿，均不能代表各窿户，合并陈明。(二)奉电前因，复请鉴核备查。湖北省兴秭煤矿管理处处长徐鸿年叩。午真。矿总。印。

抄湖北省兴秭煤矿管理处呈　民国卅五年六月十一日
矿总字第一〇七七号

奉钧厅本年五月建三资字第〈7384〉号删代电，以据承揽煤窿代表向少凌等呈以本处业务不善，吁请救济等情。饬切实申复，等因。谨将过去办理情形及处理办法分别呈复如次：

1. 本处自三十年成立接收各已停采之私窿，加以整理开采。年来对抗战军差轮船燃料之供应无缺，且存煤甚多。在供求适应配合条件下，自不宜大量生产，冻结资金，至原有各私窿煤商均于武汉转进后停采。只顾及私人损害，不念国家生存。省府接收省营，以平价供应战时燃料之需要，不计盈亏，自属贤明措置，并非与民争利也。抗战胜利后，本处奉令增产，经斟酌实际情形，改变工制，分包工、点工两种。关于包工部分，拟定方案及承揽合约条款，呈奉核准后，公开招人承揽本矿区内采煤工作，其有愿意承揽者均事先申请，另觅保证人及填具合约。纯系契约行为，并非强迫或欺蒙人民承揽开采者。

2. 兴山城区附近及秭归长江南岸沙镇溪一带等区，为柴煤产区。在本处矿区范围以外，历奉令准人民自行设权开采运销，自本应加以管制妨害民营事业。长江南岸窑湾溪一带为烟煤半烟煤产区，品质虽次于香溪，亦可勉做轮船燃料之用，在本区矿区范围之外。然际胜利之初，燃料恐慌，市场最易紊乱，为安定燃料市价，合理供应市场，故不得不稍加限制，准其凭本处发票运单及本处奉准售价自行运销，酌收手续费百分之五。其办法亦经奉核准，该地商民称便。至香溪河一带之烟煤半烟煤及长江北岸洩滩一带柴煤，为本处矿区，系政府权利所在，自未便擅自更张。新滩一带为半烟煤产区，在本处矿区范围以外，可供烧石灰砖瓦之用，零星小户产量无多。如禁止开采，或予管制，不但有碍石灰砖瓦工业，且有失政府扶植民营事业之本旨。因地因时之不同，故处理办法自异，并非政府厚此薄彼也。

3. 自本处公开招人承揽开采本处煤窿后，申请具保签订承揽合约者约三十户。至本年二月份止，向本处借用煤款共约五百余万元。各该承揽人所产煤斤尚不及千吨，且存储各该窿山场，亦未启运。是本处已蒙重大损失。本年二月份以后，煤斤滞销，毫无营售。本处员工薪饷自二月份起即未发给，经向各方借款，复无成就，资金无法周转，均在钧长洞鉴之中，煤款不给，殊非事实。

4. 职自省返处后，接阅该承揽人等先后呈请收煤给价增加山本等情。为详密确实计，于五月二十一日率工务人员会同各窿承揽人亲至各窿检验煤质成分，眼同水洗试烧，将煤及硖石分别过秤，以定优劣。返处后，即个别召集承揽人面询其目的，就事实及需要予以解决，经各承揽人之同意，于处理办法上签盖名章，刻已通知各承揽人照办，其处理原则如次：

(1)煤质优良而承揽人愿继续开采履行合约义务者，本处尽力予以经济上之援助，准予继续承揽开采。(2)煤质尚可，但承揽人不愿继续承揽开采者，准予撤销承揽约，存煤除还清本处煤款外，余煤限期自行运售，其愿价售本处者，本处亦得予以收购。(3)煤质低劣，硖石过多，不合轮用者，不论愿意继续开采或不愿意继续开采时，均撤销承揽合约，其存煤应择清硖石，待本处验收以还清本处煤款，如再有余煤时，得呈准自行运销。(4)已借煤款而无煤可交者，限期缴还欠款，缴销承揽约。

5. 山价成本已斟实际情形予以增加，于六月一日起每吨订为国币一万五千元，经呈核备在案。兹就商业习惯，各承揽人于五月三十一日前借用本处煤款者，仍照旧价结算，六月一日以后借用本处煤款者，照新价结算，并经与各承揽人结算清楚。

6. 奉令前因，谨将处理承揽本处煤窿情形呈请鉴核示遵。谨呈

湖北省政府建设厅厅长谭

湖北省兴秭煤矿管理处处长谭鸿年

〔国民政府行政院档案〕

5. 中国纺织建设公司 1946 年度工作报告

（1947 年　月　日）

中国纺织建设公司三十五年度工作报告

当三十四年胜利以后，政府鉴于各地已接收之敌伪纱厂数达170 万锭以上。此外尚有毛、丝、麻、印染、修配、机器等厂及其他有关纺织附属事业，范围庞大，一时甚难估定价格。政府出售极感不易；后方各厂承买既感无力、技术人员尤感不敷；若委托代办，又恐承办者专事局部利害，未能统筹国家急需，且为国家着想，极应及时发展纺织业，以代替日人在东亚及南洋群岛之市场。即以战后国内情况言，政府亦应控制大量生产纱布之机构，方能挽救国际纱布普遍缺乏之恐慌，并间接相当限制物价之上涨。惟如此庞大之机构，若由政府接办，则以种种行政手续之限制，徒具机关形式，效率不易提高。爰经行政院第七二二次会议决定，依照经济部纺织事业管理委员会组织条例第八条之规定，设置中国纺织建设公司，纯粹以商业方式经营，俾能灵活运用，突破国计民生之难关。当经通过章程，续由经济部依照章程聘任董监，成立董事会，于三十四年十二月四日在渝举行第一次会议宣布成立公司，并聘任束云章为总

经理，李升伯、吴味经为副总经理，赓即开始工作，年余以来，循序推进。兹将各部门工作进展概况分述如次：

一、组织

本公司重要设施，悉秉承董事会之督导，同时遵循行政院经济部及纺织事业管理委员会之指示。总公司于三十五年一月二日在上海开始办公，天津分公司及青岛分公司亦于一月初成立，当经慎选纺织技术及管理人才，完成内部工务、业务、秘书、会计、稽核各处室课等组织统一管理，一面接收各厂布置工场及各课组织积极开工。此外，收棉及销货区域则次第增设重庆、西安、沙市、汉口、广州、南通、杭州、汕头、郑州各办事处。至八月间因东北时局澄清，又增设东北分公司，公司及各办事处各厂之组织力求简单合理，并彼此切取联系。详如附表一、二、三所示。

本公司确认健全之组织与严密之管理及专家安心展布其所长之环境，为经营工商业之主要条件。故对于章则拟订力求详妥，并经常会议检讨，对于执行考核尤不稍假借，冀能树立一良好之制度。又遵行政院之指示，公司须纯粹以商业方式经营，除罗致优良之纺织技术管理人才外，绝对不因各方之举荐而因人设事，致坠入机关化之窠臼。实施以来，在工作效率上所可知者，厥为职工一致协力，任何业务均能积极推进，故本公司用人数较民营各厂为少，而生产量反多。计民营各厂每万锭工人（至精纺止）约为250人，职员为14人，本公司则为每万锭工人202人，职员9人。详见附表四。

二、工务

本公司奉令接管在华敌资纺织工厂，上海区各厂由总公司于三十五年一月十六日起分批接收，天津区各厂由天津分公司于三十四年十二月二十五日开始接收，青岛区各厂由青岛分公司于三十五年一月二十五日开始接收，东北区各厂由东北分公司于三十五年九月一日起开始接收。所接收各厂除陆续发还民营、或奉命转移隶属以及设备不全，由本公司予以合并经营不计外，计上海方面现有棉纺织厂18所,印染厂6所,毛纺厂5所,制麻厂、机械厂各2所,绢纺厂、纱带厂、针织厂各1所。天津方面,现有棉纺织厂7所,机械厂、丝织厂各1所,另有毛纺织厂、麻纺织厂、印染厂各1所,分别附设于棉纺织厂内。青岛方面,现有棉纺织厂8所,机械厂、梭管厂、印染厂、针织厂及有关纺织之化工厂各1所。东北方面,现有棉纺织厂5所,印染厂5所(请参阅附表五)。以上接管之各厂,以主要之棉纺织厂言,计共有纱锭1758480枚、线锭330256枚、布机38591台,如东北方面大连、金州等地之纺织厂续能接收,则纱、线锭及布机台数尚可较上述数字为多。

查八年战争期间,敌人忙于应付军事,各纺织工厂之机件房屋均无力修缮,且有房屋被炸,机器残损,亦有以畏惧空袭及献铁,将机器拆散迁移。因此各厂机件零乱不堪,厂房则上漏下损,经本公司艰难辛苦,将机器积极整理,厂房尽力修复,使纱锭布机之开工数量逐渐增加。计当本公司接收时,上海区各棉纺织厂,仅共开日班纱锭250400余枚,日班布机5936台。天津区各棉纺织厂第二、六、七三个厂尚在停顿状态中,仅第一、三、四、五四个厂部分开工,计共开日班纱锭28000余枚,日班布机1000余台。青岛区各棉纺织厂仅共开日班纱锭68900余枚,日班布机3042台,均未开夜工。东北区各棉纺织厂则全部在停顿状态中。总计共开日班纱锭347000余枚,布机9000余台。自经本公司接管努力整理后,进度颇速。迄三十五年年底止,上海各棉纺织厂日夜班共开纱锭1433500余枚,布机25752台(请参阅附表六),天津各棉纺织厂日夜班共开纱锭555400余枚,布机16276台(请参阅附表七)。青岛各棉纺织厂日夜班共开纱锭568000枚,布机12424台(请参阅附表八)。至东北各棉纺织厂,除安东、复州两厂尚在接收中,外辽阳、营口、锦州三厂已行复工,日夜班约共开纱锭163300余枚,布机2894台。总计日夜班共开纱锭2720300余枚、布机57346台(以单班扯计为纱锭1360183枚、布机28673台)。惟犹认为遗憾者,各厂因电力不足(例如三十五年十二月份因受电力影响,开工锭数反较十一月份为少,三十六年一、二两月供电较为充裕,开工锭数较上年底平均约增百分之十弱)。机料缺乏,补充困难,所有整竣之机器未能全部运转,然其已开工者,运转之速率及产量大部分超过敌人经营之标准,足堪告慰国人。其他毛麻绢纺织印染等厂,亦均按照规定进度积极开工,其详情请参阅附表九至十二。

综计一年以来,本公司各厂共产棉纱417593件(包括织布自用纱在内),棉布375114218码、毛纱1984604磅(包括毛织品原料在内)、毛织品1225880码、麻线3098870磅、麻布1024477码、麻袋布1685060码、绢丝及混纺丝262724磅、丝织品及交织品1085224码、内衣坯布25192匹、成衣380612件、加工布2452358匹、纱带128325磅。至详细生产情形请参阅附表十三至十四。

此外,本公司在生产过程中,工务方面所堪自信者厥为棉纱制造,成本较民营各厂低百分之二十以上(详见附表十五),即用棉耗量,据民营各厂报告,每件需三担半,本公司则仅为三担三,同时每个纱锭之产量,二十支平均为0.989,亦已达到战前棉纺经营标准。政府为争取国际市场基础,故对于纱布之成本时加督勉。本公司秉承斯旨,未敢稍忽,幸赖全体员工一致努力,虽未能达到理想上之最高目的,但较诸国内其他各厂已为最低廉之成本。

三、业务

本公司营业宗旨,为希望控制市价,使渐趋于平抑,办法计惟增加生产。惟查战前在我国境内之纺锭本在五百万锭以上,经过八年战争后,全国实仅存四百余万锭,且当接收之初,各厂一时不能开工,同时在大战以后,各国棉布均告缺乏,在三十五年度中纱布自不易恢复战前供应数量。因此本公司欲控制全部价格,实为势所难能,兼以纱布售价过低,则易被套购,全依市价,则又失抑平市价之旨。故本公司定价标准只能在二者之中采用一种拉低市价之方法,即本公司纱布售价经常较市价低百分之五,有时且低至百分之十以上，藉以牵制市价之暴涨，而使操纵者有所顾忌。所有三十五年度一年中各月开价与市价之比较，详见附表十六，所有成品销售之数量则详见于附表十七。至去年因有此大量生产，藉以吸收游资收缩通货，则为本公司业务上另一方面之作用。此外本公司又奉行政院委托，代售敌产纱布及美墨布达 1332 亿以上，业务实甚繁重。就目前情况，旧纱布价格实尚较其他物品为低(参阅附表十八)。若运销国外，则如香港、暹罗各地市价且远较国内为高，本公司遵照行政院之指示，已与香港政府订约供给价值二百万英镑之棉纱，又正在洽商者亦约二百万英磅(约合美金 1600 万元)。此外，则如越南、暹罗、荷属东印度等处，战前本系敌人纱布市场，年可销售三万万美金。本公司若能输出全部生产量十分之一，以争取市场，则对国内衣着供应可不生影响，而在未来一年中不难为国家收入 7500 至 1 万万美金之外汇，以弥补入超。如果在一二年内国棉产量能继续增多，足以自给自足，不再向国外购棉，则当更能有裨于国计，政府原来减少我国入超之目的不难达到。

又关于纺织原料之采购及供应问题，则战前我国约有棉花 1500 万担，勉可自给。至三十四年则仅有 500 万担左右，三十五年则约有 700 万担，然除农村自用约须 450 万担左右外，其能供给纱厂之用者不过 250 万担左右，然因交通梗阻，能运达工厂区者，为数甚微，本公司年须用棉 370 余万担，连同民营纱厂共须约 800 万担，若无外棉接济，绝对不能全年开工。本公司在三十五年度中共请得外汇 2607.9 万余美金，订购外棉 804000 余担(尚有 162000 余担未收)，请得之外汇数实较民营各纱厂为少(本公司纱锭总数与民营各厂约为二与三之比，据央行发表卅五年度外汇用于购棉者达 7693 万余美金，比例上本公司仅占百分之三十四弱)。至向善后救济总署所购之棉花及在申所购之存花，无论外棉国棉，则均系按法币计算，并不涉及外汇。至本公司在三十六年度所需棉花，已于三十五年底在各地收购国产棉花九十余万担，预计尚能收到 30

万担，连存花，不敷尚巨，尚待美棉补充。兹将本公司收购棉花情况附表十九，以资说明。

四、财务

本公司成立之初，由政府拨给资本10亿，又营运资金50亿，同时接收敌伪工厂，所存原料物料估计约值193亿，总计本公司开始时所赖以营运者不过253亿余元，实则以本公司所辖工厂之多、经营范围之广以及机器设备损坏待修之巨、物料原料需要补充之繁，即以三十五年一月之物价为准，亦非1500亿以上，不能经营。若以年终物价为准，则至少须有8000亿以上，方能周转。故本公司开始成立时，不得不向银行借贷购料。至所需棉花，则向市面及行总陆续购用，陆续付款，惨淡经营，极感支绌。嗣幸生产激增，经营获利，比及年终，不特银行及行总欠款还清，且已交国库800亿元，及未转账之军用纱布1000余亿，全部纯益额总计5776亿余元。此外，又另提折旧准备516亿余元，至所存之原棉100余万担、羊毛126万余磅以及绢麻原料与染料等多种暨尚未售出之已成品棉纱38000余件、棉布150余万匹与呢绒针织品等，则均按成本列账。如按目前市值估计，则全部纯益额应在一万亿元左右(本公司纱布售价例较市价为廉，否则尚不止此)，故目前营运资金百分之八十，已可自给。

归纳上述各项，窃认为一年来得勉能循序推进者，端赖政府决策之允当，良以：

1. 如此庞大之事业，当时若非政府经营，人民实无此资力。

2. 当时若零星标售，则因种种手续关系，恢复生产必为稽迟。

3. 自经过本公司一年以上之整理、修建、并合、调度，全国六十余厂，无论大小，已具有规模，经常不断生产，即转为民营，亦有经营价值，不再如过去之残破停顿一部分，且毫无生产把握。

4. 本公司因生产扩展，工人续增至8万以上，无论直接间接，当有裨益于民生及社会经济。

5.因纱布产量之增多，无意中已牵抑物价，否则三十五年度中之纱布价格波动可能更剧。

以上所述，皆系实际情形，本公司工务业务等兹尚在继续推进之中，管理方法亦在不断研讨改善。今后无论国营、民营，本公司仍当遵循政府决策，继续努力，以增产为鹄的。至于详细报告，则当另编专册公诸社会，欢迎批判，俾能改进。

附表〔均略〕

〔国民政府经济部档案〕

6. 中华烟草公司报告卷烟商销情形呈

（1947年7月31日）

中华烟草公司呈　华雨字第〇三四四号

案奉钧部卅六年七月十七日京商36字第五五六四一号通知略开：据上海市卷烟皂烛火柴业同业公会六月十六日(36)字第33号呈称：该公司未行普遍派货等情。据此，仰该公司将配烟方针及情形据实具报，以凭核办。等因。奉此。查职公司于卅五年一月奉令将接收日资烟草事业复工经营，其目的在于发展生产事业，救济失业工人，辅导政府稳定物价，并奠定他日民营基础。故各牌香烟均从技术上及管理上力求减轻制造成本，并于不侵害同业利益及可能维持最低营业利润之原则下充分供应，藉以调节市场。兹将配货方针及经过情形等各点分别胪陈如下：(一)配货方针。溯职公司复工以后，即行参照民营各大烟厂，如颐中、华成、南洋等公司配货办法，订定配货方针。最初以本埠为主，俟产量增加，而本埠销货已近饱和点后，再行推销外埠各地。本埠配货分大同行、小同行两种。大同行开始配货，对象系就参加本市烟兑业同业公会市场交易之烟兑商734家，小同行系就全市规模较小之烟兑商3000余家，定期轮流配售，以求普遍。至于外埠推销，为求节省开支起见，未设分公司及各埠发行所，乃就各地前来申请承销之商号，着其填送调查表、营业计划书及市况报告，并须觅具当地商会或同业公会之证明文件，先予试销，并订定试销办法。计有(甲)每地试销商并不限定一家。(乙)一律现款出货。(丙)运费及其他费用由试销商自理。(丁)当地派货情形及售价应按期详报。(戊)本公司与各试销商暂不订立契约。各要点，由职公司切实执行，以防发生垄断及抛销等弊病。上述该项营业方针，详见职公司呈送之卅五年业务报告中，谅蒙洞察。(二)经过情形。职公司于卅五年一月复工后，开始办理本埠同行派货，经与烟兑业同业公会整理委员会洽妥，以当时该同业公会会员加入市场持有交换证者 734 家为限，先行登报公告，由各烟行备具行庄本票，持向中国银行交款，掣回解银单存根，调取提货单，持向发行所出货。此后每期派货均缮就通知，送请该公会张贴市场，俾资周知，其缴款出货等手续，仍照前次办理。迨十一月间，该会派员前来要求职公司加入为会员，并付特级会员费，当告以职公司业务乃制造性质，已加入卷烟厂工业同业公会，未便另再加入，以后派货通告，即遭该会拒绝张贴。职公司只得自行通知。至每期各烟行因关闭或弃权取消者，固亦有之，而陆续申请者，看其填具调查表，经派员就其门面、地点、营业状况以及有无兼营什货等项实地调查，如属合格，仍准加入。其每期增减及实发数另列附表。(一)截至本年七月止，大同行计 640 家，其名册另列附表。(二)至于配售小同行之举，除华成远在战前即已举办外，事实上，职公司之实行较颐中、南洋为先，因颐中今年起始委托该公会试办代派，而职公司系直接自办。当上年四月间初办时，该公会尚无受托代派。小同行规定乃由该公会抄送会员名册详加整理剔除，其已属职会员大同行及重复者一律以挂号邮件寄递，按照规定手续缴款派货，其因关闭迁址，由邮局退回者；或自行弃权、未来领取者，概予取消(附呈退件实发样纸共五份)，以后每期发派，即以上期实发数为依据。截至本年五月止，小同行派货店号 2896 家，列附表。

(三)其新设立之商号而未列入该公会所抄送之名册内者，亦经咨照该公会，可由其自行前来申请登记，五月十日烟业日报曾有刊载，兹将该报附呈。乃至六月间，该公会派员前来职公司，面致会员新名册一册，据称前所抄送之会员名册不合实际，下期派货时请照该新名册办理，等语。职公司以该名册内已属本公司大同行、小同行及曾经弃权者均列在内，正在积极整理中，拟于下期发货时，即按照整理完竣后之名册填发普遍邮寄通知，一如向例，以示公允。窃查颐中烟公司产量约为职公司之四倍(本年六月止共产烟110,000箱，本公司仅28,000箱)，其大同行最近始由850家增至950家，南洋兄弟烟草公司大同行及小同行派货共计3,085家，而职公司截至目前止共有大同行640家，小同行2896家，合计3,536家，是足证明该公会所言所发之派货卡为数无多一节，并非事实。且卷烟推销业务关键在于销售商(即大小同行)有经常销售之能力，而不在于销售商数目之多寡。苟对于同行不略加选择，则数量众多，反而不易集中。旺季畅销时，群来请求派货，互相竞销，淡季滞销时，则皆放弃领货，势必至业务难于纳入正轨。又职公司自卅五年一月开始派货，迄今十八个月共计大同行派货二十五次，平均每月一至二次，小同行普遍派货四次，合计数量平均每月为1,362箱，约占销额百分之二八.六，且职公司复工伊始之卅五年一、二两月份销额悉为本埠配货，嗣以产量增加，本埠配货增至二千余箱，各商号领去后，互相抛售，市价暴跌。职公司藉知本市配货已达饱和点，乃逐渐推广外埠业务，然截至目前止，本埠与外埠配货仍为二与七之比。窃查全国历史最久、产额最大卷烟厂之洋商颐中烟公司(即英美烟公司)，据上海货物税局购花数字，本年上半年产量共110,002箱，本埠配货29,618箱，外埠配货80,384箱，其比例约为百分之二七与百分之七三之比，而华成烟厂据查出品约四分之三配售外埠。是则该公会所言“其派货之次数及数量甚少，远非其他公司之合理”一节，殊无事实上之根据。至该公会所言“对外埠同行则尽量派给，形成本埠缺货，外埠同行尽向本埠市场抛售，实际运销外埠者为数无几”一节，更为不近事实之推测。盖外埠承销商为节省运费、灵活资金计，领到配货即向本埠抛销，固为卷烟销售商常有之惯伎。惟职公司本埠配货已占产量百分之卅，而其余百分之七十之销售区域沿京沪、沪杭两铁道城市镇、长江流域各埠以及皖、赣、湘、鄂、川、康、豫、陕、甘、华北、东北诸省。上海年来洋烟风行，国产卷烟主要去路仍为内地诸省，已成为昭然若揭之事实。上海一地，职公司派货既占产量百分之三十，纵如该公会所言尚感缺货，则其他外埠各地，以所余百分七十之产额供应偌大区域，自必更感需要，不至于率尔抛销。况事实上职公司于试销办法中订明，如有上项抛销行为，一经查觉，立即取消其试销资格。当开办之初，曾先后查得镇江镇华烟公司及军人福利社等数起，均经照章停配。其后为杜绝流弊起见，并定有监运办法：凡货离厂报运外埠者，例须填报装出船名或车次及提单号数，由公司抽派人员监运，每期出货皆有监运报告（附呈样张），必要时并时向海关及路局方面商请核对。又各试销商，每期派货运达当地后，复须列报到货表及派货表，按期报告前来（表格由公司印发附呈样张三份）以便随时可以派员抽查。是则抛销一事，谅更不易发生。总之，该公会之立场仅代表上海一地同业之利益，对于职公司业务实际状况未能洞悉，或因职公司未徇其请加入为会员，致生芥蒂，引起误会。除此后，仍本既定方针力求促进业务外，理合沥情呈覆，仰祈鉴核为祷。谨呈

部长陈

中华烟草公司总经理杨锡仁　谨呈

附件〔略〕

中华民国卅六年七月卅一日

〔国民政府经济部档案〕

7. 监察院抄送资源委员会所属沈阳各工厂情形的公函

（1948年9月27日）

监察院公函 宪调字第6239号
中华民国三十七年九月廿七日

据本院前辽宁安东辽北监察使署呈报视察资源委员会所属沈阳各工厂情形到院，相应抄检各件送请查照转陈为荷！此致

总统府秘书长

抄前辽宁安东辽北使署原呈一件检原附资料一部（计两页）

院长　于右任

抄辽宁安东辽北监察使署原呈

查资委会所属沈阳各工厂，关系军需民用至巨，爰于本年七月二十二日借调查员王静国前往视察。兹将视察所得列报于后：

一、沈阳机车厂　该厂于民国二十七年由日人秋山创设，规模宏大，设备完善，生产能力可观。光复后虽遭苏军破坏，但经国人努力整修，分设装备、锅炉、机器、炼铸、车辆、锯木各厂。三十六年度曾保有员工2170余人，造出相当生产成绩（见生产比较表）。惜目前东北环境困难，不能发挥全力，但现在尚有员工1400余人维持工作，每月可产机车半辆、货车十辆，现在从事改制装甲列车。惟出品销路困难，有使该厂前途暗淡。查该厂不仅在东北为唯一制造铁路用车之事业，且亦为国内有数之车辆生产机构，对于我国战后交通工具之补充，该厂实负重要使命。

二、沈阳机器厂　该厂现设第一、二、三、四各分厂，主要业务为韧铁机器制造、铸钢、制钉、制砂轮、氧气等大部工作，与沈阳机车厂相互为依。工厂规模可观，现有员工480余人。目前未全部开工，然每月尚能有相当产量，将来尤能改制军需（月可产迫击炮

60—600门),该厂地位或日形重要也。

三、沈阳电工器材制造厂　该厂分设电线、变压器、电机、灯泡四分厂,其主要产品为裸线纱丝、变压器、电动机、灯泡等项,三十六年度生产能力甚高(见附表)。现有员工120余人,除灯泡厂未开工外,余均维持工作,每月尚有相当产量(见附表)。一云我国电工器材制造,该厂设备可称最完善新颖者。

四、沈阳橡胶厂　该厂分设第一、二、三、四各厂,主要产品为橡胶用具,如胶管、汽车胎、胶带、胶鞋等项,现有员工五百余人,第二、三两厂未全部开工,第一、四两厂月产量汽车胎1500个,胶鞋15万双(见附表,据云目下又形减少)。光复后该厂遭苏军拆毁甚巨,其现有生产能力当不能与日人经营相较也。

五、沈阳金属公司(冶炼厂)　该厂规模雄伟,制铜炼金设备完善,其烟囱之高(400呎)为东亚冠。惜未能开工,长期保管,徒使工厂走入毁损一途。

所有视察情形,理合检呈资料一部,报请鉴核。谨呈

院长于

附资料一份

辽宁安东辽北监察使谷凤翔　章

八一五前员工人数表(沈阳机车厂)

区分＼国籍	中国	日本	苏联	合计
职　员	41	229		270
工　人	1862	906	1	2762
合　计	1903	1131	1	3035

八一五后员工人数表（卅六年十一月统计）

职员	日籍职员	合计	技工	日技工	警役	合计	总计
332	20	353	1641	2	178	1821	2174

现有员工人数表（卅七年五月）

职员	日籍职员	合计	技工	日人技工	警役	合计	总计	
213	19	232	1074	2	212	1198	1430	现减少100人

八一五前与目前生产量比较表

名称＼时期	八一五前	卅六年度	目前	备考
机车	每月5辆	每月2.5辆	0.5辆	因销路关系不能大量制做
客车	每月5辆	每月2.5辆		
货车	每月100辆	每月50辆	10辆	

现存车辆表

种类	辆数	备考
大型机车	2辆	外改制装甲列车三列
小型机车	6辆	内已售台湾3辆
货车	30辆	

沈阳电工器材厂生产能力表

三十六年度

所属工厂名称	主要产品	单位	最高生产量
电线工厂	裸线	公斤	100,000

续上表

所属工厂名称	主要产品	单位	最高生产量
	纱丝漆包线		15,000
变压器工厂	配电变压器	KVA	2,000
电机工厂	电动机	H.P	1,000
灯泡工厂	电灯泡	只	100,000

卅七年三四月份产量表

所属工厂名称	主要产品	单位	实际生产量	备注
电机工厂	发电机	KVA	350	修理
	发电机	KVA	400	修理
	电动机	H.D	100	新装
电线工厂	裸线	吨	15	
	电磁线	公斤	500	
变压器工厂	配电变压器	KVA	250	

〔国民政府档案〕

8. 全国经济委员会关于出售“国营”生产事业情形的报告

（1947年12月 日）

1. 出售国营生产事业之决定

本年二月政府所颁行之经济紧急措施方案内曾规定，为紧缩通货平衡预算，应将不属于重工业范围之国营生产事业酌售民营。旋奉：行政院检颁“国营生产事业酌售民营办法”令饬本会遵照办理，当即发电各有关机关，请将所属应行出售之事业依限于七月底估价送会审核，以便迅予出售。

2. 国营生产事业出售监理委员会之设置

出售国营事业，事体庞大，业务甚繁，为应事实需要，爰经本会第五次会议决议，组织国营生产事业出售监理委员会，专司出售监督任务。适八月间该会奉准成立，关于出售国营事业案件，遂统交由该会处理以专责成，而本会议居于监导地位。

3. 重要出售原则之订定

查出售国营事业工作繁重非常，诸如估计标准、出售方式、优先承购资格等项，皆事态繁杂，关系重大，必须确定原则，以为依据，庶能周密。本会有见及此，曾针对上述各点分别研议办法，故先制有关于估价标准、组织银团办法、优先承购案件审核办法等之拟定，各项应行出售之事业，除赓续督促办理外，其目前估售进行情形略如附表所列：

各项应行出售之国营生产事业估售工作进行情形一览表

（截至12月15日）

事业名称	中国纺织建设公司	中华烟草公司	中华水产公司	天津纸浆造纸公司	中央汽车配件制造厂	安庆电厂
主管机关	经济部	经济部	农林部	资委会	资委会	资委会
估价近况	上海各厂已估价送审	重行估价，尚未就绪	已估价送审	重行估价，尚未就绪	重行估价，尚未就绪	重行估价，尚未就绪
出售情形	正就估价就绪之各厂研议出售办法		采用官商合办办法，让售股权半数	拟请由交通银行组织银团发售股票	拟请由交通银行组织银团发行股票	
备　　考			本会第二十六次会议决议，并经院核示在案			

续上表

事业名称	天水电厂	辽宁纸浆制造公司	石微电厂	中国食油公司	中国粮食公司	中国纺织机器制造公司
主管机关	资委员	资委会	资委会	粮食部	粮食部	
估价近况	重行估价，尚未就绪	重行估价，尚未就绪		已估价送审	已估价送审	
出售情形				业已出售	奉准暂缓出售	
备　　考			该厂一部陷于匪，暂从缓议		战乱期间留供军粮加工之用	因与商股有契约相束
事业名称	德孚洋行	拜耳药厂	青岛维新药料厂	中国蚕丝公司	中国盐业公司	大浦盐田及苦计公厂
主管机关	中信局	中信局	资委会	经济部农林部	财政部	财政部
估价近况	已估价送审	已估价送审	已估价送审	重行估价，尚未就绪	重行估价，尚未就绪	重行估价，尚未就绪
出售情形	一个月内标售存货三分之一，其余俟第一批售完再酌	一月内标售存货三分之一，其余俟第一批售完再酌	一月内标售存货三分之一，其余俟第一批售完再酌		事实上已先进行招股	
备　　考	本会第二十六次会议决议并呈院核示在卷		已由德孚洋行承购并入该行资产标售			

〔国民政府经济部档案〕

9. 山西河北二省参议会为反对中纺公司售与美日及国内豪门的代电

（1948年5—6月）

〔二·10454〕

（1）山西省参议会代电　（5月19日）

山西省参议会代电　参秘字第〇〇八四号
中华民国卅七年五月十九日

行政院院长张钧鉴：本会辰巧第三次大会高参议员瑞岚等临时紧急动议，称本月余日山西工商日报登载，我国决定出售国家事业，颇为外国商人所注意，尤以中纺公司组织庞大引起美人收买之意，战败国之日人亦有染指之野心等语。读后不胜愤慨，由大会即日电询中央出售国营事业是否确有此项决定，所持系何理由，纵有出售必要，亦应由国人收买归诸民营，坚决反对售给外国或国内豪门等情，经一致决议通过。理合电请采纳，并明白示复为祷。山西省参议会议长王怀明卯辰。参秘四印。

（2）河北省临时参议会代电　（6月5日）

河北省临时参议会代电（平衡议）（37）第三〇九号
中华民国卅七年六月五日

南京行政院院长翁钧鉴：查中纺售让民营一案，因关系国计民生至巨，已引起全国人士密切注意。本会对此曾迭以保秘字第五三五号，平议字第七二七号及平衡议字二五四号，先后电陈意见在案。顷闻中央为补助国库，决定出售中纺公司，本会有不能已于言者，以中纺公司各厂，乃人民以八年苦斗换来，其一切利益，自应归诸人民。倘如采取放任争购政策，或以发行股票方式出售，其结果必将落入豪门资本家之手，实非事理之事。在政府既失去售让民营，扶植真正民族工业之主者，而豪门财阀又多一垄断经济压榨民生之工具。如此不但愈助长贫富之不均，且与政府经济政策及国父节制资本，倡导民生主义之精神大相背驰。政府系欲吸收游资发展工业，应尽力防止资金流出海外，使豪门资金从事工业建设，自无须使其投机劫取全国人民生命衣被所系之资金。顷闻美国资本家及日本财阀均有思而染指之讯，果真如此，将使中国工业再陷入殖民地状态。纺织工业关系北方农村经济至巨，中纺公司果须出售津区各厂，务恳优先售让华北五省、两市人民或由地方政府与中央政府合资，共同经营，以培植地方经济建设之基础。河北素为产棉区域，量多质佳，早经驰誉国内外。所有生产，足敷津区各厂应用。际此非常时期，当完成戡乱建国使命，及应计划尽力建设工业开发资源。依目前中纺资产总值，不过五十万亿，估计本年度预算需千万亿元，以中纺偌大之资产换取数十万亿，实无补于整个财政。事关民生大计，仅缕陈所见。敬祈鉴核。

河北省临时参议会巳征平衡议印

〔国民政府行政院档案〕

10. 行政院关于发行"国营"事业股票情形的令文

（1948年9—10月）

（1）行政院训令　（9月22日）

行政院训令 （卅七）六财字第四二〇二六号
中华民国卅七年九月廿二日发出

令财政部

据金圆券发行准备监理委员会函称：

查金圆券发行准备移交保管办法第二部分之准备系（一）敌伪财产；（二）中国纺织建设公司资产；（三）招商局资产；（四）台湾糖业公司资产；（五）台湾纸业公司资产；（六）天津纸浆公司资产

六单位，各以美金估值，并规定中纺等五单位，应于一个月内，完成公司组织，按照资值之美金数目，折成金圆发行股票，以相当于应拨作发行准备之股份，移交金圆券发行准备监理委员会保管。嗣财政部召集会议，本会亦派代表出席，当经决议，各该公司提早完成股份有限公司组织，并应于九月四日以前，以相当数目股款临时收据，一纸股份四百二十万股，每股一百元，计金圆四亿二千万元，交通部函送招商局股款临时收据，一纸股份三百万股，每股金圆一百元，计金圆三亿元，资源委员会函送台湾糖业公司，股款临时收据二纸内，资委会所有股份一百零三万二千股，每股一百元，计金圆一亿零三百二十万元，台湾省政府所有股份六十万八千股，每股一百元，计金圆券六千八百八十万元，台湾纸业公司股款，临时收据二纸内，资委会所有股份一十九万二千股，每股一百元，计金圆一千九百二十万元，台湾省政府所有股份一十二万八千股，每股一百元，计金圆券一千二百八十万元，又天津纸浆公司股款临时收据一纸，资委会所有股份八万股，每股一百元，计金圆八百万元，均经本会收存，拟俟股票送到时，交中央银行发行局代会负责保管。九月四日本会开第二次会议，经本席提出报告，讨论甚久，有谓按照商业习惯，凡以记名式之有价证券，作为担保品者，均已过户为原则。此次政府以各该国有事业之股份拨充发行准备，若由各部会过户与本会或中央银行，更足增进通货信用。旋经决议，中纺招商局、天津纸浆、台湾糖业纸业股款临时收据七纸，既系拨充发行准备，应由各部会过户与本会，俾可行股权，陈请行政院分别知照办理等语，记录在卷。除以上股份中纺公司业已将股票送来转交发行局保管，其余俟股票送到并照办理外，所有本会决议各该股份应行过户与本会一节，自应陈请钧院鉴核办理，令饬遵行。等情，除电复外，合行令仰洽商各有关机关办理具报。此令。

院长　翁文灏

（2）行政院秘书处通知（9 月 29 日）

行政院交办案件通知单

案由：总统府第三局函送国营事业股票，未能大量脱售之原因情报。

附件：抄情报一件。

案奉

院长谕：交财政部，相应通知财政部。

行政院秘书处长　李惟果

中华民国 37 年 9 月 29 日

抄情报：

自中纺、招商、台糖、台纸、津纸等国营事业股票，于九月一日开始发售以来，共约销售三百万金圆，九月十日以后，每日出售数量日见减少，平均每日约二三十万元，除中纺、台糖、招商出售数量较多外，余均无人问津。兹将其原因查报于后：

（一）证券交易所迄未复业，将来国营事业股票是否上市开拍，外界颇不明了，因恐资金搁浅，乃暂抱观望态度。

（二）该项股票票面额过高（每股金圆百元）。如中纺台糖最低票面额定为五股，普通市民未敢问津，以致不能普遍销售。

（三）发售国营事业股票，未作扩大宣传，外界不明真谛，一般专以牟利为目的之工商巨贾，迄未感到兴趣。

（四）沪市工商界人士对各小型报道之内幕新闻极为重视，连日飞报铁报等正以国营事业股票销路，凄惨之词夸张渲染，故益增外界猜疑，影响至巨。

（3）行政院秘书处通知（10 月 7 日）

行政院交办案件通知单

案由：总统府第三局函送国营事业股票滞售原因之情报。

附件：抄情报一件。

案奉：

院长谕:交财政部具复。相应通知财政部。

行政院秘书长　李惟果

中华民国三十七年十月七日

抄件

据一般观察认为,国营事业股票滞售之原因,约有下列各种:一、各种国营事业之资产组织与业务等详细情形未能于事前公布,以致一般人民不知其营业盈亏状况而不敢投资。二、出售部分平均仅占全部资产约十分之二,咸认以后管理实权仍将操予官股手中。三、中纺、招商等股票规定以五股为最小单位,每股金圆券百元,每一单位共折合法币达十五亿之巨,实非普通人民所能染指。四、经手发行者,初仅限于上海一地之五个国家行局,现虽扩至京穗等四大城市,但仍不普遍。五、证券交易所尚未复业,股票一时缺乏活动性。六、改币不久一般经济情形尚未十分稳定,人民对于一切投资均持观望态度。

因为上述情形之存在,故国营事业股票目前尚不能顺利售出。

(4) 出售"国营"事业股票统计底稿(10月12日)

出售国营事业股票统计①

三十七年十月十二日编制

出售股票单位	起迄日期	数量	余额
中国纺织建设公司	9月11日起 10月8日止	29,218股	2,921,800.00
招商局轮船公司	9月11日起 10月7日止	465股	46,500.00
台湾糖业公司	9月11日起 10月8日止	10,362股	1,036,200.00

① 出售"国营"事业股票统计底稿未注作者,原稿存国民政府财政部国库署档案中。

续上表

出售股票单位	起迄日期	数量	余额
台湾纸业公司	9月11日起 10月8日止	877股	87,700.00
天津纸浆公司	9月13日起 10月8日止	40股	4,000.00
	总值	40,962股	$4,096,200.00金圆

〔国民政府财政部国库署档案〕

11. 行政院对立法委员关于政府抛售招商局等“国营”事业股票意见的答复

（1948年9月29日）

一、丘委员汉平

原意见（一）：

国营招商局、中纺公司、台糖等公司改组后，行政院决定，以一部分股票抛售，改为官商合营。以与民生主义相反，并且违背宪法的精神。查政府年来，对于经济政策因人而变更，忽而将民营事业收归国营，忽而将国营事业改为官商合营，忽而收回官商合营之商股，种种措施前后颠倒，草率从事。训政时期尚可诿称无法则可循，行宪之后，基本国策一章条例甚详，而当局主持者多系旧人，狃于旧习不假思索，依样葫芦。此次改革币制，原无出售国营事业之必要。如欲拨充准备，尽可将整个资产估价拨充准备。如谓吸收游资，则系不通之论。政府应领导游资于生产事业，今将游资领导于现有之国营事业，既未增加生产，又将国家之资产分归有资之人民，实为下策。政策只注意游资之抽象言论，而不计其游资之来源。今日上海市场利息仍在五六分以上，与战前利率比较，约在二三倍以上。政府是否以过去高利贷为合理，如其不然，则今日之游资尚未回复战前之状态，何能谓为有游资。有一部分人说上海已兑出四五千万金圆券，与八一三前比较，约等法币一千五百万亿，认为数字甚大。此辈大抵未研究上海战前市场，在战前，上海法币流通额约在一亿元，以今日物价比较，等于金圆券二亿元。当时一亿元之法币尚无游资，而今日之四五千万金圆券反而有游资，定非怪事。譬如，一个人平时吃三碗饭，尚能消化，今吃半碗饭而不能消化，是否吃饭太多或是消化不良？今日上海市面是否游资充塞，还是"正常经济"未恢复，谁都晓得。自从年来法币迅速贬值之后，正常经济已归乌有，一般市场无非卖买金沙、囤积物资、申请输入、套取外汇等为营业。正常工商业因种种法令之限制与禁止，几乎无法经营，自然百业衰萎，走上投机取巧，以博厚利。今一旦改行金圆券，则此反常工商业一旦停止自当受极大打击，对政府的币信采取观望静待，政府对今后的正常经济有无恢复的计划，所以一时看来有游资。

其次，自清末至今，官商合营事业为中国政治之大病。官商合办有下列弊端：1. 官商不分。今日官商合办事业，在外表现之非商非官，有时亦官，有时亦商，有时似官似商，今日为商股代表董监，明日如不能得到官股代表董监，便可摇身一变，变成商股代表董监。这是淆乱社会视听的大毛病。2. 官商勾结。官利用商以保存地位及获取利益，商亦利用官以保护利益，并可取得种种方便。3. 公私不分。公营事业与民营事业应该绝对分开。如认为应公营的，就完全公营，如无公营之必要，可完全归民营。如果认为民营事业有提倡的必要，可以奖励及贷款方式为之，何必来官商合营。今日舆论痛骂之豪门或权门资本，都是那种报于官商合业的事业。前车后鉴，在民生主义之下，实应依照宪法切实分开。

所以本人对于此行政院突然将国营经济事业改为官商合办，既违背了民生主义，又违背了宪法之规定，此种处置国家重大财产，影响国计民生至巨。既非紧急状态，何以不先提立法院审议，要知道立法院对于政府的任何政策，只要是有益国家人民，无不拥护的。反过来说，凡是政府的决策，影响国计民生或助长私人财富之发展，都是违背宪法的。立法院的委员不能不提出意见，促成政府的改正。立法院数百委员的智力，总不会不及几位科秘的头脑。何以政府如此忽视重大政策，本人对于国营招商局等改组为公司的原则，是赞同，但反对出卖股票以为吸收游资的工具。如果本案实行无异，自己否认了民生主义的正确性，我国正向社会政策的路上走，将有关国计民生的经济事业，逐渐收为国营，今以奋斗五十余年，刚成立的行宪政府开倒车，请翁院长说明一下。

答复：查国营招商局改组系遵照总统本年八月廿日颁布金圆券发行办法第八条第二项规定办理，以该局原有资产估值为金圆券六亿元，作为公司资本，半数为官，半数为商股，发行股票不独充作金圆券发行准备，兼为促进人民投资。遵行以来颇为顺利，今后合营成效或可更有进展，关于业务方面，其有未能尽善之处，自当随时饬令该公司改正。

原意见（二）：

国营事业改组为公司后，其董监除主管部得派二三人参加外，其余应由无利害关系部会参加监察，人应由立监两院人员选任。此外，无论任何政策，官吏或主监委担任国营公司董监以一个为限，除出席时支交通费外，不得支取任何公费酬劳或分享其他利益，并切实负起董监责任。现在行政院有无打算如此做，或是放任下去。

答复：查招商局改组为公司后，其董监事经聘请各部会参加，如审计部之黄仿欧，主计部之黄曜，监理会奚玉书为监察人，至董事则有主计部庞松舟，中央银行夏晋熊，中国银行林旭初，国库署谢耿民，以及航业界富有经验人员充任，俾可切实推动董监责任。

〔国民政府行政院档案〕

12. 全国经济委员会关于经济紧急措施方案出售"国营"事业实施情形简报

(1948年　月　日)

<table>
<tr><td rowspan="4">经济紧急方案实施情形简报</td><td>原方案项目</td><td>原方案(一)关于平衡预算事项;(二)凡国营生产事业范围及确有显著特殊情形必须政府经营者外,应即分别缓急,以发行股票方式,公开出卖或售与民营。</td></tr>
<tr><td>实施概况</td><td>出售国营事业
关于出售国营事业,行政院本此原则,曾制定国营生产事业酌售民营办法公布施行,令饬全国经济委员会遵照办理。嗣因事体庞大,业务甚繁,为应事实需要,急于全国经济委员会下设立国营生产事业出售监理委员会专司其事,并先后由该会通过国营生产事业酌售民营办法补充规定,让售国营事业,采发行股票方式,由银行组织银团经募办法及申请优先承购中纺资产案件审核办法。惟国营事业之出售截至最近止,除中国食油公司已出售,其余均未能顺利进行。考其原因,不外下列三端:(一)估价困难;(二)产权纠纷;(三)治安问题。兹将各项出售事业估售情形附表如后(附件)</td></tr>
<tr><td>修改部分</td><td></td></tr>
<tr><td>备注</td><td>关于出售国营事业,在政策方案丙关于财政者五项实施办法中已有规定。</td></tr>
</table>

三十六年出售国营生产事业工作进行概况表

三十七年五月止

事业名称	主管机关	出售根据	估售工作进行情形
中国食油公司	粮食部	院颁国营生产事业酌售民营办法	业已出售

续上表

事业名称	主管机关	出售根据	估售工作进行情形
中国水产公司	农林部	院颁国营生产事业酌售民营办法	正组织银团发售股票
德孚银行	中信局	院颁国营生产事业酌售民营办法	该行存货已着手分期标售
邦耳药厂	中信局	院颁国营生产事业酌售民营办法	该厂存药已着手分期标售
青岛维新染料厂	中信局	院颁国营生产事业酌售民营办法	并入德孚洋行资产内估售
粮食工厂	粮食部	院颁国营生产事业酌售民营办法	除中国粮食公司奉准暂缓出售外,其余各厂应否出售,已陈行政院请示
中华烟草公司	经济部	院颁国营生产事业酌售民营办法	估价已竣,俟奉行政院核定出售资产之范围,即可决定出售办法
中国纺织建设公司	经济部	院颁国营生产事业酌售民营办法	该公司上海各厂已估价完售,且审核就绪,青岛天津各厂在估价中
中央汽车配件制造厂	资委会	院颁国营生产事业酌售民营办法	已由交通银行组织银团进行募股
天津纸浆造纸厂	资委会	院颁国营生产事业酌售民营办法	在重新估价中
中国盐业公司	财政部	院颁国营生产事业酌售民营办法	已先进行募股、资产在重新估价中
中国纺织机器制造公司官厂	经济部	院颁国营生产事业酌售民营办法	估价已审核就绪,该公司有股申请承受已陈院请示,尚未奉核定
辽宁纸浆造纸公司	资委会	院颁国营生产事业酌售民营办法	因所在地治安关系,暂无法估售
石微电厂	资委会	院颁国营生产事业酌售民营办法	资产一部分陷于匪区,暂无法估售
天水电厂	资委会	院颁国营生产事业酌售民营办法	在重新估价中
安庆电厂	资委会	院颁国营生产事业酌售民营办法	在重新估价中

续上表

事业名称	主管机关	出售根据	估售工作进行情形
中国蚕丝公司	经济部 资委会 农村部	院颁国营生产事业酌售民营办法	在重新估价中
大浦盐田及苦计工厂	财政部	行政院专案饬办	因与大盐田公司有产权纠葛，正在清理产权中

〔国民政府经济部档案〕

13. 资源委员会平津各单位座谈会纪要及鲍国宝等陈请政府挽救平津各厂矿危机的函呈

（1948年3月6—17日）

（1）平津各单位座谈会纪要（3月6日）

平津各单位座谈会纪要

时间：三十七年三月六日下午八时

地点：台湾路二号本会天津招待所

出席人员：孙副委员长　马师亮　姚文林　聂汤谷　顾敬会　李公达　赵元良　王宗素　张心田　张朝汉　张国仁　傅永汉　李哲　张行廉　李国俊　郑世夔　卞学会　何瑞铃　庄秉常　陈又青　叶子青　黄秉镛

主席：孙副委员长

纪录：黄秉镛

报告事项：

一、顾经理敬会报告华北各单位经济状况，因物价狂涨，均感受威胁，万分困难。例如上年十二月份工人生活指数九万余倍，而本年一月份突增至十五万余倍之多，竟增加百分之五十以上，似此厂方支出逐月飞跃增加，而成品售价不能随指数而增涨，且各厂多属重工业，其产品不如日用品之易于销售，以致收支无法平衡。去年度幸有中央银行收购成品办法，勉渡难关。惟今后如何设法维持及周转资金如何筹措，实皆为各单位生存问题，至为重要。拟恳：1. 请大会尽先拨发本年度创业资金。2. 如大会一时不能拨发创业资金或数字过小，拟请大会洽商四联总处准予就地在平津分向各行局商借贷款，以资周转，俾挽危局。

二、各单位拟请洽贷资金数字如附表。

三、各单位在当地向四联分处办理短期借款，虽已奉大会核准，惟因大会过去有函致四联总处，不准个别洽借，故分处呈转总处时，每被批驳。为利洽借起见，拟请大会赐函四联总处说明，准由各事业在当地洽借，并请四联转知天津分处，以便接洽。

四、两年来平津各事业所得创业资金及流动资金，除钢铁公司外，其数量之小几使无法相信，以致一般资金常呈竭蹶。虽添购零星物料皆须审慎考虑，尤以目前物价飞跃，更呈艰困。如不能获得充分资金，虽平津各单位仍尽其最大努力，将来局面亦恐不堪想象。

平津各事业单位三十七年度急需贷款概数表

一、冀北电力公司

北平分公司	装置五千瓩机 整理机器	一千亿
天津分公司	装置五千瓩机 付二万五千瓩机款一部分	一千五百亿
唐山分公司	（秦皇岛装置三千瓩机）	六百亿
总　公　司	（抢修输电线路）	二百亿
口中支公司	修理一万瓩机 装置五五〇瓩及一二八〇瓩机	四百亿
保定办事处	（装置一千瓩机）	二百亿
总　　共		三千九百亿

二、华北钢铁公司五千亿

三、华北水泥公司八百九十亿

四、天津化学公司八百亿

五、天津造纸公司一千三百亿

六、长城煤矿五百亿

七、天津机器厂九百亿

八、天津电工厂五百亿

九、无线电公司天津厂九百亿

十、大同煤矿九百亿(原定四百五十亿因物价上涨,故拟贷如上数)

(2) 鲍国宝等函呈(3 月 17 日)①

敬启者:窃查会属平津各项事业,自抗战胜利之后,基础未固,艰阻历尝,而困苦支撑奋力以赴者,原冀无负大会期望,藉有成就。讵以担负日增,产品滞销,资金短绌,维持不暇,工具机件补充改良事事困难,效率无法提高,周转万分艰窘,深感长此困循,不惟事业本身日濒紧促,如不极图改善,且将有陷于无法挽救之一日。国宝等为职责及本会前途计,爰于副座莅临平津视察之际,联呈委座、副座陈述一切,请能从宽拨给创业资金,并俯准在四联总处洽借合理数量流动资金,以谋补救,非然,即使华北情况不再恶化,亦将无法维持。至本年年终,深恐不幸,后果渐成事实。特将原呈副本寄陈察核,并祈贵会允予挽救此项危机,俾利进行,无任感盼。此致资源委员会业务委员会电工组恽委员震

附原呈副本

三、十七　阅震

鲍国宝　陈大受　姚文林　马师亮

顾敬会　王宗素　徐厚孚　陆宗贤

聂汤谷　张心田　李公达

---

① 为恽震批阅日期。

呈文 □三七□秘字第○二○○七号

事由:如文

窃于抗战胜利之后,本会始在华北设立事业而基础未固,迭遭艰阻。职等秉承钧座意旨,排除万难,奋赴事功,以期所办事业日益扩展。两载以来,原冀稍有成就,以勿负钧望,无如局面愈见窘迫,军事益趋严重。近日东北情形骤紧,华北之处境更加困难,尤以天津一隅工业集中,工人众多,地位至为重要,处置稍有不慎,即将牵及全局。当地党政军事机关时以忍受艰难,委曲求全,以安定大局相劝勉。职等体念时艰,顾全本会信誉,敢不竭其惊钝,勉力以赴。惟自去岁六月以来,物价狂涨,工人生活指数由三十六年六月份之三万余倍,增至本年一月份之十五万余倍,工资支出因而逐月增加,无有止境。本会在华北各厂多属于重工业,其生产品既不如日用品之易于销售,而定价更不能随物价指数比例增高,因之成品堆积、资金短绌,无力购贮原料物料,而各料均随时狂涨,以致若干产品之售价不敷再生产成本,长此以往,何堪设想。抑尤有进者,工人受物价及时局影响,情绪至为不安,感觉尤其过敏,对于厂方举动万分注视,大而工资问题,小至内部搬动机件,莫不一一提出质询,事事寻求保障,厂内行政困难已极。职员受物价高涨之压迫,高级职员及中下级职员与工人收入相差无几,生活既感困难,情绪亦因之不安,影响工作效率更非浅鲜。职等夙奉知遇,职责所在,岂敢趋避,惟事实如此,不得不求补救之方,以免一蹶不振,影响本会整个之信誉。目前外界人士,对于本会华北事业所遭遇之种种困难,非但不予同情谅解,反而谣啄繁兴,至谓本会之事业建设侧重华南,而轻视华北。虽属无稽之谈,惟颇导人听闻。华北整个局面之安定,固有赖于军事当局之努力,而重要工矿事业之建设与夫会属固有各单位之充实振兴,则端赖钧会大力之支持。为急济目前之困难起见,拟恳钧会俯准,将已核定之本年度华北各单位创业资金提前拨发,并祈将全数一次拨足,以迅赴事功。又闻中枢有关放工贷之议,尤恳均会俯赐主持洽商国家行局对于华北各事业之工贷，特别增加数额，加长期限及减轻利率，以资周转而渡难关。如果大局稳定，以工贷所得购贮应用原料物料，加强生产效率，减低成本，则工贷部分之还本付息并无问题。接洽工贷由职等分别办理，收效殊微，必由钧会主持统筹，始克有济。此举非特华北各单位在事业上可以稍现曙光，亦所以示钧会重视华北之至意，以息无稽之谣啄也。敬将职等处境困难及希望济急各点备文胪呈察核，伏乞批示祇遵，实为公便。谨呈

委员长　翁

副委员长孙

职　鲍国宝　陆宗贤　马师亮
李公达　徐厚孚　姚文林
张心田　王宗素　陈大受
聂汤谷　顾敬会

〔国民政府资源委员会档案〕

14. 中国兴业公司董事会为工业萧条生产日缩请政府收购成品及补助经费呈

(1949 年 8 月 1 日)

1. 中国兴业公司董事会呈(1949 年 8 月 1 日)

中国兴业公司董事会呈

敬呈者。窃本公司成立于抗战初期，为增加钢铁生产，以适应抗战需要。及胜利后，后方工业萧条，一度被迫停工，全部资产陷于冻结，曾经一再呈请政府接办，未蒙允准。嗣以商股方面提请交还原附资产或让于商营，旋经董事会决议，在本公司未有新的办法解决以前，交由胡常务董事仲实负责管理，等语，纪录在卷。仲实于三十六年三月接管后，因维持员工生活及防护机械久置锈毁，勉将炼钢、轧钢、窑业三厂部分复工，将轧制钢机器努力装置完成。讵年余

以来，公司成品除成渝路订制钢轨外，其他钢铁成品销路有限，周转于是失灵，曾会同成渝铁路局呈请转饬渝中央银行，一次收购钢料成品 150 公吨，俾可继续制交路轨，用以维持西南之最大钢铁工业，且弭工潮于无形。惟迄未奉批示，而公司千余员工咸感惶惑不安。况华北华中各大钢铁工厂俱已沦陷，本公司地位更应重要，且成渝及叙昆两路均为西南交通命脉，国家修筑不容稍缓，将来必需大量钢轨与车辆，故本公司之任务势将至重且繁。窃查钧部资源委员会与国家行局均为本公司最大股东，值此国家需要钢铁之际，倘不迅为有效之挽救，任令生产日缩，势必促成崩溃，诚非所以供应国家急需，维护工业发展之道。故拟恳钧部审本情势，当机立断，一面请财政部转饬渝中央银行或中央信托局立予收购本公司钢料成品 150 公吨，俾公司得继续生产，以应需要。一面由钧部派员接管本公司所属各厂，俾速恢复生产，配合国策，作更大之贡献。同时指定重庆资源委员会办事处，会同国家行局组织清理委员会商洽退还商股资金处理办法，俾本公司纯为国营工业，以一事权而利进行。谨按以上所陈处理办法，均为鉴于以往董事会及股东会开会经过及执行困难情形，必须立即采取之有效办法，如蒙采纳，祈即付诸实施，以免公司业务停顿，致公私均蒙莫大之损失。事属迫切，不容稍缓，除分呈财政部外，是否有当？理合具呈沥陈，敬祈鉴核示遵。谨呈

经济部部长刘

中国兴业股份有限公司董事会

常务董事胡仲实

中华民国三十八年八月一日

〔国民政府经济部档案〕

（四）民营工业的破产

一、各地区工厂倒闭情形

1. 行政院秘书处通知经济部关于云南省公私工厂陆续倒闭工业界准备扩大请愿的情报

（1945年12月11日）

抄原情报

据报：滇省公私工厂计有71家，自抗战胜利后，因资金周转不灵，已停业37家。其中最感困难者为民营机器、化学、纺织等业，各业代表前曾赴渝请求发给工贷，收购成品及工厂复员交通等问题，均未获结果，咸表不满。近又召开会议准备再扩大请愿云。

〔国民政府经济部档案〕

2. 江西省政府关于该省民营工业受外货倾销及物价影响陷于绝境请予贷款电

（1946年10月5日）

经济部：本省民营工业近受外货倾销及物价波动影响，成本高涨，出品滞销，业务陷于危境，拟请贵部转商四联总处饬知低息动放工业贷款五十亿元，藉资救济，如何？请酌夺，电复。江西省政府。酉。微。建三。

〔国民政府经济部档案〕

3. 中央调查统计局关于贵阳厂商倒闭情形的情报

（1947 年 1 月　日）

贵阳厂商倒闭情形：

据报：筑市于三十五年一年间，物价高涨及资金周转困难等影响，大小工厂及商店倒闭者 1095 家云。

中　统

〔国民政府经济部档案〕

4. 蒋介石抄发沪、渝、昆、穗等地工厂倒闭情形密报的代电

（1947 年 2 月 11 日）

国民政府代电　交秘字第 0128 号　三十六年二月十一日

行政院宋院长勋鉴：顷接关于新华社所传沪、渝、昆、穗等地工厂倒闭一千余家及三十五年十月至十二月份上海企业消长等密报两件，特将原件抄发，希予注意为盼。中正。丑真。交秘。甲/附。抄件。

抄件（一）

自一九四六年六月至十月五个月中，上海、重庆、昆明、广州等地工厂倒闭达一千六百余家。上海战后国货业产量仅占战前四分之一，尤其棉纱及丝织业在高利贷、高捐税及日货打击下更奄奄一息。在麦克阿瑟助长下，日本丝织品二十三万五千码已首次运华，由美商务公司出品，近更喧嚷。日本棉纱数十万吨运销南洋，在上海、香港码头已日见日本棉纱踪迹。四川省之工矿业则更凋零，抗

战中迁川之工厂四百余家仅存一百余家，而且照常生产者又仅占一半。广州较大工厂仅存一家，有四百六十工人之官营士敏土厂；卷烟业原有工厂五十七厂，工人八千人，现仅存十九家，每家工人不上百人；饮料业中，广东实业公司之啤酒汽水厂为全市之冠，亦告倒闭；福州工商业遭筵席捐、救火捐、渔民营业捐等二十三种苛捐杂税之剥削稽征之外，又有层层关卡，为欠纳税款而被封闭者即有十二家。茶园荒芜达十分之八。福州唯一建华火柴厂也因美货排斥而倒闭，日出十万吨纸的福建造纸厂也告停工。

抄件(二)

由于战后经济情形之特殊，以及外货进口之汹涌，致造成庞大之入超数字。上海工商企业于此畸形状态之下，消长不已。兹将卅五年十月至十二月份三个月中企业消长之情形及其环境关系陈述如后：首以金融企业而言，因战后生产事业未克迅速复员，且游资未得正当运用，加之通货泛滥，种种情形下，故卅五年十至十二月中，金融业之银行、钱庄等新设者统计有二十一家，复业者有二十家，其中因投机失败等原因而宣告清理者仅六家，改组者二家。再因外货进口日用品充斥，由美货摊贩蜕变为百货商店或联合商场之情形风起云涌。卅五年十至十二月三个月统计，百货与联合商场新设者共达五十七家之多，以上金融业及百货联合商场为企业消长中最堪注意者。其他如饮食业则为衰落最多之一业。盖因物价高昂，饮食品成本增高，又因投机者失败众多，挥霍有度之故，更因卅五年筵席税率高达百分之五十，故该业营业至为清淡，十月至十二月三个月中清理歇业达四十家之多，改组者四十六家。其次，如鞋帽业清理者十五家，服饰业清理者十三家，皆因外货充斥，销路呆滞而遭受打击者。

〔国民政府行政院档案〕

5. 汕头市参议会关于汕头市工业将陷绝境请予维护的代电

（1947年7月8日）

汕头市参议会代电　江参议字第一一五号
中华民国卅六年七月八日

南京经济部部长陈钧鉴：查本会第一届第一次大会佘参议员贤提议："请行政司法税收等机关切实维护本市工业，以固国家经济而救人民生活"乙案，业经提付大会讨论决议，照案通过，纪录在卷。除分电外，理合检同原提案电呈核办。广东省汕头市参议会议长陈伟烈、副议长唐人叩。午。（齐）。汕参议印。附原提案乙份。

汕头市参议会第一届第一次会议提案①

组别：第二组。

类别：经济。

号数：第四十五号。

案题：请政府所属行政司法税收等机关切实维护本市工业，以固国家经济而救人民生活案

理由：本市工业薄弱，经营向落人后，外受舶来工业品之重重打击，内遭地方恶势力之推[摧]残，沦陷期间口止工场被占，未能收回复业。所幸尚能保存者，每因业主藉故收回自用，逼勒、搬迁或多方需索巨额租金、鞋金；间有稍能继续支持者，则有地痞流氓、社会恶棍勾结不肖员司警察，藉口机器庞大、发动机声嘈杂，影响安宁，逼令停业；而市面走私漏税洋货充斥，税收机关视若无睹，认为司空见惯；对于本地工厂甚或家庭小规模手工业，则尽其抽税征捐之能事，几迫使非行停业不可。似此种种打击，多方摧残，将置汕市

① 原为列表式，现改文字式。

工业于总崩溃之绝境。窃为国家经济建设，人民生计前途抱无穷之隐忧。倘非上下一致，力予维护，则本市工业前途不堪设想。

办法：

（一）请市政府暨警察局对于市内工厂注意保护，切勿动辄令其迁移或停业。

（二）请高一级法院暨地方法院对于工厂与人发生房屋争执，尽力依法保障之。

（三）请潮海关公署货物税局、直接税局暨市税捐处，对外来漏税严厉查缉课征，并对本地工厂纳税力予便利。

（四）请四联总处放宽本市工业贷款尺度，以救济生产事业实效。

（五）请行政院暨经济部对汕头工业被日本劫夺及破坏损失物资，尽先交涉赔偿。

（六）请市政府暨各救济机关对本市工厂工人之救济事项，注意办理，如有放赈平赊等事，尽先拨给。

审查意见：提会通过送请政府切实办理。

提案人佘贤　连署人林道南、林硕夫

〔国民政府经济部档案〕

6. 经济部天津工商辅导处转报民营中小型工业遭遇各种困难将被迫停工请求救济呈

（1947年5月22日）

经济部天津工商辅导处呈　辅36工字第五九九号
中华民国卅六年五月廿二日

案据天津染织厂林孚治呈称：查近数月以来，物价高涨无度，尤以工业器材为甚。民营工业率多资金有限，值此涨风狂澜声中，已感经营为艰，为解决多数员工之生活问题，自不得不仰赖借用外资，以维持开工。过去四联会举办生产贷款，但条件严苛，手续繁琐，往返商洽费时过久，纵获批准，为数极微，事实无所补救。按核准数额而论，上海、天津相差已属悬殊，同为本国工业，似不应薄此而厚彼。由于国家行局贷款过少，工业不得不降格以求乞灵于商业、银行、银号之门。于是拆息一涨再涨，徒予银钱业获利机会，工业却被剥削不堪。故欲谋工业发展生产增加，首先须由政府贷予低利息之资金，作合理之运营，否则，不仅发展无从谈起，区区工业基础恐亦不保。次为劳资问题，自政府制定生活指数以来，在物价平稳期中，工厂按照指数，调整工资，减少纠纷，劳资两有俾益，措施可谓至善。自本年以还，固物价屡涨，生活指数陡增百分之百以上，固物价之上涨，吾人对生活指数之提高自无异议。惟对指数编制时之依据，愿将吾人之意见略为申述。按每月编制指数完全依据生活必需品柴、米、油、布之价格而定，似此对不供食宿之工厂适用自无问题，但一般民营中小工厂向例供给员工食宿，除布一项外，生活必需品之涨价损失早在工厂负担之内，故生活指数不能完全适用于民营中小工厂，理甚显然。倘必欲按照指数给薪，无异双料增薪，不仅与理未合，且为工厂所无力负担者，此点尚乞当局考虑，而予改善之。再次为运销问题，目前物资禁止出境，对于政府施策，商民本无置喙必要，惟长此以往，工厂出品缺少销场，势必流入囤积家手中，只能予投机分子暴利机会，正当工业反被摧残，影响国计民生，不难想象。是以吾人深望政府于管制物资出境之余，对工业给予一线生机。凡合法运销，关系工业繁荣，应准请求许可输出，否则工厂制成物品无法运销，自身无款购备原料，必将迫于停工之一途。以上仅就较重要数端略为申述，本诸政府爱护工业之至意，对于民营中小工业遭遇如斯，深盼予以有效救济。等情。据此。查所称各节，不独为该厂之困难，实系一般民营中小型工业之普遍现象。危机当前，不容忽视。除与四联分处、天津市政府等有关机关联系商讨，以谋挽救外，理合据情呈请钧部核示，并祈转呈行政院

赐予救济，以纾工困而利生产。谨呈

部长王

经济部天津工商辅导处兼处长张广舆

〔国民政府经济部档案〕

7. 吴蕴初请放宽工厂用煤气限度并减低超限罚款倍数以维生产电

（1947年8月18日）

中国全国工业协会上海市分会　工字第787号

中华民国三十六年八月十八日

南京行政院院长张钧鉴：查属会前因公用事业涨价，将使用煤气各工厂无法负担，曾于上月五日电请转饬：（一）请放宽工厂用煤气限度；（二）请减低超过限度罚款倍数，以维工业生产在案。兹以本市煤气公司对工厂用电限度及罚款倍数迄未改善。自涨价后，各工厂已感无力负担，而因巨额罚款之支出，并有被迫停工或减低生产之虞。属会鉴于形势严重，爰特续电恳请转饬迅予办理，以维生产，敬祈示遵为祷。上海市工业协会理事长吴蕴初叩。

〔国民政府经济部档案〕

8. 上海市国货工厂联合会因物价递涨原料缺乏各厂商产销停滞请求救济的快邮代电

（1948年6月15日）

快邮代电　六月十五日

南京工商部钧鉴：窃据属会会员申大染织厂、新成染织厂、厚生棉毛染织厂、冠生园食品公司、中央化学玻璃厂、庆德橡胶厂、金星自来水笔制造厂、同兴实业社等先后函称：近年来国货工厂，对内贸易，因在举国烽火之下，交通阻塞，运输困难，民生凋敝，购买力日趋薄弱；对于外销，则因外汇牌价与黑市相差悬殊，结汇限制甚严，使国产出品益处于内外滞销之厄境。加以职工生活指数逐月递涨，原料缺乏，生产成本激增，往往出售成品之结果不足抵补再生产之成本价格，以致各厂存底日益空虚。且一般工厂资本因产销停滞，周转困难，不得不求之市场游资，不但利息高昂，且多短期拆放，使企业家日营逐于调换头寸之疲繁【中】，焉有余力从事生产之扩充与改良。瞻望我国货工厂之前途，险象环生，万一不幸，被迫崩溃，不独促成严重之失业问题，加速经济恐慌，更无异使整个社会组织与民族工业之前途同归于尽。是以除希望政府当局早日戡定内乱，停止增发通货外，对于我国货工厂亟须洞察实情，速谋有效之救济。兹将请求要项略举数端如次：(一)开放生产贷款。使一般国货工厂获得定期性之低利贷款，减轻高利贷之剥削，以减低生产成本，同时并请恢复工矿贷款，从事生产建设，以期逐谋物价之稳定。(二)开放结汇政策。际此出口锐减、输入溢超之时，为挽救此危机计，应依正当之途径，开放外汇，鼓励输出，尤以特种输入品，如制造自来水笔尖之铱金(税则号码二四〇)，制造笔杆主要原料之赛珞璐(税则号码六六四 B)等，应请输管会特予开放外汇便利国厂自制，以抵外货之倾销。(三)宽放配给原料。单纯织厂及棉织品复制业所需棉纱原料，纺管会每期配给数量不敷甚巨，不得不求诸黑市，加重成本，阻碍生产，应请尽量宽放，以免缺乏。他如阴丹士林所需之颜料及烧碱、漂粉等，玻璃工业主要之柴油与食品工厂所采用之原副料，及橡胶工业所需之原料，均因限额配给不敷数量，并请特予宽放，俾供生产。(四)减少停止电流。设在本市闸北各工厂每星期三规定停电一天，遇有其他事故，并须随时停电，而各厂职工薪水均系按日计算，无形亏损，影响甚巨。应请公用局特予限制电厂任意停电，解除电荒，以维工业生产，而免增加成本。各等情。属会查各该会员工厂所陈各节均系一般工商业现时所遭困苦实情。为民族工业生存计，为国家经济命脉所系前途计，亟应吁请各主管当局力予救济，分别采纳，切实施行。除分电外，谨特电请钧部鉴核批示饬遵，实为公便。上海市国货工厂联合会叩。已删。印。

〔国民政府经济部档案〕

9. 上海市工业会陈述沪市工厂被迫停工原因并请施行救济工业四事的代电

（1949年3月22日）

上海市工业会代电　工业38组字第一一九八号
中华民国三十八年三月廿二日

南京行政院何院长钧鉴：素钦勋德望切云霓，比闻我公出任首揆，主持大计，并闻以挽救经济危机为施政方针，获悉佳音，曷胜欢忭。窃以挽救经济，必先维持生产。我工业界经八年抗战，元气已伤。胜利以来，复因种种困难，处境愈益艰困。本年春节以后，其情势更为危殆。近日以来，沪市工厂被迫停工减工者，比比皆是。二月份工业用电根据统计已减少百分之二十，三月份减少用电预计当在百分之五十左右。长此以往，何堪设想。推其原因，约有四端，谨分陈于后：

（一）外汇转移证上涨太快：工业所用原料大半来自国外，必先购得外汇转移证，方能获得所需之原料，故外汇转移证价格之涨落，于生产成本实有密切之关系。去年十一月十二日为每一美元合金圆二十五元，本年一月二十六日上升至一百七十元，前后七十四日，计涨七倍，上涨率尚属和缓。至本年三月十六日，又上升至六千九百元，在此五十日间计涨四十倍，涨势实足惊人。而在同一期间，生产品之售价上涨仅及二十五倍左右，致各厂成品售出之后，于开销工缴之外，无力补进其所需之原料，日亏一日，旧存原料终有耗尽之时，设无补救之方，势将坐以待毙。

（二）利息太高：工业界从事生产，全赖金融机关为之周转，工业先进国家贷款利率极其低落，我国在抗战以前大多为年息一分，限期亦长，今则按日计息，行庄官息为每月六角，而市上暗息竟有高至一元至一元五角者。试以贷款一元，每日利息六分计算，一个月复利本利合计共达六倍之巨，全年达十七亿余倍。如以贷款一元，利息一角计算，一个月达十七倍，全年约一千三百亿倍，如此高息，工业界实属无力负担。又查工业生产全赖推销成品，以资存续。国内货物之运销，近者约需一星期，远如川黔等地，以目前交通情形而论，则非二三月不能达到。设以所贷之款，自购料以至加工，自装运以至售出，其间货价之上涨远不及利息之升腾，以故沪地各厂向日自行推销外埠者，多已纷纷停辍，而外埠客户亦以同一原因，大都裹足不来。所赖以苟延残喘者仅仅上海一隅及其附近地区而已，究以销区有限，不得不走向停工减产之一途。

（三）货物税征实：自政府公布货物税改征实物以来，我工业界以切身利害早有呼吁。棉纺、毛纺、卷烟、火柴、水泥各业向系出厂征税，负担极重，卷烟税率为百分之一百二十。今如改征实物，则烟厂须先制成二百二十箱之出品，方得有一百箱之营业。际此外汇高涨，原料难来，销区缩小，生产萎缩，而日常开支无法减少，加以利息太高，不胜负担，一般厂家方期稍舒喘息之不暇，何能加如此沉重之负担，允宜重加考虑。

（四）输出入管理办法不宜废止：举世各国对于生产事业莫不尽力保护。凡国内能生产而为国外所需要者，则奖励其输出，凡为国内所需要而须仰给于国外者，则便利其输入，皆以关税税率之高下，以为其运用调节之工具。我国自抗战以来，因外汇短少，施以管理用塞漏卮。凡国内之不需要者，则禁止其进口；国内有生产而产量不足者，则限制其进口；国内所必需而绝无生产者，则核准其进口，故于海关之外，设立输出入管理会负责执行其事。施行以来，诚有若干不能令人满意之处，外间之批评责难亦多，要皆为人谋之不臧，或办法之未能尽善，非制度之不适宜也。

我公主持院政，除旧更新，必有一番展布，用敢代表全体工业界吁请四事：(一)恢复侨汇，与外汇转移证分别挂牌，并维持输出入连锁制度；(二)设法抑平高利贷；(三)取消货物税征实；(四)对输出入品严加限制。以上四端，为工业生产命脉所关，务祈迅赐施行，不胜迫切，待命之至。上海市工业会理事长杜月笙叩。寅。养。

〔国民政府经济部档案〕

10. 李鸣和关于召集救济西南及华南工矿商业会议的报告

(1949年6月30日)

救济西南及华南工矿商业会议纪录

时间：三十八年六月二十九日下午四时。

地点：本部会议室。

出席人：朱谦、卢钺章(叶华杰代)、曹丽顺、左其鹏、关杰、梅卿、吴承洛、饶华柱、李鸣和、濮有文。

此案系部务会议提出交拟具体办法，连同办理煤矿生产贷款，及西南张长官请救济西南区工矿业案一并讨论。

会议结论：

为免经济全面崩溃而确保戡乱建国之成功，西南及华南之工矿商业，有迅行设法救济之必要，而尤以西南区为急(西南及华南重要工矿事业一览表附后)。

甲、关于四川省及重庆市者：

治本办法：

（一）请交通部尽速拨款修建成渝铁路，由重庆至内江之一般路基已完工，只待铺轨，所需钢轨即向大渡口钢铁厂及中国兴业公司分别订购。

（二）请国防部积极维持重庆区域内各兵工厂，尽量发挥其生产能力。重庆之二十一厂、五十厂、十厂、三十厂均已恢复工作，但须有充分款项，使能大量生产，以销用钢铁煤焦及其他各产品。

（三）请财政部推广川盐之外销范围。川盐之外销数量加增，则自贡、犍乐各盐场可以复兴，而工矿业之产品即多一销路。

治标办法：

以(1)贷助资金；(2)收购成品；(3)订购产品；(4)协助器材为主。

（一）应专案救济者。

四川水泥厂，预计需要周转资金若干，由部专案向中央银行商贷，使其复工。

重庆电力厂，预计需要建设资金若干，由部专案向中央银行商贷，并与资源委员会商订供应电机办法。

（二）应分业救济者。

煤矿业、钢铁业、机器业、酒精业、纸业。

由同业工会开列贷款数目、还款方式，请求贷洽，以便分配。其有特殊之案，亦可单独向部申请，转向中央银行接洽。

关于资源委员会在川省所办事业，曾已由会拨款救济。惟中央银行迄未照付，请由部转催中央银行照付，或由会另行设法提前垫付。

乙、关于云南省及贵州省者：

云南、贵州境内重要工矿业大多为资源委员会所经办者，即由资源委员会酌量分别救济或恢复之。其中有贵阳电厂新到之一千基罗瓦特发电机，亟待安装，需款建设完成，拟请饬资源委员会拨给。此外，民营或省营工矿事业，仍按上述分业救济办法办理。惟云南之滇越铁路如能与安南通车，又叙昆铁路如能修筑，则滇黔两省工矿商事业，可以趋于繁荣矣。

丙、关于广东省、广西省及广州市者：

广州市工业迭经呼吁救济，其中有中国农业机械公司及广东省实业公司之士敏土厂（即水泥厂）较为重要，且亟待救济，拟专案办理，其他其分业酌为救济。至粤桂两省境内重要工矿事业，如南岭煤矿、平桂矿务局等皆由资源委员会投资，其推进业务办法，可由资源委员会与省政府商订。

丁、关于湖南省（或江西省、福建省）者：

该省接近战区，应按特别情形办理。

至分业贷款办法拟规定如下：

（一）普通贷款，由各区域中央银行设立工矿贷款小组，以银行、经济部、地方行政最高机关、工业会及同业公会代表各一人组织之，各厂矿径向当地银行申请。

（二）特殊贷款，由各厂矿向本部申请核转中央银行总行接洽，中央银行之贴放委员会应有本部代表加入。

在本部内，拟设立一工矿辅导处，对于中小型之工矿业协助，其调整扩充等事，并请国库径行拨给一定资金，交由该处办理贷款或代购器材，及收购成品等事项，并协导各业设立共同购运机构（与抗战时期之工矿调整处性质相同）。

关于外销产品如茶、丝、猪鬃、桐油等项，应大量贷款收购，增加输出。

召集人李鸣和报告

三十八年六月三十日

〔国民政府资源委员会档案〕

二、各行业停工停业及破产情形

〔1〕棉纺织业

1. 重庆市承织军布同业联谊社为军需署第二织布纺织两厂以种种压迫使织户倒歇工人失业呼吁救济呈及提出救济事项

（1945年9月15--16日）

重庆市承织军布同业联谊社呈　社总字第零一九号
中华民国三十四年九月十五日

窃查本社各社员曾向军政部军需署第二织布纺织两厂订立合同，承织军布，供给战时军需，数载以来，晨夕勤劳，不遑宁处，以冀前方供应无缺，而尽国民之责。讵料该两厂不遵合约规定，所发纱支全属欠圈短码，原料不敷太巨。虽迭经请求补发有案，无如迄无具体答复，显系蓄意拖延，形同欺骗，为时既久，致使一般织户亏累日深。兹忽奉第二织布厂通知，应补短码纱支不补，反诬各织户所亏者为盗卖，并擅行订价勒令赔偿。此种不合理之措施，断难接受。查各织户亏累纱支之由来，系该两厂历次欠圈短码原料不敷等所致，如无欠圈短码原料不敷等项，即无亏累，是亏纱之责在厂方，而不在织户，其理至明。倘厂方早依织户之请求，如数补足，则自无亏纱之可言。乃该两厂巧卸责任，不顾事实，视合约如废纸，藉官势而欺民，遂使百余家织户势必倒歇，数万余工人失业无依。且现值抗战胜利，论功行赏，各织户虽不敢言功，然实备受劳苦，今反受此严重压迫。情不得已，除将上列苦衷分呈各有关机关申诉外，兹特不揣冒昧，谨检呈本社紧急呼吁文一件，央恳钧府鉴核，体念商情，赐予公断。毋任迫切，待命之至。谨呈

国民政府主席蒋

重庆市承织军布同业联谊社理事长樊子良

万县承织军布联合办事处理事长褚锦魁

重庆市军布业为受短码纱支损失被迫停工破产紧急呼吁

本社同业连年为效劳军需生产，争取抗战胜利，备遭纱支短码之亏累，饱受违约压迫之痛苦，今逢胜利到来，正期政府奖励有加，积极救济。乃军需署第二织布厂于本月八日，突出牌告，勒令各织户如数缴回底纱，倘有亏缺，作为盗卖军品论罪。同业等获悉之下，无任感愤，用特检集短码亏纱有关证件，公诉于社会明达，乞作有力之援助！

军需署储备司违法压迫各织户之铁证

(甲) 原料不足，欠圈短码之真凭实据：

(一) 蒋委座卅二年训令军需署，侍平字一九号戌支代电第八项训示："以后向花纱布管制局领纱，应当场检验，不得接收短码之纱支，领纱后，不得藉口纱支短码，偷工减料。"

惟该署司于奉令之后，仍接收短码纱支，压迫织户领取承织，致亏不补，其违背委座训示，迫使织户亏纱，罪责昭彰，不难共见。

(二) 重庆棉织业四联公会之公开检订结果，每件欠码统计有如左表(合约规定每件纱绸长 6854400 码)：

1. 忠孝现长 6474144 码　差 380256 码

2. 荆州现长 6585120 码　差 269280 码

3. 蓝马现长 6613680 码　差 240720 码

4. 绿飞艇现长 6309672 码　差 544728 码

观上表足证亏纱事实之严重，乃该署司，竟不履行合约规定之纱码，按照比例补发，致使各织户日陷于亏纱的泥淖之中。

(三) 第二织布厂卅三年需制字第一六三三三号代电内开：第四项"(四)以前短码纱支，未便补发。"又军需署卅四年需制字第五三七三号批示内开:第二项(二)纱支短码,本署经饬各厂,自本年三月份起,二十支纱布每匹增发两亨克,以补短码之不足,以后不致再有差少。

综观上文,可见纱支缺码,已为该署司所承认。既已承认,依照合同,理当补发,何云:“未便?”既云:“未便?”又称“增发两亨克,以补短码之不足。”是则“便?”或“未便?”不“补发?”或“增发?”以及于“增发?”之多少,均为该署司之任意勒令,而概不依据双方合约之规定,予以适当之调整,其欺压织户、蔑视合约,可谓绝极之至。再者,若按重庆棉织业四联公会检订之欠码统计,该署司增发两亨克亦仍不能补足欠码,前欠不补,后增不足,竟使数百家织户,不亏纱者,无一幸免。

(四)军需署卅四年需制字第五三七三号批示第二项——十三支半纱,系本部各厂出产,迭经检验,尚无不合情事,所请补足以往欠圈短码一节,应勿庸议。请看该署司所属之第二纺织厂,其蓄意偷工减料,造成短码欠圈之证件如下:

附照片一、照片二〔缺〕

查该厂一年来,以偷工减料,纺造不合规定短圈欠码之旧纱三千零一十四件中,扣余二百零三件,此种余纱,即系剥削粗纱织户破产倾家之收益,压榨劳工血汗之结晶。

(乙)迫使织户停工破产之牌告

军政部军需署第二织布厂牌告　织工卅四渝字第一一七九号

案奉军政部(卅四)部政需储一二八〇一号训令开:兹规定发织二十支纱布各厂织户清理底纱原则如下:

甲

第二织布厂二十支纱部分:

一、由该厂向织户查明底纱存数,如亏欠不超過总领数百分之卅以下者,准将亏纱部分按每件四十八万元折价缴还,其余以现纱缴还者,此项织户准照原领机台数订立合约改发十六支或十三支半纱继续承织。

二、经查各织户亏纱数在百分之五十以下者，除照第一项原则分别缴还外，并准按照机台数之五成订立合约，改发十六支或十三支半纱继续承织。

三、经查各织户亏纱在百分之五十以上者，除照第一项原则分别缴还外，并取消其承织资格。

四、以上各项之亏纱，如查明系在三月底以后所亏者，其赔偿应按每件一百六十万元计算。又继续承织合约须在赔偿完毕后，方得订定。

五、该厂查询各织户亏纱数目应将其现亏数与三月底所报亏欠数互相核对，如发现从四月份陡增者，除照第一、二、三、四项分别饬缴外，并应报请本署送请法院以蓄盗卖军品法办。

六、各织户如不照第一、二、三、四该项原则缴还者，可报由本署送请法院代为追缴。

七、该厂清理底纱，限本年九月底以前办理完竣。

乙

本案所称织户，以现在尚在承织者为限，其已倒闭或已停织之织户，其底纱清理办法另行饬遵。以上各项，除分令外，合行令仰遵照。等因。奉此，自应遵办，除通知各织户知照外，合亟布告周知。

卅四年九月八日

附注：

(1) 查历年来，各承织户领用短码纱支，势必“多织多亏！少织少亏！不织不亏！”牌告所谓：亏纱百分之卅者，其交布数量必少，否则承织时期必短，对抗战贡献亦必小，但处罚反轻，而少织不织者，竟获从轻之处罚，于理似有失平允。

(2) 三月以前报者，按价四十八万元赔偿，四月份以后报者，按价一百六十万元赔偿。未以承织时期之先后，每月交布数量之多寡为准，定价四十八万元及一百六十万元，在目前官价黑市中，均无此种价格之根据。况各织户与厂方订立合同,系商业行为,亏纱赔款,何得由甲方独出心裁,置乙方权益不顾,视国家法律为该署司私有,而毫不保障民权。

(3) 所谓发现四月份报亏纱陡增者,送请法院,以蓄意盗卖军品法办一节,实乃证明军署司,处心险恶,陷人入罪之手段。因四月份前,厂派监制员到各织户厂盘存底纱,向持威胁态度。设有报亏者,立即勒令停职,并违法拘押,科员俨然法官,办公室即为法庭禁闭室,即为监狱,倒厂事小,生命为重,各织户无申诉之余地,何敢实报亏折。至四月份内,织户等忍无可忍,乃向社会人士作紧急呼吁,始将欠圈短码,造成亏纱之黑幕揭开,方敢报称各家亏纱数字之真相,何谓陡增?何谓盗卖?种种骗术,险恶已极,为口之道,如此毒辣,可恶可叹!

我们的要求:

(一) 请军署司尊重合约规定,应补织户纱支,即予算清补给,织户所领底纱亦扫数缴清,无谈价格之必要。

(二) 全部流汗职工,应请军署司提供确切保障,使不致于抗战有功,反因胜利而失业。

(三) 应请军署司拨贷复员救济费,俾维各织户现状,而利继续生产。

(四) 历年来备受艰苦,供应抗战军需之各承织户,应参加复员大计,勿轻视手工业。

重庆市承织军布同业联谊社

军政部军需署第三织布厂特约织户联合办事处

重庆市承织军布同业联谊社三十四年九月十六日第五次社员大会决议要求及救济事项

甲、要求解决事项:

(一) 请求补发历年欠圈短码原料不足之纱支,照合约规定每亨克八百四十码，而所发者均不足合同规定之纱码，此项所欠各织户欠圈短码之纱支数量，应请军需署履行合约迅即补发。

（二）此后织户继续承织者——1. 请军需署司于停发细纱之时，即行发给粗纱，使各织户工作得以衔接而免停顿之亏损。2. 对于承织粗纱改订合约应请确定承织时期，藉以保障工作而利预算。

（三）织户之停止承织者——请军需署司对于各该停织织户所有购置厂屋机件及一切生财工具予以原价收购，以恤商艰。

（四）各织户历年所领之纱支，除欠圈短码之不敷纱量应予照补外，其历年为扣罚与生产上损耗之亏累纱量应请以官价每件七万五千元之价值折价清偿。

乙、救济事项

（一）关于此后改订承织粗纱之织户——请发给改织粗纱之一切设备费每台（即每一机）国币五万元。

（二）援照工商界五十万万元紧急贷款之先例，请军政部咨请财政部指定四联总处允予军布厂商以房产机件及有价证卷〔券〕抵押借款，俾资周转。

按各织户历年为努力承织军布，备受物价高涨，工缴不敷及一切设备之损失，并因纱质不良、纱码不敷、生产消耗之亏累，现在债台高筑，无法解除，已到生命绝续之秋，亟应吁请政府迅予设法救济，俾解倒悬之痛苦，而苏手工业之元气！

〔国民政府档案〕

2. 华西军毯厂等请令军需署继续订货或准予收回购设备并请照行政院令发给员工三个月遣散费以昭公允通电

（1946年9月20日）

国民政府主席蒋钧鉴：抗战军兴后，沿海各地相继沦陷，军需工厂仅有少数内迁。军需署为供应作战官兵御寒需要，曾奖励后方工厂制造军用毛毯。本业各厂计先后响应，并与军需署订约承制军用毛毯者，西北方面有中国工业合作协会西北办事处一家，西南方面有中国工业合作协会成都事务所、遂宁县新华纺织厂、成都市华西军毯厂、厚生毛织厂、华川工业社、华胜军毯厂、联成染织厂、西康省立驻蓉毛织厂、复兴实业社、新颖毛织厂等十家。数年以来，总计后方本业各厂，其全部制毯总额，在数百万条以上，对于整个战时军需工业之贡献，自信不无微劳。值兹抗战胜利，方期政府论功行赏，继续交制，藉维数十万员工之生计，不料奉令无条件停止订货，竟弃本业各厂生存于不顾。关于请求继续订货或收购工厂设备及发给员工遣散费各节，迭经成都中国工业合作协会领导成都各厂联合呈请，未蒙批复。派员请愿，亦无结果。任令本业各厂忍痛倒闭，申诉无门。尤以员工遣散费用之拨发未能一视同仁，遂致引起本业不平之鸣。查后方制造军毯各厂，西北西南区域共计十一家，除西北中国工业合作协会及成都中国工业合作协会两家，所需员工遣散费用，均由军需署全部拨发。暨遂宁县新华纺织厂，系中途提前自动结束，其停厂时期系在行政院颁布遣散员工办法之前，无须发给员工遣散费用及西康、复兴、新颖等三家，系于抗战胜利之前均以停业外。成都方面系由成都工业合作协会领导本业各厂，于本年四五六月间，迭经连衔呈请，并派代表请愿暨有合理请求者两项，即(一)继续订货期维现状；(二)如不订货，准予收购设备，并遵照行政院令，发给员工三个月遣散费。以上两项请求，既未批复，派员请愿，亦遭拒绝。倘成都地域联合呈请之六个单位，一律不准，则政府方面“招之使来，挥之使去”之残忍遗弃政策，犹可自圆其说，但事实上有大谬不然者。盖发起领导呈请之成都中国工业合作协会，其所需之全部员工遣散费三千四百万元，如数照拨，而独于同时连衔呈请之成都其他五个单位，未准拨发员工遣散费用，以同一制造地点、以同一制造业务、以同时联衔呈请，而单独核准领导呈请者之成都中国工业合作协会，政府以政治技术，击破同业团结，厚彼薄此，有失公允者一也。

成都军毯之制造，除中国工业合作协会系照成本计算，所用原料及支付薪工均可尽量浪费，亦能实报实销，并照成本，加提奖金，有盈无亏。其他各厂一律发料包工，自计盈亏。故两者均系接受委托订约，其代制之性质，亦完全相同。查工业合作协会为我国法令许可之社团组织，其地位既非中央国营，又非地方公营，亦非军需署直辖工厂，顾名思义，不过社员合作之合作社而已，但事实上并非由社员组织合作社之合法经营，仅以假借合作名义，招雇员工，设厂制造，既经违反合作原则，可谓于法无据。而成都本业各厂，或系股份有限公司之组织，或系合伙经营之组织，均经呈准当地政府及经济部核准登记有案之合法组织，即便中国工业合作协会依法组织合作社，其在我国之企业法律地位，亦与本业商厂完全相等。今军需署核准成都中国工业合作协会之员工遣散费，独弃成都本业各厂于例外，殊非事理之平者二也。

抗战以来，物价飞涨，核定工杂费用，不敷支出，故成都本业各厂，屡经请求援照中国工业合作协会成例，成本计算，实报实销，提取奖金作为合法利润，未获允准，而核定工资又甚苛刻。但各厂均以资金投资工厂设备，深陷泥淖，而不能自拔，只得忍痛接受不合理之核定工杂费，每年赔累为数甚巨，较之成都中国工业合作协会之成本计算，实报实销，坐获巨额提成奖金、享受有盈无亏之优厚待遇者，实有天渊之别。试请查核成都中国工业合作协会之历年制毯成本，对于每条军毯所需之原料及每条军毯所需之工杂费，其成本均系超出本业各厂百分之三十五以上，今军需署对于浪费国家财力，假借合作名义之成都中国工业合作协会，单独发给员工遣散费用，而对忍痛惨淡经营、节约国家财力之本业各厂，不予发给员工遣散费用。揆之法理人情，事之不平，莫甚于此者三也。

中国工业合作协会制造军毯，并不依法组织合作社，显系违反经济部合作法令，对内蒙蔽政府，领取巨额补助，对外欺骗友邦，分润援华捐款。查成都中国工业合作协会制造军毯，于民国二十九年及三十年确系组织纺毛合作社、织毯合作社、染整合作社等，尚称合法。惟自三十一年起，迄至今日，均系雇用员工设厂制造，一变而为半官僚化之图利经营，果系真正社员合作，则亦与工商人民同受中华民国法律之平等待遇，何况假借合作团体名义，雇工设厂制造，非驴非马，于法无据。今军需署单独优惠假借合作名义之中国工业合作协会之员工，而弃绝工商人民之员工于不顾，殊非事理之平者四也。

成都中国工业合作协会关于制毯设备之洗毛厂、弹毛厂、织毯厂、染整厂等，所需房屋机械设备经费，均由军需署全部拨款筹建，而其他本业各厂均系自行投资设备丝毫未获政府补助。现值停厂倒闭，各项战时购置设备均已落伍，无法出售，军需署既不允予继续订货，以便改进设备，维护生产，又不允予收购设备，以便改营他种企业，稍示体恤，而对于行政院规定之三个月员工遣散费用，尚不一律发给，伪装合作之成都中国工业合作协会，其员工在我国法令上究有何种权利，享受特殊之待遇，此实百思不得其解，殊非事理之平者五也。

成都本业各厂前由成都中国工业合作协会领导，迭次联衔呈请，并多次派员向军需署请愿，呈文未获批复，请愿则答复未便照办，并曾奉军需署厚彼薄此，未能一视同仁，所谓廪仓足而知礼义，衣食足而知荣辱，不平之鸣，事出非已，应请维持公允者六也。

成都中国工业合作协会三十四年度实际制毯额为五万条，截至本年八月间结束时为止，该会领到军需署员工遣散费为三千四百万元，以实际生产数量，分摊遣散费用，平均每条为六百八十元。成都本业各厂，三十四年度实际制毯额计华西厂为七万二千条，厚生厂为四万二千条、华川厂为二万一千条、华胜厂为一万六千条、联成厂为一万六千条，共计十六万七千条，按照中国工业合作协会遣散费比例，以每条六百八十元计算，共计应请补发国币一亿一千三百五十六万元。此项以生产数量为比例之遣散费合理要求，应请照发者七也。

成都中国工业合作协会所支全部设备经费，均由军需署支付，奉令停货后，其工厂设备之废弃，不负损失责任。而成都其他各厂之设备均系自行投资，今各厂房屋地产及全部机械设备，一以战后工商凋疲，二以战时落伍，以致无法出售。如作废料出售，则所得不过原值十分之一。查此项机械设备，既为效劳军需工业而购置，则奉令不再订货，应请军需署估价收购，或分别工厂规模大小，酌予停业津贴者八也。

成都中国工业合作协会于行政院颁布员工遣散费办法后，即捐助该会福利基金，指使该会工人发起组织成都市军毯公会，煽惑各厂工人以强迫厂方发给三个月工资伙食之遣散费为目标。同时复召集本业各厂主屡次集会，以集体行动要求军需署继续订货或收购设备及发给员工遣散费为目标。该会以双管齐下之方式，利用成都制毯工人及厂主为工具，今则军需署独厚为首领导之成都中国工业合作协会，反使各厂蒙受双重损失，即工人不允减少遣散费用，与军需署则分文未发遣散费用。现在成都中国工业合作协会已于本年八月份领到全部遣散费，办理遣散员工事宜，行将竣事。而成都各厂则因筹款困难，系于七月份、八月份、九月份分期遣散，在未经奉准核发遣散费之前，为减轻伙食负担起见，曾由各厂设法贷款垫发，应请迅赐核发，以资归垫者九也。

以上各项，是否有当？敬乞迅赐电复祗遵，实为公便。华西军毯厂、厚生毛织厂、华川工业社、华胜军毯厂、联成染织厂同叩。寄。

华西军毯厂

厚生毛织厂

华川工业社股份有限公司成都纺织厂

联成染织厂

成都华胜棉毛纺织厂
三十五年九月二十日

〔国民政府档案〕

3. 邱际隆等为四川璧山市布业堕颓亟待复员吁恳救济代电

(1945年11月30日)

璧山县土布商业同业公会代电　璧布字第六六号
民国三十四年十一月三十日

国民政府勋鉴:查璧山地瘠民贫,素号硗地,工商业务尽〔仅〕有手工织造土布一宗,男女赖此纺织,因而为生者,历编〔遍〕县区,莫不皆然。自抗战军兴八年余兹,则饱受政府花纱布之管制当中勉事其业。处兹奄奄一息者有之,而停业一落千丈者有之,尤其因此影响之织布工人,近来街头巷尾,停业失业工商两类之人,莫不麇集如堵,各道悲曲之辈,情至可悯者,不一而足。盖璧山之由纺织而生产大量布匹,在平时既已养活阖境群众,具有社会前途之生命性。战时军需,孰曰小补。现在抗战结束,我最高政府关怀群众,复员大意,声播寰宇。璧山虽属弹丸小境,亦政府辖治之下,当然不能例外。为求达到复员实体之宏效,以救广大群众,而利国计民生起见,拟(1)请政府令准由本公会负责证明,无息向当地国库贷款,分期偿还。(2)免费汇兑上海交付价款。(3)由政府通令并出给证明,准在申市以官价购买没收敌伪之棉纱,运返织造,以维工商业务而救贫民生计。除分别吁恳救济外,理合电请鉴察赐办,并祈下示为祷。璧山县土布商业同业公会常务理事邱际隆暨全体会员等同叩。戌(卅)。

〔国民政府档案〕

4. 善后救济总署关于重庆市小本织户停业破产请求救济代电

(1946年1月29日)

善后救济总署代电 济渝(卅五)参字第〇四三八号
中华民国卅五年元月廿九日

经济部公鉴:准重庆市社会局社(卅五)四字第一一一二号代电,为据本市小本织户代表冯培森等卅四年十二月十三日呈,以小本织户购买原料不易,且以成本高昂,成品售价过低,至生产不能继续,生活无法维系,并具请求意见呈请救济等情,抄同原呈电请核办见复。等由。查该织户代表等所请,事关生产范围,除电复外,相应抄同原呈电请查照核办为荷。善后救济总署。子。俭。印。

附抄原呈一件

抄原呈

窃自抗战八年以还,织户等以微薄之资本经营织布业务,机头由一二台起,多则五台,自力自供,以维家计。嗣以当局管制花纱,无论承织军布或承织花纱布,因其领纱手续规定极严,非有田谷纱契,并有相当保证,不能领纱,且机头如未足二十台者,纵办上项手续亦不能领。我等小本织户遂被摒诸门外,而兴望洋之叹矣。织户遭此际遇,仍遵政府训示,以国家至上,胜利第一为前提,茹苦含辛,努力生产,以期报效国家。无如原料多自黑市购得,成本高而售价低,驯至生产不能继续,生活无以维系,停业破产者比比皆是。迄丁倭寇投降胜利到来,渝市仅只小木织户约一千余家左右,奄奄一息,亟待救助。织户等以为胜利后,如倭之生命可以复苏,停滞之机头可以重振,乃只闻对难胞及失业工人之救济、工矿业之援助,独我小本织户家徒四壁,男女啼饥,告贷无门,纷纷破产,尚未闻政府有若何救济之方。窃念我等均为中国国民,同居一城市,同戴一领袖,有机不能作,有纱不能领,反观大织布厂家倚靠财力雄厚,迭向政府领纱，源源不绝，直观我等小织户为化外之民，是岂三民主义之中国所能容忍之现象乎？兴念及此，欲哭无泪，生机将断，难再缄默。代表等承同业织户之委托，特将本业痛苦陈述于右左并胪列我等小织户迫切请求于次：

（一）请求当局发给半月原料，以便再事生产。

（二）祈当局贷以相当款项，以作购纱资本。

（三）所有军政部各直属纱厂及花纱布局之纱，应平均分配于各织户，无大小厂之差别待遇。并请改善发纱领纱办法，防止富者愈富、贫者愈贫，伸张国父民生主义之精神。

（四）请求善后救济总署拨给物资或现金救济，俾破产织户全家得以维持生活，不致铤而走险。

以上四点皆为本市二千余家小机户，目前迫切请求。恳祈钧局胞与为怀，迅施救济，倘得不致流离失所，小织户等当感戴无暨〔极〕矣。临呈不胜待命之至。谨呈

重庆市社会局

重庆市停业破产小本织户代表冯培森等

〔国民政府经济部档案〕

5. 国防最高委员会秘书厅转报四川省华阳县棉织工厂受花纱布管制局欺诈及扣工扣纱等损失而失业倒闭公函

（1946年5月11日）

国防最高委员会秘书厅公函 国钢字第六二九三〇号
中华民国卅五年五月十一日

据四川华阳县棉织业职业工会及华阳县棉织业工业同业公会先后呈，为陈述棉织业工厂织户工人，因受花纱布管制局成都办事处扣工扣纱及所发棉纱短码等项损失，以致失业倒闭，请持平结算

补给发还，以资救济等情到会，相应抄同原呈两件，函送贵院查核办理。此致

行政院

附抄送原呈两件

抄华阳县棉织业职业工会原呈一

溯自国战军兴，花纱统制。成都市及华阳、成都两县之工厂织户工人等，以落后之手工业尽国民应尽之天职，以布易纱，以纱织布，胼手胝足，日夜辛勤，供应军需民用，未尝或缺。但以政府原定办法未臻完备，屡请改善或不蒙采纳或不切实际，兼之执行者只计局方利益，不顾人民损害，以工资有不符生活指数，赔累难堪，更因验收分等又以而扣除之，以易纱有发纱缺绞短码，迄未补偿，复因验收挑剔又从而扣罚之。统计两年来只扣工扣纱两项，折合棉纱之损失，为数将及千件，若合市价则织户工人共约损失国币十四万万元，再加不符生活指数及发纱短码，二者共约二十余万万元之巨。凡此皆织户工人之血汗。倘在国家财政及巨富之家而论，固不足道，然在数千织户工人以及附以为生之数万家属妇孺，则其影响良非浅鲜。夫于国势艰危、飞刍輓〔挽〕粟之际，自不能顾及民生，而复员建国安定社会之秋，似亦应惠及灾黎。况毁家输财未能责穷苦无告之织户工人，而酬庸纪功当不下躬冒锋镝之前方将士。迄今因受格外扣工扣纱损失之织户工人，经数年撑支赔累，生计上临绝境，室如悬磬，釜已生尘，渴望抚绥，情势迫切，矧非非分觊觎，妄事干求，只冀过分扣罚者，以结算发还，短码少工者，给予合理补赔。仅将扣工扣纱情形概陈如次：(一)花纱布管制局成都办事处继福生蓉庄之后，由以重易重之制度改为以长易长之规则，发出之纱为雁塔、绿飞艇等种类，缺绞短码不合常规，曾经该处会同省审计处第五被服厂等机关数次检定，均有纪录，平均雁塔约短百分之九．二五，绿飞艇约短百分之七.三，屡经请求补足，迄未实行。(二)政府

改订布匹规格，对于长宽经纬密度不过厘定标准，大体加以范围。手工生产自不能如机器纺织之能，一定不移，即有差别，原非故意。况缴局之布，每有超过规定者。该局成都办事处于验收时，强为分定甲、乙、丙、丁四等，超过规定者，并不加以奖励或多发，绞缕稍有不如法，即任意指为丙、丁等级，扣除工资、扣罚纱绞。其验收检定并无仪器能指出其一定之差别，纯由人为之喜怒直觉加以断定。故验收者则要好于公家，或竟挑剔以擅索。织户工人纯为小资本之手工业，均赖领得工资以为生计，换得纱支继续工作，决不敢稍涉停搁，惟有忍气吞声，听其宰割。查历来所缴布匹中，被认为甲等者不过千分之五，而以丙丁等占大多数，迭经要请〔交涉〕亦无效果。但该处验收既强分四等，惟历来配售分发则未闻分别等级，仍照甲等一律配售，是其扣工扣纱，即云涓滴归公，实剥削织户工人之血汗，历古欽财之方莫过于此。国家财政之开源节流，无论如何，决不至取及小商工人之血汗。夫既均以甲等增值配售，则其照低等级所扣之工纱，自应请求结算发还，以符不与民争利之德意而资救济。（三）查自卅三年三月改订办法起至卅四年四月半止，每月生产量为此后之一倍，原发折据，业由该处收回换发，自卅四年四月半减产换发手折日起至同年十月底止，每折所扣工资平均数约值纱四十二支，每折扣罚纱支平均数约为十二.七五支，全体织户工人共手折二千一百零三个，共约扣纱（扣工折合纱支在内）一一五，一三九.二五支，即一百三十六件之谱。照此类推，已换回未减产之手折扣数及各小工厂（约等全部织户工人四分之一）缴扣之数。又卅三年三、四两月甫执行新标准时，少发纱数三月起每匹布换纱十七支五绞三缕，五月起在同标准、同规则下增为十八支零四缕，共约扣工纱九百五十件之谱。凡此均有折据可以结算。（四）工资于卅三年上期，每匹三百八十元渐加至七百元，以后生活日高，不敷工缴，屡经请求，均以请示上峰为辞，拖延过久，以至与生活指数有差至五倍者，其赔累情形可以想见，况受扣工扣纱之后，早已逐渐负债,至此,则借贷无门,罗掘俱穷,直演成迩来无以为生之形态。以上略陈概要,俾真相易于了然。现织户工人等生机断绝,无以维系,若不予以救济,势将强者铤而走险,弱者转乎沟壑,失业求生,人之常情。当此国家力谋和平统一、复员建国之际,失业必须救济,社会尤须安定,况所希求者亦非额外之绥抚,只受损失之清偿,应恳由财政部花纱布管制局,赐予照折持平结算,发还所扣工资纱绞,以资救济而安社会。工会等领导无方,维持乏术,群情泣恳,未敢壅于上闻,理合陈述苦衷,恳祈钧会主张公道正义,虑及社会安宁,转饬该局处依据折账持平结算发还,俾织户工人等生机不致断绝,以安社会而济失业,则沾感无涯矣。不胜惶悚,待命之至。谨呈

国防最高委员会

理事长董万梯

成都东外牛王庙上街卅二号崇泽茶社

〔编者注〕　华阳县棉织业工业同业公会原呈二与原呈一相同故从略。

〔国民政府行政院档案〕

6. 经济部为上海市针织业同业公会呈请纠正中纺公司掠取暴利高价售纱案复文官处公函

(1946年10月　日)

经济部公函　发文京工字第12860号
中华民国卅五年十月　日发

案准贵处三十五年八月二十一日处京字第一九八九号公函:以上海市针织业同业公会呈一件奉主席谕:交经济部,相应检件函达查照等由。计检送原呈一件。准此,当经抄发原呈令饬本部纺织事业管理委员会迅即切实查明具报,在案。兹据该会三十五年九月二十一日纺建业字第七七五五号呈复称:

案奉钧部八月三十一日京工第九八三七号训令以准国民政府文官处函送上海针织业公会呈一件，为中纺公司掠取暴利，纱价腾涨，棉纱复制品工业垂危，吁请纠正一案，抄同原呈，饬即切实查明具报。等因。经查该会所述者，一则曰棉纱产量不足，价格升腾，纱厂暴利之厚骇人听闻；再则曰中纺贪图本身暴利，忽视全体民生，巧取豪夺，无异竭泽而渔案。经本会切实考查，揆诸实际情况，殊不尽然。因半年以来，一般物价仍在不断上涨，米、煤两项涨势尤猛，而棉纱价格，则因中纺公司一面积极生产，一面力求拉平市价，比较尚属稳定，颇有成绩，为众所知。至欲在此时期，以有限之生产数量硬性贬价出售，以博减低人民负担之美名，以冀压平市价，则不特力有未逮，且一经硬性贬价，投机家有利可图，棉纱必成为游资。竞购之目的一转手间再予高价售出，牟取暴利，推波助澜，纱价更贵，将使结果适得其反。此其一。棉纱生产所得之利润必须顾及再生产成本，故中纺公司棉纱售价低于市价，则可限制利润，致不能再生产，而致整个生产萎缩，则不可。且自八月十九日外汇调整以来，棉纱生产成本中原棉一项，即增高三分之一，该公司遵照政府指示，仍维持原价，至今未变。一月以来市价受刺激上涨，以该公司所出蓝凤纱而论，二十支者牌价 116 万元，市价达 146 万元；三十二支者牌价 156 万元，市价达 196 万元；四十支者牌价 196 万元，市价 236 万元；四十二支双股线牌价 190 万元，布价 238 万元，均较外汇未调整前腾涨百分之二十五至二十八不等。而该公司牌价前后未变，致购纱一件转手之间即可获得三十万至五十万元之厚利，于是形成抢购现象，需要激增。该公司以有限之纱锭与产量，断难满足无限制之需要。在此供求不能平衡之时，若再抑低，则供求失调益甚，投机囤积之风亦将愈炽，推其极，致纱价可能超过成品价值，届时加工各厂将更无法维持，势将于购得棉纱之后，放弃其生产之职责，而转售图利。就现状言，中纺公司配纱，夙以加工生产各厂商为第一位。至加工生产之各厂商如何善尽其职责，以戢投机囤积转售之风，亦为稳定纱布价格中之要图。否则供求愈失其平，所得结果有不忍言者。此其二。总之，目前棉纱问题症结当在于生产不足，供需失调。至于商人之轻言抑价，无非欲藉词谋利，若果悉如所言，将使徒耗国币而无裨民生。至该会等所陈办法五项，除三、四、五三项，该公司或正努力或已实行外，其一、二两项因与整个经济及再生产成本有关，短期间内当不可能。本会职司纺管，对于中纺公司之业务，无时不在切实督导之中。奉令前因，理合将遵查情形复请鉴核。等情。据此，相应复请查照转陈为荷！此致

国民政府文官处

部长王云五

〔国民政府档案〕

7. 虞铭甫为常州、无锡布厂将被迫停工请行政院迅速解除纱布停运令急电

（1947年5月10日）

南京行政院院长张钧鉴：万急。自钧院颁布纱布停运令，棉纱来源断绝，常州、无锡布厂二百余家自七日起，六万余工人先后将被迫停工，事态万分严重。应请钧长迅赐解除纱布停运，不胜迫切，待命之至。青年团江苏支团第一分团主任虞铭甫表。灰。甲。

〔国民政府行政院档案〕

8. 广州市织布工业同业公会为各厂受结汇影响停闭请求土布出口准免结汇呈

（1947年6月　日）

呈为呈请事：窃属会等所属会员概系织布工业，所产土布半数运销南洋，以应华侨购用国货。不料近受结汇之影响，如每箱土布

五十四计，至少亦需结汇一百余万元之巨，因此成本增高，当不能与香港织家争衡。迩来穗口各织布厂遭受外汇打击以来，停织者约计十分之八，若不速谋救济，布业前途汲汲堪危。素仰钧长爱护工业，无微不至，故敢冒渎钧察恳赐，迅予明令土布出口准免结汇，以维布业，实叨恩便。是否有当？敬候钧令祗遵。谨呈

行政院院长张

广州市织布工业同业工会理事长童直孚

南海县织布工业同业工会理事长童直孚

〔国民政府行政院档案〕

〔2〕丝织业

1. 刘仁庵为四川省乐山丝业受物价市场剧变影响将相继崩溃请行政院饬予救济快邮代电

（1945年9月8日）

四川省第五区行政督察专员兼保安司令公署快邮代电 专建字第1号

急。重庆行政院院长宋钧鉴：案据本区乐山县第一区缫丝丝织工业同业公会理事长刘元昉鱼代电称：查生丝为出口大宗，上年日丝倾销，川丝曾一度崩溃。幸赖政府派玛丽博士来川推行改良蚕种，川省丝业由是渐有生机。抗战以后，政府重视后防〔方〕生产，对于丝绸各厂每年于购茧期内均贷出巨款，使各厂收买原料，而各厂历年办理生产事业从无陨越。殊日本投降消息传播，市场奇变，物价惨跌。查各厂本年购买原料均系照市收入，成本甚高，而加工制造米炭等费无不高昂。照目前市场冻结情形观察，各厂不惟对于政府之贷款无法归还，且有相继崩溃之势，职等睹此危机异常严重，经多方商讨，敬呈救济办法如次：(1)存丝方面，查各厂机器所缫之

丝，现存者不过一百关担内外。此等生丝即系财政部复兴公司所收川南蚕丝实验区同一机器所缫之丝，应请政府严饬复兴公司，照该公司所收蚕丝实验区之生丝成本完全收入，俾各厂能继续维持，庶对外贸易始可徐图发展。否则丝厂有崩溃之虞，将来纵欲提倡，亦恐为时已晚。此不能不痛切陈明者一；(2)绸厂方面，原料成本过高，工缴加重，市价惨跌，无主接受，不惟原有资金损失殆尽，且现有之工业基础亦生动摇。各厂纷纷歇业。九月以后，据报各地之绸厂机户均将停闭，似此空前现象极为严重，应请政府拨出二十亿元，用固定资产贷款办法，派员以低利分贷各丝厂及机户，最少二年为期，俾各厂工作不致中断，大多数之工人不致失业，以免影响生产，危害市场。此不能不痛切陈明者二。总之，建国复员为当前急务，而扶持丝业尤与外销有关。值此市场奇跌，丝业垂危之际，特迫切电呈，恳予转呈行政院从速救济，以免丝业崩溃，影响外销，是否有当？敬候核示。等情。据此，查所称各节，均属实在情形，若不迅谋有效救济办法，诚恐丝业崩溃，影响外销。除分呈四川省政府并批示外，谨电请鉴核示遵。四川省第五区行政督察专员兼保安司令刘仁庵叩。申齐。专建。印。

〔国民政府行政院档案〕

2. 杭州市丝织业同业公会为各厂倒闭过半提出紧急救济办法及计划代电

(1946年5月5日)

杭州市丝织业同业公会代电　　发文总字第八五号
　　　　　　　　　　　　　　民国三十五年五月五日

南京国民政府行政院院长宋钧鉴：万急。属会会员二千余，经营丝织工业，出产绸缎向为国内外所行销。光复以还，纷纷复业，希冀事业随国运而隆兴，直接间接二十余万从业员工，莫不以振兴国粹工业为己任。乃以北局未宁与外销窒息，原料、粮食与工价日涨无已，而绸销不动，一面劳工为生活而不容停顿，于是渐次贴补灾患之余，资本短少，何堪长此消蚀。由〔迩〕来半载勉力维持者，无异饮鸩止渴，苟延残喘；无力支持者停闭过半，群情所冀，莫不仰望于敌伪封产之开放救济，当局之支援，金融经济之转苏。兹以事临悬绝，迫不及待，爰拟具紧急救济办法三项暨振兴救济计划一并电呈钧长，伏祈俯赐鉴核，迅予采纳施行。不胜惶恐，待命之至。杭州市丝织工业同业公会理事长孟炳贵、常务理事朱藕生、袁克敏。卯鱼。叩。附请求紧急救济办法三项申请振兴救济计划书一份。

杭州市丝织工业同业公会请求紧急救济办法

一、请政府收购成品运销国外，以活泼经济。

二、运用封存丝料物资救济失业工人——拟将原料分发本会会员加工制造成品，仍请政府收回。

三、请求贷款。

杭州市丝织业同业公会申请救济建议书

杭州市丝织工业同业公会拟具振兴/救济丝织工业计划两议

甲、理由

当前丝织工业，因受战事影响，制品皆以国内市场为目标。胜利以后，内销主要市场——东北之情势一时尚难澄清，国民经济亦不能即日恢复，故畅销实未可期。即在六月后能否略见起色，就国家经济立场言，亦应以推广国际市场为首要。而现今国际市场之未能取得，实由于受汇率之影响，若政府能予救济若干时间，一待国是稍定，国内经济渐上轨后，则百世之基告定矣。

一、方案：

就丝织工业现有之机械设备，视其性能及组织分别指导其改造适于外销之织物，或就其原有之织物改进。至合乎外销标准，暂由政府估值收购转运国际市场推销，或采现代国家之保护关税办法，设置丝织品出口奖励金，以利国际竞争。

二、目的：

振兴工业稳定国家经济，恢复丝织品原有外销市场，争取战败敌遗留之丝织品国际市场。

三、实施办法：

（一）发放改进贷款　由各会员据实申请，本会核实后，集团向国家银行借款。该款用作改进织物之用，定期若干月，分期拨还。其保障办法由会员间连环保证，负共同偿还之责。再由本会公告。所有会员之机械推受其契约，须经由本会证明，始生效力，并向法院请求备案。如此而以机械作抵押，决无逃避之处。

（说明）丝织工业衰落已经半载，达于原料价格超过成品之程度者亦已一月。本会会员厂均系小型工厂，非但亏耗，且存货滞积，资金早已告罄，现已负债累累，若欲改进，所费不在少数。设无款可贷，时至今日，已无能为力矣。

（二）原料配给或赊借　政府将原料就各厂所需直接配给，或由本会统筹总配各厂将制成品交由政府配给工料而收购之，然后装运出口，以争国际市场，或由政府将原料按期赊付各厂，定期偿款，其保证办法与改进贷款办法同。

（说明）丝织品原料目前不外人造丝与蚕丝两种，人造丝现由敌伪产业处理局管理中者尚有一万大箱，且据彭学沛先生谈称：此后日本所产人造丝亦将运来抵作赔款。而蚕丝部分政府曾有丝茧贷款借给茧商作收缫鲜茧之用，各丝厂所余不合外销。匀度较差之丝，政府自可向其估值收购，以抵贷款之一部，故政府亦有蚕丝可资配赊也。

（三）丝织品出口奖励金　政府按出口商或各厂与国外绸商定货单所规定之价格核计混合成本之差额，作为出品奖励金。所费可待将来出口丝织品有盈余时，课以出口税而补偿之。

（说明）目前丝织品外销之不振，并非纯由于品质欠精而无法竞争，实因成本过高之故。盖战时迄今，中国一般物价指数增达二千余倍，而国外物价指数（若以美国为标准）至多涨至二三倍，虽外汇提高至二千余元（战前约系五元，则仅增四百余倍），仍远较战前为低。此种差额，若以汇价侵销补救，就目前中国亟须进口机械之环境而观，当不能作此因噎废食之举。若由私人企业自行补救，中国实无此雄厚财力之集团能予担当。政府深谋远虑，自必乐予奖励。但若政府能统收统运，此举当可不必而更觉便捷，以杜流弊。

乙、理由

姑以丝织品之外销由中国蚕丝公司纺织部负其全责，而置该公司纺织部生产量于不论，而直接影响吾杭州二十万人口之丝织工业，政府亦不能置之不顾，任其崩溃。欲维持此过渡时期而静待国内情势好转，为时当不甚短。丝织工业滞销已久，财力已尽，借贷已遍，破产即在目前，要非政府大量长期贷款，实无法继续营业也。

一、方案：

普放维持贷款，减免一切有关丝织工业之捐税，督促劳资协调，共渡难关。

二、目的：

维持工业徐图发展，藉免工友失业而安定社会秩序。

三、实施办法：

（一）发放维持贷款　按生产贷款办法而简化手续，尤其放款对象不必须合于股份有限公司，其申请手续与保证办法与前议改进贷款办法同。

（说明）本会会员皆系小型工厂，尚不能脱离家庭模型，对申请书等尚多无能填写，更无论单独申请矣。

（二）豁免丝织工业捐税　有关丝织工业之一切中央或地方捐税，均请暂缓征收。至巧立名目、各种变相杂税更应豁免。

（说明）就税论税，课税之道当护税源，目前暂予缓征，将来尚能继续征收；若必强予执行，非仅杀鸡取卵，直比毁书除虫，动摇整个杭州市之税源矣。

〔国民政府行政院档案〕

3. 国民参政会薛明剑等请政府迅速挽救丝业危机的提案①

（1946年7月　日）

薛参政员明剑等三人提：请政府迅速挽救丝业危机案

查我国蚕业危机，现已面临最后严重阶段，即以无锡一地而论，抗战之前，有丝厂四十七家，丝车有一万三千九百五十部，沦陷期中，均为敌寇所破坏。旧有丝厂仅存十一家之中可勉事开工者又只剩八家，丝车仅有一千五百部，其毁损程度至堪惊人。新设小型丝厂在八年中，虽数字上似属可观，论其丝车实亦无几，总计现有新旧丝厂九十五家、丝车总数亦只有五千六百九十八部，一县如此，全国可知（据最近第三区缫丝公会调查三省二市亦仅一万一千余部，不及战前无锡一县）。当今年春茧收购时，政府为顾及农村经济起见，一再谆嘱丝厂商提高茧价，厂商勉力收买，以成本过昂，外销呆滞，复为汇率限制，每缫一担须亏本百万余元（依照最近海外市价惨落须亏蚀二百余万矣），长此亏蚀，何能支持？况转瞬秋种开售饲育在即，若不迅速予以挽救，非惟丝业完全崩溃，农村经济益陷于枯窘，所谓民生凋敝，实已无可形容，一任延缓，将来复兴何望？况桑枝砍伐殆尽，桑田大部改植，倘仅此而不能维持，日后丝市

① 本件为国防最高委员会秘书处1946年7月27日函送行政院的抄件。

转机欲复旧观，非短时可期，我国在世界生丝市场之地位，当益形低落。按诸过去海关统计，生丝占出口额中百分之四十，平衡入超重要可知。且吾国各种生产事业中，其能以本国资本、本国原料、本国劳力、本国机械而以获取大量之外汇者，厥惟丝业。故丝业之挽救，必须作迅速有效切实实施之办法，方能延续此五千年来悠久之事业。政府最近虽已有丝业工贷之核准，然依成本高与售价低之巨大悬殊，非仅工贷一端，即能解除危机。其根本办法除工贷外，敬加拟救济办法二则，以备政府择一施行。是否有当？敬请公决！

办法：

（1）依外汇与国内生活指数之差额，而予丝业界以经济上之补偿。

（2）由政府备款依照厂商成本加以最低合法利润，收购成丝转销国外，套取外汇，争取市场。

决议：送请政府妥筹办法速谋救济，原办法送请政府参考。

〔国民政府行政院档案〕

4. 江苏省政府关于办理冯振亚等建议拯救蚕丝业案的代电

（1946年7月22日）

江苏省政府代电 （卅五）府建字第1818号
中华民国卅五年七月廿二日

南京行政院院长宋副院长翁钧鉴：案准江苏省临时参议会本年七月五日参字第六零一六号公函抄送参议员冯振亚等提议，请拯救蚕丝业以争取国外市场一案，请予参酌办理，等由。附提案一件，准此，查所拟办法三点：第一点劝告丝厂提高优等鲜茧价格，第二点由政府收买成丝，保证丝厂合法利润，业于巳灰代电中陈请采纳，在案。至第三点是否可行，理合抄录原提案，电请鉴核办理，并

乞示遵。江苏省主席王懋功叩。午养。府建蚕。印。附抄呈原提案一件

江苏省临时参议会第一次大会议决案纪录抄件

案由：请拯救蚕丝业以争取国外市场案

提案人：冯振亚　周杰人　邱梁　陈雪尘　钱鼎

理由：查本省蚕丝事业向占全国重要地位，而农村经济亦因之日趋发达。自抗战以后，所有蚕丝事业在敌伪统制之下任意摧残，以致农民挖桑、丝厂停工，蚕业一落千丈。当兹复员伊始，亟宜加意维护，以图发展。然本年春茧叶价高，茧价低，照浙江长安新昌等处初开秤时，每担为八万元左右，农民以不敷成本，无利可图，势须仍行挖桑。即照江浙两省建设厅与中蚕公司会订标准茧价每担 11.6 万元（司码秤）计算，亦非再行挖桑不可。何以言之，司码秤为 16 两 8 钱，以 11.6 万元折合市秤，测茧价为 9 万元左右，是鲜茧一担仅值白米一石五斗左右。查战前鲜茧价格每担为 50—60 元，亦有贵至 90 余元者，米价为 7—8 元，每鲜茧一担恒值白米七担左右，是以当时蚕桑事业有蒸蒸日上之势，而农村经济亦甚为活泼。现在鲜茧一担仅值白米一石五斗，农民岂不能为自己打算，挖桑以改种稻棉等植物乎。长此以往，桑树势必绝迹，遑论乎蚕。就丝商言，燃料工厂租零耗过巨，加以茧本每丝一担之成本约为 290 万元，而高匀度丝不过 250 万元，势必蚀本。如果鲜茧再贵，则蚀本更多，是丝商亦岌岌可危，丝商如不能维持，则鲜茧必不能销售。再以丝业外销情形而论，则言之可愧。兹将中国生丝输出数目述如左：

中国生丝输出数目表

（自三十四年十月起至三十五年五月廿日止）

出口行号	数　量	出口行号	数　量
中蚕公司	1,100 担	怡和洋行	750 担

续上表

出口行号	数　量	出口行号	数　量
达昌洋行	650 担	中央信托局	500 担
利兴洋行	650 担	新中国公司	220 担
通成公司	150 担	信孚洋行	220 担
华义公司	150 担	永泰丝厂	100 担
大隆洋行	20 担	连纳洋行	350 担
华丝洋行	50 担	中和公司	200 担
美信丝厂	100 担	合　计	5,210 担

日本丝业状况表

去年原存 85,000 包，本年新产 120,000 包，每月输出 13,000 包至 14,000 包。

观上表即知我国于七个月之间输出生丝共计 5,210 担，反观日本每月可运往美国者达 13,000 至 14,000 包，以战败之国，而其生丝出口情形如此，吾国尚能与之争衡耶？吾人若放弃蚕丝事业，则置之不论。若欲发展农村经济，并争取国外市场，则对于垂危之蚕丝事业，亟应谋拯救之方。兹拟具办法如左：

办法：

一、仿照浙江办法，由本省党政当局劝告丝厂，将优等鲜茧提高至每市担 15 万元。

二、保证丝厂合法利润。

三、申请中央将接收之干茧及生丝贴补丝厂，并充作奖励金，以争取国外市场。

议决：送请省政府参酌办理。

〔国民政府行政院档案〕

5. 无锡县缫丝业产业会因各丝厂原料缺乏相率停闭请行政院转饬中蚕公司把原料配给各厂以维生产的代电

(1946年11月28日)

总字第八十三号　中华民国三十五年十一月二十八日

行政院院长宋钧鉴:窃查无锡丝厂共有五十余家,从业员工不下两万余人,沦陷期内受尽敌寇压迫,毫无喘息余地。胜利以还,又以丝市未见好转,一向在劳资协调下竭力挣扎,勉图生存。乃最近各厂以原料缺乏,秋茧成本加重,相率停闭已达二十余家之多,整个丝业即将全面破产,我二万余缫丝工人威胁于失业之境,前途不堪设想。值此冬防时期,影响社会治安甚巨。属会再三检讨,惟有吁请钧院迅予有效救济,立饬苏浙皖第三区缫丝业公会转饬停闭各厂从速复工,未停各厂不得任意停闭。并请钧院迅即向美交涉,将应赔偿我国战时损失之日茧运华,分配各厂,缫煮生丝。在未运华前,请饬中蚕公司负责尽量将所存原料先行配给各厂应用,俾工人暂可安定。事关缫丝业存续问题,亦即我缫丝业工人存亡关头,理合历陈下情,电请钧院鉴核,不胜迫切之至。江苏省无锡县缫丝业产业会理事长陈家驹。谨叩。俭。

〔国民政府行政院档案〕

6. 行政院秘书处抄交经济部关于杭州市丝绸工业将趋于崩溃的情报

(1947年7月31日)

侍　字第五三一八九号　抄件

杭市绸厂机坊,近以国内丝绸实销迟滞,国外复受日本绸货贱价倾销影响,最近复面临危殆阶段。两月前,杭市各厂坊为应付东北、华北方面之庞大需要，大部均加开夜工。惟为时无久，前项需要亦趋松懈，故丝市虽昂，而绸价始终未见起色。如本年四月十日细丝每百两售价三十万元，素大绸每两售六千零五十元，每百两细丝可换素大绸五十一两，迄六月十日细丝已涨至七十八万元，素大绸仅涨至一万二千四百分之一百五十一，后者仅涨百分之一百零五，原料与制成品价格已显然脱节。再查两个月前工资系采用固定方法，自生活指数解冻后，工资陡增，普通工人每人每日底薪一元三角二分，依五月份杭市工人指数二万二千四百倍计算，每月工资已近一百万元左右，至高级技工更在一百二三十万元以上，较四月份增高百分之二百。但绸价仅提升百分之一百。因之厂坊非唯无利可图，抑须折本。迄目前止，停织之机已达二千一百余台，占全市总数百分之五十强。纵有勉为开工者，亦均缩减工作时间，至七小时以下。长此以往，此项浙省主要工业势将趋于崩溃。

〔国民政府经济部档案〕

7. 天津市政府社会局报告和丰等厂因原料断绝停工呈

（1948年6月30日）

天津市政府社会局呈　成商字第1184号
中华民国卅七年六月卅日八时

案据本市和丰绸厂呈称：窃查商厂兹以原料缺乏、成品滞销、资金周转不灵，近期势将停工等情，分别呈请钧局及工商辅导处设法援助，并迭奉钧局成商字第四五三号第八〇二号批示在案。又奉工商辅导处辅37工字第三八五号四七七号、又思工字第八七号等批示（附抄呈），自应静候。惟公文展转颇费时日，实际接济更感遥遥无期，不得已于六月十二日停工，除即通知工人工会停工期间照供膳宿，并静候当局救济外，理合具文呈报，仰乞垂察，更望赐转工商辅导处速为设法援助，以维生产而安工众，藉符政府动员戡乱之初旨，不胜翘企，待命之至。正核办间，复据瑞丰工厂呈称：民厂当此国府动员戡乱之期，自应依法努力维持工作，今因民厂所需真丝原料一项，刻存无几，本市该货亦颇缺乏，购买困难，恐一旦原料继续不上，难免有暂时停工之虞。尔后如原料来源充足，仍随时开工。因感觉有此种困难，故特具文呈请鉴核备查，以免万一停工，引起各方发生误会，并乞批示，各等情。查核所称原料缺乏一节，尚属实在。际兹动员戡乱时期，自宜设法供应，以资扶植。除批示继续营业不得停工外，理合据情转让钧部鉴察核示。谨呈

工商部部长陈

天津社会局局长胡梦华

中华民国三十七年六月三十日

抄件

附抄呈工商辅导处批示辅37工字第三八五号批示，业经函商中国蚕丝公司设法调济，除俟准复再行转知外，仰即知照。又辅37工字第四七七号周知，前据该厂请求转请配售蚕丝一案，业经本处转函中国蚕丝公司函复：以收购及配售等事向由中央信托局主持办理，复请查照径洽等由。正拟办洽间，复据天津市织染工业同业公会呈请设法配售蚕丝等情，前来，自应统筹办理，除由本处并案转函中央信托局查照配售外，合行通知该厂知照。又蒙辅37思工字第八七号批示：所请生丝原料已呈经济部转请中央银行饬业务局迅运牛丝来津抛售矣。至停工期内供给工人膳宿一节，可径向本市社会局请示办理，并仰知照，等批示三案。

〔国民政府经济部档案〕

〔3〕食品工业

1. 自贡盐场代表条陈盐场处境艰危及请求政府予以救济的意见书①

(1945年9月　日)

盐业意见　自贡盐场代表：张筱坡、罗华垓、宋席元、胡少权、王绩良、陈况仲、罗师佛、金志贤。

自贡盐场处境艰危及请求政府予以有效救济各点节略：

(一) 增产成果：抗战军兴，海盐阻运，我自贡数十万盐民本自身之职责，作尽量之贡献。八年之间，起复旧井二百余眼，开凿新井四十余眼，每月产盐由二十八万余担，增加至四十五万余担，供给民食军需至六省之广，增益国库，月达九十余亿之多，区区表现，□□□□□□。

(二) 盐场损失：迄今胜利既降，任务完成，检讨盐场，原有之优秀井灶，消没过半，而以凿井折旧，未能合理核给，以致无力续凿，以资继起，是为基本产业之损失。为求有效增产，搜括自有之资本，与网罗外来之借贷，以建设次等井灶，负债达数十余亿，是为资财之损失。

(三) 现状艰危：交通恢复，海盐即可上运，井盐需要，不如往昔，于是盐场遭遇困难，更形严重。属于现在者：第一，煤价少核，每包三千元，场商每月损失达四万万元。第二，盐价欠发，数至二十余亿元。属于今后者：盐务长官有主张立即停收本重之盐，有主张逐渐紧缩，走入自由之路。由前之说，场商立即破产，由后之说，盐场次第消亡。

(四) 各方印象：财政部长俞谓：抗战期中，自贡盐场贡献甚

① 为四川复员协进会1945年9月17日致国民政府请愿书的附件。

大，尤其场商遵守法令，忍耐性特别坚强，战后应与〔予〕保险〔持〕，不仅属于国防问题，亦且属于道德问题。并谓：最高领袖曾致奖慰之词，盐政当局曾颁赐场商以荣誉奖状，盐政局近电场商备至嘉勉。并谓四川为后方重要盐区，复员以后，自当尽力予以扶持，仍望本以往爱国精神，益加奋勉，共襄建国大业。更蒙社会人士呼吁，自贡为有关国防之盐场，是自贡盐场关系国防之重要，已为上下所公认。惟川康盐务管理局主张减产，足致场商无命。

（五）误解自贡：有谓自贡盐场，在此抗战期中，倚畀特重，应予盖藏，以为将来国防之用，此实误解自贡。据地质学家言，盐卤在地，乃古代海水之埋藏，其量自无涯涘。惟须岩层空隙之处，始能停蓄卤源，故吾人不忧海水之尽，应求卤源之不断探测，不断发现，乃可供无穷。假令生产中辍，技术工人消亡，一旦海疆有事，岂短期所能恢复！

（六）保障刍议：甲、继续官收政策，以免在此金融枯窘之际，产运陷于停顿。官收盐额，依据现有月产四十五万担为准，官收盐价，仍依盐卤分类核价办法，随物价升降，不予更张。乙、划定专销区域，依据现行月产四十五万担，划定专销区域，以资消纳。丙、明定等差税制，本轻者税重，本重者税轻，使邻明售价相等，自无侵销之虞。丁、协助盐场改进，盐场须有大规模之改进，始能减轻成本，应请政府予以经济技术上之扶持。

以上所述，系就场商努力之经过与现状之艰危及对国家关系重要，应请予以确切之保障，并对现状作迅速之救济。

〔国民政府行政院档案〕

2. 山西运城潞纲产盐公会陈述盐厂倒闭工人流亡情形请求救济呈①

（1946年2月　日）

为呈请紧急救济盐业工人，分别贷给本会制盐各工厂款项、食粮，以免工厂停业、工人饿毙事。窃查解池所产食盐，有〔优〕质纯洁，驰誉全国。每年大量畅销晋陕豫各省，不独有关国库税收，民生食用，而盐池附近各县之农村因依制运食盐为副业，其人民赖以为生者，实不下数十万人。本会各同业现已活动资金周转不灵，盐业工人生计断绝，解池盐业有行将完全破产之虞。拟请钧署派员查明迅予急赈，俾此有数千年悠久历史制盐工业，不至陷于荒废，实所万幸。谨将解池各种情形分述于后：

（一）八年沦陷损失情形　查七七事变不久，运城即遭敌人攻陷。解池盐产夙为敌人所垂涎，先后将盐运往日本及其他地区，全盐场同业计损失盐斤九十三点三万余担（每担一百市斤），合房屋、器具、食粮、牲畜等项损失总值在二十八万万元以上（附损价值表）。迨去岁光复，敌人退却，国军未来之际，复被散匪莠民抢掠二十三万余担，其价值尚不在内。

（二）盐业倒闭情形　盐场因位居中条山麓，八年为战争最前线，本会各同业每日虽于炮火连天之下冒险苦撑，然生产盐斤既为敌人所侵夺，而各地销路又复隔绝，所以原有盐业六十余家纷纷停业，现仅余三十二家。目下除一方【面】竭力维持工人生活外，一方【面】更须整顿残局。但兹事体大、需款甚巨，非得政府援助，实难达到目的。

（三）工人逃散情形　查盐池全场工人以往共有八千余人连年被征被掳，或因生计所迫逃散流亡者甚多，现仅余二千余人。盐

① 本件为善后救济总署晋绥察分署一九四六年二月九日代电附件。

业工人系属技术工人，既逃散大半，对食盐生产自将发生极大影响。现所余之二千工人再不能积极参加生产，则解池将来势必走向毁灭之途。

（四）盐池现状暨苦况　目下盐池所有劫余存盐，因受交通阻滞及盐政不能划一，销路停顿，而运城又无国家银行贷放款项，借资周转。最近山西粮价飞涨，而且奇缺，于是工人生活愈无法维持，殆将饿毙。

（五）晒盐之季节性　查盐池施工分夏冬春三季，冬工既误，夏工未至，春工开工在即，依照向例，冬工结束后至旧历正月初五日以前，必须将春工一切筹备就绪，迟则无及。现距春工开工不过十余日时间，因此本会各同业无不焦灼万分，束手无策。

（六）请求钧署救济项目

1. 贷给工本　查冬工已误，本年产盐量预算已减低为八十万担，以现在物价估计，每担约需工本二千五百余元，总估计约需二十万万元，拟恳钧署按照难民贷款之例，先贷给本会紧急工本及购备食粮费壹万万元，俾采以工代赈办法开工（附三十五年度预算表）。

2. 拨发食粮　查春工开始，全场员工以四千人计算，全年约需小麦四百五十万斤。如蒙钧署由救济物资食粮内拨发一部分办理代赈，则请求第一项工本数字即请将数目予以核减。

3. 医药分配　盐池工人工作紧张时期恒在夏季，数千工人麇集一处，人数既多，皮肤传染等病不断发生，卫生设备最关重要，闻钧署已派专员在运城假福音医院为盐工设病床诊疗疾病。惟盐工距离运城十里至二三十里不等，疗治不便，拟恳分配药品在盐池内设立医疗所施诊，或就盐池旧有之工人养病所加以扩充，以谋工人福利。

4. 拨给凿矿机　解池制盐及工人饮料需用甜水土法取水，时感困难，并常有缺水之虑，影响盐收甚巨。闻钧署救济物资内有凿井机器一项，拟恳分配凿井机器，并委派技术人员调查设计，赶速开凿，以利生产。

总之，盐池工业经八年蹂躏暨胜利后政治未能纳入正轨，迭次损失不堪言状，时至今日，已成岌岌可危局面。前者本会曾委托申岳生、陈子中、段子荣、温德生等四人为代表，拟具新盐归料施行，冬工预算书呈请钧署迅予救济在案。兹值三十五年春工开工急迫，工本缺乏，食粮无着，再延缓旬日，必至误工，群情惶惑，迫不及待。经本会召开大会决议，复推杜幼湘、董养齐、王善一、温德生等四人来陕，再向钧署呼吁，务恳钧署体念制盐工艰难困苦、工人生活陷于绝境各情形，迅予赐拨款项、食粮，俾便以工代赈，不胜迫切，待命之至。谨呈

善后救济总署晋绥察分署 署长张
副署长

附损失表及三十五年产盐预算表各一纸〔略〕

山西运城潞纲产盐公会代表 王善一
杜幼湘
董养齐
温德生 谨呈

〔国民政府行政院善后救济总署档案〕

3. 重庆市面粉工业同业联谊会为所属各厂被迫停工减产请求救济呈

(1946年4月　日)

重庆市面粉工业同业联谊会邓秉承等呈　工收卅五字第一七四一号

窃本会所属会员厂计有二十二家，于抗战期间惨淡经营，供应民食，襄助宏多。乃胜利后，政府对加工五大粉厂以曾为政府直接效劳之理由，而贷予低价原料，使其自由营业，因此大厂得以成本低廉而放低市价，抢夺市场。致本会同业因原料自购，成本较高，为迫于维持员工

及生存起见，不得不与大厂同价脱售。时至今日，卒以亏累而致停业者已达半数，余者亦均紧缩产量，苟延残喘而已。谨按面粉工业为工业主要部门，而本会各厂均系以服务社会工业建国为鹄的，今竟以供献形式不同，而蒙歧视至陷绝境，本业固感不平，揆诸政府工业建国政策上亦深引惜。故此申述请愿四点如下：

一、请拨紧急贷款十万万元　本会各会员厂因亏本过巨，业务难于进行；若不急予救济，势必全数倒闭，果尔殊非社会之福，当非我政府所心愿也。故请即发紧急贷款十万万元，以资救济，并愿以机器生财作为抵押。

二、收购机器　本会各会员厂中有无力继续经营者，请照收购机器之办法，将粉机及成品给价收购，俾便解散员工，早日结束，以免延累，难以收拾。

三、请将接收之敌伪粉机及善后救济总署之粉机配给各厂　本会各会员厂所用之机器全系战时后方制造，式样粗劣，难以改进，请将接收敌伪之粉机及救济总署之粉机配给改换，改良生产。

四、资助外籍同业复员　本会会员厂中有四分之一为外省籍，故对愿于迁移复员者，请予资助运输之便。

以上各点系本会同业向政府迫不及待之请求，敬此呈请鉴核示遵。谨呈

经济部

重庆市面粉工业同业联谊会理事长　邓秉承
请愿团代表
请愿团代表　蔡达元
李仲琴　郑子和
刘昌明　闵绍基
冯树君

附：重庆市面粉工业同业联谊会各厂现状表

中华民国三十五年四月　日

重庆市面粉工业同业联谊会各厂现状表

三十五年四月

厂名	地　　点	产量	员工数	现　　状	开办年月	负责人
玉森	化龙桥新桥三十六号	500包	48人	停　工	三十三年二月	郑子和
大同	李家沱	300包	62人	减　半	三十三年五月	张夏抚
恒信	南岸龙门浩瓦厂湾142号	300包	40人	减　产	三十三年四月	刘佩忠
富国	长寿上东街	600包	124人	减　产	三十二年十二月	邓秉承
惠民	泸县	450包	88人	减　产	三十二年二月	蔡社平
盛丰	磁器口金沙街67号	150包	35人		三十三年十月	王千臣
天一	化龙桥龙隐路26号	200包	20人	勉强维持	三十四年二月由湘迁川	张履农
江汉	水巷子86号	200包	40人	开　车	三十四年一月	张熙光
中裕	曾家岩	100包	22人	将停车	三十三年二月	杨佳翼
竞新	野貌溪横街12号	100包	28人	勉强维持	三十三年一月	杨及舜
中渝	南岸周家湾22号	60包	22人	勉强维持	三十二年十月	夏淳丞
达国	野貌溪石溪路18号	50包	10人	开　工	三十二年十二月	钟鉴衡
裕民	长寿上东街	300包	55人	减　半	二十九年八月	吴伯斧
和泰	黄花园186号	260包	45人	已停工二月余员工已遣散半数	三十一年	刘昌明
新源	北碚	300包	57人	减　半	三十三年七月	刘洪源
中国实验工厂	野猫溪新生院1号	100包	26人	已停两月余	三十三年七月	蔡达元
新协成	石溪路特1号	50包	14人	四月起暂停	三十二年五月	周兆民
龙门	海棠溪正街164号	40包	18人	停　顿	三十一年十二月	刘树森
民力	弹子石正街5号	100包	10人	停　顿	三十三年十月	李国璋
利农	江北青草坝50号	50包	18人	停　顿	三十三年七月	魏成钰
德丰	国府路185号	50包	8人	停　顿	三十二年一月	李雪滨
工矿	下南区马路149号	100包	21人	减　半	三十三年十月	李仲琴
	合　　计	4460包	827人			

〔国民政府经济部档案〕

4. 糖业代表提请政府救济糖业的意见书[1]

（1945年9月　日）

糖业意见　　糖业代表蓝泽惠

救济糖业意见书

窃吾川在抗战以前，平均每年约产糖二万二千万市斤，种植遍四十六县，在台湾未光复以前，占全国五分之二至二分之一，居全省之冠。国战发生，以政府管制专卖，税率屡变屡加，生产日益萎缩。然为增加国家税源，供应作战需要，蔗农、糖商不得不忍痛支撑，继续生产。兹以抗战胜利，台湾收复，机制糖价每万公斤由三千万暴跌至二千一百万，一般白糖由二千四百万暴跌至六百万元。日寇投降以前，机制糖之成本每万公斤达二千七百余万元，一般白糖达一千一百余万元。如此暴跌，产糖各区危机四伏，险象环生。若不立予紧急救济，势必遭致严重后果，其为患尤有不堪设想者也。爰将管见所及，特分别陈述如此：

一、救济川糖之要点。

甲、立予豁免川糖征实。查糖为甘蔗之加工产物，有如稻谷之于食米、菜籽之于菜油，农民在同一蔗田中除已照粮额征实外，并须加纳食糖征实。如征税不重征，则此须加工之农产品自无征实之理。前之忍痛负担者何，为战时需要耳。兹既胜利，自应立即废止。其有已征未运及已折未缴者，并请一律豁免，以示政府与民更新之至意。

乙、宣布川糖免税。查川糖在抗战期内对于国家税收贡献极大。政府粮食征实已分别前后方豁免，而食糖征实以四川为重。战前川糖顾政府关税获荫，得以存在。现在台湾收复，日本食糖改由爪哇运济台湾，势必倾销内地。川糖既无关税保护，自难与之相抗，而救

[1] 为四川复员协进会1945年9月17日致国民政府请愿书的附件。

济之方，唯有切盼政府予以免税，以保留四川备有之糖业，俾能逐渐改进，与世界一般糖业相颉颃，则糖商农民占拜嘉惠于无暨也。

丙、普通抵押产销区存糖。查目前正值糖房购炭买米时期，转瞬间搞漏棚存糖，此时均以低价竞售，亦苦无法脱手。似此资金周转不灵，今冬漏棚糖厂既无力再发“日行”糖房，蔗农自无力垫缴，产区各地更无法开工，情势严重，前所未有，应请各地农民银行不分合作社漏棚糖厂与运销商一律准以存糖普通抵押，以资周转，是为企盼。

丁、扩大农贷放蔗农。查过去农贷范围过狭，类目过少，而蔗农获益有限，今后应由四联总处扩大农贷范围，普遍贷放手续，力求简化。凡有蔗农申请者，或农商、或保甲证明及糖厂漏棚或合作社担保者，即予贷放或透过制糖商转发蔗农，以免今年糖清核价过低，影响蔗农生计，俾占实惠而资救济。

戊、利用糖蜜续造酒精。查我国为农业国，产酒不多，如利用糖蜜制成酒精，强制混合汽油使用，既可节省汽油，以供异日国防之需，复为废物利用之举，且于食糖附产多一销路，则农民受惠实非浅鲜也。

二、复员川糖之要点

甲、普设优良蔗种示范场。吾川芦蔗每万公斤仅产糖五六百公斤，广东改良种可产一千一百公斤。由此观之，则改良蔗种，藉以减少蔗田，增产增量，实属刻不容缓之事，亟应选择优良蔗种来川，在主要糖区设立蔗种示范场，以资改进。

乙、台湾糖厂拨入川：查农村工业化欲求实现，应于四川产区建立新糖厂。兹以台湾现在糖厂五十八家全属敌产，拟请拨移完整糖厂数家于四川资中、内江、资阳、简阳、富顺等地设立，或由政府经营，或采官督商办，或由各地糖业人士组织集资，政府购买，均盼及早决定，即予迁移。并须组织蔗农合作社，使糖厂所有甘蔗全由该社供应，该社并为糖厂股东，使农工一家，以免如广东大包二包三包等之剥削蔗农,致贻后患。

〔国民政府行政院档案〕

5. 安君赞等关于中国糖业概况及历年外糖侵销情形的报告

（1947 年 2 月　日）

引言

制糖工业在我国已有悠久之历史,惜大部袭用旧法,发展迟缓,致品质不佳,产量、产率俱低。迨日本割据台湾,国内食糖则大部仰仗外糖。民国以来,惨淡经营,虽已设有新式糖厂多所,但抗战期间摧毁极多。兹抗战胜利,河山光复,台湾重入祖国版图,制糖工业又将在我国占一重要地位。今后我国食糖不但可望自给自足,且于不久将来尚有对外输出之可能。

糖工业之分类

制糖之主要原料为甘蔗与甜菜,凡制糖利用甘蔗为原料者称为甘蔗糖工业;利用甜菜为原料者,则称为甜菜糖工业。由以上两法制得之糖,若品质优良,即可供销市场作为食用,若品质低劣,味色质俱不宜食用者,必须再经精制手续后方可食用。此种精制之工程称为精糖工业。

国产糖区概况

我国地处热、温二带,北方适于甜菜之种植,南方则适于甘蔗之种植。甜菜糖业历史甚短,尚在萌芽时期,但甘蔗糖业起于唐代,已有千余年之历史。关于各省产量尚无精确调查,但据民国三年农商部估计全国糖产为十八万公吨。又据民国八年日人何野信治曾遍历产糖各省调查估计全国共产三十七万公吨。又据二十六年中国糖业月刊之估计,全国共产四十一万三千四百三十六公吨。兹将其估计之详细数字列表如左:

四川	(3,000,000 担约合)	180,000 公吨
广东	(2,850,000 担约合)	171,000 公吨
福建	(500,000 担约合)	30,000 公吨
广西	(300,000 担约合)	18,000 公吨
江西	(150,000 担约合)	9,000 公吨
云南	(50,000 担约合)	3,000 公吨
山东	(15,600 担约合)	936 公吨
贵州	(15,000 担约合)	900 公吨
浙江	(10,000 担约合)	600 公吨

以上为战前情形。抗战以后沿海各产糖省份相继沦陷,产量大受影响。据中央工业试验所研究专报所载:估计三十一年之全国产量为二十七万七千五百公吨。其详细数字列如左表:

四川	(1,500,000 市担约合)	75,000 公吨
广东	(1,500,000 市担约合)	75,000 公吨
广西	(900,000 市担约合)	45,000 公吨
福建	(600,000 市担约合)	30,000 公吨
云南	(300,000 市担约合)	15,000 公吨
江西	(400,000 市担约合)	20,000 公吨
贵州	(50,000 市担约合)	2,500 公吨
浙江	(300,000 市担约合)	15,000 公吨

外糖侵销情形

我国糖产昔时不但可以自给,且可远销外洋。洪杨乱后,糖业日渐衰落,甲午年中,中日战争我国失败,台湾割让日本,失去主要蔗糖产区,糖产大受影响,一变出超而为入超。加之国内糖品制造袭用旧法,不加改进,以致成品低劣,成本高贵,无法与价廉物美之洋糖竞争。一九〇一年及一九三一年世界糖产过剩,纷以中国为倾销市场。民国十八年,洋糖进口一千四百八十余万担,约合八十九点九万公吨,占入口货物之第二位,此为洋糖侵销我国之最盛时期。民国二十年后，因入口税之增加，洋糖入口锐减，但漏税走私者甚多，实际输入之量并不如海关统计数字所表示者递减之巨。兹将民国元年至三十五年七月止每年之入口数量列表如后：

民国元年	4,554,656(担)	约合 273,279 公吨
民国二年	7,111,728(担)	约合 426,704 公吨
民国三年	6,266,002(担)	约合 375,960 公吨
民国四年	4,776,580(担)	约合 286,595 公吨
民国五年	5,171,039(担)	约合 310,262 公吨
民国六年	6,197,081(担)	约合 371,825 公吨
民国七年	8,738,798(担)	约合 542,328 公吨
民国八年	5,187,875(担)	约合 311,273 公吨
民国九年	3,857,287(担)	约合 231,436 公吨
民国十年	7,719,905(担)	约合 463,194 公吨
民国十一年	7,664,809(担)	约合 459,889 公吨
民国十二年	6,109,033(担)	约合 366,542 公吨
民国十三年	9,270,288(担)	约合 556,217 公吨
民国十四年	12,050,000(担)	约合 723,000 公吨
民国十五年	11,896,000(担)	约合 713,760 公吨
民国十六年	10,271,000(担)	约合 616,260 公吨
民国十七年	14,079,000(担)	约合 844,740 公吨
民国十八年	14,821,000(担)	约合 899,260 公吨
民国十九年	12,636,000(担)	约合 758,160 公吨
民国二十年	11,366,000(担)	约合 681,960 公吨
民国二十一年	6,335,000(担)	约合 380,100 公吨
民国二十二年	2,568,568(担)	约合 154,114 公吨
民国二十三年	2,491,297(担)	约合 149,478 公吨

以上数字载中工所研究专报156号根据海关统计历年糖品贸易情形。

民国二十四年	4,930,393(担)	约合295,824公吨
民国二十五年	3,061,713(担)	约合183,703公吨
民国二十六年	3,083,585(担)	约合185,015公吨
民国二十七年	1,887,083(担)	约合113,225公吨
民国二十八年	3,938,160(担)	约合236,290公吨
民国二十九年	2,915,863(担)	约合174,952公吨
民国三十年	4,309,560(担)	约合258,574公吨
民国三十一年	955,580(担)	约合57,215公吨
民国三十二年	226(担)	约合13.6公吨
民国三十三年	500(担)	约合3.0公吨
民国三十四年一月至九月	106(担)	约合6.4公吨
民国三十五年一月至七月	1380(担)	约合82.7公吨

以上数字根据海关外糖进口统计表每年进口糖量计算而得。

输入之糖品以日本为最多，其次为爪哇、香港、太古糖、古巴、菲律宾等。日本输入者，大部为各色绵糖，爪哇者大半为砂糖，太古糖亦以绵糖为大宗，砂糖及方糖亦复不少，古巴输入者皆为粗糖。抗战发生以后，沿海各省相继沦陷，对外交通断绝，外糖之入口亦逐渐减低。

甘蔗糖工业

我国主要甘蔗糖产地除台湾省以外，有四川、广东、福建、广西、江西、云南、浙江、贵州等省。兹分别将各省情形述之如后：

四川省糖业：四川气候温和，夏日多雨，秋日干晴，宜于甘蔗之种植。产量之富，除台湾外，为全国各省冠，全省产糖县份据三十一年统计广达五十余县，但主要集中于沱江流域。沱江流域之内江、资中、简阳、金堂以及富顺一带产量占全川产量百分之七十以上，为四川糖业之中心，其他如嘉陵江沿岸渠县一带及长江上游宜宾一带产量亦多。

（蔗种）甘蔗普通种植"芦蔗"为本地原有品种，每亩产量约五千市斤，蔗细含糖分约百分之七至百分之九，另有"洋红甘蔗"一种亦系当地原有之蔗种，茎粗含糖分约百分之十三，产量每亩约七千余市斤，惜种植量不多，多供生啖。外来品种，有爪哇种与印度种，其种植较普通者为P.OJ2878及CO290，含糖分达百分之十三，产量每亩约九千余市斤。

（糖厂）本省制糖仍墨守旧法，产品品质既劣，生产成本又高，乃川省糖业不易发达主因之一。制糖工厂有糖房、漏棚及冰铺三种。据卅三年三月食糖专卖局之统计，全川计有糖房三千七百二十二家，漏棚一千零二十二家，糖房兼漏棚一千三百一十家、冰铺六十七家。"糖房"之工作为购买甘蔗制成糖清或红糖，糖清转售予漏棚为原料，红糖即直接出售以供食用。"漏棚"购买糖清制成白糖与桔糖，副产品则为漏水。"冰铺"购买白糖为原料制成冰糖，并兼营蜜饯之制造。沱江流域为本省糖业中心，各种制糖厂家亦云集于此。沱江下游内江、资中一带多制白糖，咸称此区为白糖产区；沱江上游资阳简阳一带多制红糖，咸称此区为红糖产区。此外，除渠县近年有数家制造白糖者外，其余各地均多制红糖，其技术亦不及沱江流域之进步。

抗战期间，本省成立之新式糖厂有内江之中国炼糖厂（卅一年开工）、华农糖厂（廿九年开工）及资中之沱江糖厂（卅二年开工）。由于战时机械购置之不易，仅系一部分采用新式机器，购买土制糖清为原料，制造精糖。中国及沱江二厂具有结晶罐、压滤机及离心机等设备，并附设酒精制造设备；华农具有三辊卧式小型榨蔗机二部及离心机等；中国炼糖厂每日制造精糖约七吨；沱江糖厂每日可出精糖约五吨；华农糖厂每日出白糖约三吨，其他资中合作社炼糖厂备有动力离心机十部及小型糖厂与漏棚五十余家，均采用手摇离心机，数量一至五架不等。

本省土产糖品原有白糖、桔糖、红糖及冰糖四种，副产品有漏水，自民国廿九年起始有精糖之制造。在战前桔糖全部运销华中一带，供为药用(一般人呼为药糖)。沙市、宜昌失守，川糖外销杜塞，自卅年起大部用制酒精，红糖因质劣易于溶化，无法远运，故销区仅限于本省土制；白糖因品质低劣，价格又高，无法与外糖抗衡。抗战期间洋糖不能入口，沿海一带各产糖区又相继沦陷，大后方之食糖必须自给，廿八、廿九年川糖曾下销两湖一带，造成空前之繁荣现象。惜廿九年沙市、宜昌失守，外销阻塞，糖价低落，产量减少，西北贵州、西康等地虽可销用一部，但由于运输之困难，为量不多。俟卅二年十二月，盟军大量调入国境后，糖价又有起色。卅四年八月，抗战胜利，百物惨跌，川糖遭遇空前之危机。

广东省糖业：

蔗区。广东省之气候、土壤及交通等条件，均极适宜于甘蔗，糖业之发展较国内其他各省为优，尤以海南岛为最，本省主要产糖区为广州、惠阳、潮州、徐闻与海南岛数区。

蔗种。甘蔗品种原有“竹蔗”与“木蔗”，竹蔗茎细质硬，木蔗茎粗汁多，品质较前者为优，惜多供生啖少用制糖。外来品种有爪哇种 P. OJ2878，最适合于本省之土壤与气候，每亩产量可达一万斤以上，含糖分为百分之十五，每百斤甘蔗可制糖十四斤。

糖厂。关于糖业建设，民国廿一年，省政当局曾拟具复兴糖业三年计划，划全省为广州、惠阳、潮汕、徐闻及琼崖等五区，先后成立新式制糖厂有新造、惠阳、揭阳、市头、东莞及顺德等六家，总计榨蔗能力为五千二百五十吨，日出白糖五百余吨，当时本省糖业颇呈蓬勃气象。惜抗战期间多数工厂被毁，迨日本投降，经接收后仍能开工之工厂仅顺德与东莞二厂而已。

本省制糖，除新式糖厂因设备完善可利用新法制糖外，其他仍袭用土法制造产品，有赤糖与白糖两种。

糖销。在战前本省对糖品之管制极严，自糖业三年计划实施后，对糖品之制造运销均取严格之统制办法。工厂之设立，限制私人经营，以官营为主。对于糖品之运销，设立推销处负责管制糖品，售价亦由推销处规定之。

福建省糖业：

产区。福建为我国蔗糖工业起始最早之一省，相传台湾、四川之糖业均系由福建移去，本省产糖区集中于东南部，以仙游、莆田、晋江、龙溪等地产量最多。

蔗种。甘蔗品种原有"甜蔗"、"土蔗"两种，均为细茎甘蔗，产量与糖分俱不高，每亩约产二千五百斤至三千五百斤，每百斤甘蔗约制糖九斤，余另由台湾输入之爪哇糖 P. OJ2878，一般人呼为"台蔗"或"洋蔗"，种植者颇多，每亩可得七千斤，每百斤甘蔗可制糖十余斤。

糖厂。本省出产糖品种类有赤糖、板糖、白糖、冰糖等，其中以冰糖为著名，畅销东南各省，制造方法仍袭用旧法，工作手续大致与其他各省相同。宣统元年，华侨郭桢祥氏在闽南设立华祥制糖公司，资本四十五万元，于同安县设立制糖工厂，每日榨蔗八十吨，采用新式机器，并由爪哇、菲律宾购入优良蔗种，自设甘蔗栽培场，惜因经营不善而停业。宣统二年，樟州设有广福种植公司，糖厂资本四万元，因成绩不佳，不久即停办。抗战前，省政当局曾一度有振兴糖业之计划，惜未付诸实现。

糖销。本省糖品除本地销用外，常由水路运销东南各地，犹以冰糖之量较多。本省因邻近海岸，每年由厦门输入之洋糖为数颇巨。

广西省糖业：

产区。广西产糖地区在东南部，以资县、富川、阳朔、邕宁等地较多，其他如左县、柳城、宜山、恭城、永福等地亦产之。

蔗种。原有甘蔗品种为细蔗种，产量与糖分均不高，外来之爪哇种亦有种植者，但为量不多。

糖厂。糖品之种类有黄糖、白糖等，前者产量较多，制糖方法仍袭用旧法。廿三年省政府在桂县设立新式制糖厂一所，榨蔗能力每日三百吨。惜抗战时遭敌机轰炸，迄未开工。

糖销。本省产糖量据二十九年省政府估计白糖、黄糖共约一百万市担，合五万吨，每年由粤省输入之白糖为量不少，但黄糖则有一部分输出。

江西省糖业：

产区。江西产糖区域甚广，几遍全省。但产量多、工业发达者，以南部赣州区为著，其次为东乡区及乐平区。

蔗种。甘蔗品种甚为复杂，大部为甜蔗与糖蔗两种，前者茎粗皮薄汁多，供生啖之用。后者茎细皮硬，供制糖之用。

糖厂。出产糖品有红糖、白糖两种，以前者产量较多，制造方法袭用旧法，与他省大致相同。民国廿九年省政当局设立民生制糖厂于赣县，一部分采用新式机器，以糖清为原料，每日制糖一公吨。

糖销。产品由蔗户制成后，如系红糖，自行出售；如系糖清，或直接出售、或留制白糖之用。抗战期间，糖产除供本地外，尚销售湖、皖、浙等省。

本省糖业仍停留于手工阶段，一切条件均不及他省，应力求振兴，否则将来恐不足与外省糖业相抗衡。

云南省糖业：

产区。云南糖产区域甚广，约有卅余县，以北部永胜及南部建水、开远、婆兮一带产量较丰，全省产量最高额约为二万公吨。

蔗种。蔗种多系土蔗，产量既少，含糖分亦低，除一部分供生啖外，余均作为制糖之用。

糖厂。出产糖品仅有红糖、碗糖等，制造方法简陋，不及其他各省，白糖、冰糖向无制造。抗战以后，云南恒通化学公司在昆明与婆兮两地设立制糖厂，从事糖之精炼。由于战时机器购置之困难，仅一部分采用新式机械，以土制碗糖为原料，制造方糖、精糖、白糖等。

糖销。本省僻处西南，外糖输入较多困难，抗战期间所产碗糖，除供炼制精糖外，且作为制造酒精之原料，故滇糖曾一度繁荣。抗战结束，销路不畅，糖价剧跌，渐趋衰落。本省交通阻塞，将来他省糖类输入困难极多。如糖品销路有望，本省糖业大可扩充。

贵州省糖业：

产区。贵州产糖区在西部遵义及南部安龙一带，产品仅有红糖，制造技术颇为简陋。卅三年冬贵州企业公司在安龙县设立糖厂，资本五十万元，一部分采用新式机器制造白糖、黄糖等。

本省糖产不敷自用，间由四川输入一部分。

浙江省糖业：产区。浙江产糖地区约又分为南中北三部，产量较多者为中部义乌及金华一带，南部温州瑞安一带糖产亦丰，北部则较少，蔗种多系土种，爪哇种亦有种植。但为量不多，制造方法简陋，糖品仅有红糖一种。

其他湖南、安徽、西康及河南等省均产少量甘蔗，除生啖者外，均将制造红糖，方法简陋。

甜菜糖工业：甜菜宜种植于我国之黄河流域与东北各省，以气候温和、冬不严寒、雨量适中为宜。

甜菜制糖最先起始于东北，宣统元年俄人在吉林阿什河设立甜菜糖厂，制造能力每月需用甜菜四百吨，后此厂转售于国人经营。同年有华资富华公司在呼兰设立甜菜糖厂，每日可出白糖八百余担。民国五年日本南满铁道会社在沈阳车站之西南设立甜菜糖厂，每日需用甜菜五百吨。民国十一年因甜菜产量增加，又在铁岭设立分厂，制造能力亦为甜菜五百吨，后因甜菜种植发生障碍，民国十五、十六年两厂先后停工。九一八事变后，东北制糖厂统被日人占，被改组为满洲制糖会社、北满制糖会社等三家，每年产糖约二万吨。民国十年，北京溥益实业公司于济南黄台桥设立山东溥益制糖厂，资本五百万元，制造能力每日甜菜五百吨，于夏季制糖季节终了后购买爪哇粗糖从事精制。民国十六年受战事影响停工，民国廿四年因糖价高涨，利益优厚，乃集资百万复工。廿六年抗战发生遂一蹶不振。其他如山西、河南等省均曾试种甜菜，俾可制糖，惜无甚成就。民国廿九年起甘肃开始试种甜菜，以便制糖解决西北糖荒。惟现仍在试验期中。安君赞绪。卅六年二月十四日。

〔国民政府资源委员会档案〕

〔4〕化学、水泥营造业

1. 郝明德陈述中华化学厂现状恳请政府收买招商经理呈①

（1945年9月　日）

工矿业意见（二）　中华化学厂经理郝明德

敬呈者：属厂同人因家乡沦陷来渝，以制肥皂为业务，而制皂原料之纯碱每感缺乏，皂厂时常停工，颇受损失，间查市上制皂厂等厂缺乏纯碱，皮革厂机器染厂等缺乏硫化碱，且碱酸为一切工业之母，在战时为国防工业，在平时为日用品工厂必需之原料，于是变更登记组织碱厂，呈请经济部领得工字五〇五〇号工厂登记证，在南岸海棠溪敦厚下段租得地皮二百余方，建造瓦房三十余间，设置反射炉两座、碱池八口、水井一口，开始制造纯碱、硫化碱，所出成品已送中央工业试验所化验，成品优良，并给予证明单，转送工矿调整处登记备案，凡用过本厂纯碱、硫化碱各工厂莫不赞美。若果原料不虞缺乏，每月可出纯碱或硫化碱四五十吨。惜制碱所用纯净之煤被燃管处统制军用，以致时常停工，不能充分生产。但同人在抗战期间创办此厂，艰苦备尝，心血用尽，且厂中设备费、试验费耗费巨大，以为抗战胜利，业务即有好转，不意捷报传来，国人兴

① 为四川复员协进会1945年9月17日致国民政府请愿书的附件。

奋，进度百物下降，黄金惨跌，交易疲敝，工商停顿。本厂遭此重大打击，酿成资金周转不灵。近来报载政府对于工厂贷款收买继续订贷各办法即有实施可能，惟重庆附近肥皂厂、皮革厂、造纸厂、机器染厂不下数百家。为调剂各工厂供需起见，将来碱厂还有发展可能。用特恳请予以救济，由政府收买招商经理，俾使地方工业原料不致畸轻畸重，共同发展，国计民生两有裨益。

〔国民政府行政院档案〕

2. 中华民国火柴工业同业公会全国联合会为火柴业产销萎缩拟订救济方案呈

（1949年4月15日）

中华民国火柴工业同业公会全国联合会呈　发字第一七九号

查火柴工业，十余年来早为不景气所笼罩。战前上海各厂曾设立联合办事处协定产销，以谋自救，行之一年，渐有成效，乃进为全国性之产销联营。该项联营章程暨方案经呈奉前实业部财政部外交部会准有案。嗣以抗战军兴，联营停办，经过八年遭敌伪之蹂躏，火柴业不绝如缕。胜利后虽得稍稍复苏，然以购料困难，交通阻塞，生产数量较之以前锐减。战前全国每年共为一百万箱，卅六年统计减为六十万箱。近一年来各厂受高利贷高工资影响，又以战事未已，战区增加，生产极度萎缩，销地日益削小，停工闭厂比比皆是。凡此情况，各地税局均有纪录可查。火柴工业长此以往，奄奄一息，不谋补救非特无以自存，抑且影响国家税收，依此为生者，全国不下数十万人，关系于国计民生尤深且巨。本会目击情形亟思挽救，爰特拟成方案如左：

一、恢复联营　联营章程暨方案在战前呈准有案，已如前述，其要点可列举如左：

（一）规定各厂生产额。

（二）阻止新厂设立。

（三）改良火柴品质。

（四）组织评价委员会议定售价，由财政部派员参加。

（五）规定厂方合法利益。

（六）集中销售，统一征收货物税。

举凡产销一切皆为综合性计划的组织，不仅火柴业本身赖以解决，即国家税收亦得藉此增加，拟请政府出而主持参照战前奉准之联营章程暨方案作具体规定，俾得促成实现，以图补救。

二、奖励出口　国外订购国内火柴，其价款向系做押汇前来，至缴货装船时方能兑付。为奖励国内火柴出口起见，拟请于订购合同及押汇信用状寄到时，凭此合同及信用状按照所开外汇数额之五成折合金元，向政府贷借，期限定为一个月，届期仍以原借金圆数额免利偿还。

此项办法系奖励国内火柴外销，兼寓提高品质之意。又凡关于出口火柴可不包括于国内生产数量，以表示此为划出联营范围以外，拟请政府一并予以采纳实施。

以上各项均系管见所及，除分呈财政部外，理合检同战前联营章程暨方案抄件一并呈请鉴核施行，并予批示。不胜盼切，待命之至。谨呈

经济部

附呈战前呈准之联营章程及方案抄件各一份〔略〕

中华民国火柴工业同业公会全国联合会

理事长刘念义　上海　四川中路33号518室

电话15253号

中华民国三十八年四月十五日

〔国民政府经济部档案〕

3. 陶桂林条陈救济营造业意见呈

（1946年8月20日）

呈　呈字第　号　卅五年八月二十二日　时到

谨按我国工商业危机四伏，日趋凋疲，沪地工商界既已有晋京请愿团之组织向我贤明当局一诉症结矣。桂林业营造，在工言工，谨就愚见所及，在政府方面为轻而易举，在营造业方面为莫大之惠者，两端一缕述之。

一、政府大规模工程似当尽量交国人承办，必要时可请外国专家担任咨询工程师业务案。

溯我国土木建筑事业，自民国十六年北伐成功以后，仰赖政府提倡于上，人民努力于下，突现勃兴之象。而同时我营造业方面，亦以国家锐意建设，前途光明灿烂，深自激昂奋发。关于人才之延揽、技术之讲求、资本之补充、机械之添备等，莫不努力从事。至民国廿六年相隔仅十年耳，而国人自营之工程无论在道路、水利诸方面，其成绩已斐然可观。抗战军兴，深资利赖，卒致暴敌于溃败。今战事粗平，百废待举，行见大规模之建设已近在目前。惟近顷南京、上海两市之营造厂商，虽具有人才与设备，其中百分之九十以上尚无工作可做，论其资历，则关于公路、铁道、房屋、桥梁、河工、闸坝、海港、灌溉等诸般工事皆有相当经验。因政府工程规模较大，尤宜交国人承办，俾继续其战前光辉灿烂之成绩。必要时不妨请外国专家担任咨询工程师业务，使我国技术渐能独立，以有所贡献于世界。

二、因工资增涨所引起之额外负担，无论公私工程概由业主支付案。

因工资增涨而引起之额外负担（材料不在内），按照京沪两地营造业同业公会之规定，应随时由业主支付，迄今私人业主方面为体念营造商起见，多已照办。惟关于政府方面之工程仍以格于定案，未能遽予追加。窃以为当时工潮澎湃，若不从速遏止，深恐变酿事端。几经社会局之调停，允许酌加工资，方能消患无形。顾此举直接受利者既为工人，而间接受益者又为业主。当兹营造业一息仅存之时，此项增加工资似宜全部由业主支付，藉资公允。拟恳赐发有关机关筹议追加建筑经费办法，以恤工艰。

以上所陈，桂林谨就一得之愚，冒昧陈辞，恭候采择。除分呈行政院外，是否有当？敬祈鉴核施行。谨呈

国民政府主席蒋

陶桂林谨呈[印]

住址：南京新街口馥记大楼馥记营造股份有限公司

中华民国三十五年八月二十日

〔国民政府经济部档案〕

4. 全国水泥公会请求政府举行水泥业危机挽救会议意见书

(1949年　月　日)

全国水泥公会请求举行本业危机挽救会议意见书

水泥为建设主要材料，并世界各国对于水泥工业无不寄予最大重视，扶植发展不遗余力。良以国家如无充分水泥可以供应，则凡百建设皆属无从推进，结果所至，不独难跻富强，而人民生活水准亦永无提高之日，关系之巨自可概见。我国水泥工厂单位虽不甚多，但数十年来主其事者禀于自身使命之重，无不兢兢业业，努力以赴。远在战前，所有全部产量已可足敷国内需要而有余，至如品质且能超迈先进各国制造标准，为举国上下所共见。抗战既告胜利，全国水泥同业有鉴于推动建设为今后国家由弱转强之唯一途径，在当局固应悉心策划，力谋进展，而我制造工厂尤须不辞艰困，与政府最高决策相配合。以是两三年来非独惨遭日寇破坏之各单

位业已口勉奋发，恢复旧观，多数且在埋头苦干竭力扩充之中，而华新、江南等公司更在环境极端恶劣局势非常艰苦之下，排除万难，创建新厂。我同业所以坚定不移淬励进取者，中心唯一信念厥欲为建设前途，尽其应尽之职责也。何图？国家不幸，祸乱踵起，我水泥工业首当其冲，所受困厄最为深巨。例如资金周转不灵，原料供应不继，已足使生产工作感受致命之打击，他方面则遍地烽烟，建设停顿，水泥销路日少一日，而运输费用之高尤其余事，最近战区渐见扩大，经济益陷恐慌。本业各厂挣扎，于成本激增、原料短缺、资金枯竭、销路濒绝，各种困难之下已有无法苟延之势。转瞬新建各厂陆续开工，更将不知如何应付。敝会为本业生存计，更为保持建设命脉计，展望前路惶急万状。今承工商部邀集有关各机关长官暨敝会代表，对于水泥工业当前危机共商挽救，具征关爱之切，敢贡献替之忱。兹将各项困难情形及请求救济意见简陈如次：

甲、关于生产方面者

（一）纸袋问题

事实：全国水泥工厂月需输入重磅五层牛皮纸袋三百万只，目下输管会每月供给者不过十余万只，仅合需要数量三十分之一，情形实为恐慌。

办法：（A）近经输管会准霍主委指示为解救上项恐慌，准由敝会向加拿大银团借款订购纸袋九百万只，以供同业三个月之需要，将来即由各水泥厂在输出水泥所得外汇项下全数转拨归偿。本案进行尚属顺利。惟将来输管会提请行政院专案核准时，拟请工商部代为力争，以谋贯彻。（B）水泥业原有麻袋限额，因目下订购困难，而成本方面亦远为昂贵。为期经济及应付纸袋方面急需起见，拟请暂准移以购办纸袋。

（二）配件问题

事实：泰半同业以机器配件年久失修，而申请外汇又属异常困难，以致无法补充，影响生产效率，莫此为甚。

办法：请政府在美援物资项下准将水泥业各厂所须配件全部列入，以利整修。

（三）燃料问题

事实：水泥厂所设旋窑燃用煤斤为数极巨，其情形尤与一般工业情形不同，但申请配给，每难获准，即有供应而数量之微，亦不足供应生产上庞大之需要。

办法：请燃管会察核水泥工业重要性不在交通公用事业之下，对于各厂需要特准照额配给。

（四）新订机械追加外汇问题

事实：例如华新水泥公司所订机械多已到埠，但因美金价值略为变迁，输管会又不准追加，以致无从起岸，极感困难。

办法：请输管会体察特殊情形，另筹补救办法。

乙、关于运销方面者

（一）外销问题

事实：我国水泥产量以幅员及人口比例计算，原极有限，但以战局急转，建设停顿，并此区区产额而尚无法使用，以致被迫而牺牲于外销之出路，实极可怜。但政府对于外销水泥仍只限定给予百分之五十五外汇，各厂以亏蚀过巨，多数未能遂其初衷。

办法：（A）请政府俯念水泥外销为当前本业自救，救国之唯一途径，特准将输入原料比率再予提高。（B）请国营招商局对于外销水泥运费特予优待，以利输出。

（二）运费问题

事实：目下水陆运费增涨剧烈，影响水泥运销甚为深巨。

办法：请交通部准将水泥运费降低一级，与煤斤同级计算。

（三）国内销路问题

事实：战局紧张以后，国内销路几濒于绝。

办法：请政府通令各机关在戡乱第一之下，亦应注意基本建设，尽量采用水泥。

（丙）关于资金方面者

（一）业务贷款问题

事实：水泥厂所需资金极为庞大，处此产品滞销、生产艰困局势之下，各种业务开支时苦无法应付，经济危机极为严重。

办法：请四联总处准予按照资源委员会成例，对于敝会所属各单位统筹给予业务贷款。

（二）外销贷款问题

事实：水泥外销数量极巨，资金周转自感不足。

办法：请对外销厂商给予出口贷款，以资鼓励。

（丁）关于税务方面者

（一）计税标准问题

事实：全国同业对于水泥售价，概以净水泥为标准，但若干税局在计征货物税时，仍有以包装费用合并计算者。

办法：请税务署通饬各地税局，对于计征水泥税额一律以净水泥价格为标准，以符事实。

（二）外销免税问题

事实：外销水泥例可免税，但如于缴税后再行申请发还，不仅迁移时日，抑且手续麻烦，于国家财政既无补益，于工厂经济则属有损。

办法：请税务署核准，凡外销水泥经由同业公会证明属实者，则于出厂时即予免征货物税，以资简捷。

以上各节，敬请各贤明长官曲予采纳，俾资扶持，水泥工业发展前途实深幸甚。

〔国民政府经济部档案〕

〔5〕机器、冶炼业

1. 胡子昂等陈述钢铁业状况希望政府拿出办法救济的意见书①

(1945年9月　日)

工矿业意见(一)　余蕴兰
胡子昂

第一是过去几年抗战,政府对本业尽量命令增产,然而限价不足成本,许久调整一次,结果家家赔本,靠借款订货过日。是政府于抗战时期曾经使用钢铁,并未培育钢铁业。第二,胜利到来,政府减少订货,并打九折,暂时是一种救济性质,杯水车薪无补实际,各厂不得已,必然停炉(大部已停)。然而工人如何遣散?大批同甘苦之工程人员如何安置?毫无办法,将来必会演成恶果。救济必须整体的救济,或生【产】或合并,或如何奖励有功?政府要拿出办法来,零零絮絮的订货与迟迟短少的工贷,都叫头痛治头,结果头亦不治。

〔国民政府行政院档案〕

2. 渝鑫钢铁厂等为工业已陷绝境呼吁救济以解倒悬呈

(1945年10月31日)②

抄呈

呈为工业已陷绝境,进退均感失凭,谨作最后呼吁,恳请迅定有效办法,紧急救济,以解倒悬事。窃商厂等自抗战以还,或则不避险阻,辗转内迁,或则毕〔筚〕路蓝缕,艰难缔造。八年余来,惨淡经营,要为拥护抗战建国之最高国策,以增加后方生产,充实抗战资

---

① 为四川复员协进会1945年9月17日致国民政府请愿书的附件。
② 为国民政府收文日期。

源为其共同之目标，一贯之职志，初未敢稍存投机牟利之心。最近数年工业之困难，虽与日俱增，但各厂之初衷则始终匪渝，抑且极力张罗，冒险举债，以扩充设备，是以各厂表面似均渐具规模，实则外强中干，债台高筑，事实俱在，账目可查，绝非一般所称之既得利益者。现抗战已告胜利，建国正在进行，而后方生产事业反呈青黄不接之势，各厂生产告停，资金已竭。益以近来工潮迭起，各厂工人竟于物价回跌生产萧条之时，任意要求增加工资，且辄实行暴力威胁，把守厂门，捣毁办公室，殴打职员，侮辱主管人等，越轨行动屡见迭出，弭患无方，致令一切业务，均感无法进行。在此内外交困之情形中，既不能维持现状，复不许停业或紧缩，至万不得已而必须遣散员工时，又无力担负巨额之遣散费用。且目前即使幸有定货可以继续工作，无如工潮蔓延滋长，而其调处结果不仅不能使劳资协调，抑且徒加厂方管理困难，妨碍劳资合作，各厂负责人等多系技术人员，平素立场与工人原无二致，深知惟有劳资密切合作，始能奠定民族工业之基础，从无稍存歧视工人之心理，已往厂方与工人之良好关系可为明证。乃以近来调解工潮办法不善，使本属良好之关系反生隔阂，致一般工作效率倍减，生产无法恢复正常。虽暂时苟延残喘，结果亦惟有益增亏累，处此绝境，实有求生不能，求死不得之苦。故目前情形已不敢作积极之企图，仅能为消极之呼吁。盖以商厂等内迁重建，要为略尽国民天职，争取抗战胜利。今胜利既临，目的已达，如能带还原有器材从事复员，俾能继续，为建国大业而尽其余力，固所企愿，即以现有一切资产全部捐献国家，只求准代清偿债务，使能只身还乡，亦无怨言。其奈目前情形，虽欲只身还乡而不可得，进退失凭，难安缄默，用谨披沥渎陈，作此最后呼吁，敬恳迅定有效办法，改善劳资关系，使厂方能照常管理工人，恢复工作效率，并充分给予定货，以资维持开支，或即准予停业，并拨发遣散费用，俾便结束。否则，各负责人等惟有被迫匿避，听其陷入混乱状态，后果如何？非所敢知。势危事迫，急不择言。是否有当？敬

乞迅赐核示祗遵，不胜迫切，待命之至。谨呈

国民政府

具呈人：渝鑫钢铁厂股份有限公司

新中工程公司重庆制造厂

顺昌公司重庆铁工厂

恒顺机器厂股份有限公司

大川实业股份有限公司总经理尹致中

合作五金制造股份有限公司

大中机器股份有限公司

新民机器厂

上海机器厂股份有限公司

华生电器厂股份有限公司

陆大工厂经理陆之顺

张瑞生铁工厂

〔国民政府档案〕

3. 行政院秘书处交办浙江镕瑞机器铁工厂受战灾损失及外货倾销影响将被迫停工电请救济案的通知

(1947年11月13日)

<table>
<tr><td rowspan="2">行政院交办议案件通知单</td><td>案由</td><td>屯溪浙省镕瑞铁工厂代电为原料匮乏维持困难电请俯予救济由</td><td>附件</td><td>抄送原代电乙件</td></tr>
<tr><td colspan="4">右案奉院长谕：“交经济部及善后救济总署议复”等因。除分行外，相应通知
经济部
行政院秘书长甘乃光
中华民国卅六年十一月十三日　发服(12)字第九二〇四一号</td></tr>
</table>

抄原代电

〔衔略〕查属厂迭遭战乱，损失艰巨，目前困难达于极点。自上年迄今，曾迭经缕述实情，呈转善后救济总署设法救济，为时日久，未奉指示。而查安徽救济分署对皖南业务刻已结束，以致属厂屡次请求，竟未获救济，殊引为憾。迫不得已，用敢斗胆续呈渎听。窃查七七事变日寇暴行，木屐所至，惨无人道，赖我中央领导军民奋起抗敌，八年苦斗得见天日。属厂于民国十八年创办于浙江杭州，当省会陷落之时，全体员工痛敌寇之横行，自愿抛妻别子，随厂内迁。奉前浙江省黄主席再三面谕，随省府迁至浙江金华重整复业，制造浙江抗敌自卫总部所需兵工器材暨长期修配各种轻重武器，加强自卫力量，发展后方工业，埋头苦干，历时三载。卅一年秋，敌犯浙东，金华陷落，属厂应用工器皆系钢铁铸成，不易搬运，且敌机终日狂炸，无法移动，全体员工二千余人仅带零星工具及衣服被絮仓皇逃避，厥状至惨。幸员工深明大义，以国家民族为前提，虽日食茹粉，毫无怨言，精诚团结再图复业。蒙第三战区顾司令长官令饬兵站总监部向属厂定制大批兵工器材，改迁厂址于浙江开化华埠镇，一面设法工具，一面派员赴各陷区抢运钢铁原料，积一年来心血之结晶，甫告复业。而敌寇复侵华埠，全镇房屋尽遭火焚。属厂更为敌寇主要目标，所有重要机件如美国货"刨床"、"铣床"等均告拆坏，其他工具物品付之一炬，属厂二次遭敌洗劫损失难计，而全体员工嗷嗷待哺，其时欲生乏术，彷徨歧途，进退不得，历历惨状罄竹难书。次蒙廿三集团军唐总司令热忱嘉许以办字4487号指令，以屯溪为皖南重镇，并为战时首要工业区，嘱迁屯溪复业，以利军公，并以精神上之互助，属厂遂于卅一年间率全体技工在瓦砾中遴捡可用机械，由浙江开化华埠出发越山过岭步行来屯，行抵浙皖交界婺源县江湾地方，因时及夏令，员工不胜负重之苦，商之当地乡长，至村庙中借宿。孰料狼心汉奸甘为敌奴，不悉如何通敌，旋即敌机数架盘空侦察，瞄准村庙掷弹三枚，并扫射机枪，属厂除仅余之机械被炸外，并伤亡三人，言之痛心。抵屯之后，在千辛万苦之中勉强复业。属厂系少数工友所经营组织，非国营省营者，均有额定津贴或补助，趋此三次遭敌洗劫、备受困苦之环境中，属厂抱不屈不挠之精神与敌作机械工业之斗争，创设迄今，为时十八载。迭蒙前三战区顾司令长官、浙江省黄主席、安徽省李主席暨皖南行署张主任等传令褒奖，事实俱在，无可讳言。查浙江省垣工厂林立，而战事转移，随军内迁者，唯属厂一家而已。谨将属厂移屯以来所营业务胪呈如后：(一)抢购陷区钢铁，制造兵工器械。属厂于卅四年承军政部兵工署，信托制造大量兵工器械，军用急需刻不容缓。而屯溪缺乏材料，为前方需要，不顾一切派员分赴陷区各地冒险抢运，出生入死，危险何极，宵夜赶造刻不稍懈，为时五月始告完成。除收最低成本工资之外，更无图利可言。(二)抢救旱灾。卅三年秋，屯区久旱不雨，田稻枯萎，民众挽救乏术，望天长叹。属厂奉皖南行署张主任条谕：设法救助，人类本互助为目的，岂允坐视？立刻赶造抽水机五部，发动全厂员工，星夜派赴各地开机抽水，使数千亩待枯之禾稻，仍得良好之收获，解政府之难题，救人民于倒悬，区区之心，路人皆知。(三)电机工程。屯溪自抗战军兴，人口骤增，商店辐凑，机关林立，原有电厂不敷供应，经当地机关之商榷，属厂无不尽力以赴，以利军工，纯以服务为鹄的，决不计利益之得失。(四)枪械修配。抗战期间，往来部队频繁，其各式轻重武器之修理，属厂优待担任，其他工业机械一概暂定〔停〕，尽先装修枪械，以示尊重。以往迄各部队皆知，无足讳言者。(五)优待军车修理。自二次世界大战爆发之后，盟国军车协助我国运输源源而来，就以往返屯赣等线者为多，因受公路影响，车辆易受损坏，抵屯之后，十有其六需加整理。屯溪本无大规模工厂设立，属厂为优待盟军及国军车辆修理起见，特另派专员负责督修，务求迅速，确系若无添配机件，概予免费修理，以利军运。(六)制造机器。各地报馆因受战事影响，纷纷迁移来屯，意欲复业，而苦无机器。沪杭受敌统制，无法购办。查战时文化报道至堪重要，属厂悉心研究，出品牛皮纸、对开机、四开铸字机等，其货能否抵过舶来品，当让中央日报社及中国文化服务社、天行社出而公认，属厂未敢自赞，其他如轧花机、面粉机等无不尽力计划，打破敌寇机械封锁之阴谋。右列各点，均系属厂于抗战期间于公于商精神之贡献，物质之互助，亦数百余技工之心血，通力在政府意志下为抗战努力，为国家谋福。胜利迄今已近数载，各大商号工厂纷纷先后离屯，属厂本拟迁杭，经屯、芜各地工厂机关以皖南一带少有机器工厂均来函慰留，事实俱在，情所难却，故仍依留屯溪。属厂员工积数年来之辛劳，为抗战前途而努力生产，非敢望我政府有所赏赐，更非有所企图，实为确切事实，在抗战期间之艰苦奋斗精神。（七）代碾军公粮食。皖南屯溪之军粮民食均赖于土法水戽加工，秋夏淫雨，洪水澎湃，冲坏无踪，当地民众无力整修，人口众多，碾米困难。属厂为地方服务起见，另设军公粮加工碾米部，以最低成本为军公粮秣加工代碾，八年抗战迄未稍懈。（八）抗战期中交通。东南区安徽省电信管理局在屯设有无线电台一所，其设备仅有发电机一座，一切均由属厂代为设法装妥，并日夜开施无线电机便利军政公务，直至抗战胜利为止，并未中断。（九）发展后方交通。抗战期间后方交通困难，任人皆知，就以皖浙二端之淳安屯溪县共有（113）公里，而无公共汽车，军商旅运皆赖于人力民船，逆水行舟艰难可知。属厂有鉴于斯，特邀请前浙江省委赵志游及屯溪驿运管理处等机关洽商，公推由属厂垫资制造美式浅水轮四艘，协助军公运输。（十）属厂在抗战时期曾出品万能面粉机、自动织布机、炸油机、制冰机等国产机械，增加后方生产，不胜枚举。际此动员戡乱行宪在即，各大工厂纷纷推扩业务，收复区工业机构亦多充实设备，属厂受敌寇数度打击，原气已尽，无力扩展，且皖南地区并无较大之机器，工厂虽有数家，但均系手工业生产有限，且物价激涨、属厂员工生活已趋倒悬之途，且舶来机材源源输入，我国机械工业前途殊感黯淡。属厂因战争之损失不可胜计，胜利以还，受物质之困难亦梦所不及，岌岌危崖，势将被迫停工，是则又欲增多一批失业劳工。八年苦干，安忍坐视彼等颠沛流连失业之苦，且动员戡乱行宪在即，不能徒使优秀技工游手赋闲，复增社会不宁。为全体员工生活，今后皖南工业前途计，用敢斗胆冒渎电恳钧长俯念属厂在战时中之艰苦奋斗精神，恤怜现下劳工阶级生活之困苦，恩准行总救署迅予拨发救济物品或饬经济部派员调查贷款十亿，以解倒悬，而维工业。乌屋之德，永笑铭感。临电迫切，伫候训命。

〔国民政府经济部档案〕

4. 重庆市工业协会请转饬大渡口钢铁迁建委员会扶植民营工业公函

（1948年4月8日）

重庆市工业协会公函　渝协三字第二九七号
中华民国卅七年四月八日

案准第一区金属冶炼工业同业公会函称：窃中枢为提倡工业建设，促进国家现代化，关于扶植民营生产事业之决策，曾详诸法令，载之宪章，无论戡乱建国，均视为经常一贯之政策，全国上下自应一致遵行，使生产事业得以发荣滋长，相率成风，以达成国家工业化、现代化之目标，跻国于富强康乐之域。乃资源委员会、联合勤务总司令部兵工署钢铁厂迁建委员会（重庆大渡口）主任委员张可治及其所属綦江铁矿矿长孙博明违反中央扶植民营生产事业之宏旨，凭藉权威，摧残工矿，横施毒辣，消灭我全国第一民营冶铁各厂，各厂即将被迫停炉，数万职工立告失业，情势严重，不得不呼吁于我政府诸公全国同胞之前。兹将其事实胪陈于左：（一）违约背信，不照需要供应矿砂。查綦江所属土台、麻柳滩、白石塘各矿区，蕴藏丰富，约千数百万吨，自明末以迄于民国，数百年间均为綦民集资自行采冶，且曾正式依法取得矿权，原有炼铁炉七十余座，产铁约二万吨左右，供给全省铸造盐糖饭锅及制造农工机械器具之用，有裨国计民生，信非浅鲜。自民国二十七年抗战开始，经济部为迁建大渡口钢铁厂，颁令收归国营，交由钢铁厂迁建委员会接办，各民营炼炉需要之矿砂则由该会负责按生产成本价拨供应，勿使缺乏。曾经该会前綦江铁矿筹备处于二十七年九月三日分函各铁厂，正式声明："关于各民营炼炉所需铁砂当视其需要，尽量供给，以维作业。"等语。并煌煌布告以示保证各在案。故当时厂商慨然仰体时艰，将多年辛苦经营之矿洞设备无偿移交，该会所属之綦江铁矿亦历年尽量供应矿砂无异。至三十五年该矿抬价过度，厂商及县人深感不满，经綦江县参议会议决电请经济部核准划拨矿区交由民营，以维本区民营炼厂之生产。县参议会随于三十六年四月接奉联合勤务总司令部抄发代电，该钢铁迁建委员会不同意划拨之呈复文中有"为保护国家资源及顾全各厂家业务计，以仍由本会按照成本尽量供应为两全"，其所据綦江铁矿呈复文内更称（略）綦江一带民营炼炉需要矿砂，一向源源供应，从无间断，本矿所产矿砂除供给大会（指迁建会）以炼钢铁及售与民营炼炉外，尚感生产过剩，存砂恒在数千吨至万吨左右，况本矿现在继续添置新机械，期以完全改用电力机械，此后产量可随时增加，并可负责保证各炼炉需砂之如数供应各等语。据以上所述，该迁建会实有负责供应民营炉厂之义务，且有按照成本如数供应之义务，彰彰明甚。乃三十六年秋季各厂开炉时节，纷向该綦矿请砂，该矿突藉词减产，拒绝照需要供应，或只准售砂百吨或五十吨之微，使不得供数日之用，难以开炉，经各厂商宛转哀求，函电呼吁，并迭派代表赴渝请愿，该迁建会主任张可治堂高廉远，迄未屈尊赐见，其代见之秘书课长虽面允电饬綦矿售拨，嘱归洽购，面往晤该矿，则又云未奉迁建会明令，互相推拖，致各厂商徒劳往返。迨至本年元月，始得该迁建会复本会子齐代电文略称："查綦江铁矿设备陈旧，产量减少，仅能以总产量四分之一配给各商。"等语。询之綦江铁矿，则谓限额为二千四百吨，并限用六个月。查本区仰该会供砂之炼炉计有九厂，除一座冷风炼炉外，均属几经改进效率优良之热风冶铁炉，每炉昼夜产铁约五吨，全年产铁共在七千公吨以上，至少需矿二万千吨。兹该会仅许全年供砂四千余吨，显系有意饿死本区民营炼炉，使尽归消灭，而其上下欺蒙，蓄心狼毒，用意何居？极堪玩味！窃人民投资工矿生产事业，所费建筑设备及购办柴山木炭等资金至巨。今该会无故置之死地，全体厂商损失何堪！（二）高抬矿价，窒死炉商。查土台、麻柳滩等矿区在国营前由土地所有权人出租各厂，各厂募附近贫民开采，成本低廉，救济贫民极众。自綦江铁矿于二十七年成立后，征用广大地皮，毁坏农作物甚多，并另行自外招工编组，即由每吨一元五角，增加售价为两元，其时当地土人怨愤腾涌，酝酿风潮，各厂商激于抗建大义，代为疏通融洽，并酌增多，运炭矿力资以为调剂。甫告平息，原冀新机增产，逐渐平价出售，军需民用必更较充实。该矿初尝能守信约，对民营炼炉需要矿砂随请随拨，少有刁难，价格则以铁价之二十分之一为标准，每有增加必事先邀约本会及各厂家开会说明，征询同意。迨至三十四年鲁循然接任矿长，渐变作风，刚愎自用，曾引起厂商不满，但对厂家需要矿砂之供应，任未少缺。直至三十五年张可治接任迁建会以后，即悍然不顾一切，抬价措售之情形，始渐演渐烈，售砂价格或二三月一提，或一月一提，甚至上月份款货两清之矿砂至次月价涨，又勒令照次月价补缴差价，厂商等均忍气吞声，依照补缴，该会毫不仰体国家扶植民营工矿事业之决策，认为本区厂家良懦可欺，无理抬价，肆无忌惮。如三十六年六月份矿砂售价为每吨九千五百元，七月份即加为山销矿价十一万六千元，河销砂价十二万五千元，八月份又抬价为每吨十九万元，十月份又加为山销三十二万五千元，河销三十四万元，至三十六年十二月四日，该矿复通知山销价加为每吨四十万五千元，河销价加为每吨四十三万元，同月二十三日又通知河销价暂缴为每吨五十九万元，三十七年二月口日又通知正式核定山销价加为每吨五十六万元，河销价加为每吨五十九万元，而三益和铁厂于本年元月缴价时，竟被该矿勒收河销每吨七十二万五千元之多。至二月六日綦江铁矿长孙博明居然又公布奉核定矿砂山销价为每吨一百五十一万元，河销价为每吨一百五十六万元，核与二十七年每吨售价一元五角比，其增长率竟超出一百万倍以上。试问战后国内最高物价较战前有如此之增涨倍数乎？据最近綦江铁矿工人述及该矿招工包采，每吨在洞打工，油亮十二万元，运到矿场三万元，选摇三万元，杂费二万余元，每吨只该成本二十余万元，即再加一倍管理费亦不过四十余万元，其抬价之不合情理至于此。至该矿之售砂条件，更为苛刻。有所谓在在修订之暂行规则及出售矿砂办法，规定先一个月申请，迟则不能购砂，先半个月缴款，迟半个月发砂。交砂价后，厂商因运力困难不及提砂，则又规定作废，并扣原缴砂价之一成，或竟通知限期运罄，迟则没收，重重压迫，枷锁百端，真不陷各厂商于灭亡不止。似此任令货藏于地，不许开采，尽量供应之诺言，无故背弃，非法抬价背信弃义。苟非丧心病狂，孰肯若此！

（三）抑价强购生铁，摧残民营事业。查本区大小炉厂在抗战初期，多至七十余座，后因綦江铁矿对于各厂商随时抬价，格外苛求，加重厂家产铁成本，而前钢铁管理委员会及土铁管理处，又不断抑价收购生铁，不予救济，致各厂亏折不堪，中途陆续被迫停炉，今只残余寥寥十一二厂而已。照该綦矿及迁建会对此硕果仅存之十余厂家，竟仍欲消灭尽而甘心。如前矿长鲁循然之不顾厂商产铁成本，私订以砂换铁办法，蒙准兵工署硬欲以一吨砂价之十六倍收购厂商一吨生板铁，一吨砂价之十七倍半，收购厂商一吨毛铁，一吨砂价之十九倍，收购厂商一吨翻砂灰口铁（查綦江铁矿二十八年曾规定砂价为铁价二十分之一）。卒以各厂商反对而中止。今更愈出愈奇，愈奇愈险之。迁建会主任张可治，綦江铁矿长孙博明，对于有供应义务之矿砂，据为独家奇货，昂价渔利，剥削厂商，尚嫌不足，更藉矿砂以控制厂商铁价，减削成本，强制收购，使不能生存。如迁建会顷令之綦江铁矿通知各厂，要按供砂一百吨收购生铁十吨。该矿召集议价时，宣示迁建会规定铁价，每吨至多不得超过九百万元，而砂价则随时增涨无定，不受限制，各厂商当地极高生活下，三十六年度十二月份实际每吨铁成本已达一千三百万元左右，经要求收购，照成本给价，坚不许可，又要求生铁与矿砂同时定价，亦不承认，似此砂价既操纵于该会矿，可以恁意抬高，则强制压抑，试问该迁建会及綦矿必欲如此藉砂控制铁价，减削厂商成本者，其用意何居？殆无非冀图贱价收购，一网打尽厂商，以遂其别有用心之企图耳。综上所述，无不足以制厂商死命。本会及厂商等虽甘屈服，决反抗迁建会及綦江铁矿之种种毒辣横行到底。今该会矿等既硬欲削本收购生铁，又悍然停供矿砂，势已迫使全体停炉，夫复何言？但各厂筹备炉厂柴炭用费，总值计达一千七八百亿元以上，必因停炉而呆搁，所有一切损失，应由该会矿张可治、孙博明担负损害赔偿责任。至于断绝数万劳工生活，演出将来地方治安剧变，其责任亦应由该二人负之，除准备检齐证件，衣〔依〕法控诉外，谨此电陈颠伏祈明察，惠赐救援，严饬该会该矿履行诺言，按照生产成本源源供应各厂矿砂，俾各厂不致停工解散而得合理生存。若再不能源源供应，则请划拨矿区民营，自行采治，增进生产，以维建国工业，而救本区五六万从业职工之生活，并请主张撤查该张可治、孙博明摧残民营生产事业、破坏中枢奖励工矿法令之事实，治以应得之罪，以为玩法违法者戒。尤不胜迫切，待命之至。等由。准此，相应转请钧署转饬大渡口钢铁迁建委员会遵照政府扶植民营工业政策，尽量扶植该会各会员厂矿为荷。此请

联合勤务总司令部兵工署

理事长　潘仰山　假

常务理事　周苍柏　代

〔国民政府兵工署档案〕

5. 重庆区机器工业同业公会为本业各厂艰窘请求继续办理收购成品及小型贷款呈

（1949年8月31日）

重庆区机器工业同业公会呈　秘字第三七一号
民国三十八年八月三十一日

案查本会前以各会员工厂遭受时势影响，订货绝迹，产品滞销，厂内一切开支不能维持，危机迫在眉睫，呈请钧会转饬中央银行继续办理收购成品及小型工贷，以资延续。兹准中央银行业务局穗业发字第二六三四号代电，略以币制恢复银元本位后，物价当可稳定，各种工业应运用社会资金，以求发展。目前对各种贷款均暂缓办，所请收购成品及贷款一案，容视将来经济情况再行核议，嘱为查照，等由。准此，自应遵办。惟查币制改革后，通货仍形膨胀，各物价格亦在继续上升。而本业各厂营业匪特未见好转，反为较前艰窘。时局之不宁，影响产品之销售，所有流动资金全部冰消，以致不能继续生产。内受工人工资伙食之胁迫，外受政府法令之限制，欲生不能，欲死不得，若不设法拯救，则追随政府抗战达八年之国防机器重要工业必崩溃无疑矣。职是之故，爰代各会员工厂作最后之呼吁，备文呈请钧部再度转饬中央银行仍继续收购新制成品。如无成品者亦可收购其资产或办小型工贷，俾得延续生命而宏工业。迫切陈辞，不胜翘首，待命之至。仍祈鉴核示遵。谨呈

经济部

重庆区机器工业同业公会理事长周苍柏

〔国民政府经济部档案〕

6. 四川綦江区金属品冶制业同业工会为该区民营冶铁厂被迫全部停业请予救济呈

（1949年9月19日）

綦江区金属品冶制工业同业公会呈　区工字第十一号
中华民国三十八年九月十九日发

窃查本区所属会员冶铁厂在抗战初期尚有七八十家之多，后因时局日紧，生活日高，成本随之加大，又被当时政府低价收购，难于保本而资力有限，不胜艰巨者，于是逐渐停业。至抗战胜利之日，已减至寥寥十余家，及戡乱时期前钢铁厂迁建委员会张主任委员可治，因收购本区民营生铁抑价过甚，条件过苛，未为各会员厂所接受，故意减少矿砂供应，并抬高砂价，使各厂尽陷窘境。自三十六年七月迄今，我会员各厂备受窘迫，一再减产，甚至悬炉待砂，时作时辍，损失不可言喻！案经本会及各会员厂多番委屈，陈请呼吁请求暨呈沐钧部暨兵工署令饬该迁建会（今二十九工厂）妥善改正，维系我民营各厂生存，均无结果。加以年来时局更趋严重，各厂在币制迭改下，生活愈高，资金累缩，已无力购办昂价矿砂，继续营业。兼之各厂生铁成品无以推销，营运资金周转失灵，即各该厂内员工日食亦难接济，环境逼迫，前途渺茫，于是更陆续申报歇业，至过半数以上。节经本会分别据情转报綦江县政府及税局商会备查，请予停止一切义务负担各在案。兹遵綦江县府指令，理合造具会员厂增减名册随文呈报核备。抑有呈者，本区冶铁各厂现只残余六家，然皆准备结束，下季难以复工，而直接间接赖此十数家铁厂为生活之职员劳工不下数万人，眼见全体失业，待哺嗷嗷，实民生一重大问题，急待解决，应并恳设法救济，以弭社会危机，不胜感祷之至！谨呈

经济部部长刘

附会员增减名册一份

理事长刘剑空

綦江区金属品冶制工业同业公会会员增减名册

三十八年九月造

增加厂名	减少厂名	经理姓名	现存厂名	经理姓名	备注
	东原实业公司第一冶铁厂	赵克明	东原实业公司第三冶铁厂	蔡志渊	该公司总经理为吴举宜
	东原实业公司第四冶铁厂	王焕文	东原实业公司第五冶铁厂	赵国议	同上
	正大裕冶铁厂	陶九成	联合实业公司第一冶铁厂	刘思明	该公司总经理为王禄名
	鸿祥冶铁厂	张笏堂			
	裕和祥冶铁厂	刘银安	联合实业公司第二冶铁厂	刘思明	同上
	剑利冶铁厂	李树良			
	陈三益和第一冶铁厂	蔡章浦	义兴荣冶铁厂	陈尔巽	
	陈三益和第二冶铁厂	蔡章浦	钰兴荣冶铁厂	陈国荃	

说明

查本会自抗战后仅存会员冶铁厂十四家，均以受时局影响，生活激增，炭矿原料难于购办，生铁成品无从推销，资金周转失灵，业务损失重大，被迫陆续歇业案，经分别据情转报綦江县府及税局商会备查在案。现在未据申报歇业者只有六家，然职工大都遣【散】或停薪留职，只留二三人看厂，毫无准备下季营业迹象，合并说明。

〔国民政府经济部档案〕

〔6〕煤矿业

1. 嘉陵江区煤矿业同业公会关于矿业复员方案的议决意见书①

（1945年9月　日）

工矿业意见（三）　嘉陵江区煤矿业同业公会

本会于八月廿一日午前九点钟开业务会议，由宝源、天府、三才生、华安、建川、江合、全济、燧川、和平、兴国等矿代表出席讨论本业应如何复员案。佥以抗战以来各矿负起后方用煤责任，因力量不足，受政府鼓励：(1)运道不完备者，贷款协助以完成之。(2)产量不足者，口口生产借款以协助其增产。然而运道完成、产量增加之后，一旦供过于求，销场疲滞，多方呼吁经久，乃理各矿受创恒巨，救济每不及时。数年以来，不滞销即缺煤，此二者皆于本业大有损害。(3)生产局成立之后，美籍顾问欲以蜂房式炉试验炼焦，又以百万元筑一炉之试验费贷予各矿，令其试验炼焦成绩，乃工程尚未完结，而敌人业已投降闻矣。此三种借款原因，皆出于政府之鼓励，初非各矿于物价高涨声中之所需要也。至于管制物价固属我政府于战时之最高政策。然而管制物价之中，对于有关国防民生重要生产事业，应如何统筹其资金，供给其材料，以稳定其生产成本，而便扶助其生产，加强管制物价方案，并同方案紧要措施案中规定明白。兹敌人既已投降，上项方案犹未付诸实施，而资源委员会明良煤矿，每煤一吨，照米一市石价出售之规定，又不蒙允许适用于本区，竟将本业视作商运行为，只限制其售价而不顾及其再生产成本，在本年四月底与二十六年同期之比较，采煤材料平均超过二千倍。而本年四月底，各矿在出口地之煤价与二十六年同期相比较，犹未及

① 为四川复员协进会1945年9月17日致国民政府请愿书的附件。

五百倍(详见本业向六全大会建议中),支出超过收入,日积月累,年复一年,赔累愈甚萎缩益深。各矿等不忍使业务崩溃,致陷国防用煤于绝境,于是饮鸩止渴,即商业银行之款亦忍痛借用,致使所负国难债愈益加重。今者库存材料早已用尽,机器渐次损坏,坑井工程半归废弃,其残破不堪之情形既如此,其贡献抗战之功绩又如彼。故各矿欲求复员,非请政府格外体贴,势必趋于破产。爰议决复员方案如次:

甲、关于国难债方面

(1) 各矿在抗战期中,向国家银行及机关所贷之款,自敌人投降之日起,请准停止付息,此项本金请政府就接收敌人煤矿(如抚顺及大冶等类)中划出一部分股款以偿还之。

(2) 各矿向商业银行钱庄在敌人投降前所借之款,请转入国家银行项下,由各矿另立借约以减轻利息。

(3) 本区矿产税请较之其他一般矿业加免征二年,共为三年。又照资本额估定应完之所利得税,请自敌人投降之日起,免予课征三年,即以此项免征之税款,作为各矿由商业银行钱庄转入国家银行名下借款归还之基金。

乙、关于补充方面

(1) 请政府继续放款,俾各矿得补充材料整理工程,以作生产建国之资。

(2) 请政府就接收战利品中,如抚顺、大冶敌人经办矿场所存钢轨锅炉抽水机,并器材适合本区各矿之用者,准照需要量拨给各矿,并准本会派员随同湘鄂赣及辽吉黑热两区特派员前往接收。

丙、关于业务方面

(1) 各矿在未复员以前,以现时淡月产量为准,今后暂不再增加生产。如因用户有特别需要,应与各矿个别订约,以期产需两方相互保证,以利供销。

(2) 各矿应就地区与销场两项关系合组联营机械，以“分产合销”、“供需相应”、“价格合理”、“共存共荣”四大原则为唯一目的，其各联营机械并应互取联系，仍本分区供应之既成办法，以轻运缴。

(3) 各种煤焦售价，以后每月十六日由公会议价一次，或增或减，各矿皆应遵守，仍依其品质优劣分等以审核之。

(4) 各矿人员应加紧缩，如职员中有须出川者，其离矿人数未超过原额之半者，不必再行补充，以作开源节流之助。

丁、关于目前紧急救济方面

(1) 现因黄金政策实行，重以敌人投降消息传到，致使银行停止放款，本业无法渡过，应请速拨二万万元，指定放与各矿，以渡难关。

(2) 各矿现时极感困难，无法增产，主管机关上年举办之特种收购其□□□者，请照交煤时价结算，未交部分暂缓支付，俟各矿渡过难关，再为分别解决。等语。纪录在卷，经核所称各节，确系实情。本区各矿负起后方燃料供应责任，所产煤焦在全国各物中提价最微，各矿之贡献于抗战，实为全国百业之冠，论工复员应邀懋赏，所请各端洵非过当。

〔国民政府行政院档案〕

2. 国民政府参军处军务局函送山东省博山民营煤矿陷于绝境的情报

(1948年2月7日)

敬启者：兹抄送鲁博山民营煤矿陷于绝境由情报一件，即请查照参考为荷！此致

行政院

附抄情报乙件

国民政府参军处军务局谨启二月七日

侍(　)字第五〇三九三号抄件

鲁博山联合煤矿公司系民营各矿之联合组织。自复员以来，该公司所属各矿即惨淡经营，积极恢复生产。但因交通梗阻未能大量畅运，致销路停滞，生产过剩，而地方摊派浩繁，各矿负担奇重，虽勉强支持，但难关重重，尤以津浦线济浦段修复通车后受南煤北来影响，销路益陷绝境，民营各矿受此致命打击，已奄奄待毙。现该公司深望各界重视此一问题，尽量声援，促请政府速谋解救，否则各矿势将停业，而千万矿工失业问题尤属无法解决。

行政院交办案件通知单

案由	国府参军处军务局函为抄送鲁博山民营煤矿陷于绝境情报请参考由	附件	抄送原情报一件

右案奉院长谕：交经济部迅速查明核办。相应通知

经济部

行政院秘书长　甘〇〇

中华民国卅七年　二月十三日发
京机经字第四三〇六号

备注	

〔国民政府行政院档案〕

3. 开滦煤矿公司编开滦困难问题举要

(1948年7月　日)

开滦困难问题举要　三十七年七月编

开滦系中英合办之民营煤矿，在我国今日东北、华北各大煤矿不幸陆续遭破坏之后，开滦成为全国硕果仅存之主要烟煤来源。开滦感于南北各地公用事业、工厂、铁路、轮船需煤之殷，复员以来尽

本身力量苦中挣扎，力图生产，现达到每日生产一万五千吨，每月供应华北、东北、青岛、上海、杭州及长江流域各地共约三十余万吨。如生产器材能源源补充，铁路运输畅通无阻，则每日再增产二三千吨，每月供应各地增至四十余万吨，亦不难办到，但当前困难日趋严重，面临最大难关，随时有崩溃之可能。而解除此项困难，有非开滦本身力量所能及者，不得不向有关当局作恳切之呼吁，请即赐协助，以图及时补救。兹将困难症结所在，撮要陈述条列如次：

一、保障矿区安全　本局各矿为开滦烟煤供应之源泉心脏，若矿区安定不能保障，则员工不能安心工作，各矿无法生产，且破坏易建设难，各矿可毁于一朝。而一经破坏，即不知何时可以恢复生产。军事据点可一朝失之而复一朝得之，至各矿生产则可一朝失之，但经一度破坏后，无论为期久暂，断不能于短期间复原。故确保矿区安全，必须事先周密准备，以策万全。此则有赖于军事当局之远瞩高瞻，随时注意，事前妥为布置者也。

二、维护铁路运输　由开滦矿区东至秦皇岛，西至天津、北平之铁路线，实为开滦烟煤供应之大动脉，各矿生产之煤赖此输出，各矿生产必需之器材粮食赖此输入，煤矿铁路相依为命，铁路运输不畅，开滦立即受其影响。去年底本年初，铁路大遭破坏，各矿累积存煤曾达八十万吨之多，一方面南北煤荒严重，一方面开滦因膨胀而周转枯窘濒绝。经二月份停工三星期(旧历新年)，三、四、五月间之间歇停工减产，始将存煤疏泄减至三十余万吨，六月起恢复正常生产。未半月，冀东战事复起，铁路大遭破坏，今存煤又高达五十万吨矣。生产既不能一日停顿，开支仍须照常维持，而各地急需之煤未能大量运出，其结果开滦枯窘，各地煤荒。七月十九日夜间昌黎附近铁路遭匪破坏，货车被劫，开滦工食面粉损失两万包，窑木六十吨。此保护铁路安全增进运输能力，与滦煤供应息息相关，不得不请求当局尽力设法维护者也。

三、煤价及时调整　自复员以来，开滦煤价概由政府统制，每次调整时，以上月份上海工人生活费指数、面粉价格及外汇三项因数为依据，经上海燃管会按照公式核算，后呈请经济部批准下月份煤价。煤价一经核定，不能随时调整，但物价随时波动，煤价无法追随。六、七两月物价上涨迅速，更非以前可比，上月底计算核定之煤价，在月之初旬已不能维持生产成本，至中旬则与生产成本相差悬殊，至下旬则核定煤价，与生产成本完全脱节。本年七月，工商部鉴于各矿已迫崩溃之境，乃准于七月廿三日再调整煤价一次，但工商部批准煤价时，每不顾公式中各上涨因数〔素〕之实际情形，随意加以折扣，致原核定之煤价即不敷生产成本，再经一时期之物价波动，限价更不敷成本。于是开滦亏累日深，主持困难，应补充之器材无法补充，事业元气日就耗伤。另一方面，政府限制生产之煤矿，而不限制黑市，滦煤官价与黑市相差愈大，套购牟利，情事愈多。一若政府宁愿鼓励渔利之寄生虫，而不愿予生产事业以必需之喘息与适当之培养者。此种情形岂合情理。此则目下煤价调整之不合理亟待改进者也。

四、周转困难　煤价调整之不合理与铁路运输之阻滞，实为开滦亏本及周转困难之主要原因。开滦赖以维持事业之惟一收入，即为售煤价款。煤价不敷成本，产煤运销不畅，则收入自然减少，加以物价狂涨，开支因之激增，收支相差愈来愈大，周转资金日趋窘竭。开滦年产烟煤约为五百万吨，用以维持事业之一切开支，为数日巨。以目下币值计算，月需已在十万亿元以上。周转资金困窘异常，业函请四联天津分处转四联总处申请国策贷款二万五千亿元，以应急需，甚盼能如数早日批准。又中央信托局为开滦代购工食面粉十八万包(粮食部规定本局所需面粉应由中信局代购)，本年五月底，承中央银行协助，订立购粉专款，透支二千七百亿元，足可购粉十八万包。刻该项透支即将到期，已由开滦声请展期三个月，并扩充为一万亿元(照目下粉价仅可购八万包)，甚盼能如数早日批准，此则周转困难亟待协助者也。

五、工食面粉之购运　开滦工人除工资外，每月配给面粉及煤斤两项实物，以安定其生活而使安心工作。该项面粉之配给，劳资双方有契约协定行之有年，工人至感满意，对于生产有重要安定效力。开滦职工六万余人，月需面粉十八万五千袋，此项大量面粉之采购与运输，均非易于办理。因开滦矿区及平津均为缺粮区域，无法购取，不得不陆续由上海市场采购(粮食部已核准数目并规定由中信局代办)，其北运转口证，完全由粮食部统制核发。最近粮食部规定开滦所需面粉须搭配次粉约三分之一，开滦因配粉有劳资契约协定在先，若搭配次粉，势将引起无穷纠纷，影响生产。迭经请求粮食部免予搭配次粉，尚未蒙批准。此则开滦工食问题亟待妥谋解决者也。

六、外汇与矿用生产器材　开滦采矿所需各项器材，数年来未得充分补充与维修。本年以来采购此项器材，除国内收购外，至少尚需外汇五十余万镑，早于去年底申请。乃时逾半年，竟未蒙政府核给分文，待购之件难于进行，时机已失去不少，春间几经交涉，始蒙央行张总裁允予先拨三万镑外汇应急，此事已有成议。乃张总裁去职，此款迄未蒙央行拨下，此外亦未蒙拨任何其他外汇扶助。基本生产事业当为经建国策之一端，乃对于工矿补充器材之外汇申请事项，搁置半年余不理，令人殊难索解。为临时过渡计，不得不在市场收购材料，价值奇昂且不足用，同时举债向外国直接订购，计材料已进口者约三万镑，在途者约一万余镑，订约已购者约三万镑，输出入管理委员会先后共核准临时输入许可证五万镑，但不能凭之结汇，此则购置矿用器材亟须政府核准外汇，不能再缓者也。

七、矿用窑木　窑木为井下采煤必需之材料，开滦产量既大，所用窑木为数亦巨。为维持现在产量，年需窑木三百万根，过去两年由中央信托局以易货方式代购日本窑木转售于开滦。本年以来，盟总借口日本国内需用木材，拒绝窑木输出，日本多次交涉均告无效。国内除东北外，木材资源不丰，产量既少，采购运输均属困难，无法短期间取得大批窑木。目下矿存窑木为数无多，除尽量在国内收购一部分外，必需向国外如美国、加拿大等处采购一部分，现正向政府申请结购外汇，俾可在美国洽购窑木一批。如窑木不能源源供给，则产煤工作必受影响，小则减产，大则停工。此则矿用窑木行将告罄，亟待补充者也。

综上所陈，开滦处境困难，亟待补救，已可见其大概。而上列诸端多非开滦本身力量可以获得解决者，尚望当局诸公垂念生产事业维持之艰难，滦煤在今日之需要，赐予协助，俾开滦之努力得补救煤荒于万一，则幸甚矣。

〔国民政府资源委员会档案〕

三、工人失业状况

1. 社会部抄送有关陇海铁路职工生活情报代电

（1945 年 8 月 15 日）

社会部代电　发文组二字第〇〇三六号
　　　　　　中华民国卅四年八月十五日

经济部公鉴：查年来物价不断高涨，各国营事业工人待遇菲薄，生活日濒艰苦。兹撮抄有关陇海铁路工人生活情报一件，随电送达，即请查照参考为荷。社会部组二。未咸。附情报一件。

陇海铁路职工生活情报

据报：陇海铁路职工待遇，近虽分别调整（甲种改领平价米八斗，乙种七斗半、丙种七斗、丁种六斗半），惟本年陕西亢旱，粮价狂涨（面粉每袋由二千元涨至一万元），该路技工六月份全部收入七千余元，米贴折发代金，与市价相差甚远，不能购面粉一袋，维持个人生活尚感不足，仰事俯蓄更无论矣。故本月三日上午五时，有该路管理局职员鲍龙昌因受经济压迫，跳楼自杀，其惨死之状更令人言之泪下。鲍某身为职员，且无眷属，其每月收入高于工人者六千余元，尚被迫至此，其他工人奄奄待毙之情形，当不难想象。该路当局虽鉴于情形严重，奈以上峰既不准客货票加价，而国库又不按月拨款补助，或拨发军面公粮，是诚驱陇海铁路八千余职工于死地云云。

〔国民政府经济部档案〕

2. 社会部劳动局抄送后方区厂矿停工减工处理办法会议纪录公函

（1945年9月18日）

社会部劳动局公函　动管二字第137号
中华民国卅四年九月拾八日发

案查本局前为商讨后方区厂矿停工减工所引起之严重工人失业问题，特于本月十日约集有关机关举行“后方区厂矿停工减工处理办法会议”，当承贵局指派代表出席参加，获益良多。兹检送会议纪录一份，请就主管部分迅即实施，并烦将办理情形见示为荷！此致

战时生产局

附会议纪录一份

局长贺衷寒

后方区厂矿停工减工处理办法会议纪录

时间：三十四年九月十日上午十时

地点：社会部劳动局大礼堂

出席人：李昌烈（经济部）　张秉义（交通部）　李文德（军需署）　薛口（兵工署）　赵尚明（财政部）　张善（行政院善后救济总

署） 宋则口（重庆市社会局） 张鹗（战时生产局） 常禾丰（卫戍总部政治部） 陈道良（本部福利司） 韩利人（本部组训司） 刘晋口（劳动局） 燕永治（劳动局） 陈瑞麟（劳动局） 蒋仲牟（劳动局） 介口荣（劳动局） 欧阳口口（劳动局）

列席人：李良仪（劳动局） 王庆瑞（劳动局） 郭鉴洋（劳动局）

主席：刘代局长

记录：李良仪

一、开会如仪

二、报告事项

1. 主席报告：

今天邀请各位先生到局开会，目的在解决最近后方区厂矿停工减工而引起之工人失业及社会安全问题。本月四日，本部接到重庆市社会局社治三十五字第零五九一号呈，为各工厂纷纷藉词解雇工人，请迅筹救济办法等情。同时就本局调查所得，八月份以来，仅就渝市近郊而言，停工减工之厂场即达二十九家之多，情势日趋严重，必须迅谋解决。关于解雇工人及遣散救济等办法，前经行政院颁行"厂矿工人受雇解雇限制办法"、"申请开工停工报告表"、"战时厂矿失业工人救济办法"等项法令，本已详明规定，而各厂矿多未切实遵照实行，致形成种种纠纷及工人失业之严重问题。查目前各厂停工减工之原因，不外数端：(1)因抗战胜利，金融市场波动太大，资金周转困难；(2)因一般物价下跌，影响出品之销路者至巨；(3)因各工厂多有搬迁及变更，业务计划纷纷紧缩，另作他图。因之，为针对此种实际情形，迅谋有效补救办法，藉以消极的安抚失业工人，积极设法维持后方生产、安定社会秩序起见，今天特邀请各有关机关代表到局会商办法，请发抒高见。

2. 各代表报告

各机关代表先后相继发言〔略〕

三、决议事项

1. 呈请行政院设法维持各国营公营厂矿继续生产，以免动摇人心。

2. 请战时生产局切实扶助各民营厂矿，俾免渡过难关，不致停闭。

3. 各自的事业主管机关负责督饬所属厂矿。

遵照“战时厂矿失业工人救济办法”、“申请开工停工报告表”及有关法令之规定严格执行，并切实协助地方主管官署办理。

4. 失业技术员工救济金，先呈请行政院指拨专款，以应紧急需要。至于一般工人之救济，由当地主管官署商由善后救济总署办理。

5. 厂矿技术员工，除随厂迁移者外，其依法解雇必需回籍者所需旅用费，呈请行政院另拨专款补助。

四、散会。

〔国民政府战时生产局档案〕

3. 重庆市社会局抄报工人请愿团要求救济失业工人及保障工人生活呈

（1945年10月17日）

重庆市社会局呈 社治（卅四）五字第一二七一号
中华民国三十四年十月十七日

案据本市工人请愿团代表米同康等二十余人，于本年十月十五日来本局请愿，并面呈报告一份前来，理合抄附原报告一份，呈请鉴核示遵。谨呈

经济部

抄呈本市工人请愿团报告一份

重庆市社会局局长龙文治

抗战甫告胜利，经济危机即随之而来，首蒙其害者则为我数百万之劳工产业工人，或因工厂关闭而大批失业、或受紧缩措施陆续被裁、或因减少产量降低待遇，职业工人如木作、水石作、篾作等亦遭经济影响，无形中陷于失业状态，此种趋势现仍继续发展中。窃思工人在抗战期间，虽不能谓有劳绩，亦不能谓无苦绩，忍饥耐寒，胼手胝足，或为国家增进生产，或为政府加强国防，未尝有一日之间断，其他如交通工人等系奉令撤退后方，扶老携幼，颠沛流离，厥状至惨，其因抢运物资维护军运或直接从事抗战而牺牲者，不可以数计，然均各无怨言。所以然者，在乎争取最后胜利之到临，整个民族之解放。吾劳工界在和平时期中仍能参加建国工作，并得提高生活水准，乃事实不如所期。狂欢声浪犹未消逝，复员工作在开始之际，反被抛弃于街头，投入失业之深渊，而无人顾问。幸而仍能工作，其待遇日益降低之结果，生活亦必濒于绝境，揆诸情理不平孰甚？本团受全国性劳工社会及重庆市各业工会各厂失业工人之委托，自不应默而不言。经郑重研讨，认为目前工人失业或降低工人待遇等现象极为严重，倘不设法迅予救济与制止，将如火燎原不可收拾，其影响社会安全、国家建设至深且巨。爰代表劳工界提出下列两项中“四要”、“三不”之请求，以谋补救。

一、紧急救济失业工人——立即举办分区登记。

1. 要吃。

2. 要住。

3. 要交通工具——所有还乡或应复员之工人予以输送。

4. 要恢复工作——所有失业工人予以适当工作。

二、保障在业工人工作——立即以命令强制执行。

1. 不关厂。

2. 不降低待遇——以本年八月九日之待遇为标准。

3. 不裁减工人——除犯重大错误者外，无论任何理由，不得裁减工人。

以上所陈均属实情,所提请求亦系兼顾情理法三者而成,伏乞体念下情,准予所请,并于最短期内一一实现,工人幸甚!国家幸甚!谨呈

社会局

工人请愿团米同康、傅景文呈

〔国民政府经济部档案〕

4. 社会部劳动局召集有关部会商讨重庆区民营工厂被裁工人遣送问题的会议纪录

(1946年1月9—15日)

甲、重庆区民营工厂被裁工人遣送问题谈话会(1月9日)

时间:元月九日下午二时。

地点:仓坝子工人福利社内大礼堂

出席人:贺衷寒、陈瑞麟、刘晋暄、李竞华、李昌烈(经济部)、张鹗(战时生产局)、刘景峰(战时运输局)、方有鹤(中华铁工厂)、谢配天(允利公司第一机器厂)、毛士松(顺品公司重庆铁工厂)、程宣(中国建设工程公司中建电机厂)、张泽毅(新昌实业公司)、沈佩巽(大华电机厂)、邹雅吉(中华无线电社)、金定枚(美术铜器公司)、王幼吾(华丰机器造船厂)、张可治(中国兴业公司)、王必礼(中国机械工具厂)、胡再庆(协丰机器厂)、花伯兰(敬业机电工厂)、刘逸民(经纬渝厂)、宋启林(华安电气厂)、盛庆藩(惠工铁工厂)、俞正伟(源发铁厂)、陈钦法(钦州五金机器厂)、包鸿祥(合作五金公司)、尤馥宾(上海机器厂)、丁泽民(新民机器厂)、武扬(华新电机公司)、郑明道(豫丰机器厂)、沈子枚(万泰五金制造厂)、陶潜安(同前)、朱宏任(华生电机公司)、徐新(华侨协心机器厂)、李贴棠(华美电业机器厂)、高功懋(恒顺机器厂)、钟礼祷(渝鑫钢铁

厂)、项道甫(庆华化学颜料厂)、粟明德(中国实业厂)、费口州(中国制钢厂)、李组绅(晋丰机器厂)、余善睦(社会局)。

主席:贺主任委员。

记录:洪逸民

报告事项:

一、主席报告开会宗旨(词略)

二、本会运输组报告运输上所感之困难

三、各工厂代表报告遣送工人专车开车以来沿途情形及工厂停业后,定货不能如期完工等情。

决定事项:

一、编组名册及遣送办法应照处委会所订之遣送要点九项及注意事项编造办理。

二、已呈准全部停业而实际上未停工之厂,应尽量采用有效方法(如奖工之类),缩短完工期间,遵照处理办法实施细则第三条之规定于核准停业后十五日内办理遣送事宜,倘逾期不办者,处委会即不予遣送。

三、解雇纠纷应速谋解决,以免影响遣送,各厂应将资遣情形随时告知处委会运输组。

四、工人领到遣散费后发生临时事故影响编组,应由厂方派负责人员或得力领工管理领导,庶可免公家运输上之损失及减少工人困难。

五、厂方送会名册必须与送经济部之工人暨眷属名册符合,且工人省籍及运送终点必须填清(本籍不遣送,但广元人可赴广元,系通融办理),经济部所送底册无名字者不遣送,顶替者依法追究科罚。

六、已配车而未到,致延误车之开行者,其延车费由厂方负责;已配车而未到之缺额,由厂方偿还运费。

七、编组名册送会,经配定后,在车站上不得临时调换。

八、每人携带行李限三十公斤,不得逾量,包扎方式必须紧密,以免行车危险。应由厂方先期过磅,并对工人详加说明。

九、工人沿途食宿站问题,社会部原有设站计划分段照料。惟以第一批开车时间仓促,未及赶办,现社会部福利司已派员前往指定地点代觅食宿处所,以便减少工人困难,惟食宿费用自理。

十、每车装载大口廿五人,两小口为一大口(小口系十岁以下四岁以上,其四岁以下者不计),编组时,大小口应配搭均匀。

十一、厂方于报送编组名册时,应一并将待运之工眷人数及限期报告处委会。

十二、厂方应于编组名册送会后派专人经常与运输组联络,以便配车,并各将城内通讯处告知运输组,随时洽取联系。

乙、重庆区民营工厂被裁工人遣送办法讨论会纪录(1 月 15 日)

重庆区民营工厂被裁工人遣送办法讨论会纪录

时间:元月十五日下午三时。

地点:劳动局会议室。

出席人:贺衷寒(处理委员会) 龚学遂(交通部) 张鹗(战时生产局) 彭利人(社会部工运指导委员会) 王炳南、润生(交通部公路总局) 张鸿钧韩义华代(社会部福利司) 何廉欧阳仑代(经济部)、朱有骞(善后救济总署) 刘晋暄(处理委员会) 李竞华

主席:贺衷寒。

记录:洪逸民

(甲) 报告事项

一、主席报告:

(一) 关于被裁工人遣送事宜,本会系三十四年十二月二十一日开始,截至本年元月十四日止,在 24 天内计开出汽车 48 辆,车

运工人及眷属1187人,又木船18只,船运工人及眷属2166名,共计遣送工眷3353人。

(二)本会第一期登记合格准予遣送之工人本月内可以遣送完毕。至民营工厂呈准经济部停业者,截至元月十五日止已达五批,共106厂,工人10018名,照以奉运情形计算,恐需时一年,始能运毕,似有设法改进之必要。

(三)沪汉工人依照原订遣送实施计划之规定,须经四次换车换船手续,每一工人耗费国币壹拾伍万余元,食宿费尚未计入,如改以木船运汉转轮赴沪,不特木船容量较大,且每人仅需五万余元,共可节余壹拾贰亿余元。为迅谋遣送工人工作早日完成,并节省公币计,可否将沪汉工人改用船运,敬请各有关机关代表详加考虑研究。

(四)本会工作同仁均系承各有关机关惠调来会服务。兹值复员时期,诸同仁本身职务均待处理,因是本会工作期限,似须尽量缩短,以免影响各机关业务。

(五)北路运输原以广元为终点,迭据工人来会,要求延长前来,可否延至宝鸡,并请讨论。

(六)车船运输难免不无中途失吉之事,此次顺昌厂工人运至娄山关,即有不幸翻车之事实,其善后应如何处理,亦请共同研究。

二、刘总干事及李组长报告本会历次车船运输情形。

三、公路总局王副局长炳南报告遣送工人实施计划,原为本局所拟订,当时因鉴于轮船缺乏,不易办理,木船运输又无实际经验,故决定以汽车遣送。嗣后所有木船东下,均能平安到达,一方面增加运输力量,一方面减少经费开支,于公于私大有俾益。故沪汉工人改由水道运送,本局自表赞同。至渝广、渝筑等线工人自非车运不可,本局仍本最大努力拨配车辆,以期早日达成任务。

四、善后救济总署朱副厅长有骞报告:关于水运木船,本署均当尽量设法供应,总期安全为主,为预防发生危险,似须事先办理保险，并准备一部分款项，作为紧急救济之用。

五、战时生产局张专员鹗报告：关于本局收购各厂成品，将于九月底截止。

（乙）讨论事项：

一、关于重庆区民营工厂被裁工人遣送计划，应否参酌实际情形酌予变更案。

决议：遣送至沪汉工人改用木船运送，由善后救济总署负责办理。广元线伸延至宝鸡，由公路总局负责办理。其他各线仍照原订计划实施。

二、关于运输技术应如何改进案。

决议：

（一）遣送工人车辆，由公路局增拨酒精车予以运送，至调商车应以较大公司商车为主，严禁沿途搭带客人，以保安全。

（二）至广元柳州线工人，如不能凑足一车，得由公路总局发给换票证，仍凭处理委员会所发登记证或工厂退业证及照片上车。

三、遣送工人期限应否予以规定案。

决议：限三月十五日以前办理完毕。

四、关于车船失吉案件应如何处理案。

决议：

（一）车运部分运送顺昌工厂工人车辆在娄山关翻车一案，由公路总局立即按照路局规定办法办理，并即按旅行保险损害赔偿办法办理。嗣后如遇车辆肇事，统由公路总局按照上项办法办理。

（二）船运部分由善后救济总署向保险公司洽商保险办法，并比照车运肇事赔偿办法，妥筹紧急救济费用。

散会。

〔国民政府战时生产局档案〕

5. 社会部劳动局处理委员会发布被裁工人遣送办法的通告

（1946 年 1 月　日）

通告

查本会自成立以来，对于被裁工人遣送事宜，赖各方之协助，工作进行尚称顺利。惟间有少数工厂或以工作未能如期结束，或因解雇遣散费发生争议，甚或于接到本会遣送通知时，未能把握时间，使工人准时到达车站，以致发生有车无人现象，延误运输至大。查经济部核准停业各厂共须遣送工眷 17000 余名，如长此迁延，恐需时经年，始能运毕，似此不特虚耗时日，亦徒增各厂经济上之负担，于公于私两感不便。本会有鉴于此，爰于元月九日邀集各厂负责人举行谈话会，将应行改进事项会商决定，并将会议记录送达在案。复查车运工人之往沪汉一带者，须经四次换车换船手续，辗转接运，中途不免耽搁，尤以眷属长途跋涉，殊感困顿，工人自备食宿费用浩繁。一迭据各厂家暨工人请求，改用船运前来，本会自应统筹改进。至遣送陕甘一带之工人，又仅运达广元，继续北行，交通困难。为体恤工艰，复与各有关机关商定，将沪汉工人改用木船运汉，转轮返籍，并将渝广线延至宝鸡。关于旅行保险亦正妥筹办法。总之，本会对于被裁工人处理事宜，凡所应尽之责任与义务，无不勉力以赴，藉慰各工友在抗战期间为国服务之辛劳。惟是本会同仁均系各有关机关调用，值兹复员时期，本身职务均待料理，以是本会工作期限不宜过度延长，而遣送工人之工作亦未便任令拖延。当经各有关机关决定，所有被裁工人须于三月十五日以前遣送完毕，本会亦同时结束。为执行上项规定，兹特订定办法通告如左：

一、各厂务须依照处理办法实施细则第三条之规定，自批准停业之日起于十五日以内，按原定遣送之工人及眷属核实造具乘船或乘车编组名册，送会配备车船。

二、经常派员与本会运输组密取联系，以便先期传达车船开行时间及地点。

三、各厂工人及眷属一经通知启行，必须准时全数到达。遇有延误或人数短少情事，所有舟车缺额及延期费用统由厂方负责偿付。

四、逾期不送名册者，本会认为放弃权利，该厂工人之遣送应由厂方自行负责。

上列各项，务希各厂切实办理，以期迅赴事功，是为至要！

此致

公司

工厂

主任委员　贺衷寒

中华民国三十五年元月　日

〔国民政府战时生产局档案〕

6. 经济部报送核准专案办理之重庆区四类工业停业工厂厂名及裁减工人数呈

(1946年2月18日)

呈

案奉钧府卅五年元月廿八日府交字第2085号俭代电，以据密报，胜利后救济后方工矿事业案内，渝市工厂经该部核准停业者，前后共达四批，饬将各该工厂厂名及裁减工人数目造册呈报备查，等因。查关于奉准专案办理重庆区民营钢铁、机器、电机及酸碱基本化学工业四类工厂维持及遣散工人一案。本部办理经过情形，经于本年二月八日以(卅五)渝职字第22041号呈报鉴核在案。奉电前因，理合将本部先后核准全部或局部停业工厂之渝鑫钢铁厂等226家及裁减工人人数列表呈请鉴核备查。谨呈

国民政府

附呈核准停业工厂厂名及裁减工人人数表一份

经济部核准重庆市停业工厂厂名及裁减工人人数表

厂　　名	工业类别	停工部分	裁减工人数
渝鑫钢铁厂	钢铁	全部	1,366
中国兴业公司	钢铁	局部	1,582
张瑞生铁工厂	机械	全部	110
华生电气厂	电器	全部	135
华安电器厂	电器	全部	16
恒顺机器厂	机械	全部	385
天原电化厂	酸碱	局部	68
惠工铁工厂	机器	全部	125
华新电气冶金公司	机器	全部	236
美艺钢器公司	机器	全部	254
中国制钢公司	钢铁	全部	123
顺昌公司重庆铁工厂	机器	全部	450
老振兴机器工厂	机器	全部	12
华美电业机器厂	电机	全部	62
陆大工厂	机器	全部	16
新民机器厂重庆工厂	机器	局部	146
仁记机器厂	机器	全部	43
中国实业机器厂	机器	全部	62
大甡翻砂机器厂	机器	全部	44
晋丰机器厂	机器	全部	106

续上表

厂 名	工业类别	停工部分	裁减工人数
上海机器厂	机器	全部	166
中华铁工厂	机器	全部	44
建新变压器厂	电机	局部	16
允利实业公司	机器	局部	90
新昌实业公司	机器	全部	94
源发工厂	机器	局部	86
合作五金制造公司	机器	全部	191
六河沟制铁公司	钢铁	全部	76
经纬纺织机器公司	机器	全部	66
永安磁电厂	电机	局部	85
中国建设工程公司	电机	全部	141
亚洲机器厂	电机	全部	33
庆丰颜料厂	酸碱	全部	82
协丰机器厂	机器	全部	22
豫丰机器厂	机器	局部	236
钦州五金机器厂	机器	局部	27
馥亚电话机制造厂	电机	全部	41
大华电机厂	电机	全部	28
致力机器厂	机器	全部	6
建中机电厂	机电	全部	16
三友全记机电工艺社	机电	全部	19
荣兴机器厂	机器	全部	20

续上表

厂　　名	工业类别	停工部分	裁减工人数
重庆中华无线电社	电机	全部	33
中国机械工具制造厂	机器	全部	36
和昌翻砂厂	机器	全部	7
洽生机器厂	机器	全部	9
合兴机器厂重庆分厂	机器	全部	20
协记公用螺丝机电厂	机电	局部	13
国泰机器锯木厂	杂	全部	8
新中铁工厂	机器	全部	50
万泰五金制造厂	五金	全部	44
三益机器厂	机器	局部	9
元记联益五金机器制造厂	机器	全部	10
敬业机电工厂	电机	全部	16
华侨协商和记机器工厂	机器	局部	26
华丰机器厂	机器	全部	17
华励机器厂	机器	全部	17
沈宜甲工厂	机器	全部	9
四方机业公司渝厂	机器	全部	71
日生五金厂	五金	全部	16
长兴泰印刷机器厂	机器	全部	16
周祥记锅炉铁工厂	机器	全部	9
洽生铸工厂	机器	全部	25
大禾实业工厂	机器	全部	52

续上表

厂　　名	工业类别	停工部分	裁减工人数
振兴机器厂	机器	全部	2
汉渝机器翻砂厂	机器	全部	34
生产机器厂	机器	全部	38
中国机器厂	机器	局部	136
天一实业公司	机器	全部	37
协兴机器厂	机器	全部	37
广利机器厂	机器	全部	23
精一科学器械制造厂	五金	全部	65
裕民机器厂	机器	全部	9
陪都铁工厂	机器	全部	10
邓兴发机器翻砂厂	机器	全部	28
汉丰机器翻砂厂	机器	全部	13
秦鸿记机器厂	机器	全部	11
上海良记铁工厂	机器	全部	12
大陆电气厂	机电	全部	22
中原机电厂	机电	全部	20
顺泰铁工厂	机器	全部	77
中国纺织机器厂	机器	全部	42
新华实业机器厂	机器	全部	37
恒昌机器厂	机器	全部	32
新联实业机器厂	机器	全部	25
华利工厂	机器	全部	27

续上表

厂　　名	工业类别	停工部分	裁减工人数
荣昌铣齿轮厂	机器	全部	4
旦亚电工厂	电机	全部	11
民振机器翻砂制造厂	机械	全部	10
中益电工制造厂	电机	全部	12
胜利机器厂	机械	全部	14
渝记大来机器厂	机械	局部	38
周义兴森记机器厂	机械	全部	10
大中机器厂	机械	全部	293
方兴发国记机器厂	机械	局部	46
川昌和记机器厂	机器	全部	15
万昌机器厂	机器	全部	26
隆茂机器厂	机器	全部	17
华新公记电机厂	电器	全部	18
顺兴铁工厂	机器	全部	19
振华机器厂	机器	全部	12
华强电气厂	电机	全部	7
汉鸿机器厂	机器	全部	2
王鸿昌机器翻砂厂	机器	全部	
恒记周复泰机器厂	机器	全部	
中国工矿建设公司机械厂	机械	局部	21
建国工业社	机器	全部	196
中国金属制片厂股份有限公司	五金	全部	117

续上表

厂名	工业类别	停工部分	裁减工人数
华顺机器厂	机器	全部	12
刘祥顺机器工厂	机器	局部	11
中华工业社公司	机器	局部	96
新中工程公司	机器	局部	78
渝昌机器厂	机器	全部	15
复隆机器厂	机器	全部	10
盛昌机器厂	机器	全部	10
蔚兴机器厂	机器	全部	12
震旦机器铁工厂渝厂	机器	全部	47
建业机器翻砂厂	机器	全部	16
永固机械厂	机器	全部	14
天一面粉机械厂	机器	全部	18
汉昌公记机器铁工厂	机器	全部	13
鸿盛昌五金铁工厂	机器	全部	8
民生机器厂	机器	局部	159
新艺机电化工厂	机电	全部	7
中国机械厂	机械	局部	135
企华铁工厂	机械	全部	15
华侨协昌机器厂	机械	全部	32
上海五金制造翻砂厂	机械	全部	38
上海合兴五金制造翻砂厂	机械	全部	11
中南联合工厂	机器	全部	32

续上表

厂　　名	工业类别	停工部分	裁减工人数
福裕钢铁厂	钢铁	局部	30
鸿兴机器翻砂铁工厂	机器	全部	14
协记机器厂	机器	全部	8
三兴五金制造厂	五金	全部	32
工程实业机器厂	机器	全部	8
川东公司重庆机器厂	机器	全部	16
上海裕泰铁工厂	机器	全部	8
中国机器电化工厂	机电	全部	25
新泰机器厂	机器	全部	8
恒兴机器铁工厂	机器	全部	39
开源兴业公司机器厂	机器	全部	40
天兴机器造船厂	机器	全部	18
中大工具制造厂	机器	全部	16
建新机械制造公司	机器	全部	34
大联亮记机器制造厂	机器	全部	11
强昌机器厂	机器	全部	38
循规机厂	机器	全部	27
公平磅秤厂	机器	全部	19
祥记机器厂	机器	全部	16
东方实业机器厂	机器	全部	32
志荣机器厂	机器	全部	6
张林记铜铁翻砂厂	机器	全部	8

续上表

厂　　　　名	工业类别	停工部分	裁减工人数
中国电业公司	电气	全部	8
康元制罐厂四川分厂	五金	全部	40
万兴鹤记铁工厂	五金	全部	7
顺兴机器翻砂厂	五金	全部	8
金中铁工厂	五金	全部	10
电声制造厂	电机	全部	10
明亚实业公司机器厂	机器	局部	57
黄运兴五金制造厂	机器	全部	12
杜顺兴翻砂厂	机器	全部	10
宁兴铁工厂	机器	全部	13
群业机器厂	机器	全部	10
鼎丰机器厂	机器	全部	81
复生机器厂	机器	全部	10
源泰翻砂机器厂	机器	全部	27
建成机器厂	机器	全部	23
张瑞生电焊铁厂	电机	全部	
中一机器铁工厂	机器	全部	21
义华机器厂	机器	全部	93
中兴湿电池制造厂	电器	局部	32
振华机器厂	机器	全部	52
西南钢锉厂	机器	全部	未据呈报
同益机器造船厂	机器	全部	未据呈报

续上表

厂　　名	工业类别	停工部分	裁减工人数
大业机电厂	机电	全部	未据呈报
兴国工矿公司机器厂	机器	全部	138
顺发机器造船厂	机器	全部	未据呈报
上海大来机器厂	机器	全部	未据呈报
中国汽车制造厂	机器	全部	304
华成电器制造厂	电器	全部	152
林昌机器厂	机器	全部	27
复华实业公司机器翻砂厂	机器	全部	22
同庆铸造厂	五金	全部	13
惠民机器厂	机器	全部	21
燮记机器铁工厂	机器	全部	7
荣昌五金制造厂	机器	局部	9
民安机器翻砂厂	机器	全部	14
希孟氏军需机械厂	机器	局部	29
荣华铁工厂	机器	全部	24
汤洪发铁工厂	机器	全部	7
大冶工厂	机器	全部	45
中国三民五金制造厂	机器	全部	39
天津永兴机器厂	机器	全部	16
田顺兴铁工厂	机器	全部	6
荣泰机器厂	机器	局部	11
强生电机制造厂	电机	局部	12

续上表

厂　　名	工业类别	停工部分	裁减工人数
永华制造厂	机器	全部	16
姜孚第一机器厂	机器	全部	47
上海协兴铁工厂	机器	全部	27
衡联机器厂	机器	局部	15
合成机器厂	机器	全部	39
汉和兴机器制造厂	机器	全部	14
顺平机器翻砂厂	机器	全部	11
余财记铁工厂	机器	全部	32
胡洪泰铁工厂	机器	全部	8
和记机器翻砂厂	机器	全部	11
大昌铁工厂	机器	局部	17
严富财	机器	全部	12
利生五金工厂	五金	全部	11
进富机器制造厂	机器	全部	41
建兴机器铁工厂	机器	全部	未据呈报
大公铁工厂	机器	全部	未据呈报
新中国气体制造厂	五金	全部	未据呈报
华英电器机械厂	机器	全部	未据呈报
上海凤记精华机器厂	机器	全部	未据呈报
陪都机器锯木厂	机器	局部	未据呈报
西南金属器材厂	五金	停业一部	未据呈报
利泰翻砂厂	机器	全部	32

续上表

厂　　　　名	工业类别	停工部分	裁减工人数
敬业机器制造厂	机器	全部	80
瑞新制磅厂	机器	全部	14
炽星机器厂	机器	全部	9
永丰机器翻砂厂	机器	全部	23
新中工程公司黑石子工厂	机器	全部	102
重建电焊工厂	机器	全部	6
三兴机器铁工厂	机器	全部	30
公益纺织面粉机器公司	机器	全部	42
合　　　计	226 厂		12,384 人

〔国民政府经济部档案〕

7. 蒲乐开考察我国劳工状况的备忘录

(1946 年 10 月 20 日)

备忘录　国劳顾问蒲乐开致社会部部长

1. 余此次来华之目的系拜访阁下及其他有关人员，讨论中国政府所函国劳局局长以解决劳工政策及其劳工行政各项问题，在技术上所需之专家协助事宜，并在中国对有关劳工状况及劳工问题从速作一概括研究，报告国劳局局长，以便其决定最合于中国政府愿望及需要之商洽。

2. 阁下对余此次来华，以政府之宾客热烈欢迎，对余旅行考察以及有关劳工问题人员之直接访问等措施，得此机会，获益良多，承蒙厚待，至为感谢。并承张天开博士陪同考察，惠予协助，应特别向阁下表示谢意。至国劳中国分局口员及程局长海峰对余之合作感谢之情，自不待述。

3. 中国多数产业工人之生活条件及工作状况，无疑距满意之处尚远，有关工人及其家属之最低需要，所得实际工资甚低，营养不足及营业失调，成为普遍现象。环境卫生甚为可怕，假如不是多数，亦有许多较大之工厂工人拥挤，空气失调，光线不足，尘埃过多，卫生设备缺乏以及运转皮带及机动机械之无保护基本安全设备，即未注意工时之长，多不合理。其他工业国家久已禁止雇用童工、女工之工作条件，而许多工厂照常雇用。此类缺点存在于小工厂中之程度更可想见。又机器及设备诸多陈旧，而中国所付之代价甚高。此种情形，不但说明不必需之人类苦痛，并表明工业之效能。在同一条件之下，中国工人之工作效力，至少不下于其他国家之工人，但依照一般估计，现在中国银行之雇用条件，系一阻障，三个中国工人之生产出品，只能相当于西欧或北美一个工人。

4. 上文所述各种情形，非中国政府及劳资自身所能控制，中国政府建立或组织一近代社会，改进政策所需之行政机构及制度，似不可能，甚至搜集统计资料，亦不可能。纵然雇主尽量利用其资本，依照工业安全、工业卫生及福利计划实施，设置或改良其用品及设备，不成问题，而许多工厂遭受严重之损失及破坏，要使中国社会在劳工政策上建立科学研究或解决劳工问题之机构，与其他国家之近代发展并驾齐驱，已不可能。

5. 在目前种种困难情形之下，对于工业重建及劳工生活改良各方面所经完成与正在从事之各项努力，至堪钦佩。经余访谒社会部及各地社政机关，均在加紧工作，以克服各种障碍，并促成社会与劳工条件之改善，许多雇主刻正为其工人办理各项新兴或改进之福利设施。至于劳方亦正积极从事其职业组织之设立，并有许多劳工组织刻正进行种种教育及其他福利活动，以嘉惠其会员及会员家属。

6. 中国政府请求国际劳工局所予技术协助之有关事项，乃为

(1)工厂检查组织特别是关于安全与卫生方面;(2)职业介绍所之网形组织;(3)建立社会保险制度。余对上列各项,拟在下列各项中,分别予以论列,并进而研订适合各种情况之技术协助。

7. 关于安全及卫生之有效工厂检查制度,先决前提为检查员负责推行之各项法规,必须在技术上甚为适当,切实可行。假使中国草拟之法规,系抄袭工业先进国家之法规而来,则该法规行将越出中国工业发展现行阶段所应遵循之合理标准。另一方面,欲使该法规对于现形情况切实改进,则该法规必须建立于晚近技术知识与经验基础之上。基于以上所述,似拟聘请专家两名,即一为工业卫生专家,一为工业安全专家,以便其对于安全与卫生法规之草拟,检查机构之组织以及检查人员之训练,提供意见。但须注意有效之工厂检查,机构之组织,除须顾及有关安全和卫生事项外,还应顾及其他有关事项。欲求任何工业卫生或工业安全专家对于现代工厂或劳工检查机构中之一切行政与其他问题同时提供适当意见,实为难能。因之必须加聘富有主持检查员考选训练督导事宜,检查机构组织和行政工作之经验专家一名。关于矿厂检查机构(余无所述,因是项机构其本身专门问题,当需专门顾问一名或多名),余认为实行工人赔偿法为构成检查机构及促进有关顾主愿意合作之有力协助措施,以切实保证。由于职业灾害或疾病而致伤害或死亡之工人,获得赔偿,如依照保险制度,工人发生疾病及灾害,直接或间接影响雇主之经费开支,雇主当乐意遵从检查员之劝告或指示。

8. 地方职业介绍机构经已建立甚多,职业训练计划之发展,亦在考虑。此项有用之事业机构与计划,当可获得雇主及工人信仰与合作专家技术协助及意见,当有助于以下之贡献。(1)关于一般职业介绍之组织;(2)关于职业训练措施之计划。就余所知,年来印度各项社会条件极与中国相似,国际劳工局可就过去在印度所得之经验与知识，对中国政府拟具技术协助之计划。

9. 当前建立任何具有规模之社会保险制度，困难甚多。倘若专家言及此种困难，不能克服，余并不以为奇。统计资料，医院设备，经过受训练之医药人才、护士、会计及行政人员等项之缺乏，币制之不稳定，均为极重要之恶劣因素。惟若干有利之地方计划经已建立，实将来发展之良好基础。而职业灾害及职业疾病之工人赔偿制度以及雇主之损失，可受政府一部分基金之保险，均可归纳于此项计划范围之内。任何情形之下，余臆测现负国劳局社会保险责任之马力斯德开先生将于明年一月参加新德里亚洲劳工预备会议，渠对于创办社会保险制度所遇与中国相同之困难，富有宝贵经验。渠可能于会议结束之后，来华作短期访问，直接与有关方面作初步商讨，以便提出最适合与实际及技术协助步骤之意见。

10. 余在上列三项中所论及之事项，乃为余此次来华经特别指定加以研讨者，余兹更有所补充者，即国际劳工局志愿为中国政府服务，不仅限于上述事项，即对其他事项亦然。例如中国政府可随时将有关劳工问题之新订或修正之法规，送交国际劳工局各技术机构加以研讨，俾便该各机构将是项法规与其他国家所经采行者作一比较，并向中国政府提供其现有之有关其他国家对于同一问题所采解决办法之各种资料。据余确知，国际劳工局局长极愿提供最充分之可能合作。

11. 如中国有从事有关劳工福利经济技术及教育性公共舆论等各项问题之研究机构，我相信计划介绍及实施劳工改革之工作，应有极端之便利，同时实行此项改革，劳资双方当可积极合作。高度工业化之国家，改良劳动条件及保护产业工人之运动，其原助力半由于道德及人道主义之思想，半由于社会及政治之原因。一方面人类之同情，乃由于在最初工业化阶段中，所加于工人及其家庭分子之痛苦及贫乏所引起。另一方面，注意到社会整个进步与繁荣，工人不能不顾及不合理之劳动条件，所直接引起广泛之犯罪与疾病，而产生都市生活之损失，发生不良之心理。故劳工之获得选举权，而其职业组织亦获得政治上之影响。但在过去三十年过程中，或过去之劳动条件讨论中，就思想言之，经已转变为科学思想，而非人道主义及政治思想，占据优势。举例言之，大英帝国之此类机构，如工业健康研究局、国家工业心理学院、劳工管理学院以及工业福利社等，均对劳动条件及劳工关系有一种新兴见解。由于以上我所提及各项机构之教育活动及调查结果，俾一般人开始了解各种产业劳动之形成，有其相关之条件。此项条件之获得与维持，不仅促进工人之舒适、健康与幸福，并促进产业成品及效率之增加。现在正是中国设立改善劳动条件及劳工生活机构基础成熟时期，因为一方面可以从其他国家办理劳工管理与劳工福利经验中得到有利之借鉴，一方面可以发现每种工业组织中之工厂与工人相关之条件，而以此种立场研究劳工问题，以解决劳工问题。例如中国可以由政府及劳资团体共同筹集经费，设立三方联合之独立劳工管理或劳工福利之机构。此项机构应包括三种主要部门，从事于劳工福利（宿舍食堂管理及劳工子弟教育合作社、娱乐设施及业余活动等），人事管理及工业关系劳动合理化及科学管理（包括工业心理职业指导选择、训练时间、动作研究工作分析疲劳及休息之研究等），最好不要先在上海开始创办，而在适宜于和谐合作及科学性之目的小工业区域办理。此类地点可以是无锡、天津，并适宜于办理。

12. 本备忘录对于不切事实之产业与农业劳动及其当前存在之问题，没有任何列举。阁下曾称该问题之解决，对于中国未来发展极属重要，惟产业劳动条件之改善更属重要。就长期观点言之，产业工人之生活水准，难期高于农业工人。总之就最后之分析言之，中国工业之繁荣，须有类于国内市场之发展，农业区域人口须有充分之购买力，使其能充分购买中国工业生产成品。今后国际劳工组织必与联合国经济机构以及农业粮食组织取得密切联系，增加注意提高农业工人生活标准。热诚希望在此方面努力直接协助中国。

13. 阁下如能在余离开中国之前,对此备忘录中所述之意见及提议提出意见及商讨,使余能早日将任务结果及中国政府之特殊意见,报告国劳局局长,以便其进行拟定技术协助计划,则不胜感谢。(完)

〔国民政府行政院档案〕

8. 粤汉铁路工会请救济失业流离工人电

(1946年12月15日)

善后救济总署钧鉴:济参二一四三戍筱电奉悉。窃自本路沦陷后,本会所属会员疏散离路,一年以来,携妻挈子,颠沛流离,衣物罄尽,今幸转徙归来。但以粤汉铁路一时不能通车,待遇微薄,无力购置,现仍在失业者尚有三千余人之多,麇集本路沿线,厥状至惨,鹄面鸠形,俨同乞丐,似应邀准在救济之列。用敢再度请命,敬祈照一般难民赐予救济,藉苏劫余。奉电前因,特再历陈鉴核施行。粤汉铁路工会。亥成。印。

〔国民政府行政院善后救济总署档案〕

9. 社会部劳动局为核办后方失业工人代表团请求复工公函

(1947年1月31日)

社会部劳动局公函　京管字第四八七七号
中华民国卅六年一月卅一日发出

案据本局上海劳动调查登记站本年一月十二日沪总字第二五八号呈称:"查重庆区失业工人自经遣送来申以来,迄已一年,因失业救济工作表现无力，除予该工等吃不饱饿不死之消极救济外，对于职业介绍根本未能办理。现届岁暮，天寒，不特医药方面毫无设备，而多数工人仍衣单被薄，不胜悲苦（红十字会曾捐赠寒衣四十二套）。过去本市主管部门虽曾决定各厂尽量延用此辈失业工人，但因执行无力，各厂仍多方藉故推托，本站虽欲予以扶助，徒有力不从心之苦。该工等除筹组请愿团，准备来京请愿以外，感念本局遣送之初衷。顷报请转呈钧局予以援助，分函交通、经济、农林各有关部会转饬本市国营厂矿尽先录用，并商同本部在失业救济费内酌拨款项，购置药品及寒衣，俾该工等常沾本局恩泽，是否有当？理合检附原报告一份，报请鉴核，径予批示。"等情。除拨款救济一项另行核办外，关于所请转饬沪市国营厂矿尽先录用一节，相应抄附原报告函请查照办理为荷！此致

经济部

附后方来沪工人代表团报告一份

局长贺衷寒

报告　三十五年十二月三十一日

一、窃团等遵循政令复员，后方工厂歇业关闭，彼等系受胜利失业流离街头，形成乞丐之状，不堪收拾之惨，情绪关山千难。

二、在未归来之前，深承钧座怜悯彼等之困，赐予分别输送还乡，不胜依依。在袍德感非浅。不料到达被陷故乡，失业蜂拥集沪，工作进行不易。在失业年余之情形，每以面书恳请当局呼吁乞援挽救，逾期延迟，未见示遵，是否情况敷衍卸责，毫无复工希望。

三、现值冬令年关，多数失业，拖家携眷，虽享受政府招待，亦感未便久居。现将彼等失业查确，对机械各技术工友计分类如下：(1)车工五百三十名。(2)钳工八百五十名。(3)铸工三百名。(4)锻工二百三十名。(5)冷工一百一十名。(6)模型工七十名。(7)木工六十名。(8)铣工三十名。(9)电工五十名。(10)刮工三十名。

(11)漆工十五名。(12)电焊十名。(13)杂工五百名。共二千六百余名。目前续来登记未列等情,经查以上各节确实无讹,理合备文恳请钧座,体恤下情,赐予转请有关暨颁发本市各工厂接洽公函,俾资进行复工,扶植挽救,实为德便,并祈鉴核祗遵。谨呈
社会部劳动局上海调查登记站请转呈
劳动局局长贺

后方来沪失业工人代表团总代表沈贵州

〔国民政府经济部档案〕

10. 社会部查办东北区失业工人救济案公函

(1947年2月27日)

社会部公函　发文京劳字第024007号
中华民国卅六年二月廿七日

查关于东北区失业工人救济,前经本部邀请有关机关开会商定救济办法六项,会衔呈奉行政院三十六年一月二十五日从玖字二二七四号指令内开:"呈悉,准予照办,除饬财政部将急赈费法币五亿七千五百万元(折发流通券五千万元)如数拨交该社会部派员会同国民政府主席东北行辕发放,并请东北行辕转行东北各省市政府遵照暨分令外,仰即知照。"等因。奉此,除急赈费另行汇寄,并电国民政府主席东北行辕会同本部东北特派员尹树生发放外,原救济办法有关贵部职掌部分,相应抄送原会议纪录,函请查照迅办,并希将办理情形见复为荷!此致
经济部

附东北区失业工人救济办法商讨会议纪录乙份

部长谷正纲公出
次长黄伯庆代行

东北区失业工人救济办法商讨会议纪录(修正本)

时间:三十五年九月二十七日上午十时

地点:社会部劳动局会议室

出席人:郑兆栋(四联总处) 费同泽(经济部) 何定叔(资源委员会) 刘健(行政院善后救济总署) 王立我(农林部) 郑若谷(社会部) 孙伯謇(社会部) 李中英(社会部) 符涤泉(社会部) 钱训典(合作事业管理局) 蔡喆生(劳动局) 燕永治(劳动局)

主席:孙伯謇

纪录:李良仪

一、开会如仪

二、主席报告(略)

三、讨论事项(略)

四、决议事项

(一) 办理急赈

甲、发放救济金:对失业工人,经调查其生活确实困难者,一次发放救济金若干,先以沈阳试办(长春等处则俟查明实际情形后援例办理),暂定急赈费东北流通券五千万元,折合法币六亿五千万元,由社会部专案呈请行政院核准拨发,交由东北行营社会处办理。

乙、发放实物:由善后救济总署令饬东北分署拨发面粉、旧衣、药品等实物,分别配给失业工人及其眷属。

(二) 举办小本贷款:失业工人中欲行小本经营,而缺乏资金者,得由四联总处斟酌情形核贷资金,或请由国库指拨专款举办小本贷款,俾能自谋生活。

(三) 实施以工代赈:由当地政府会商善后救济总署东北分署,视当地遭受战灾情形,就原有被毁之公共建设或市政工程而急待恢复者,安置一部分失业工人。

（四）兴办合作工厂：利用当地敌伪产业，并筹拨流动资金，成立合作工厂，由社会部会商经济部四联总处办理之。

（五）迅促复工：凡可能开工之工厂，由经济部会同资源委员会迅速筹划复工，俾使失业工人增加就业之机会。

（六）农垦转业：利用敌人、韩人退出之农地举办农垦、农贷及合作农场，由农林部会同四联总处及社会部办理之。

以上各项由有关各机关会衔呈请行政院核示。

五、散会。

〔国民政府经济部档案〕

11. 国民党中央农工部核办胡香九等请救济长、衡两市失业劳工意见书笺函

（1947年7月18日）

中央农工部笺　京(卅六)部工字第一一〇六号
中华民国卅六年七月十八日

案据本党中训团社会工作人员训练班第十期长沙衡阳学员胡香九同志来呈，为恳分函各有关机关实施救济长衡两市劳工意见书前来，据此。核所提意见尚有见地，除指复并分函湖南省政府本党负责同志核办外，相应抄附原件函请查照，建议贵署惠予核办，以安劳工为荷。

此致

郑副署长道儒同志

附抄原意见书乙份

中央农工部

为恳分函各有关机关宏施救济长、衡两市劳工意见书

窃以倭寇祸湘，长、衡不守，沦陷年余，整个破坏。光复归来，各寻故第庐舍，尽瓦砾之场鷀，乏栖身之地。而劫后余生，百

业凋零，做工苦无雇主，告贷谁是将伯，扶老携幼，寄宿露天，饥寒交迫，风雨不蔽，斯时环境，目击心伤。故曾据情吁恳层峰宏施救济，鹄候德音。载劳岁月，而乃恩泽未颁，饥馑先臻。接之疾疫大兴，死亡相继，就诊无医药之资，营葬借席蒿为棺。迄至秋凉，始见渐减。目今现状，虽可勉维，奈过去元气凋伤过甚，暂难恢复。故至今工人之食宿尚成问题，居则倚危墙而搭棚三五共处，食则采野蔬以充膳，仅堪疗饥。际此炎暑将盛，而狭屋丛居，饮食不调，实为致病之由。方今政府政策实行三民主义，改善劳工生活，劳工福利特别注意。职以长、衡两市之处境，工人本身脆弱，地方财力枯涩，改善生活首创维艰，但又不敢忽视，抑又不忍忽视者。午夜筹思，拟陈管见三种：(1)请赐函湘善救分署于建筑平民住宅经费项下，拨款建筑工人住宅、失业工人产品寄卖场，配发工赈米、创办工人食堂。(2)请赐函湘省银行、湘省国家银行及各种合作社确定小本工贷数目。(3)总工会经费，请通令列入地方政府预算开支，业余工校之书籍、课本、文具、灯油等费，由地方教育产款项下开支。以上三点实为目下切需。夫施仁行政，必因地致宜，以惠养民，民必归心。昔人千金市骨骏马来归，兹事告成。学员等旋领工运，宣达党国德意，而加强工会组织，提高生产，利赖滋多矣。故敢冒昧渎陈意见，伏乞睿裁，不胜惶悚，待命之至。谨呈

农工部部长马

衡阳市学员胡香九

长沙市学员陈子钰、张福云

〔国民政府行政院善后救济总署档案〕

（五）工业合作运动的衰退

1. 中国工业合作协会总干事关于工合的过去与将来的报告

（1946年6月10日）

总干事报告

（设计委员会第一届大会三十五年六月十日于上海）

热心提倡工合运动的各团体，近来都感觉有加紧合作时时商讨之必要。例如政策之讨论，工作计划之拟订与实施，均须预为商讨。故本年二月工合协会常务理事会以及工合国际协会等团体在渝举行联席会议而有设计委员会之产生。

自抗战胜利以后，工合运动已进入一新的阶段，由生产救济而为促进工业化与合作化运动。我们对于提倡工合的诸位先进，应竭诚赞佩他们始终能为工合尽瘁。我们见到八年来工业合作对于新中国之贡献，它在艰难困苦的环境中挣扎生长而有今天的局面。

工合在这八年中，工合的以往已遭遇不少困难。当抗战初期，不论前方后方，难民之救济与日用物品之需要，均异常迫切。工合运动遂如火燎原，遍及各地。到一九四〇年，工合社数已达一千七百三十八社，社员达二万五千六百八十二人。但从此以后，因战局的变化，国内经济的动荡，工合遂陷于空前困境，到一九四五年底，只剩合作社五二九社，社员七二四三人；同时已组成二十六联合社，有社员社三三六社。目前经济条件仍很困难，工合也不易大量开展，但以往工作中已可证明，在二等以下之城市及各处乡镇仍为发展工合理想之城。

在过去八个月中，逐渐集中据点，裁减人员，对合作社汰弱留强。在一九四〇年时，本会内外工作人员共有八九百人，现在仅有九十人，仅及十分之一。同时，将西南西北两区办事处撤销，各事务所归总会直接指导。至于东南区方面，因去年前年敌人之窜扰，该区大部工作均遭损害。东南区处是否需要存在，应待此次会议中商决。

自抗战停止后，在西北、东南方面，我们竭力扶持优良之合作社、加强联合社组织，若不能保持现有之优良合作社，则组织新社将毫无意义。我们将大部力量用于此种合作社，则对于未来各种困难的挣扎，当可较有把握。

重建工合社

对于收复区之复员重建工作，如东南区各省及湖南、广西，西北之河南、山西、湖北等省，我们已与行总、联总商讨合作办法，并拟具若干计划，现尚等候回音。我们曾要求善后总署拨给机具，以帮助收复区内工合之复员重建。同时，更加要求该署将一部分救济工作，组织工合社。此种不以营利为目的之工合社，它的基本任务即为帮助各地义民与难民之重回故土，且工合资金几全由联合国友之捐助。若以工合有限之资金购买善后总署之机具原料，恐非各捐款人所愿。

复员重建之意义

从中国救济复员问题之另一角度以观，若此项工作而无工合参加，实为一大缺憾。且如政府机关之救济工作仅限于战后短时期内，当战争时已可证明工合机构组织对于训练难民已著有成效，若叫它从事复员重建工作，亦必能胜利愉快，但对于外勤工作没有经验之人我们却不能寄予过高的希望。

设计委员会的第一件工作

在此经济混乱状态时期，举国工业陷于停顿状态中，工合即有充分资金亦不易发展。但工合从未获得充分资金，在过去八年中所有工合社，几全在资金贫乏中挣扎。更坦白的说，工合全部资金不过五亿元，其中为农民银行一亿元，四联总处一亿元，国际委员会二亿元，其他各种款项约一亿元。但国际会最近主张不以资金贷放工合社，而将国外所有捐款，用以代购机器、原料、聘请技术专家来华指导。在此经济来源十分困难情形之下，我们此后从事工合只有二途：一、为集中业务、集中据点经营；二、为维持现有辽阔散漫之局面。二者何去何从，亦应在此次设计会〔下缺〕。

工合的将来

在工合发展过程中，对于此次设计委员会咸寄以极大希望，以往日一团体包办的时期业已过去，现在已为各团共同协商时期。例如此次联社代表参加设计委员会，已可充分表现工合之民主作风，以后希望联社代表逐渐增加，能完全自己负责进行。此项理想之实现，恐在十年以后，届时提倡辅导者任务即告完成，而工合社社员即可完全自力经营业务，而寻求其本身之前途。

〔中国工业合作协会档案〕

2. 中国工业合作协会关于三年来工作概况的报告

（1947年6月　日）

一

近三年来，国内经济情况，变化甚大，本会事业所受之影响亦较以前任何时期为巨。三十三年下半年敌人窜扰湘赣粤桂等省，本会在西南各地之指导机构暨工合社，无不遭受破坏，社职员流离失所，机具物料损失殆尽。三十四年后方各地初则物价激剧上涨，生产事业无不痛感资金不足，周转困难。迨敌人投降，胜利来临，市场骤受刺激，物价突然下跌，成品不得不跌价销售，生产事业在亏损情况中，难于维持。工合社之生产规模甚小，更无法摆脱此种经济环境之支配，停工解散，亦为普遍现象。三十五年，因进口贸易开放，且汇率低，外货大量倾销，沿海机制产品，亦因交通部分恢复，纷纷向内地销售，后方原有之中小工业与乡村工业，无法竞争，相率陷于破产一途。去年外货输入虽有限制，但通货不断膨胀，物价激剧飞升，生产成本增大，资金需要愈为迫切，而社会购买力剧降，产品销路狭窄，各地工合社之维持，益感困难。全国开工社数亦由三十一年之一，七三八社，社员二五，六八二人，降至三三三社，社员五，四五四人。工合运动，前后已有十年，而近三年来，实为最艰苦之历程。

二

全国工合事业之策划辅导，系由本会负责，向国外宣传与募款，则由中外人士组织之工合国际协会主持。本会原设重庆，胜利后迁来上海，工合国际协会，初设香港，战时移至成都，胜利后又迁回香港。因未设在同一地点，工作上之联系稍感困难。三十五年六月在沪召开工合设计委员会，参加人员除本会暨工合国际协会代表外，有本会视察人员暨各区联合社代表，会中确定今后工作方针为：(一)此后发展区域应依据当地市场及原料并注重中小城市、农村及边远之区；(二)由于目前本会人力及财力之限制及战后社会经济尚未稳定，只能集中力量充实加强现有之单位合作社及联合社，并恢复前经撤退或解散之优良合作社；(三)依据以上原则协助各区工作，其先后如下：(甲)西北；(乙)东南；(丙)西南；(丁)其他各区。三十五年十月工合国际协会迁来上海，为与本会密切联系，经双方同意组设联合执行委员会，由本会与工合国际协会各派四人，每周集会一次，其目的在随时检讨工合工作，对国外捐助来华之款项、机具以及技术人员等有分配之权。自联合执行委员会成立以来，不仅困难问题彼此获得了解，亦有不少建设性之提议，对整个工合运动之推进，确有不少助益。

本会日常会务之执行，亦采用委员制，除重要事项随时向理事长及常务理事请示外，一切行政上之重要设施，均由干事处业务财务两处处长合组之会务会议决定。自三十四年开始，会务会议每周集会一次至二次，其他较高级之职员亦均列席参加，各部分之困难，在会务会议中可以相互检讨，所有决定事项，因在会议中已有缜密商讨，亦能顺利执行。

各地之指导机构，原设西南、西北暨东南三区，每区设办事处，下设事务所或指导站，自三十四年起，为增强工作效率，简化机构。三十四年总会有职员六十五人，各地事务所一百五十八人，合共二百二十三人。三十五年，总会减至二十六人，事务所减至七十六人，合共一百零二人。去年三月，总会减至二十人，各事务所三十六人，总数仅五十六人，机构与人员紧缩以后，现有人员固然责任加重，但各地指导工作仍能继续进行。

三

三年来本会业务方面之重要设施

（一）辅导联合社　各地工合社成立以后，为扩大业务，广辟销路起见，初期曾有代营处之筹设，作为各单位社之联合供销机构。旋以代营处系代办性质，与合作社自有自享自治之原则并不完全吻合，且办理亦未尽善，遂于三十二年起分期结束代营总处及各地分支机构，逐步由各该地单位社组织联合社，作为联合供销，融通资金，并统筹各社教育福利，辅导各社社业务之联合机构，此等组织完全依照合作原则，自下而上，为各社所自有自享自治之联合机构。年来本会对联合社之辅导工作，正在逐步加强，事务所人员紧缩以后，各地单位社社业务之辅导工作亦逐步移至联合社，去年与中农行洽订之十亿一千万元之透支基金贷款，亦以联合社为对象。将来联合社如能健全发展，本会派驻各地之指导人员固可减至最低限度，而工合社亦已走上自立途径。

（二）整理与复员　胜利以后，以经济情形剧变，后方各社危机严重，特订定办法，着手整理。整理办法之主要内容为：(1)集中现有财力人力，加强扶助比较健全及有发展希望各合作社，改组或淘汰社业务不健全及战后无发展前途之各社。(2)加强各社业务管理，裁减不参加生产之分子，紧缩开支，提高生产效率。(3)增加各联合社贷款，使能统筹所属各单位社产品之运销，原料之供给。

(4)同地同业之工合社尽可能合并经营,以扩大生产规模,提高生产效能。(5)改进各社制造技术,厉行产品标准化。(6)分别协进客籍社员回乡。经整理后,社数虽见减少,但存留之工合社,其社业务较为健全,足以应付经济难关,勉维生产。

同时为加速战后社会经济之复员与重建,实行恢复业务调整各收复区原有合作社。本会在湘、桂、粤、赣、浙、皖、闽、鄂、豫、晋、绥等省之指导机构暨组导之合作社,或因敌寇进攻被迫疏散他处,业务停顿,或于疏散后,临时建立社业务,亦有少数偏僻地点,未经疏散,工作仍能照常进行者。胜利以后,特订定收复区各社复员与调整办法,各收复区工作据点及中心业务除原有地区条件适合与基础健全者仍能继续保持外,均重行厘订,并按照下列各项着手进行:(1)尽先协助主要据点之原有各社迁回原地复工,其在原地条件不适合者,指导其迁至邻近适当地区。(2)根据可能动员之人力财力,各收复区新据点之建立,选择主要省份,先从一地开始,再逐渐循序发展其他地区。(3)旧社之恢复与新社之重建,根据其基础健全及所营业务最有发展可能者先行办理。(4)协助并获得适当之物资与资金供给之下进行之。两年来在上列办法下恢复之据点与工合社,计有湖南之邵阳与衡阳,广西之柳州、宝阳与桂林,广东之曲江、南雄与和平,江西之赣州,福建之福州,浙江之海门、衢州与丽水,以及河南之镇平。新建之据点,仅有平津一地,复员各社取得联总行总之物资与资金协助者,仅湘、桂两省与平津一地,粤北各社,亦曾一度获得救济物资,河南之开封,行总分署极愿合作,且曾着手进行,终因行总总署对分署所提计划未能核准而作罢。

(三)技术改进　战时建立之工合社,大半为手工生产,规模极为狭小,仅有少数工合社,略有机械设备,从事半手工半机械生产,在抗战时期,因后方工业落后,生产物资需要迫切,即以手工生产之落后技术,制造日用必需品,尚能维持业务,继续生产。战事结束，因机关及难民复员，内地市场狭小，再加外货与沿海机制产品之内运，手工产品，在市场上已逐渐失去地位，无法竞争，因此工合社之生产技术，必须力求改进。三十三年时，曾在成都设有技术研究所，该所所长兼本会业务处副处长王毓麟君，曾经常赴各地，进行技术指导，并会同中国工合美国推进委员会派来之技术专家海京士先赴西北各地视察，继又随带流动机器厂赴东南各地指导。另一印染专家爱赛夫人则派至山丹协助训练印染技术，工程师果沈初派在双石铺机器社协助该社改进生产技术。现总会增设技术指导处，由林处长荣森负责。去年林处长正在东南各地视察，及赴菲律宾、泰国、马来亚、美、英诸国考察小型工业，并与各地从事工业合作人士互相研讨，藉以改进各地工合社之技术。胜利以后，工合技术研究所业已结束，所有技术研究工作，已集中山丹培黎工艺学校，以该校设备较为完善，技术专家亦集中该校，研究工作之进行较为方便。

（四）结束军毯制造工作　本会曾受军需署委托，代制军毯。原料暨制造费均由军需署拨给，本会系服务性质，除将所耗工料依照合约向军需署核实报支外，并不计算利润。制造办法大部分交合作社承制，西南区方面则在成都设军毯制造管理处，集中制造。惟款料时有不济，不能依照合约充分生产。西北区制毯地点原有宝鸡、西安、兰州、天水四处，旋因军需署在西北设厂自制，三十四年六月西北制毯工作即行解约停制。西南区方面直至三十五年七月因合约期满，始行停工。自三十三年至三十五年系第四批制毯工作，计先后织成一九二，九〇六条，均经军需署验收，自开始至结束制毯总数共达二，二五六，八八八条，截至最近止，所有制毯工作之清理及善后，亦已办理完竣。

（五）教育与训练　合作社之健全与否，不仅有赖于业务之盛衰，社务之能否正常发展，亦为重要关键，因此对于每一社员必须不断予以教育训练机会，使能加深认识，熟习技术，发挥力量。本会对于此项工作，向极重视，胜利以后，东南各所，曾举行社职员训练班。去年三月曾派员赴川东各地调查视察，同时训练社职员。关于技术部分，当地无法训练者，则协助各社，派员至适当地点学习，如丽江各社曾先后选派社员至邵阳、和平、山丹学习造纸、制革及机器技术。而主要训练工作，则集中于山丹培黎工艺学校，该校由艾黎负责主持，现有学生二百余人，教师、工程师、技师三十余人，有机械、纺织、造纸、磨粉、玻璃、制革、洗毛、铁工、缝纫、栽绒、牧场、农场、煤矿、碱矿、运输、动力等设备，完全用半工半读方法，为各地合作社储备人才，训练干部。

（六）调查研究　工合运动之主要目标，为配合经济建设，发展合作经济，改进中小工业与乡村工业，促进中国工业化，各地原有工作，固须时时检讨，力求改善，而对于国内经济情势，以及各地特产，亦必须密切注意，经常调查，搜集材料，编制报告，以备推广工作，确立计划时之参考。此项调查研究工作，原由工合研究所主办，湘桂战事以后，研究工作以无人主持，略有停顿，旋以一部分研究工作转移至本会暨各所办理。三十三年冬，桂林事务所受战事影响迁至昭平以后，曾联合会外经济专家举办昭平县农村经济暨手工业调查。三十四年一至三月西南区派员调查重庆市各工合社概况。三十五年东南区曾先后举办福建造纸、海门渔业调查，去年本会派员赴川东之梁山调查当地特产。每次调查均有详细报告，或编入本会出版之工业合作发表，或有专册印行。

四

本会成立初期，政府曾拨给基金及一部分经常费，基金部分截至三十三年止计拨入八千四百万元，均分拨各区处转拨各所，依照本会贷款规则及贷款须知之规定，贷放各级合作社。此项基金为数虽不大，但拨到时，币值较高，对各社所需资金尚能及时协助。三十四年八月抗战胜利，物价惨跌，各地工合社因产品滞销，资金周转不灵，业务无法维持，纷请救济，本会以资金有限，除转请国际协货增贷基金及收购兰州等工合社产品外，曾先后电请财部及四联总处拨给救济贷款，经财部保证与四联总处签订透支贷款一亿元，为期一年，到期由本会负责偿还。但该款直至三十五年七月始将申贷手续办妥，开始动用，分贷各社时，购买力已大为跌落，其效用已远较申请时为低。胜利以后为办理收复区各工合社复员与整理工作，曾电请财部拨贷基金十亿一千万元，经指定由中农行拨贷，为期两年，直至去年二月始签订合约，开始拨贷，目前尚在陆续办理中，为数虽有十亿一千万元，因曾扣还四联透支款一亿元，实仅九亿一千万元，复因物价日高，币值日跌，以此分贷三百余工合社，效用亦极有限。过去国家银行之办理合作贷款者，如中国、中农等对各地工合社均曾自动融通资金，自国家银行实行专业化以后，工合贷款亦由中农行主办，本会即与该行总处签订工业合作贷款五千万元，三十四年四月复与该行重新协议，增加贷款总额为一亿元，签订协议书，配定各地贷额，由该行各分行处会同本会各所站直接贷放。自上述本年透支贷款洽定后，农行原有贷款协议书亦已取消。又工合国际协会亦有基金拨贷各社，该项基金包括培校基金及特种基金两种，均为国际援华会拨入，三十四年以前由该会直接贷予各级工合社，三十四年起始转移本会办理，截至三十四年底止，该会拨付本会各区基金计二一一，五三九，八〇〇元，三十五年一月至本年六月又续拨一二九，一〇八，五〇〇元，合计三四〇，六四八，三〇〇元，其贷放手续，亦依照本会贷款规则及贷款须知之规定办理。

本会经常费，初期由政府补助，逐年减少，三十四年度，行政院每月补助本会经常费九万五千元，三十五年补助费完全停拨，即本会经常开支，包括工作人员薪津在内，自前年起全赖国外捐款拨充，目前英美加等国对工合热心人士之捐款，虽较战前略逊，但为数亦复不少。其中较大额数来自美国，该项捐款，均集中于援华会，而援华会与政府方面约定，将收到之捐款，按照政府所定汇率售予中央银行，兑取法币，然后拨交工合国际协会按照预算拨交本会，近来市场情形官价外汇与黑市相差甚巨,因此来自国外对工合捐款之实际利益,几大部分为政府所获得,而本会事业经费亦愈形短绌。

年来,会计方面之章则,曾重加修正,并订有各重基金类会计规程一种。各级工合社财务方面之监督,均由各所站会计人员负责,规模较大之合作社设有驻社会计,或联合数社合设一人。各所站并须将财务情形按月报告本会,由本会审核,本会亦经常派员赴各所社实地视察,稽核帐目。

五

目前国内经济危机,较前愈为严重,生产事业之困难亦与日俱增,各地工合社生产规模虽极狭小,所有成本增大,市场狭窄,资金缺乏等困难,较一般生产事业所感受者尤为严重。本会自应竭尽全力设法维护各地工合生产,并谋社业务之日有进展。下列各项,尤盼能逐步实现:(一)发展合作事业,促进经济建设,为政府既定方针,对各级工合社亟应及时救济。最近拨贷之十亿一千万元,分贷现有之三百余个工合社,每社实际所得,仅及战前法币一百元,为数实微,希望于最短期内政府能一次拨给长期贷款三百亿,俾能分贷各社,充裕资金,社业务得以健全发展。(二)本会经常费目前过于支绌,且全靠国外捐款挹注,亦非上策,以往政府既年有津贴,嗣后亦盼能以本会经费列入预算,按月补助 。(三)筹设工合金融信托机构,作为吸收资金之中介,藉以扩大工合资金来源,树立工合自有自营自享之金融制度,同时由此机构协助发展各社产品原料运销及机具设备之购办,逐渐代替本会财业务,增强辅导力量。(四)本会目前工作,亦应利用现有人力,集中力量,健全联合社,培养各社领导人才,使能逐渐自力,本会之辅导工作,亦可减至最少限度。(五)恢复工合研究所,以较多之人力物力,从事调查研究以及对国外宣传募款;教育训练,为合作运动成败之主要关键,现仅在西北山丹设有培校一所，对于西北以外各地合作社社职员之训练，势难顾及。今后亟须于东南地区增设一所，以期扩大工合教育训练工作，培养合作社干部人员。

各地工合社概况统计

三十六年三月三十日

省别	区别	合作社数	社员及预备社员数	社股	贷款数	每月生产额
河南	镇平	31	506	S10,401,892	S6,771,000	S28,132,646
河北	北平	9	178	13,740,000	5,750,000	
河北	天津	6	294	27,850,000		
陕西	西安	19	443	36,979,500	37,000,000	414,312,335
陕西	宝鸡	18	325	8,548,660	99,505,900	300,711,300
陕西	凤翔	11	125	5,262,000	3,792,000	39,420,000
陕西	陇县	4	39	4,520,000	477,000	24,000,000
陕西	南郑	19	199	10,593,000	50,616,314	270,000,000
甘肃	兰州	9	193	16,394,140	80,000,000	400,000,000
甘肃	平凉	9	112	64,000,000	40,000,000	111,280,400
甘肃	天水	8	84	3,360,000	72,227,000	350,000,000
甘肃	微县	3	45	354,000	1,110,000	75,000,000
四川	重庆	1	232	27,271,685	28,000,000	900,000,000
四川	万县	21	578	88,592,940	33,467,160	500,000,000
四川	荣昌	18	147	8,300,000	2,000,000	130,000,000
四川	梁山	10	246	5,660,000	50,000,000	280,000,000
云南	玉溪	19	191	12,330,000	41,500,000	52,459,550
云南	丽江	35	496	11,136,400	11,020,000	109,145,350
湖南	邵阳	8	82	17,210,000	73,896,000	126,090,811
湖南	衡阳	8	102	12,600,000	15,208,800	
广西	桂林	1	15	1,020,000	11,020,000	5,801,087

续上表

省别	区别	合作社数	社员及预备社员数	社股	贷款数	每月生产额
广西	柳江	1	9	180,000	501,000	864,000
广西	宾阳	2	141	760,000	13,000,000	6,517,000
广东	曲江	1	10	100,000	10,300,000	20,000,000
广东	南雄	10	92	570,000	55,000,000	160,000,000
	和平	9	127	4,789,830	40,000,000	20,983,000
江西	赣县	9	156	8,292,500	57,300,835	52,175,982
福建	福州	2	20	2,018,000	803,000	40,000,000
	永安	3	25	1,420,000	478,471	7,500,000
	连城	5	46	1,630,000	60,000,000	20,000,000
	长汀	11	147	920,000	60,000,000	120,000,000
浙江	丽水	3	50	1,160,000	4,200,000	18,000,000
总计		333	5,455	S407,964,547	S964,944,480	S4,752,393,462

〔中国工业合作协会档案〕

3. 中国工业合作协会关于1947年来的工作报告及1948年工作计划

(1948年　月　日)

中国工业合作协会一年来工作报告及本年度工作计划

一、序言

本会创始于民国三〔二〕十七年八月(即抗战一周年后),迄今已届十载,其目的在适应抗建需要,一以组织流亡技工义民,藉寓救济于生产,一以改进中小型工业与乡村手工业,促进中国工业化与工业合作化。一载以来,既蒙政府筹拨基金经费,提倡协助于前,又得国内外人士热心赞助于后,历年捐输巨款,派遣专家来华协助，对于技术与经济之援助，贡献甚大。工作区域广及十七省，社数最多时曾达一千七百余社，社员二万五千余人，连同雇工与参加各部工作的人员，直接间接赖以维持生活者合计不下二十多万人。仅军毯一项即织成二百五十余万条，对于战时军需民用与合作事业之推行不无裨助。胜利以后，国内和平未能实现，经济动荡愈形剧烈，外受外货之倾销压迫，内受战乱之影响，资金缺乏之工合社，益感不易维持。本会对于各社资金之筹措协助，除于三十四年四月与农民银行重订壹亿元贷款外，复于三十六年二月，经财政部担保与四联总处签订透支贷款十亿一千万元合约，均已分配各地先后贷放。惟以目前物价上涨速率过巨，以十亿余资金分贷于三百余合作社，每社平均所得不过三百万元，久感资金枯竭之合作社得此贷款，仍不免有杯水车薪之感。

二、本会组织

1. 本会各级机构组织概况

本会最高领导机构为理事会，由工合创办人聘请理事若干人组织之，理事会设理事长一人，综理本会会务，并由理事中推选五人为常务理事，复于常务理事中推选一人兼充总干事，负责处理日常事务。总干事以下复分设业务、财务、技术指导三处及总务室，分别掌理各项经常事宜。本会日常会务之执行，系采用委员制，除重要事项随时向理事长及常务理事请示外，所有日常行政工作，均由总干事及业务、财务、技术指导三处处长合组之会务会议决定，会务会议每周经常举行一次，各处室高级职员亦均列席参加。

至各地之指导机构，除设有西南、西北、东南等数区，每区设办事处，下设事务所或指导站，自三十四年起已将各区办事处裁撤，各地事务所由本会直接管辖指导本会。近年因经费来源困难，各地指导机构一再裁并，现有十六事务所工作人员三十四人，总会职员十六人，内外工作人员合计五十人。今将本会组织系统表列如左：

（甲）

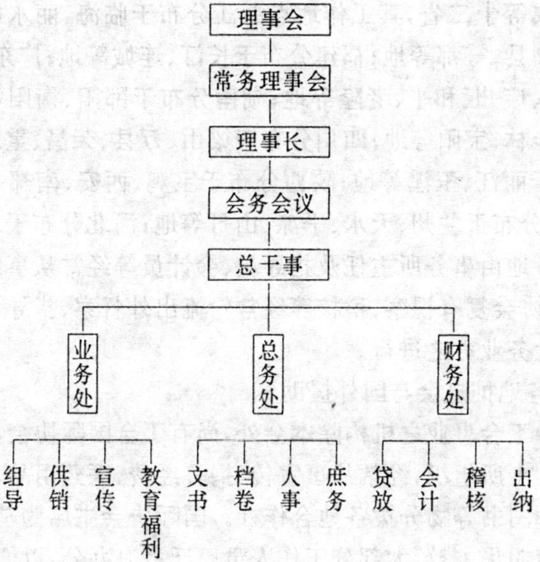

（乙）

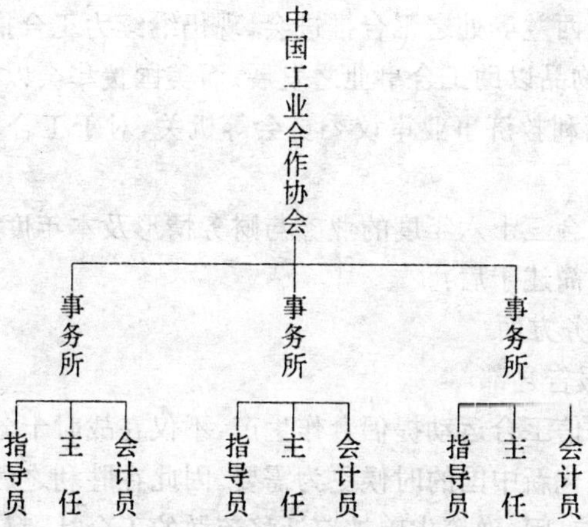

2. 事务所与合作社之分布

本会现有十六事务所，分布于浙、赣、闽、粤、湘、桂、川、滇、陕、甘、豫、冀等十二省，其工作地点浙江分布于临海、丽水等地；江西分布于赣县、雩都等地；福建分布于长汀、连城等地；广东分布于南雄、曲江、广州、和平、老隆等地；湖南分布于邵阳、衡阳等地；广西分布于桂林、宝阳等地；四川分布于梁山、万县、荣昌、重庆等地；云南分布于丽江、玉溪等地；陕西分布于宝鸡、西安、南郑、双石铺等地；甘肃分布于兰州、天水、平凉、山丹等地；河北分布于北平、天津等地。各地由事务所主任及指导员、会计员等经常从事组导、稽核工作，本协会复有视察、稽核等经常轮流出外督察、指导，协助各地工合社社务业务之进行。

3. 各地推进会与国外援助

辅导工合事业之机构除本会外，尚有工合国际协会，由中外热心工合人士所组织，经常从事宣传、捐募经费、医药用品、机械工具以及各种图书等物分拨各地合作社。国际协会主席为基督教香港区会督何明华主教，大部分工作人员已迁上海办公，以便在工作上与工合协会取得更密切联系。此外，在海外协助工合之机构有马尼拉、纽约、新西兰等处之工合推进会，现仍继续为工合捐募经费、机具、医药等物品以助工合事业之发展。而美国援华会以及最近成立之社会部福利救济事业审议委员会等机关，对于工合事业均予以不少援助。

兹将本会三十六年度的业务与财务情形及本年度业务与财务的计划分别简述于后：

一、业务方面

(甲) 报告之部

本会深信工合运动提倡合作生产，不仅在战时十分需要，在战后建设工业化新中国的时候更为需要。因此在胜利之后，对湘、桂、粤、赣、浙、皖、闽、豫等省曾被迫迁移疏散的工合社，都依照下列原则：(一)尽先协助主要据点之原有各社迁回原地复工，其在原地条件不适合者指导其迁至邻近适当地区。(二)根据可能动员之人力财力，各收复区新据点之建立选择主要省份，先从一地开始再逐渐循序发展其他地区。(三)旧社之恢复与新社之重建，根据其基础健全及所营业务最有发展可能者先行办理。(四)协助各收复区善后救济临时性较大之工作与善后救济等有关机关密切合作，进行组社或复社。两年来已恢复之据点与工合社计有：湖南之衡阳与邵阳；广西之柳州、宝阳与桂林；广东之曲江、和平与南雄；浙江之海门与丽水；江西之赣州及河南之镇平。新建之据点，则有平津两地。

本会在战时所建立之工合社，大半为手工生产，规模极为狭小，仅有少数工合社略有机械设备，从事半机械生产。在抗战时期，因后方工业落后，生产物资需要迫切，故落后技术所生产之日用必需品尚能维持业务继续生产。战事结束，因机关及内迁义民复员，内地市场狭小，再加外货及机制品内运，手工产品在市场上销路顿减。因此，本会特注意生产技术之改造，增设技术指导处。曾派员赴菲律宾、暹罗、马来亚、英、美等国考察中小型工业，并派技术人员赴各地研讨和指导生产技术之改良，目前本会技术训练及研究工作，大部分由山丹培黎工艺学校负责。

本会过去普遍组织工合社之后，为扩大业务、广辟销路起见，初期曾有代营处之设置，作为各单位社之联合供销机构。旋以代营处系代办性质，与合作社自有自享自治之原则并不完全吻合，且办理上亦未尽善，遂于三十二年分期结束，逐步由各该地单位社组织联合社，作为联合供销、融通资金，并统筹各社教育、福利及辅导各社社业务之联合机构。此项组织自上而下，完全依照合作原则。年来本会对联合社的辅导工作逐步加强，俾事务所人员紧缩减少后，由联合社去辅导各单位社工作。去年本会与中国农民银行洽订十亿一千万元之透支基金贷款，大多亦通过联合社而转贷各单位社，将来各地联合社如果能够健全发展，则本会各地事务所人员可减至最低限度，则工合社亦将逐渐走上自立之途。

复员以来，本会虽竭力为工合运动创造更巩固之基石，奈因国内经济情形剧变，故工合社之维持日见困难。三十六年度本会分布在各地的工合社如左表：

各地工合社概况

三十六年十二月三十一日

省别	区别	合作社数	社员	股金	借款	全年产量
广东	南雄	8	66	24,201,895	55,000,000	1,600,000,000
	曲江	1	12	2,000,000	5,600,000	400,000,000
	广州	1	17	32,000,000	30,000,000	300,000,000
	和平	5	81	52,123,540	38,353,000	419,660,000
	老隆	1	13	38,500,000	4,378,975	300,000,000
福建	长汀	13	129	7,670,000	22,721,800	2,400,000,000
	连城	5	60	73,000,000	40,000,000	400,000,000
	永安	3	25	4,420,000		150,000,000
	福州	2	20	5,500,000		800,000,000
江西	赣县	8	107	121,997,976	103,193,000	1,043,519,640
	雩都	1	28	10,000,000	9,500,000	120,000,000
浙江	海门	4	532	11,980,000	36,000,000	1,000,000,000
	丽水	3	60	1,506,000	4,800,000	360,000,000
湖南	邵阳	8	137	129,105,507	83,200,000	2,521,816,220
	衡阳	7	114	41,420,000	77,997,643	3,000,000,000
广西	桂林	1	10	10,200,000	10,000,000	116,021,740

续上表

省别	区别	合作社数	社员	股　金	借　款	全年产量
	宝阳	2	66	12,983,539	13,000,000	130,240,000
四川	梁山	8	166	31,236,769	31,785,150	5,600,000,000
	万县	21	606	549,103,960	289,653,283	15,000,000,000
	荣昌	15	140	112,898,731	74,221,680	2,600,000,000
	重庆	11	234	127,281,685	306,506,800	18,000,000,000
云南	玉溪	19	193	103,770,000	16,010,000	1,049,191,000
	丽江	37	391	30,928,000	33,000,000	2,182,907,000
陕西	宝鸡	18	325	341,864,316	289,089,744	6,014,226,000
	西安	19	199	28,037,000,000	721,790,470	8,286,246,700
	南郑	18	443	222,936,000	47,600,000	5,400,000,000
	凤翔	9	125	53,000,000		788,400,000
甘肃	兰州	9	165	299,200,000	464,081,598	8,000,000,000
	天水	9	158	133,584,000	132,715,000	7,000,000,000
	徽县	4	45	8,054,300	6,150,000	1,500,000,000
	甘谷	3	27	6,800,000	3,800,000	800,000,000
	秦安	1	7	1,500,000	2,125,000	300,000,000
	平凉	9	112	370,050,987	161,000,000	2,225,608,000
河南	镇平	18	340	154,279,000	244,600	562,652,920
河北	北平	9	198	251,800,000		5,300,000,000
	天津	6	294	201,120,000		3,000,000,000
合计		316	5,645	6,381,746,205	3,113,516,743	108,670,589,240

全国有工合社的地区已组织工合联合社的有十四处去年的概况则有如下列

各地工合联合社概况

三十六年十二月三十一日

社别	社员社数	股金		公积金	借款			合计
		总额	已缴股金		协会	银行	其他	
南雄	8	46,000	46,000		55,000,000		8,200,000	55,000,000
和平	6	16,000,000	2,280,486	299,939	40,000,000		8,500,000	48,200,000
长汀	12	12,000,000	11,135,000	305,497	123,000,000		7,000,000	131,500,000
连城	4	6,200,000	4,800,000	258,143	60,000,000			67,000,000
海门	8	5,050,000	4,250,000		36,000,000			36,000,000
梁山	12	2,060,760	2,060,760		50,000,000			50,000,000
万县	17	10,000,000	47,595	185,027				
荣昌	7	63,000,000	42,000,000	7,338,709	60,000,000			60,000,000

续上表

社别	社员社数	股金		公积金	借款			合计
		总额	已缴股金		协会	银行	其他	
玉溪	15	2,300,000	2,300,000	725,290	40,000,000			40,000,000
宝鸡	14	3,208,500	3,208,500	13,466,634	30,000,000			30,000,000
西安	16	50,000,000	38,573,835	1,958,546	20,000,000			20,000,000
兰州	9	150,000,000	100,000,000	2,328,434	26,000,000	109,513,828		135,513,828
平凉	14	2,690,182	2,690,182	68,973	40,000,000			40,000,000
镇平	31	66,230	66,230	975,915				
合计		322,612,672	213,458,585	27,911,107	580,000,000	109,513,828	23,700,000	713,213,828

一、集中现有财力与人力，加强扶助比较健全及有发展希望的工合社，并改组或淘汰业务不健全而无发展前途的各工合社。

二、加强各社业务管理，裁减不参加生产之分子，紧缩开支，提高生产效率。

三、同地同业之工合社尽可能合并经营，以扩大生产规模，提高生产效率。

四、改进各社制造技术规定产品标准，厉行竞赛办法，以为展开营业之助。

五、在各工合地区选其特产工业作为中心业务社，例如邵阳之制革、四川梁山与福建长汀之造纸、兰州与天水之毛纺、荣昌之麻织等，特别加强社务辅导与技术指导，使之由手工生产到机器生产，由小型生产到大型生产。

六、增加各联社贷款，使所统筹所属各单位社产品之运销与原料之供给，并促进各单位社资金之累积，以不依赖贷款亦能经常生产，而达到自给自立自营自享之路。

综括言之，本会今年度辅导各地工合社之方针，不注重量的扩充，而注重于质的改进。但如此做法，今年各地区各工合社的贷款，最少也需六百亿元甫方敷分配。

〔中国工业合作协会档案〕

全国各工合社的业务

各地工合

区别 合作社数 工业类别	南雄	曲江	广州	和平	老隆	长汀	连城	永安	福州	赣县	雩都	海门	丽水	邵阳	衡阳	桂林
棉纺织	1												1	2	3	
麻织																
毛纺织																
丝织																
服装										1						
渔业												4				
农产加工								3	2	2				2		
制革										1				2		
皮件										1				1	1	
造纸	6			4		12	5									
印刷			1	1	1	1										1
文具										1				1		
瓷器											1				3	
矿冶																
机器		1											1			
五金																
家具	1									1						
皂、烛、火柴										1						
杂项										1			1			
合计	8	1	1	5	1	13	5	3	2	8	1	4	3	8	7	1

种类则如下表所列

业务分类

民国三十六年度十二月三十一日

宝阳	梁山	万县	荣昌	重庆	丽江	玉溪	宝鸡	西安	南郑	凤翔	兰州	天水	徽县	甘谷	秦安	平凉	镇北	北平	天津	合计
		9	4	6	6	9	4		9	5			1				3	2	1	73
			9																	9
					3			3			7	2		1		6	1			23
					1												13			14
		1	1	1	1	2	1	2	4	1	1	1	1			1	1	3	3	26
																				4
		3			1	4		1		1				1						20
		3			3	1	1				1	1							1	14
		1		2	10	2		1												19
	8				1							1								37
			1					2										1	1	10
		1						1												4
2						1														7
					3															3
							1	2	1	1		1		1	1	1				11
		1			6		1	4												12
					1		3			1		1	2							10
		2						1	2			2				1				8
				2	1			2	2									3		12
2	8	21	15	11	37	19	18	19	18	9	9	9	4	3	1	9	18	9	6	316